Volkskunde in Sachsen
17/2005

THELEM

# Volkskunde in Sachsen 17/2005

herausgegeben vom Institut für Sächsische
Geschichte und Volkskunde e. V.

Schriftleitung: Johannes Moser
und Sönke Friedreich
unter Mitarbeit von Petr Lozoviuk
und Andreas Martin

THELEM
UNIVERSITÄTSVERLAG

Hergestellt mit Unterstützung des Sächsischen Staatsministeriums für Wissenschaft und Kunst

Berichtsteil: Sönke Friedreich und Petr Lozoviuk
Redaktion: Sönke Friedreich, Jens Klingner, Nadine Kulbe, Beate Löffler, Petr Lozoviuk, Andreas Martin und Johannes Moser

Bibliographische Information der Deutschen Bibliothek

Die Deutsche Bibliothek verzeichnet diese Publikation in der Deutschen Nationalbibliographie; detaillierte bibliographische Daten sind im Internet über <http://dnb.ddb.de> abrufbar.
ISBN 3-937672-27-3

Thelem ist ein Imprint des Universitätsverlags w.e.b.
© für die Zusammenstellung
w.e.b. Universitätsverlag und Buchhandel
Eckhard Richter & Co. OHG
Bergstr. 70 – 01069 Dresden
Tel.: 0351/47 21 463 – Fax: 0351/47 21 465

© Dresden 2005 w.e.b.
© für die einzelnen Aufsätze bei den Autoren
Verlag und Autoren haben sich nach besten Kräften bemüht, die erforderlichen Reproduktionsrechte für alle Abbildungen einzuholen. Für den Fall, dass etwas übersehen wurde, sind wir für Hinweise dankbar.

Alle Rechte vorbehalten. Kein Teil dieses Werks darf ohne vorherige schriftliche Einwilligung der Rechteinhaber in irgendeiner Form reproduziert oder unter Verwendung elektronischer Systeme verarbeitet, vervielfältigt oder verbreitet werden.

Herstellung: w.e.b.
Umschlag: Volkmar Spiller, Dresden
Umschlagbild: Kurt Beck: Die Bermsgrüner Arbeiterfotografen 1931.
SLUB/DF Beck R 3/25
Druck und Bindung: Difo-Druck GmbH, Bamberg
Made in Germany

# Inhaltsverzeichnis

## Aufsätze

Jochen Guckes
Der »Habitus der Stadt« in historischer Perspektive:
Dresden, Freiburg i. Br. und Dortmund 1900–1960 . . . . . . . . . . . . . . . . . . . 9

Anja Richter
Ein Fest für Schule und Stadt. Das Freiberger
Gregoriusfest bis zu seiner Aufhebung 1835. . . . . . . . . . . . . . . . . . . . . . . . 31

Andreas Martin
Landschaftsbilder. Zum Beitrag der Dresdner Künstler an der
»Entdeckung« der Sächsischen Schweiz im ausgehenden 18. Jahrhundert . . . . . . . . 57

Sönke Friedreich
Ländliche Gesellschaft unter Veränderungsdruck. Diskurse um
die Transformation des ländlichen Raumes in Sachsen, 1830–60. . . . . . . . . . . . . . 75

Wolfgang Hesse
Schornsteinkrieg. Zu einem Motiv der Arbeiterfotografie. . . . . . . . . . . . . . . . . 97

Anita Maaß
»… eine der republikanischen Würde entsprechende Bildausstattung
durchzuführen«. Erinnerungspolitik im Dresdner Stadtverordnetenkollegium
am Beispiel der »Fürstenbilder« im Neuen Rathaus 1928. . . . . . . . . . . . . . . . . 119

Johanna Sänger
Straßennamen und kulturelles Gedächtnis. Theoretische
Reflexionen und Fallbeispiele für das Vergessen im Erinnern . . . . . . . . . . . . . . 141

Petr Lozoviuk
Realsozialismus als Kulturtyp und Möglichkeiten
seiner ethnologischen Erforschung. . . . . . . . . . . . . . . . . . . . . . . . . . . . . 161

Wolfgang Brückner
»Arbeit macht frei«. Deutsch-tschechische Kontinuitäten
im Jahrhundert der Ideologien und Zwangslager . . . . . . . . . . . . . . . . . . . . . . 177

Gero Fischer/Jana Pospíšilová
Multikulturalität und Multiethnizität in Brünn
zu Beginn des 21. Jahrhunderts: Tendenzen und Fragen . . . . . . . . . . . . . . . . . 189

Alexandra Schwell
Living in a box. Deutsch-polnische Interaktion in der Grenzkontrolle . . . . . . . . . 207

# Berichte

Forschungsbericht: Die Veranstaltungsreihe „Tschechisch-slowakische
Beziehungen" in Liberec (1991–2004) (Miloslava Melanová/Milan Svoboda) . . . . 231

Projektbericht »Ursachen und Mechanismen der Ausbildungsblockaden
von Angehörigen von Gruppen aus unterschiedlicher gesellschaftlich-
kultureller Umwelt und Formulierung von Strategien zu ihrer
Überwindung« (Ivana Čepičková) . . . . . . . . . . . . . . . . . . . . . . . . . . . . . . . 237

Volkskunde und Kirche in der DDR. Ein neuer Quellenhinweis. Nachtrag
zum Beitrag von Wolfgang Brückner: Volkskunde und Kirche in der DDR.
Der theologische Arbeitskreis für Religionssoziologie und religiöse
Volkskunde in Halle, Berlin und Dresden 1953–1988, in: ViS 16, 2004,
S. 155–176 (Wolfgang Brückner) . . . . . . . . . . . . . . . . . . . . . . . . . . . . . . . . 241

25. Tagung des Arbeitskreises Bild Druck Papier, 5.–8. Mai 2005,
Dresden, in Zusammenarbeit mit dem Institut für Sächsische
Geschichte und Volkskunde, Dresden (Sönke Friedreich) . . . . . . . . . . . . . . . . 247

Tagung „Nation statt Gott im 19. Jahrhundert und in der zweiten
Hälfte des 20. Jahrhunderts". Das 13. Aussiger Kolloquium, Ústí nad
Labem 21.–22. April 2005 (Petr Lozoviuk) . . . . . . . . . . . . . . . . . . . . . . . . . 253

Inhaltsverzeichnis 7

Tagung »Französische DDR- und Transformationsforschung. Ein
sozio-kultureller Ansatz der Politik«, 17.–19. März 2005, Humboldt-
Universität Berlin, veranstaltet durch das Centre Marc Bloch, das Centre
interdisciplinaire d'études et de recherches sur l'Allemagne und die Stiftung zur
Aufarbeitung der SED-Diktatur, in Zusammenarbeit mit dem Zentrum
für Zeithistorische Forschung (Potsdam), dem Berliner Büro für
Hochschulangelegenheiten, der Französischen Botschaft in Deutschland
und dem Büro des französischen Films (Berlin) (Sönke Friedreich) . . . . . . . . . . 257

Tagung »Grenzraum und Transfer. Probleme der Geschichtswissenschaft
in Böhmen und in Sachsen«, 24.–26. Februar 2005, Schwarzenberg,
veranstaltet vom Sächsisch-Tschechischen Hochschulzentrum
(Petr Lozoviuk/Frank Metasch) . . . . . . . . . . . . . . . . . . . . . . . . . . . . . . . . . . . . . . . 265

Tagung »Lichtbild(er) – Abbild(er) – Vorbild(er). Zu Umgang und Wirkung
volks- und völkerkundlicher Fotografien«, 5./6. November 2004,
veranstaltet durch die Gesellschaft für Ethnographie e. V., das Institut für
Europäische Ethnologie der Humboldt-Universität zu Berlin und das Museum
Europäischer Kulturen der Staatlichen Museen zu Berlin (Jane Redlin) . . . . . . . . 267

Tagung »Die DDR in Europa – zwischen Isolation und Öffnung«,
4.–7. November 2004, Europäische Akademie Otzenhausen (Saarland),
veranstaltet durch das Sozialwissenschaftliche Forschungsinstitut
der EAO, die Bundeszentrale für politische Bildung, die Stiftung
zur Aufarbeitung der SED-Diktatur, die Union-Stiftung und
die ASKO Europa-Stiftung (Sönke Friedreich) . . . . . . . . . . . . . . . . . . . . . . . . . . . 271

Tagung »Fotos – ›schön und nützlich zugleich…‹. Das Objekt Fotografie«.
2. Tagung der Kommission Fotografie der Deutschen Gesellschaft
für Volkskunde in Kooperation mit Wien Museum, dem Institut
für Volkskunde der Universität Wien und dem Museum Europäischer
Kulturen – Staatliche Museen zu Berlin, 15.–17. Oktober 2004,
Wien Museum Karlsplatz (Andreas Martin) . . . . . . . . . . . . . . . . . . . . . . . . . . . . . 275

18. Tagung des Arbeitskreises Tonpfeifen, veranstaltet von der Stadtarchäologie
Lüneburg und dem Ostpreußischen Landesmuseum Lüneburg,
29. April–2. Mai 2004 in Lüneburg (Natascha Mehler/Martin Kügler) . . . . . . . . 283

Jochen Guckes

# Der »Habitus der Stadt« in historischer Perspektive: Dresden, Freiburg i. Br. und Dortmund 1900–1960

Jede Stadt hat ihre eigene Physiognomie, ihr eigenes Gepräge. Leben und Treiben, Handel und Wandel zeichnen sich allerorts durch einen ganz besonderen und andersartigen Charakter aus. Aber auch die Bedeutung einer jeden Stadt im Leben des Volkes ist überall eine andere. Ziel und Aufgaben in künstlerischer, wissenschaftlicher, städtebaulicher, kommunaler, sozialer, kurzum in kultureller Beziehung, die sich die einzelnen Städte gestellt haben oder sich stellen, sind verschieden. So legt das Erreichte, das Seiende und das Werdende einer jeden Stadt Zeugnis ab vom Wert und von der Bedeutung seiner Bürger innerhalb des Volksganzen ([N. N.] 1924).

Diese Geleitworte des Verlages des ersten offiziellen Dresdner Stadtbuches aus dem Jahre 1924 deuten auf Vorstellungen, die auch den Überlegungen dieses Beitrages zugrunde liegen. Nicht die gleichartigen Herausforderungen, vor die alle größeren Städte in Deutschland nach dem Ende des Ersten Weltkrieges gestellt waren, stehen bei beiden im Mittelpunkt, sondern der spezifische Charakter einer jeden Stadt. Er ist es, der bei der Entscheidung, welche dieser Herausforderungen als kommunale Aufgaben angenommen werden sollten, handlungsleitend wurde und sich auch in ihren jeweiligen Leistungen widerspiegelte. Im oben zitierten Text von 1924 ist natürlich nicht von einem wissenschaftlichen Konzept die Rede, und ein Begriff für das Phänomen war auch noch nicht erfunden. Knapp 80 Jahre später hat nun der Berliner Ethnologe Rolf Lindner – auf ähnlich gerichtete Überlegungen anderer Forscher aufbauend – das Konzept eines »Habitus der Stadt« in die deutsche Diskussion eingebracht. Mit dieser die Stadt anthropomorphisierenden Wortprägung hat er die These, dass Städte jeweils eine »singuläre Beschaffenheit« haben und aufgrund ihrer Geschichte »prädisponiert sind in ihrer Haltung gegenüber Einwirkungen von außen«, für die weitere Forschung handhabbar gemacht (Lindner 2003, 48; vgl. ferner Ders. 2004).

Der Ausgangspunkt seiner Überlegungen ist eine in erster Linie auf ökonomische Strukturen zielende Klassifikation von Städten, die auf den zwei Grundtypen tendenziell traditionsbewahrender Konsumentenstädte (Fürstenstadt, Beamtenstadt, Grundrentnerstadt) und eher innovativer Produzentenstädte (Gewerbestädte und Handelsstädte) aufbaut. Angesichts von vielfältigen Mischformen in der Realität sind für den gegenwärtigen Habitus einer Stadt laut Lindner sowohl die jeweils *vorwiegenden* ökonomischen Komponenten und ihre Trägerschichten als auch die »historische Tiefendimension« ihres Typus' ausschlaggebend: *Welche* Industrien oder Handelsgüter eine Stadt geprägt haben und *welche Art* von Konsumgütern nachgefragt wurde, sei ebenso entscheidend wie ihre Alltagskultur. In der Zusammenschau dieser strukturellen Merkmale mit dem semantischen Feld aus »Auto- und Heterostereotypen« über einen Ort ergibt sich für Lindner der Habitus einer Stadt.

Die Tatsache, dass bereits vor über 80 Jahren in diese Richtung gedacht wurde, gibt Anlass zu der Frage, wie das Phänomen eines Habitus der Stadt im historischen Zeitablauf eingeordnet werden kann und inwieweit der Erkenntniswert des Konzepts den Herausforderungen durch historische Vergleiche standhält. Ziel des vorliegenden Beitrages ist es daher zum einen, im Bezug auf die Vergangenheit die synchrone Ebene des Vergleichs in den Blick zu nehmen, und damit die Frage, ob Lindners hauptsächlich gegenwartsbezogener Ansatz – der empirisch zuerst ausführlich am Beispiel der Stadt Dresden überprüft worden ist (Lindner/Moser 2006) – auch in der historisch-empirischen Tiefendimension verallgemeinerbar ist und auch in anderen deutschen Städten mit Ertrag angewandt werden kann. Zum anderen wird bezüglich der diachronen Dimension des Vergleichs anhand verschiedener kritischer Momente der Geschichte der Fallbeispiele im 20. Jahrhundert untersucht, ob und inwieweit es mit den Jahren zu Änderungen des Habitus einer Stadt gekommen ist, induziert etwa durch fundamentale Brüche in der Geschichte der Kommunen, die zu einem Wandel ihrer Funktion geführt haben, oder durch die Initiative einiger weniger Menschen, die sie im Städtewettbewerb neu positionieren wollten. Damit kommt neben den beiden Vergleichsebenen eine dritte wichtige Analysekategorie in den Blick: die der historischen Akteure. Wer genau formulierte den Habitus einer Stadt beziehungsweise: wer gab ihm Ausdruck? Welche Rolle spielte die Interaktion von Selbst- und Fremdbildern bei der Ausformung eines städtischen Habitus (Lindner 2003, 48)? Schließlich ist viertens zu überlegen, ob Lindners mit dem Habitus-Begriff eng verknüpfte Kategorien der »urbanen Geschmackslandschaften« und der »kulturellen Ökonomien« im historischen Kontext weiterführend sind (Ebd., 47; Lindner/Musner 2005, 29 ff.).

Gemeinsam mit Lutz Musner versteht er unter »kultureller Ökonomie« die Verschmelzung von Kultur und Ökonomie in einer Weise, »dass das Symbolische in die

# Der »Habitus der Stadt« in historischer Perspektive

Textur des Materiellen eingelassen scheint« und der Wert bestimmter Produkte durch spezifische Konnotationen gesteigert wird. Wegen dieser Bedeutung des Zeichenhaften gehen sie von einer ausgesprochenen Ortsabhängigkeit kultureller Ökonomien aus. Deren »Möglichkeitshorizont« werde dabei – wie auch beim Habitus – wiederum von der historischen »Tiefendimension« der Städte gebildet. Mit dem Begriff der »Geschmackslandschaft« fassen Lindner und Musner das Phänomen, dass an einem Ort bestimmte geschmackliche Präferenzen auf den unterschiedlichsten kulturellen Feldern gleichgerichtet sind und so »ein spezifisches Flair, eine Aura bzw. ein urbanes Imago ausstrahlen.« Zu denken wäre hier etwa an die Bedeutung von Stil, Savoir Vivre und Raffinement in der und für die Stadt Paris. Geschmackslandschaften seien dabei gleichzeitig »vorhandene Räume und deren Repräsentation, Zeichen und zugleich Bezeichnetes […] sowie reale Orte und deren Inszenierung«. Ihre Entwicklung vollzieht sich laut Lindner/Musner ungeplant, müsse jedoch einer impliziten »Adäquanzregel« gehorchen, die wiederum auf der historischen Tiefendimension der Stadtentwicklung basiere. Ihr komme eine »ein- und ausschließende Rolle« dafür zu, was in einer Geschmackslandschaft möglich ist und was nicht (Lindner/Musner 2005, 33). Verkürzt könnte man sagen, dass der Habitus einer Stadt die Grenzen für die Herausbildung von Geschmackslandschaften vorgibt, und kulturelle Ökonomien existierenden Geschmackslandschaften entsprechen müssen.

Den oben formulierten Anfragen an die Begriffe aus historischer Perspektive soll im Folgenden anhand der Geschichte der städtischen Selbstbilder der drei Kommunen Dresden, Freiburg i. Br. und Dortmund im 20. Jahrhundert nachgegangen werden.[1] Unter Selbstbildern werden dabei Vorstellungen verstanden, die verschiedene Gruppen der städtischen Gesellschaft von Vergangenheit, Gegenwart und Zukunft ihrer Stadt hatten. Sie waren höchst wirkungsmächtige Ideen dessen, was die Identität einer Stadt ausmachte, was zu ihr passte, welche Verhaltensweisen in ihr und welche Politikmaßnahmen für sie angemessen waren. Städtische Selbstbilder waren somit sozial konstruiert und abhängig von den Interessen der Gruppen, die sie artikulierten. Sie unterlagen einer Deutungskonkurrenz und hatten verschiedene Facetten, die jeweils unterschiedlich stark betont wurden, weshalb auch immer von Selbstbildern im Plural die Rede ist. Im Bezug auf Lindners Konzept bleibt daher vor allem zu fragen, ob ihren verschiedenen Ausprägungen ein einheitlicher städtischer Habitus zugrunde lag und in welchem Verhältnis dieser dann zu den Texten und Taten der Einwohner stand.

---

1   Die folgenden Ausführungen stehen im Zusammenhang mit den Arbeiten an meiner Dissertation unter dem Titel »Erzählungen von Gestern und Morgen. Städtische Selbstbilder zwischen Geschichtsbezug und Zukunftsorientierung in Deutschland, 1900–1960«, die 2006 abgeschlossen werden soll.

Im Mittelpunkt der Untersuchung stehen die Manifestierungen der Selbstbilder und damit auch des Habitus, die von einer kleinen, aber einflussreichen Gruppe von Personen geschaffen wurden, die sich in verschiedenen Positionen professionell mit Selbstdeutung beschäftigten: hohe Stadtbeamte, Direktoren von Kultureinrichtungen, Interessenvertreter der ortsansässigen Wirtschaft, Lokalpolitiker, Professoren, örtliche Honoratioren, Journalisten, Intellektuelle und Künstler. Sie bildeten eine Deutungselite und traten immer wieder mit entsprechenden Schriften oder Projekten an die Öffentlichkeit. Innerhalb dieser Deutungselite herrschte dabei jedoch selten Einigkeit bezüglich der »richtigen« Gewichtung der Selbstbildausprägungen. Zum einen bezeichnet der Begriff Deutungselite keine klar definierte Gruppe mit ähnlichen Ansichten und festen Spielregeln, die sich als Einheit verstand, sondern fasst lediglich Personen mit bestimmten beruflichen Positionen und Funktionen analytisch zusammen, unabhängig von ihren inhaltlichen Ansichten. Zum anderen kam es auch nur selten zu direkten kontroversen Diskussionen zwischen den Angehörigen der Deutungselite, bei denen Differenzen über die städtischen Selbstbilder offen als solche thematisiert wurden. Diese sind eher zu bestimmten Anlässen oder im Vergleich einiger zentraler Publikationen greifbar. Neben Stadtbüchern und Stadtwerbungsmaterialien sind hier vor allem städtische Jubiläumsfeiern und geschichtspolitische Inszenierungen sowie kommunale Großprojekte und städtebauliche Planungen wichtig.

## I. Dresden: Die Residenz als Stadt der Kunst und Kultur

Aufgrund ihres besonderen Rufes, *die* deutsche Kunst- und Kulturstadt (gewesen) zu sein, eignet sich Dresden besonders gut als Beispiel für die Wirkungsmächtigkeit des Habitus einer Stadt. Ihr Charakter als Residenzstadt wirkte sich in nahezu allen Bereichen des öffentlichen Lebens aus, von der öffentlichen Repräsentationskultur bis hin zur Sphäre des Ökonomischen, die von Luxusgütern geprägt war. Einige wenige Punkte sollen hier näher beleuchtet werden (Lindner/Moser 2006).

Zunächst fällt auf, wie genau die städtischen Selbstbilder in Dresden mit diesem Habitus der Kunst- und Kulturstadt korrespondieren.[2] In Quellen wie dem eingangs zitierten Stadtbuch von 1924 tauchen immer wieder die entsprechenden Topoi auf. Betont wird die Schönheit der (barocken) Stadt, die ihren besonderen Reiz ausmache, ihr Rang als Kunst- und Kulturmetropole, als Elbflorenz wird gerühmt und die Bedeutung der Residenzstadt- beziehungsweise Hauptstadtfunktion hervorgehoben.

---

2  Die folgenden Passagen stützen sich auf die ausführlicheren Ausführungen in: Guckes 2005.

Interessant ist aber vor allem auch, was bei der Beschreibung der Stadt verschwiegen wird. Am deutlichsten fällt auf, wie wenig vor 1918 und sogar noch bis 1945 von der Dresdner Industrie die Rede war, obwohl sie als Luxusindustrie durchaus dem Ruf der Stadt entsprach. Ähnliches gilt für die Dresdner Neustadt und die dortige Garnison, die lange Zeit zu den größten in Deutschland gehörte. Beides passte wohl nicht in das Bild von der Kunst- und Kulturstadt, und die Dresdner Deutungselite ließ es nicht dabei bewenden, die vorhandenen Industrieanlagen wie im Falle der Zigarettenfabrik Yenidze zu »verkleiden« oder sie außerhalb des Blickfeldes am Stadtrand zu platzieren, sondern überging sie einfach völlig.

Dieser Habitus der Stadt Dresden begünstigte die generelle Neigung der bildungsbürgerlichen Eliten zur Wirklichkeitsverdrängung oder zumindest zur Reduzierung der Wahrnehmung auf einige Ausschnitte aus der Realität. Was Karl-Siegbert Rehberg für die Nachkriegszeit als »Canaletto-Syndrom« beschrieben und Matthias Meinhardt den »Mythos vom alten Dresden« genannt hat, trifft bereits auf die erste Hälfte des letzten Jahrhunderts zu: Unangenehme Aspekte der Gegenwart, auch und gerade im Bezug auf das verherrlichte barocke Dresden, wurden einfach ausgeblendet (Rehberg 2002; Meinhardt 2004). Dass diese oftmals mit der sozialen Frage verbunden waren und zumeist Angehörige anderer Schichten als die der Deutungselite betrafen, ist dabei sicherlich kein Zufall. Deren Mitlieder entstammten zumeist dem Bürgertum oder waren bürgerlich geprägt, wobei die Mehrheit dem Bildungsbürgertum zuzurechnen ist.[3] Für diese Gruppe war seit dem Ausgang des 19. Jahrhunderts oftmals eine kulturkritische Grundhaltung charakteristisch, die sie angesichts der fundamentalen Wandlungsprozesse dieser Zeit eher in einer ruhmreichen Tradition Zuflucht suchen als die Chancen des Fortschritts und der Moderne annehmen ließ. Aber auch diejenigen, die als »Macher« in den städtischen Verwaltungen oder als Techniker und Ingenieure zukunftsorientiert waren, gehörten zum Bildungsbürgertum. Typisch für Dresden ist nun, dass auch sie sowie die sonst eher ökonomisch orientierten Vertreter des Wirtschaftsbürgertums den Habitus der Stadt soweit internalisiert hatten, dass Fortschrittsoptimismus und Stolz auf die eigenen Werke nur im Rahmen der Rede von der schönen Kunst- und Kulturstadt zu formulieren waren.[4]

Mit der Unterscheidung verschiedener Gruppen innerhalb der Deutungselite ist auch bereits das Thema der Akteure angesprochen und die Frage, wer dem Habitus einer Stadt am deutlichsten Ausdruck verlieh. In Dresden war dies sicherlich das klas-

---

3  Zu Definition und Bedeutung der Begriffe Bürgertum und Bürgerlichkeit, vgl. Kocka 1987. Zum aktuellen Forschungsstand: Mergel 2001.
4  Vgl. beispielsweise den Beitrag des Syndikus des Verbandes sächsischer Industrieller zum Dresdner Stadtbuch. März 1924, 142 f.

sische Bildungsbürgertum (Lindner 2003, 50).[5] Aber gerade der Blick auf die Feinheiten wie den unterschiedlichen Umgang der einzelnen Bürger mit der Moderne oder ihre Stellung zur aufkommenden Massenkultur lässt aufschlussreiche Nuancen erkennen, die auf divergierende Interessen und zunehmende Spannungen schließen lassen, den einigenden Rahmen der akzeptierten Selbstbilder aber noch nicht sprengen.[6] Zu untersuchen bleibt jedoch, ob sich ein radikaler Wandel der äußeren Bedingungen wie ein Austausch der Deutungseliten im Habitus der Stadt niederschlug, ob diese ihn bei Bedarf umprägen konnten (Lindner 2003, 49; Ders./Musner 2005, 34).[7] Dresden ist mit den Brüchen von 1945/46 und 1989/90 ein ideales Fallbeispiel.

Die Verheerungen der NS-Zeit hatten die Situation Dresdens im Jahr 1945 radikal verändert. Die Schönheit der Stadt war am 13. Februar 1945 zu einem großen Teil zugrunde gegangen, Architektur stand als Selbstbildressource nicht mehr zur Verfügung, und die Kunstsammlungen, die einst ursprünglich den Ruf Dresdens als Elbflorenz begründet hatten, waren als Beutekunst hauptsächlich in die Sowjetunion verbracht wurden. Zudem brachte der Untergang des NS-Regimes radikale Änderungen in der Politik mit sich. Zunächst mit der sowjetischen Besatzung, dann mit der Errichtung der SED-Diktatur galten plötzlich ganz andere Maßstäbe und Werte als zuvor. Dresden musste nicht nur den Blick auf sich selbst ändern, auch im Gefüge der Städte galten nun andere Kriterien. Residenz und Kunst mussten hinter Wirtschaftskraft und technischen Fortschritt zurücktreten. Die Einführung der Bezirke und die damit verbundene Auflösung der Länder 1952 brachte Dresden zudem um den Rang einer Landeshauptstadt. Aber nicht nur die Strukturen änderten sich, auch die Deutungselite wurde nahezu komplett ausgetauscht. Die bildungsbürgerlichen Spitzen von Verwaltung und Verbänden mussten ebenso ihren Platz räumen wie bürgerliche Intellektuelle und Journalisten. Das Maß der Verstrickung in den Nationalsozialismus

---

5   Lindner sieht in der Trägergruppe der ökonomisch vorwiegenden Komponente einer Stadt auch die für die Herausbildung des Habitus entscheidende Gruppe. Ob in der modernen industrialisierten Großstadt, im »roten Dresden«, die früher prägenden Beamten noch immer als das ökonomisch dominierende Element bezeichnet werden können, wäre zumindest zu prüfen, ebenso wie die Implikationen für die historische Tiefendimension der Stadt.
6   Vgl. etwa den Kampf der Ingenieure im Kaiserreich um volle gesellschaftliche Anerkennung. Die Rede des Rektors der Technischen Hochschule anlässlich der Einweihung des neuen Rathauses im Jahr 1911 zeigt abermals die Bedeutung der kanonisierten Dresdner Selbstbilder als Rahmen für die Artikulierung auch ganz anders gelagerter Interessen. Rede von Magnifizenz Helm, Dresdner Anzeiger, 2.10.1910, S. 2.
7   Lindner geht davon aus, dass historische Brüche wie der von 1989 auf jeden Fall den Platz von Städten im Bezugssystem der Städte untereinander verändern, hebt aber trotz der sehr realen Interessen der verschiedenen Akteure mit Blick auf das Konzept der Geschmackslandschaften die Nichtintentionalität ihrer Entwicklung hervor.

war dabei nicht einmal ausschlaggebend. Wichtiger war die Kontrolle des neuen Regimes über die Deutungsfragen (Widera 2003; Ders. 2001). Um diese sicherzustellen, wurden nicht nur Personen ausgetauscht, sondern insgesamt Zuständigkeiten und Eigenverantwortung der lokalen Ebene drastisch eingeschränkt. Ohne die Zustimmung der Partei konnte keine wichtige Entscheidung getroffen werden. Letztlich war damit immer Berlin verantwortlich und nicht mehr allein Dresden.[8]

Dresden sollte fortan in erster Linie eine moderne Industriegroßstadt sein, die ihren Beitrag für die sozialistische Wirtschaft zu leisten hatte. Die alten Vorstellungen von der Kunst- und Kulturstadt wurden zweitrangig. Dies wurde allerorten unübersehbar. Auf der architektonischen Ebene etwa wurde keine Rekonstruktion des Alten Dresden versucht, vielmehr sollte eine neue sozialistische Stadt entstehen. Mitten in der Innenstadt bekam mit der Firma Robotron ein Industriebetrieb ein riesiges Areal zugewiesen. Die Hauptlast der Vermittlung der neuen Ziele und Werte fiel naturgemäß der Propaganda zu. Die 750-Jahrfeier der Stadt Dresden 1956 ist in dieser Hinsicht ein weiteres gutes Beispiel für die Verschiebung der Akzente. Oberbürgermeister Walter Weidauer etwa schrieb in einem Programmheft zum Fest:

Dresden. Stadt einer glücklichen Zukunft. [...] [J]eder begreift, daß die Stadt Dresden eine große und schöne Zukunft vor sich hat. Die hervorragenden Leistungen der Werktätigen, die gute Qualitätsarbeit der Dresdner Industrie wird nicht weniger zum Ruhme der Stadt beitragen wie die große künstlerische Potenz und die zahlreichen wissenschaftlichen Institute, deren Ruf jetzt schon in alle Länder der Welt dringt (Weidauer 1956).

Die Reihenfolge der Selbstzuschreibungen hatte sich genau verkehrt. Die Leistungen der Werktätigen wertzuschätzen, hatte vor 1945 sicher nicht zu den Charakteristika der Stadt gehört.

Gegen diese offizielle Linie gab es zugleich allerdings auch Widerstand. Dresdner Einwohner weigerten sich, das neue Bild mitzutragen. Insbesondere Eingriffe in das alte Stadtbild, wie der Abriss der gotischen Sophienkirche, führten zu vehementen Protesten, zum Teil sogar von SED-Mitgliedern. Aber auch im Alltag versuchten viele der alten Bildungsbürger, an ihrem Bild der Kunst- und Kulturstadt festzuhalten und die offizielle Propaganda sowie die tatsächlichen Zerstörungen weitestgehend zu ignorieren. Die außergewöhnliche Beliebtheit des Buches *Das alte Dresden* des Dresdner

---

8   Besonders gut sichtbar wird dies an Fragen des Wiederaufbaus. Vgl. Lerm 2001, und allgemein sowie mit spezifischem Dresden-Teil: Durth/Düwel/Gutschow 1998.

Kunsthistorikers und Denkmalpflegers Fritz Löffler ist ein Zeichen hierfür (Löffler 1956).

Für die Analyse des Habitus der Stadt bedeutet dies zweierlei. Zum einen zeigt die Nachkriegsgeschichte Dresdens, dass intendierte Umprägungen in gewissen Grenzen sehr wohl möglich waren. Die neuen Herren legten großen Wert auf die Definitionshoheit über die Geschichte nicht nur des Staates, sondern auch der Stadt. Obwohl diese Episode nur 40 Jahre gedauert hat, hat sie doch Spuren hinterlassen, die nicht nur den geänderten Zeitumständen zuzuschreiben sind. Dresden definiert sich heute weit weniger über Kunst und Kultur oder über Luxusindustrien, als es das in der ersten Hälfte des 20. Jahrhunderts tat. Auch die Gläserne Manufaktur ändert hieran nichts. Die systematische Verdrängung der bildungsbürgerlichen Trägerschicht der Selbstbilder der Vorkriegszeit nach 1945 ist sicherlich ein Grund hierfür. Zum anderen zeigt sich aber auch, dass ein Habitus der Stadt beliebigen Änderungsversuchen gegenüber nicht völlig offen ist. Die SED musste sowohl auf die ihm entsprechenden Bilder als auch auf Repräsentanten des alten Dresdens Rücksicht nehmen, wie aus dem Zitat Weidauers deutlich hervorgeht. Die Industrie Dresdens gehörte weiterhin zum Segment der Feinindustrie, es gab keine relevanten schwerindustriellen Neuansiedlungen. Das spiegelt sich auch in der Bebilderung der Festschrift zur 750-Jahrfeier wider.[9] Obwohl Oberbürgermeister Weidauer keinerlei Neigung zur Kunst hatte, wurde der Rang als Kunststadt hinter Industrie und Wissenschaft nie ganz ausgelassen, sondern immer wieder angeführt, und zwar nicht nur, wenn das westliche Ausland zuschaute.[10] Die propagandistische Inszenierung der Rückgabe der Beutekunst aus Dresdner Sammlungen durch die Sowjetunion anlässlich der Feiern 1956 zielte nicht nur auf ein positives Bild der Sowjetunion, sondern sie sollte auch den Dresdnern vermitteln, dass auf eines ihrer realen Bedürfnisse eingegangen wurde (vgl. Seydewitz 1956, 69; vgl. auch Ders. 1956, 15–16).

Diese Ambivalenz der Neupositionierung unterstreicht die Aussage Lindners, dass die historisch gewachsene Spezifik eines Ortes als Möglichkeitshorizont für eine mit ihm verbundene Geschmackslandschaft fungiert (Lindner/Musner 2005, 31). Solange sich sozioökonomische Grundstrukturen und Einwohnerschaft nicht völlig verändert haben, kann diese Spezifik eben nicht ignoriert werden, ist aber in gewissem Maße für Umdeutungen und neue Einlagerungen offen, sofern diese dem alten Kern nicht völ-

---

9  Vgl. Rat der Stadt Dresden 1956, in der neben einem Foto der Schwerindustrie auf S. 25 nur Aufnahmen der verfeinerten Luxusgüterproduktion abgedruckt waren, so z. B. auf S. 27, 29 oder 33.
10  Zu Weidauer und der Kunst, vgl. Löffler 1995, 299. Löffler verband allerdings eine jahrelange Feindschaft mit Weidauer.

lig widersprechen.[11] Dass der Habitus der Stadt daher recht konstant ist, eine *longue durée* aufweist, zeigte sich in Dresden auch nach 1990. Relativ schnell setzten sich die Grundzüge des alten Bildes gegenüber den sozialistischen Elementen wieder durch (vgl. Rehberg 2002; Meinhardt 2004).

## II. Freiburg: Die liberale katholische Universitäts- und Beamtenstadt als Pensionopolis

Die Leistungen des Konzepts Habitus der Stadt zur Deutung der historischen städtischen Selbstbilder in Dresden sind damit hinreichend deutlich geworden. Wie sah es jedoch in anderen Städten aus, die in der deutschen Geschichte und bildungsbürgerlichen Öffentlichkeit einen weniger prominenten Platz innehatten? Freiburg im Breisgau ist ein guter Prüfstein. Die Stadt war zwar wegen ihrer Universität und des gotischen Münsters nicht unbekannt, hatte jedoch nie die Bedeutung Dresdens erreicht. Sie war lange Zeit der Verwaltungssitz Vorderösterreichs und wegen ihrer strategischen Lage eine wichtige Festungsstadt. Ökonomisch gesehen dominierte der tertiäre Sektor, Freiburg war in der Typologie Max Webers eine Konsumentenstadt und ähnelte dadurch ein wenig dem residenzstädtischen Charakter Dresdens (vgl. Weber 2000).[12] Entsprechend machte sie auch mit einer ruhigen, lebenswerten Atmosphäre Werbung. Ein Slogan aus den 1930er Jahren beschrieb Freiburg als *die Stadt des Waldes, des Weines und der Gotik*, wobei der Wald auf die Rolle des Ortes als selbsternannte Schwarzwaldhauptstadt verwies.[13] Die gängigsten Topoi der städtischen Selbstbilder passten genau zu dieser Charakterisierung und spiegelten zugleich auch die Fremdeinschätzung der Stadt wider. Immer wieder wurde die wunderschöne Lage Freiburgs und die Rolle der Stadt als Schwarzwaldhauptstadt hervorgehoben. Das Münster mit seinem berühmten Turm durfte ebenfalls nie fehlen – wobei aus diesem einen Bauwerk die Bezeichnung als »Stadt der Gotik« hergeleitet wurde. Die Universität mit ihren Studenten wurde ebenso wie das angenehme Klima als Grund für die Anziehungskraft und Einmalig-

---

11  Der Fall einer völligen Überformung eines alten Kerns wird am Beispiel Dortmund im III. Kapitel beschrieben.
12  Der residenzische Charakter (sic) wird beispielsweise hervorgehoben im Prospekt Freiburg im Breisgau. Schwarzwald/Black Forest/Forêt Noire. Schön zu jeder Jahreszeit, hg. vom Städtischen Verkehrsamt Freiburg im Breisgau, um 1959, zit. nach Stadtarchiv Freiburg (künftig StadtA FR), Sammelmappe Dwb 270.
13  [N.N.] 1933, Einleitungsseite.

keit der Stadt genannt, die einen nie wieder loslasse, sobald man einmal dort gewesen sei.[14]

Auch hier sind wieder die Lücken auffällig. Verweise auf die moderne Massenkultur finden sich so gut wie gar nicht, allenfalls zur Zeit des Dritten Reiches bekam der Sport eine wichtigere Rolle zugeschrieben. Die Freiburger Industrie wird fast nie erwähnt, ebenso wenig wie die umfangreichen Behörden oder die Garnison. Selbst der für die Stadt so wichtige Bischofssitz wird eher verschwiegen. Das könnte daran liegen, dass die Stadt zur Zeit des Kaiserreiches zahlungskräftige protestantische und oftmals liberal eingestellte Norddeutsche dazu bewegen wollte, sich in Freiburg, der *alldeutschen Pensionopolis*, für einen geruhsamen Lebensabend niederzulassen – es bleibt aber dennoch bemerkenswert.[15] Die zahlreichen Fehlstellen legen die Vermutung nahe, dass dieses öffentlich kommunizierte Bild der Stadt doch näher an den Intentionen der Werbebotschaften lag als an der Realität.

In Freiburg gab es innerhalb des Bürgertums noch weniger Binnendifferenzen hinsichtlich der städtischen Selbstbilder als in Dresden. Dies dürfte in der Sozialstruktur begründet liegen, deren Bedeutung für ihre Ausprägung nicht überschätzt werden kann. Anders als in Dresden dominierte in Freiburg nicht nur ein klassisches Bildungsbürgertum, es gab gar keine nennenswerte andere Gruppe. Die Entwicklung zur modernen Großstadt stand in der mittleren Beamtenstadt nicht wirklich an, eine große technische Abteilung gab es an der Universität nicht, und die Wirtschaftsbürger besaßen gegenüber den Bildungsbürgern jedenfalls kein Übergewicht in der Öffentlichkeit. Folglich passten sich Techniker und Unternehmer der herrschenden Stimmung an. Es entstand ein relativ homogenes Klima der Wertschätzung des angeblich mittelalterlichen Charmes der Stadt – der eine Erfindung der Jahre vor 1900 war –, bei gleichzeitiger Wertschätzung moderner Errungenschaften, solange diese dezent blieben (vgl. Schlang o. J., 7 oder 9).

Diese in Freiburg – ebenso wie in Dresden – durchgängig spürbare Spannung zwischen Tradition und Moderne ist charakteristisch für die Selbsteinschätzung der

---

14  Als ein Beispiel unter vielen sei hier genannt Wilhelm Schlang, Freiburg im Breisgau und seine Verbindungen mit dem mittleren und südlichen Schwarzwald, Verkehrsverein Freiburg, o. J. (um 1909), zit. nach StadtA FR, Dwb 270. Vgl. die gleiche Aussage als Wunsch bei Oberbürgermeister Josef Brandel, Geleitwort, in: Studienführer der Albert-Ludwigs-Universität Freiburg i. Br., hg. von Josef Fletschender, Geschäftsführer des Studentenwerks, in Verbindung mit der Universitätsbuchhandlung Eberhard Albert, Freiburg, zit. nach Universitätsarchiv Freiburg, Bestand B 26: 500-Jahrfeier, B 45.
15  Die Formulierung stammt aus einer Wahlkampfrede des liberalen Freiburger Reichstagsabgeordneten Gerhart v. Schulze-Gaevernitz 1911. Die Ruheständler als Zielgruppe finden sich auch noch im Werbeprospekt »Freiburg« von 1959.

Stadt. Einerseits sollte Freiburg durch seine traditionelle Geruhsamkeit und Schönheit anziehen, andererseits wollte man in der Gelehrtenstadt liberal und für den Fortschritt offen sein – sowohl der anzuziehenden Pensionäre als auch der eigenen Selbsteinschätzung wegen. Die Freiburger Herangehensweise bestand darin, auf dem Weg in die Moderne nicht zurückzubleiben, aber auch nicht alle Übertreibungen und Fehler der Avantgarde mitzumachen. Dass die daraus resultierenden Entwicklungen trotz aller Kontinuität Folgen für den Charakter der Stadt hatten, zeigt ein Blick auf den Wandel im Laufe der Jahre.

In der Zeit des Kaiserreiches legte Oberbürgermeister Winterer die Grundlagen für zentrale, bis zum heutigen Tag wirkende Elemente des Freiburger Habitus, der in diesem Fall nur zum Teil auf eine jahrhundertealte historische Tradition zurückzuführen ist. Wie so viele Stadtoberhäupter seiner Generation nahm Winterer die einmalige Gelegenheit der Umbruchphase um die Jahrhundertwende wahr und baute den Ort zu einer für Fremde attraktiven Mittelstadt aus, die den modernen Ansprüchen der damaligen Zeit genügte. »Dörfer haben Dächer, Städte haben Türme« lautete dabei sein Credo (Schmidt 2001, 569). Die alten Stadttore wurden erheblich erhöht und »mittelalterlich« gestaltet. Zugleich akzeptierte er die Entwicklung der zentral gelegenen Kaiserstraße zur modernen Hauptgeschäftsstraße nach wilhelminischen Geschmack, wofür viele der zierlichen Rokoko-Bauten weichen mussten. Außerhalb der Altstadt entstanden großzügige Villenviertel, in denen sich die umworbenen reichen Pensionäre niederlassen konnten.[16] Auf dieses Fundament beziehen sich die städtischen Selbstbilder, und auch der Habitus der Stadt gilt eigentlich nur für diese Viertel. Diejenigen Stadtteile, die später entstanden und heute den Großteil der Bevölkerung beherbergen, wurden nie integriert – ein Befund übrigens, der auch für Dresden und selbst für Paris gilt.[17]

Eine ganz andere Gelegenheit wollte der NS-Oberbürgermeister Franz Kerber wahrnehmen. Er erkannte die Chance, die die nationalsozialistische Liebe zur Kategorie (Volks-)Stamm – anstelle derjenigen zum Konzept der alten dynastischen Territorialstaaten – für Freiburg bot. Statt einer Provinzstadt in Südbaden konnte Freiburg der Zentralort und die kulturelle Hauptstadt des Alemannenlandes werden, die nicht nur ins Elsaß, sondern auch in die Schweiz strahlen sollte (Kerber 1937). Der expansive Aufbruchsgeist dieser Jahre vertrug sich zwar nur sehr partiell mit der Geruhsamkeit der Pensionopolis, widersprach aber offensichtlich nicht dem Möglichkeitshorizont

---

16  Für eine zeitgenössische Würdigung, vgl. Müller 1916.
17  Eine Ausnahme bildet lediglich die Modernitätseuphorie der 1960/70er Jahre, als die Neubauviertel als Ausweis des Fortschritts stolz präsentiert wurden. Prospekt Freiburg, des Schwarzwalds gute Stube, die Stadt mit den vielen Gesichtern o. J., um 1972, zit. nach StadtA FR, Dwb 270.

der Stadt. Das Kriegsende und die Bombennacht des 27.11.1944 mit der Zerstörung fast der gesamten Innenstadt mit Ausnahme des Münsters bereiteten diesen Entwicklungen ein Ende und brachten die trotzige Rückbesinnung auf Altbewährtes: *Die folgenden Bilder mögen bestätigen, daß Freiburg die* <u>Stadt</u> *des* <u>Waldes</u>, *des* <u>Weines</u> *und der* <u>Gotik</u> *blieb. Sie ist das* <u>Tor</u> *zum* <u>Hochschwarzwald</u>, hieß es in einem Faltblatt des Verkehrsamtes aus der frühen Nachkriegszeit.[18]

Nach der emphatischen Entdeckung der baulich-technischen Moderne in den 1960er und 1970er Jahren brachten die letzten Jahrzehnte neben der Kontinuität des Charakters als Stadt des angenehmen Lebens wiederum deutliche Verschiebungen, die für den heutigen Habitus der Stadt konstitutiv sind. Freiburg wurde Öko-Hauptstadt und bekam einige Jahre später sogar den ersten GRÜNEN-Oberbürgermeister in einer deutschen Großstadt. Auch diese Entwicklung erstaunt angesichts der historischen Entwicklung, wobei diese wiederum offensichtlich kein Hinderungsgrund war.[19] Gleiches gilt für die letzten 15 Jahre, in denen die Bahnhofsachse mit modernen Großbauten von einer Höhe neu gestaltet wurde, die 40 Jahre zuvor noch einen Aufschrei nahezu der gesamten bildungsbürgerlichen Stadtelite provoziert hatten.[20]

Die Debatten um die architektonische Gestaltung Freiburgs spiegeln die Entwicklung der Balance zwischen Tradition und Fortschritt insgesamt recht gut wider. Nach einer modernen Phase zur Zeit des Oberbürgermeisters Winterer dominierte fast ein halbes Jahrhundert Konservativismus das Bild. Oberbaudirektor Josef Schlippe trat für die Bewahrung des alten Freiburg ein und versuchte in der Zwischenkriegszeit sogar, durch eine so genannte »Purifizierung« die Gestalt von Bauwerken und Fassaden aus der Zeit vor den Veränderungen der wilhelminischen Jahre wiederherzustellen. Unter seiner Hand entstand Freiburg nach der Zerstörung in behutsam modernisierter Form wieder, ohne sich je wirklich der baulichen Moderne zu öffnen. Diese Leistung würdigte sein Vorgänger und Kollege Karl Gruber mit der Bemerkung: »Das Bild der wiederaufgebauten Altstadtstraßen ist freiburgerischer, als es vor der Zerstörung war.« (Schmidt 2001, 583) Der Widerstand gegen ein staatliches Behördenhochhaus in den

---

18  Freiburg. Das Tor zum Hochschwarzwald. Hg. vom Städtischen Verkehrsamt der Schwarzwaldhauptstadt Freiburg im Breisgau, Faltblatt 1948, zit. nach StadtA FR Dwb 270. Kursive Hervorhebungen im Original.

19  Selbst wenn man um die etablierte Bürgerlichkeit der baden-württembergischen Grünen weiß und die liberalen Traditionen der Stadt in Rechnung stellt: SPD und Zentrum/CDU waren spätestens seit dem Ersten Weltkrieg stets wichtigere Faktoren der Freiburger Kommunalpolitik als die Liberalen.

20  Schreiben des Staatlichen Amtes für Denkmalpflege und Heimatschutz an das Regierungspräsidium Südbaden, Landeskulturamt, vom 27.2.1954, gez. Schlippe, Staatsarchiv Freiburg, Bestand F30/2: Landeskulturamt, Akte 1123: Denkmalpflege in der Stadt FR: Hochhausprojekt, unpaginiert.

1950er Jahren fußt auf dieser Tradition. Das Beispiel Schlippe zeigt einerseits, wie stark ein Mann im Einklang mit den Gefühlen einer Großzahl von Bürgern ein Stadtbild prägen konnte, andererseits aber auch, wie groß die Bedeutung des Zeitgeists war. Gegen Ende seines Lebens erreichte Schlippe die Mehrheit der Freiburger mit seinen Bedenken gegen unhistorische Neubauten in der Innenstadt nicht mehr. Diese vorsichtige Hinwendung zur Moderne war nicht nur eine quasi natürliche Entwicklung, sondern auch politisch gewollt und von konkreten Akteuren gesteuert, genauso wie die Traditionsverhaftung früherer Jahre. Dadurch blieb Freiburg attraktiv und konnte wie schon in der Kaiserzeit von einer »selektiven« oder »kulturellen Migration« profitieren.[21] Zuwanderer wählten Freiburg nun aufgrund seiner Attribute Lebensqualität und Alternativmilieu als Lebensmittelpunkt. Der Ruf als Ökohauptstadt forcierte die Herausbildung einer kulturellen Ökonomie, während sich die Entwicklungslinie einer Freiburger Geschmackslandschaft um den Topos Lebensqualität herum verfestigen konnte, die ihre Wurzeln bereits in der Kaiserzeit hat.

## III. Dortmund: Die Industriestadt mit Tradition und Selbstbewußtsein

Am Beispiel Freiburgs hat sich gezeigt, wie stark sich der Habitus einer Stadt trotz aller Kontinuität wandeln kann und wie wenig er auf einer realen langen historischen Kontinuität beruhen muss. Erfundene oder zumindest deutlich verstärkte Traditionslinien ins Mittelalter reichen hier aus. Dennoch kann Freiburg als gute Bestätigung des Konzepts dienen. Wie sah es nun aber in einer Stadt aus, in der sich nach 1850 in nur 80 Jahren die Bevölkerung verhundertfachte, die sich folglich völlig neu definieren musste? Die Stadt Dortmund blickte auf eine relativ glanzvolle mittelalterliche Periode als führendes Mitglied der Hanse zurück, die allerdings Ende des 14. Jahrhunderts abrupt abbrach. Es folgte fast ein halbes Jahrtausend der Stagnation, auch wenn die Stadt ihren Status als freie Reichsstadt bis zur Napoleonischen Besatzung bewahren konnte. Für den Charakter der Stadt im 20. Jahrhundert war allerdings etwas anderes entscheidend: Im Zuge der Industrialisierung entwickelte sich Dortmund zu einem der Zentren des Ruhrgebiets und zu einem der wichtigsten Wirtschaftsstandorte des Deutschen Reiches. Zwischen 1880 und 1980 war die Gegenwart in der Stadt in erster Linie vom Industriealltag geprägt, Fremde dachten bei den Namen Dortmund oder Ruhrgebiet nur an Kohlenstaub und Rauch und konnten damit nichts Positives asso-

---

21  Die Begriffe finden sich in: Lindner 2003, 52 f.

ziieren. Angesichts dieser Ausgangslage sind die städtischen Selbstbilder in Dortmund höchst aufschlussreich.[22]

Die Texte der Dortmunder Deutungselite stellten folgerichtig die Industrie in den Mittelpunkt, und zwar mit unverhohlenem Stolz auf die dort erbrachten Leistungen und den erreichten technischen Fortschritt. Besonders hervorgehoben wurde auch der Charakter Dortmunds als moderne Großstadt. Ebenso wichtig waren in fast allen Texten die glorreiche Geschichte der Stadt, ihre Tradition als freie Reichs- und Hansestadt und die (allerdings wenigen) baulichen Zeugnisse aus dieser Zeit. Daneben standen meist Verweise auf Sport und Massenkultur sowie den modernen Verkehr, oftmals aber auch auf das bürgerlich geprägte Geistesleben.[23] Bemerkenswert war hieran in erster Linie die uneingeschränkt positive Identifikation mit Industrie, Großstadt und Moderne – in allen drei Punkten alles andere als selbstverständlich im deutschen Bürgertum vor 1945, und in Dresden oder Freiburg in dieser Form niemals konsensfähig.

Noch ein weiteres Element war für die Dortmunder Selbsteinschätzung wichtig: die doppelte und gleichzeitige Zugehörigkeit zu Westfalen und zum Ruhrgebiet. Einerseits verankerten die lebensweltlichen Erfahrungen der Einwohner im Industriegebiet die Stadt fest in der Gemeinschaft der Kommunen mit ähnlichen Bedingungen im Revier, andererseits fühlte man sich der Landschaft Westfalen und ihren als bodenständig und arbeitsam charakterisierten Menschen verbunden. Auch wenn diese Westfalen-Ideologie in erster Linie ein Konstrukt bildungsbürgerlicher preußischer Eliten vor allem des 19. Jahrhunderts war (vgl. Ditt 2002), wurde sie selbst von der zumeist aus außerwestfälischen Gebieten zugewanderten Arbeiterschaft, die den größten Teil der Dortmunder Bevölkerung ausmachte, übernommen und angeeignet.[24] Vermeintlich typische Dortmunder Charaktereigenschaften, die im Wesentlichen identisch waren mit denjenigen, die den Westfalen zugeschrieben wurden, benutzte der sozialdemokratische Dortmunder Oberstadtdirektor Hansmann noch im Stadtbuch von 1951 zur Erklärung der ungeheuren Aufbauleistung nach der nahezu kompletten Zerstörung der Stadt im Zweiten Weltkrieg:

*Wir Dortmunder lieben das Brimborium nicht. Wir stehen mit beiden Beinen auf*

---

22  Ausführlicher zur Dortmunder Situation in den Jahren der Weimarer Republik vgl. Guckes 2002.

23  Als ein Beispiel vgl. die ganzseitige Anzeige des Verkehrs- und Presseamtes der Stadt: Verkehrs- und Presseamt der Stadt Dortmund 1928. Ganz ähnlich sah es auch noch zu Beginn der 1950er Jahre aus, wie die verschiedenen Beiträge des ersten Stadtbuches nach dem Kriegsende zeigen, vgl. Stadt Dortmund 1951.

24  Die Zeitschrift der Dortmunder Sozialdemokratie hieß Westfälische Allgemeine Volkszeitung, und bei überregionalen Ereignissen präsentierte man stolz die westfälische Heimat. Vgl. die Beilage Willkommen rote Jugend auf roter Erde: Vekehrs- und Presseamt der Stadt Dortmund 1928.

*dieser Erde, auf diesem, unserem Boden am Hellweg. Dem Winde die Stirn bieten! So haben wir es in der Vergangenheit gehalten, und so werden wir auch in der Zukunft verfahren. [...] Unsere Sache ist die nüchterne Arbeit vor dem Hochofen, vor Ort, an der Walzstraße, an der Werkbank des Handwerkers, auf dem Bauplatz des Baumeisters, an den Rechenschiebern der Konstruktionsbüros. Alles dies sind gute, nützliche, ernste, klare und sachliche Dinge, die man richtig handhaben muß und mit denen umzugehen gelernt sein will. Diesen Umgang kennen wir* (Hansmann 1951, 6).

Hier mischt sich der Bezug auf die heimatliche Charaktereigenschaft der nüchternen Strebsamkeit mit dem Stolz der organisierten Arbeiterschaft auf ihr fachliches Können. Bürgerliche Vorstellungen und Werte wurden von der seit 1945 regierenden Sozialdemokratie aus innerer Überzeugung beibehalten, die es dadurch dem Dortmunder Bürgertum leichter machte, sich mit dem Verlust der alleinigen kommunalen Gestaltungsmacht zu arrangieren. Lebensqualität und Kunst, die beiden Schlagwörter für Freiburg und Dresden, finden sich hier wahrlich nicht an erster Stelle. Dies gilt auch für die Selbsteinschätzungen aus dem Dortmunder Bürgertum. Hochbaudezernent Delfs, der in den späten 1920er Jahren maßgeblich für die Errichtung moderner sachlicher Bauten in Dortmund verantwortlich war, beschrieb seine Wirkungsstätte 1928 folgendermaßen:

*Es ist nicht das Bild einer alten mit den Jahrhunderten gewachsenen Stadt, an deren Lageplan sich die einzelnen Baustile ablesen lassen. Die Fliegeraufnahme von Dortmund zeigt das, was Dortmund ist und sein will, die Stadt der Kohle und des Eisens. Die Bedeutung der einstigen Hansestadt Dortmund ist durch die Werktätigkeit seiner Bevölkerung in jüngster Zeit wieder aufgestiegen als mit maßgebende Industrie-Großstadt Deutschlands* (Delfs 1928, 17).

Auch hier findet sich das gleiche Pathos der Nüchternheit. Angesichts der Lebenswirklichkeit in Dortmund war eine andere Sichtweise auch nur schwer möglich, und es lag für die bildungsbürgerlichen Eliten nahe, diese Realität positiv zu besetzen und stolz zu vertreten. Für Techniker und Ingenieure war das ohnehin kein Problem, aber auch die Geisteswissenschaftler gingen diesen Weg, wenn auch mit leichten Reserven. Sie akzeptierten und bejahten die Gegenwart der Industriestadt, obwohl sie dem schönen Alten nachtrauerten, wohingegen sich bei den akademisch gebildeten Praktikern oftmals sogar eine wahre Fortschrittsbegeisterung zeigte (Winterfeld o. J., 79; Hartleb 1928).[25] Die Dortmunder Architektur illustriert diese Nuancen. Während Stadtbaurat Strobel am Anfang des 20. Jahrhunderts noch versuchte, klassisch bildungsbürgerliche

---

25  Vgl. etwa die Einstellungen des Stadtbaurats für Tiefbau Hartleb und der Archivdirektorin von Winterfeld zu alten Bauwerken in der Stadt.

Reformvorstellungen durch Bauvorhaben zu verwirklichen, unterstützte Hochbaudezernent Delfs in den 1920ern einen Stil der konservativen Sachlichkeit, den er für die Industriestadt für angemessen hielt: klar, aber doch bodenständig.

Dieser Befund zum Habitus der Industriestadt Dortmund im 20. Jahrhundert ist eindeutig. Problematisch ist hier die eklatante Differenz zwischen dem Selbstbild der Stadt und der Sicht von außen. Die positive Darstellung der Industrie und der Stolz auf die Leistung wurden nämlich außerhalb des Ruhrgebiets keinesfalls in dieser Weise geteilt, ebenso wenig wie die Einschätzung, dass es sich bei Dortmund um eine moderne Großstadt handele. Bis weit in die zweite Hälfte des letzten Jahrhunderts wurden eher Dreck und Proletentum mit der Stadt assoziiert (vgl. Nellen 2004; Thies 1993).[26] Die Begeisterung der Dortmunder bürgerlichen Eliten für ihre Heimat war offensichtlich nur schwer zu vermitteln (Uhlmann-Bixterheide o. J., 113).[27] Für das Habitus-Konzept stellt dies kein unüberwindbares Problem dar, wohl aber für die Ausbildung von kulturellen Ökonomien oder die Erkennbarkeit einer Geschmackslandschaft über einen »Notwendigkeitsgeschmack« hinaus, den Lindner für das Revier ausgemacht hat (Lindner 2003, 47). Positive Zuschreibungen funktionieren nicht, wenn das Bezeichnete außerhalb der Region weitgehend negativ konnotiert ist. Außer Trinkhallen und Currywurstbuden lassen sich auch kaum Konsumgüter mit dem Charme der Industrie- und Arbeiterstadt verknüpfen. Beide sind zudem keine aus der Region exportierbaren Waren, um die es bei kulturellen Ökonomien heute ja geht.[28] Diese Problematik liegt ebenfalls dem langsamen Niedergang der Dortmunder Brauindustrie zugrunde, die es nicht geschafft hat, ihren Produkten ein modernes Lifestyle-Image zu verschaffen, nachdem die traditionellen und ursprünglich erfolgreichen Bilder des kohlenstaubgeschwärzten Bergarbeiters mit einem strahlenden Bierglas in der Hand seit den 1960er/1970er Jahren keine Werbekraft mehr entfalteten.[29] Der Möglichkeitshorizont Dortmunds in der Außenwahrnehmung erlaubte keine anderen Verknüpfungen, obwohl diese nach der Selbstwahrnehmung durchaus möglich gewesen wären.

---

26  Hier setzten auch die zahlreichen Imagekampagnen des Kommunalverband Ruhrgebiets an.
27  So auch die Erkenntnis eines Dortmunder Schriftstellers, der die Schönheiten unseres oft verkannten Industrielandes pries.
28  Kulturelle Ökonomien und Geschmackslandschaften beziehen sich auch in Konsumentenstädten sowohl auf die dort gekauften als auch auf die dort produzierten Waren. In Produzentenstädten wie Dortmund gilt die gleiche Doppelbeziehung: Bier steht dabei für ein Produkt der heimischen Geschmackslandschaft, das mit genau diesem Image auch nach außen verkauft wurde.
29  Bemerkenswert ist hier zudem das Paradoxon, dass der Bergmann trotz des insgesamt negativen Images der Industriestadt überhaupt positive Werbewirkung entfalten konnte. Vielleicht schrieb man Arbeitern in einer Zeit, da Bier noch nicht in erster Linie als Lifestyle-Getränk dargestellt wurde, hier besondere Geschmackskompetenz zu.

Diese mit dem gegenwärtigen Strukturwandel von der industriellen zur postindustriellen Gesellschaft verbundenen Veränderungen zumindest der Eigenwahrnehmungen verweisen auf ein grundlegenderes Problem des Habitus-Konzepts im Falle Dortmunds. Die Annahme einer langen historischen Kontinuität trifft hier nicht zu. Der zweimalige nahezu vollständige Funktionswandel innerhalb von 150 Jahren führte zu deutlichen Verschiebungen im Charakter der Stadt. Die Industriestadt von 1900 hatte mit der ackerbürgerlichen freien Reichsstadt von 1800 nichts mehr zu tun. Die Industriegesellschaft war nahezu traditionslos, die tatsächlichen Kontinuitäten in die Vergangenheit fielen in der rasant gewachsenen Stadt kaum mehr ins Gewicht. Der oben zitierte Bezug auf die reichsstädtische Geschichte und Hanse-Tradition ist in Abwandlung von Eric Hobsbawm als eine *reinvented tradition* zu verstehen (Hobsbawm 1983). Das städtische Bürgertum, das in Dortmund zwar eine zahlenmäßig deutlich kleinere Schicht als in Dresden oder Freiburg, aber eine doch deutlich größere Gruppe als in den auf dem platten Land entstandenen Industriedörfern des nördlichen Ruhrgebiets bildete, erinnerte sich gegen Ende des 19. Jahrhunderts der Geschichte ihres Wohnortes, der zumeist nicht einmal die eigene Geburtsstadt war. Wenige Jahre zuvor war man diesem Erbe gegenüber noch völlig gleichgültig gewesen. Nun konnte es aber der Abgrenzung von den mit Ausnahme der Hellwegstädte Duisburg, Essen und Bochum relativ geschichtslosen übrigen Städten des Ruhrgebiets dienen und die eigene vollwertige Bürgerlichkeit unterstreichen. In einer Zeit, da die Bezüge auf das mittelalterliche Reich vom deutschen Kaiserhaus bewusst gefördert wurden, erhofften sich die Honoratioren der Stadt zugleich einen Reputationsgewinn hinsichtlich der Bedeutung Dortmunds für den Staat (Schilp 1999). Dieser Akt der Identitätsstiftung war derart erfolgreich, dass er für die nächsten 100 Jahre zur Grundlage jeglicher Selbstbeschreibungen der Stadt wurde und die verschiedenen Gruppen des Bürgertums einte, aber auch die Arbeiterschaft umfasste.

Die zweite grundlegende Verschiebung des Habitus der Stadt Dortmund, die seit den 1980er Jahren stattfindet, ist ebenso wie die erste strukturell bedingt und hat wiederum starke Auswirkungen auf die geschichtliche Verortung der Selbstbilder, auf der kulturelle Ökonomien aufbauen können. Der Strukturwandel von der Montanindustrie zum Dienstleistungssektor mit dem allmählichen Verschwinden von Zechen und Stahlwerken brachte nicht nur eine dramatische Veränderung der Lebenswelt, sondern auch Anpassungen in der Sozialstruktur mit sich, die sich unmittelbar im Hintergrund der Deutungseliten niederschlagen. Eine große Zahl von Arbeiterkindern, die die in den 1960er und 1970er Jahren gegründeten Hochschulen des Ruhrgebiets besucht hatten und die Basis eines neuen »Ausbildungsbürgertums« bildeten, erreichten berufliche Positionen im Revier, in denen sie direkt Einfluss auf die Prägung von Selbstbildern nehmen konnten, und damit auch auf Anpassungen des Habitus der Stadt an die geänderten Rahmenbedingungen (Tenfelde, 2002, 46). Für sie war nicht mehr in erster Linie der Bezug auf die mittelalterliche Geschichte sinnstiftend, sondern der auf die gerade vergehende Industrievergangenheit. Als »Industriekultur« wurde wiederum der Stolz auf die eigene Geschichte funktionalisiert und auch kommerzialisiert. Man kann hierin den Ansatz zu einer neuen kulturellen Ökonomie sehen, deren (Über-)Lebensdauer allerdings noch nicht einzuschätzen ist. Gleichwohl geht es hier nur um eine wirtschaftliche Nische. Der Strukturwandel wird durch andere Faktoren vorangetrieben. High-Tech lautet hier das Stichwort, und das ist eher mit bewusster Standortpolitik und erfolgreicher Bildungspolitik verbunden als mit historischen Traditionslinien oder damit, dass Dortmund aufgrund seiner Geschichte »prädisponiert« wäre in seiner »Haltung gegenüber Einwirkungen von außen« (Lindner 2003, 48).

## IV. Fazit

Insgesamt hat sich gezeigt, dass das Konzept eines Habitus' der Stadt auch jenseits der Vorzeigebeispiele Paris oder Los Angeles analytisch sehr wertvoll ist. Viele Einzelbeobachtungen lassen sich damit bündelnd erklären. Die drei Fallbeispiele haben aber auch sichtbar gemacht, dass es nicht immer vollständig treffend ist. Während Dresden geradezu als Paradefall gelten kann und Freiburg i. Br. sich ebenfalls sehr gut einfügt, ist die Stadt Dortmund schwieriger zu fassen. An ihr wird deutlich, dass nicht immer eine längere Kontinuität eines einheitlichen Habitus feststellbar ist, dass dieser sich sogar gegenwärtig in einem fundamentalen Wandel befinden kann – was eigentlich in dieser Form im Konzept nicht vorgesehen ist. Einerseits bedürfen daher vor allem Veränderungen über die Zeit besonderer Aufmerksamkeit, auch feine Verschiebungen bei grundsätzlicher Kontinuität wie im Falle Freiburgs. Brüche in der Stadtgeschichte und strukturelle Verwerfungen lassen sich andererseits aber gerade auch am Habitus einer Stadt nachzeichnen, wobei Wandlungen der sozioökonomischen Struktur deutlichere Spuren hinterlassen als politische Entwicklungen. Die Jahre des sozialistischen Dresdens mit ihren weitgehend nur vorübergehenden Auswirkungen unterstreichen dies nachdrücklich. Im Bezug auf die Zeitdimension ist ebenso die Frage relevant, wie welche Schichten der Vergangenheit einer Stadt in ihren Habitus eingelagert werden. Dortmund ist hier ein Beispiel für verschiedene Möglichkeiten.

Damit ist zugleich auch die Rolle der handelnden Akteure angesprochen. Sie müssen zwar auf den vorhandenen Habitus ihrer Stadt Rücksicht nehmen, können in Zeiten des Wandels aber doch ganz deutliche Umprägungen an ihm vornehmen – und damit auch vorhandene kulturelle Ökonomien und urbane Geschmackslandschaften ihrer Grundlage berauben. Deren Ortsgebundenheit wird dadurch um eine Zeitgebundenheit ergänzt. Zugleich gilt es jedoch, die Offenheit dieser Wandlungsprozesse zu betonen. Die einzelnen Akteure haben zwar Interessen und Intentionen, bewusst steuern lassen sich der Habitus der Stadt und die Geschmackslandschaften allerdings nicht, ausgenommen vielleicht in Diktaturen. Dafür sorgen auch die verschiedenen gruppen- oder schichtenspezifischen Ausprägungen städtischer Selbstbilder, die zwar auf dem Boden des Habitus der Stadt stehen müssen, wenn sie glaubwürdig sein wollen, aber doch beständig miteinander konkurrieren und so isolierte Neupositionierungsversuche Einzelner verhindern.

Schließlich hat sich gezeigt, dass eine Übereinstimmung von Selbst- und Fremdbild für die Existenz urbaner Geschmackslandschaften und das Funktionieren kultureller Ökonomien unumgänglich ist. Fehlt sie, so ist zwar ein städtisches Selbstbild erkennbar, das auch zu Marketingzwecken genutzt wird, aber nicht die Strahlkraft entwickeln kann, die für das Florieren kultureller Ökonomien notwendig ist.

## Literatur

[N. N.]: Vorwort der Industrie- und Verkehrsverlag G.m.b.H., Sitz Dresden, in: Rat der Stadt Dresden (Hg.), Dresden. Das Buch der Stadt, Dresden 1924, unpaginiert.

[N. N.]: Freiburg im Breisgau und Umgebung. Deutschland-Bildheft Nr. 35, Berlin um 1933.

Delfs, Heinrich: Die städtebauliche Entwicklung Dortmunds, in: J. Buddendiek (Hg.): Das Buch der alten Firmen von Groß-Dortmund im Jahre 1928, 1928 S. 12–17.

Ditt, Karl: Was ist »westfälisch«? Zur Geschichte eines Stereotyps, in: Westfälische Forschungen 52/2002, S. 45–94.

Durth, Werner, Jörn Düwel und Niels Gutschow: Architektur und Städtebau in der DDR, Nr. I: Ostkreuz: Personen, Pläne, Perspektiven; Nr. II: Aufbau: Städte, Themen, Dokumente, Frankfurt/M. 1998.

Guckes, Jochen: Städtische Selbstbilder im Widerstreit. Politische Bürgerlichkeit in Dresden in Selbstdarstellungstexten der 1920er Jahre und bei der 750-Jahrfeier der Stadt 1956, in: Ulrich Rosseaux, Wolfgang Flügel und Veit Damm (Hg.): Zeitrhythmen und performative Akte in der städtischen Erinnerungs- und Repräsentationskultur zwischen Früher Neuzeit und Gegenwart, Dresden 2005, S. 147–172.

Ders.: ›Stätte des Willens und der Tat‹. Städtische Selbstbilder und Städtebaudebatten in Dortmund in der Weimarer Republik, in: Beiträge zur Geschichte Dortmunds und der Grafschaft Mark 92/93/2002, S. 175–220.

Hansmann, Wilhelm: Dortmunds Kraftreserve, in: Stadt Dortmund (Hg.): Von der toten zur lebendigen Stadt. Fünf Jahre Wiederaufbau in Dortmund, Dortmund 1951, S. 6–8.

Hartleb, Walter: Streiflichter auf die städtebauliche Entwicklung Dortmunds in den letzten 100 Jahren, in: 100 Jahre Dortmunder Zeitung vom 4.10.1928, S. 17–21.

Hobsbawm, Eric: Introduction: Inventing traditions, in: Ders. und Terence Ranger (Hg.), The invention of tradition, Cambridge 1983, S. 1–14.
Kerber, Franz (Hg.): Alemannenland. Ein Buch von Volkstum und Sendung. Für die Stadt Freiburg herausgegeben von Oberbürgermeister Dr. Franz Kerber (Jahrbuch der Stadt Freiburg, 1), Stuttgart 1937.
Kocka, Jürgen: Bürgertum und Bürgerlichkeit als Probleme der deutschen Geschichte vom späten 18. bis zum frühen 20. Jahrhundert, in: Ders. (Hg.): Bürger und Bürgerlichkeit im 19. Jahrhundert, Göttingen 1987, S. 21–63.
Lerm, Matthias: Abschied vom Alten Dresden. Vernichtung historischer Bausubstanz nach 1945, Dresden 2001.
Lindner, Rolf: Der Habitus der Stadt – ein kulturgeographischer Versuch, in: Petermanns Geographische Mitteilungen 147 (2003) 2, S. 46–53.
Ders.: Vorüberlegungen zu einer Anthropologie der Stadt, in: Volkskunde in Sachsen 16/2004, S. 177–188.
Lindner, Rolf und Johannes Moser (Hg.): Dresden. Ethnographische Erkundungen einer Residenzstadt. Leipzig 2006.
Ders. und Lutz Musner: Kulturelle Ökonomien, urbane ›Geschmackslandschaften‹ und Metropolenkonkurrenz, in: Informationen zur modernen Stadtgeschichte 1/2005, S. 26–37.
Löffler, Fritz: Das alte Dresden. Geschichte seiner Bauten, Dresden 1956.
Ders.: Dresden. Vision einer Stadt, herausgegeben und eingeleitet von Ingrid Wenzkat, Dresden 1995, S. 299.
März, Johannes: Dresdens Industrie, in: Dresden. Das Buch der Stadt, Dresden 1924, S. 143–147.
Meinhardt, Matthias: Der Mythos vom »Alten Dresden« als Bauplan. Entwicklung, Ursachen und Folgen einer retrospektiv-eklektizistischen Stadtvorstellung, in: Andreas Ranft und Stephan Selzer (Hg.): Städte aus Trümmern. Katastrophenbewältigung im epochenübergreifenden Vergleich, Göttingen 2004, S. 172–201.
Mergel, Thomas: Die Bürgertumsforschung nach 15 Jahren. Für Hans-Ulrich Wehler zum 70. Geburtstag, in: AfS 41/2001, S. 513–538.
Müller, Heinrich: Oberbürgermeister Dr. Otto Winterer. Ein Vierteljahrhundert Entwicklungsgeschichte der Stadt Freiburg, Freiburg 1916.
Nellen, Dieter: Strukturwandel der regionalen Öffentlichkeit(sarbeit). Von der Werkstatt Ruhrgebiet zum Anspruch »Das Ruhrgebiet. Ein starkes Stück Deutschland«, in: Forum Industriedenkmalpflege und Geschichtskultur 1/2004, S. 20–25.
Rat der Stadt Dresden (Hg.): Festschrift Dresden zur 750-Jahrfeier der Stadt, Dresden 1956.
Rehberg, Karl-Siegbert: Das Canaletto-Syndrom. Dresden als imaginäre Stadt, in: Ausdruck und Gebrauch 1 (2002) 1, S. 78–88.
Schilp, Thomas: Städtische Identität durch Erinnerung an das Mittelalter. 11. August 1899 – Kaiser Wilhelm II. besucht Dortmund zur Hafeneinweihung, in: Karl-Peter Ellerbrock (Hg.): Dortmunds Tor zur Welt. Einhundert Jahre Dortmunder Hafen, Essen 1999, S. 48–61.
Schmidt, Leo: Stadtcharakter und Architektur. Freiburger Baugeschichte seit 1800, in: Heiko Haumann und Hans Schadek (Hg.): Geschichte der Stadt Freiburg, Nr. 3: Von der badischen Herrschaft bis zur Gegenwart, Freiburg 2001, S. 561–586.
Schulze-Gaevernitz, Gerhart von: Wovon lebt Freiburg?, Freiburg 1911.
Seydewitz, Max: Der größte Schatz der Kunststadt Dresden, in: Rat der Stadt Dresden (Hg.): Festschrift Dresden zur 750-Jahrfeier der Stadt, Dresden 1956, S. 64–69.
Stadt Dortmund (Hg.): Von der toten zur lebendigen Stadt. Fünf Jahre Wiederaufbau in Dortmund, Dortmund 1951.

Tenfelde, Klaus: Jetzt geht wieder alles von vorne los. Wer Geschichte schreibt, will sie auch machen. Im Ruhrgebiet fängt das deutsche Bürgertum noch einmal ganz neu an, in: Frankfurter Allgemeine Zeitung vom 6.3.2002, S. 46.

Thies, Udo: Identifikation durch Image? Regionalmanagement am Beispiel des Ruhrgebiets, in: Geographie heute, Nr. 116/1993, S. 40–43.

Uhlmann-Bixterheide, Wilhelm: Ein Rundgang durch das heutige Dortmund, in: Verkehrsverein Dortmund e.V. und Städtisches Verkehrs- und Presseamt Dortmund (Hg.): Stadt Dortmund, Dortmund o.J. [1925], S. 95–113.

Verkehrs- und Presseamt der Stadt Dortmund: Lernen Sie Dortmund kennen!, in: Willkommen rote Jugend auf roter Erde. Festblatt zum 5. Reichs-Arbeiter-Jugend-Tag Dortmund 1928, Sonderbeilage zur Westfälischen Allgemeinen Volkszeitung vom 4.8.1928.

Weber, Max: Begriff und Kategorien der Stadt, in: Ders.: Wirtschaft und Gesellschaft. Teilband 5: Die Stadt (MWS I/22-5), Tübingen 2000, S. 1–17.

Widera, Thomas: Begrenzte Herrschaft. Die Durchsetzung der Diktatur in der Dresdner Stadtverordnetenversammlung 1946–1948, in: Neues Archiv für sächsische Geschichte 72/2001, S. 161–213.

Ders.: »…eine gute saubere anständige politische Gesinnung«. Entnazifizierung als Instrument der Diktaturdurchsetzung in Dresden, in: Rainer Behring und Mike Schmeitzner (Hg.): Diktaturdurchsetzung in Sachsen. Studien zur Genese der kommunistischen Herrschaft 1945–1952, Köln 2003, S. 269–296.

Winterfeld, Luise von: Aus Dortmunds Vergangenheit, in: Verkehrsverein Dortmund e.V. und Städtisches Verkehrs- und Presseamt Dortmund (Hg.): Stadt Dortmund, Dortmund o.J. [1925] S. 79.

Anja Richter

# Ein Fest für Schule und Stadt
Das Freiberger Gregoriusfest bis zu seiner Aufhebung 1835

Das Gregoriusfest, »das liebe, alte, überall gefeierte Schülerfest« (Kaemmel 1909, 244), wie es Otto Kaemmel, Rektor der Leipziger Nikolaischule, noch 1909 nannte, war bis zu seiner offiziellen Aufhebung durch das Elementar- und Volksschulgesetz von 1835 weithin das seinem Ursprung nach populärste Heiligenfest, das an den Elementar- und Lateinschulen in Sachsen gefeiert wurde. Bis dahin hatte es durch seine bemerkenswerte Flexibilität Jahrhunderte lang das Schulleben geprägt. Nach dem Historiker Johannes Klette, der sich zu Beginn des 20. Jahrhunderts intensiv mit dem Fest beschäftigt hatte, ist es ein Fest von allgemein historischer Bedeutung. Als ein vor allem in Sachsen und Thüringen verbreitetes Schulfest gewähre es, so Klette, tiefe Einblicke in das Schulleben, in die Beziehungen zwischen der Stadt und ihrer Schule sowie in die wirtschaftliche und gesellschaftliche Lage des Lehrerstandes vom 16. bis ins 19. Jahrhundert (vgl. Klette 1932, 164).[1] Dennoch gibt es über die Geschichte dieses Festes an sächsischen Lateinschulen keine neueren Untersuchungen. Seine Bedeutung für den Aufbau des reformatorischen Schulwesens sowie für das Verhältnis von Schule und Stadt wurde bislang in der historischen Bildungsforschung wie in der sächsischen Volkskunde verkannt. Es gehört allenfalls zu den Randnotizen, wenn über die Einkommen der Lehrerschaft vor deren Besoldung durch den Staat gesprochen wird. Eine Annäherung an das Thema ermöglicht nun die historische Festforschung, welche in den letzten Jahren die kultur- und mentalitätsgeschichtliche Bedeutung von Festen und Feiern wiederentdeckte. Im Zuge dieser Konjunktur (vgl. Maurer 1991; Müller 2004) gerieten auch die Schulfeiern in den Blick (Richter 2005)[2].

1   Diese Abhandlung über das Gregoriusfest als Einschulungstag wurde 1932 posthum veröffentlicht und war Teil eines größer angelegten Werkes über die Verehrung des Papstes Gregor I. in Deutschland. Darüber hinaus hatte Klette weitere Veröffentlichungen über das Gregoriusfest geplant, die er aufgrund seines frühen Todes nicht mehr ausführen konnte.
2   Befruchtend für die deutsche Forschung mag der Aufschwung innerhalb der französischen Geschichtswissenschaft gewesen sein, den Roger Chartier mit einer »wahren Fest-Explosion« vergleicht, deren Gründe erstens in der Kompensation eines verschwindenden Kultursystems zu suchen sind,

Der Aufsatz gliedert sich in vier Abschnitte: 1. Gregor der Große – Der Schulpatron und sein Fest, 2. Der Impuls der Reformation auf das sächsische Schulwesen, 3. Die Gregoriusfeste der Freiberger Stadtschule im 17. Jahrhundert – Zeugnisse städtischer Memorialkultur und 4. Vom Schulfest zum Bettelumgang.

## 1. Gregor der Große – Der Schulpatron und sein Fest

Im Hochmittelalter kam es nach einem Prozess der Institutionalisierung zu zahlreichen Heiligsprechungen. Nur diejenigen, die die päpstliche Approbation erhielten, konnten in den Kanon der Heiligen aufgenommen werden. In dieser Zeit intensivierte sich die Verehrung heiliger Personen, Reliquien und Bilder. Der Personenkult beruhte meist auf Legenden, die man sich erzählte und aus denen man die Patronate der Heiligen ableitete. Dieser Prozess führte schließlich zu einer Privatisierung der Heiligen, die sich im Reliquienkult, in Festen am Namenstag der Heiligen, in der Namensgebung zur Taufe, in der Gebetspraxis sowie in den den Heiligen zugedachten Patronaten über Kirchen, Länder und gesellschaftliche Gruppen spiegelte (vgl. Angenendt 2000, 31–88). Die berühmteste Sammlung von Legenden über die Heiligen des Kirchenjahres, die *Legenda aurea*, stammt von Jacobus de Voragine aus dem Jahr 1273.

Die Anfänge der Verehrung Gregors des Großen (540–604) liegen in der bald nach dem Tod Gregors verfassten Schrift *De viris illustribus* durch Isidor von Sevilla (um 560–636), der darin den Papst Gregor I. als Kirchenvater auswies. Die darauf aufbauenden Martyrologien des Hrabanus Maurus (780–856), Abt von Fulda und Erzbischof von Mainz, machten Gregor auch in Deutschland bekannt. Die Verehrung entstand aufgrund seiner Missionstätigkeit sowie der zahlreichen Gründungen von Klöstern und Singschulen, seiner Liturgiereform und schließlich aufgrund der Förderung des Kirchengesangs insgesamt. Eine Legende, die seine Verehrung als Patron der Sänger, Musiker und Singknaben begründet, ist nicht überliefert. Vielmehr war seine Tätigkeit als strenger Lehrer der römischen Singschule Auslöser des Patronats (vgl. Legenda aurea 1963, 251). Der klösterliche Unterricht diente bis ins Spätmittelalter im wesentlichen der Liturgie durch Unterweisung der Scholaren in Latein und Gesang. Die Septem artes liberales, die sieben freien Künste, gliederten sich in das Trivium, zu dem Grammatik, Rhetorik, Dialektik und in das Quadrivium, zu dem Arthmetik,

zweitens in der »Wiederaufwertung des Ereignisses«, um »jene Strukturen [zu] erhellen, die eine Gesellschaft oder eine kollektive Mentalität konstituieren« und drittens in der Ambivalenz des Festes, Volkskultur einerseits und Repräsentation der herrschenden wie Disziplinierung der volkstümlichen Kultur zugleich zu sein (Chartier 1984, 153–155).

Geometrie, Astronomie und Musik gehörten. Gezeigt wird der heilige Gregor meist in päpstlichem Ornat. Seine Insignien sind Buch und Schreibfeder sowie die Taube als Symbol des Heiligen Geistes (vgl. Art. Gregorianischer Gesang 1995, 1033–1037; Legenda aurea 1963, 252). Darstellungen, die Gregor als Lehrer in der Sängerschule zeigen, gibt es kaum (vgl. Thomas 1974, 433).

Der christlich-lateinische Kulturtransfer nach Sachsen setzte in der karolingischen Periode ab dem 9. Jahrhundert ein, als englische Missionare die Sachsenbekehrung vorantrieben. Aufgrund der Missionierung der Angelsachsen ab 597 durch Gregor hatte sich seit dem 8. Jahrhundert in England ein Heiligenkult um den frühen Papst entfaltet. Der 12. März, Todestag des hl. Gregor, wurde dort ab Ende des 9. Jahrhunderts begangen (vgl. Heinzelmann 1989, 1666).[3] In dieser Zeit lassen sich auch erste Sammlungen gregorianischer Gesänge, *gregoriana carmina* und *cantus romanus*, als deren Urheber Gregor galt, nachweisen. Weitere Impulse kamen aus Frankreich direkt, von wo aus dort ausgebildete Priester und Mönche geistige Anregungen in deutsche Gebiete importierten (vgl. Löwe 1994, 46–86), zudem aus Holland und Belgien.

Einen ersten Hinweis auf das Schülerpatronat Gregors in Frankreich liefert uns Guibert von Nogent (1055–1125) in seiner nach dem Vorbild der *Confessiones* Augustins autobiographischen Schrift *De vita sua monodiarum libri tres*. Guibert berichtet, dass für ihn am »Festtag des Hl. Gregor (12. März)« der »Schulunterricht« (Guibert zit. bei Arnold 1980, 104) durch Privatlehrer begann (vgl. Bulst 1989, 1768–1769). Daraus leiteten ältere Autoren ab, in Frankreich hätte es bereits zu dieser Zeit das Gregoriusfest als Einschulungsfest gegeben (vgl. u.a. Specht 1885, 229) beziehungsweise sei dieser Tag generell der Einschulungstag im Mittelalter gewesen. Da es sich aber um eine einzelne Quelle handelt, kann davon ausgegangen werden, dass das Patronat zwar schon bestand, sich aber noch kein zugehöriges Heiligenfest an der Schule entwickelt hatte. Zudem finden sich in der Literatur des 19. Jahrhunderts zahlreiche Vermutungen über die Ursprünge des Festes. Sie reichen von der Annahme, es könne sich um eine christ-

---

3   Der 12. März war bis 1969 Tag des heiligen Gregor, ab 1970 verehrt man den Tag seiner Bischofweihe, den 3. September (vgl. Wimmer 2000, 150).

liche Überformung des römischen Minervakultes[4] handeln bis hin zur Übertragung des Knabenbischofsspiels[5] vom 28. Dezember auf den 12. März.[6]

Nach Guibert findet sich erst 300 Jahre später ein weiterer Hinweis auf den Gregoriustag – diesmal in Holland. Thomas von Kempen (1380–1471) überliefert die Erzählung eines Priesters, er habe am Tag des heiligen Gregor zum ersten Mal die Schule betreten, um das Alphabet zu lernen (vgl. Klette 1932, 133). Tatsächlich lässt sich bald darauf auch in deutschen Gebieten der Gregoriustag als Einschulungstag nachweisen. Klette kann beispielsweise das Gregoriusfest an der Adelsschule des Frauenstifts in Wetter/Oberhessen, dessen Gründung 1015 auf schottische Missionare zurückgeht,

---

4   Dazu gehören u. a. Benewitz 1652, 2; Mücke 1793, 13. Daran knüpfen folgende Autoren an: Rüdiger 1847, 15 und Palmer 1856, 365 f.. Dagegen halten Heydenreich 1896, 33 und Eckstein 1888, 1 eine Nähe zum Minervakult für wenig wahrscheinlich, und auch Klette schließt eine Verbindung aus, vgl. Klette 1932, 139.

5   In Deutschland finden sich ab dem 14. Jahrhundert erste Quellen über das Nikolausspiel sowie ikonographische Darstellungen. Üblich war das mittelalterliche Bischofsspiel bei Studenten und in den Kloster- und Stiftsschulen. Das Schülerpatronat wurde mit dem 28. Dezember, dem Tag der unschuldigen Kinder, verknüpft. Erst mit Durchsetzung des Heiligenkultes im 13. Jahrhundert verlagerte sich das Fest auf den 6. Dezember, den Todestag Nikolaus'. Das »beliebte Spiel« gestattete »die zeitweise Übernahme eines Teiles der bischöflichen Amtspflichten durch einen Scholaren, der zu diesem Zwecke die bischöflichen Gewänder anlegte und von Kaplänen, die ebenfalls Scholaren waren, begleitet wurde.« Da das Nikolausfest im »engsten Zusammenhang mit dem mittelalterlichen Narrenfeste« (Meisen 1981, 307) stand, gingen die ebenfalls mit Chorhemd, Talar und verschiedenen Masken verkleideten Schüler in einer Prozession zur Kirche und feierten am Altar der unschuldigen Kinder, später an dem des hl. Nikolaus, eine Messe. Zum Fest gehörten auch Geschenke wie Schuhe, Brot und Geld an die Schüler. Die Maskerade der Schüler und die Außerkraftsetzung der Ordnung, Übertreibungen und Ausartungen der närrischen Vermischung von Geistlichem und Weltlichem veranlasste schließlich die kirchliche und weltliche Gesetzgebung einzuschreiten und das Fest für die ältere Jugend und niedere Geistlichkeit zu verbieten. Auf dieses Verbot weißt auch Chartier als ein Beispiel hin, wie die kirchliche Institution auf volkstümliche Kultur als »Ort des Spontanen, der Unordnung und der Unanständigkeit« (vgl. Chartier 1984, 159 f.) reagierte. Da das Schülerfest für die jüngeren Scholaren nicht verboten wurde, kann es sich als »Überbleibsel des Mittelalters« (Meisen 1981, 310) bis in das 18. Jahrhundert halten. Auf die vorreformatorische Verehrung des heiligen Nikolaus an der Thomasschule in Leipzig verweist Kaemmel in seiner Schulgeschichte. Demnach wurden »einige Heiligentage gefeiert, vor allem der Nikolaustag (6. Dezember) mit Wahl eines ›Knabenbischofs‹ und dessen Umzug und St. Katharina als Patronin der Studien« (Kaemmel 1909, 34–35). Den Gregoriustag stand nach Kaemmel in Zusammenhang mit der vorösterlichen Fastenzeit. Bis zum 12. März hatte die Beichte der Schüler zu erfolgen, damit Ostern das Abendmahl kommuniziert werden konnte.

6   Klette führt als Beispiel die Stadtschulen Braunschweigs an, wo nach Verbot des Knabenbischofsspiels in Jahr 1407 ab 1420 das Gregoriusfest gefeiert wurde (vgl. Klette 1932, 138). Dazu vgl. auch Heller 1997, 250–251, der darauf hinweist, dass Gregor »mancherorts« Nikolaus als Schultzheiligen der Schüler ablöste. Auf einen Zusammenhang beider Feste verweist, wenn auch abschätzig, Ruhkopf 1794, 159.

belegen. Damit gelingt ihm, einen Zusammenhang zwischen der schottischen Gregoriusverehrung und der nun vereinzelt in Deutschland auftretenden Heiligenfeier herzustellen. Als ein »Lockmittel zum Schulbesuch« veranstaltete die Äbtissin Elisabeth von Brück seit 1460 »an jedem Gregoriustage ein großes Schulfest«, zu dem sie Gönner und Freunde der Schule einlud (vgl. Klette, 1932, 145–148).

In verschiedenen Regionen mehrten sich seit dem Ende des 14. Jahrhunderts in den Schulordnungen die Hinweise auf Einschulungen am Gregoriustag. Es war die Zeit der humanistischen Erneuerungsbewegung. Stellenlose Humanisten zogen durchs Land, unterstützten – wie etwa in Freiberg Johannes Rhagius und Petrus Mosellanus (beide von 1515 bis 1517) – die Städte bei Schulgründungen und standen den neuen Anstalten vorübergehend als Rektor vor. In der bürgerlichen Öffentlichkeit verbreitete sich damals ein steigendes Interesse an Bildung und Schule. Die Städte errichteten meist neben den schon bestehenden Kloster- oder Stiftsschulen Lateinschulen ein. In Freiberg öffnete neben der seit 1480 schon bestehenden Domschule 1515 eine städtische Lateinschule. 1498 beschloss der Leipziger Stadtrat die Errichtung einer Stadtschule und signalisierte auf diese Weise das Ende des seit 1212 bestehenden Bildungsprivilegs der Thomasschule des Augustiner Chorherrenstifts.[7] 1512 wurde die Nikolaischule als Anstalt des städtischen Bürgertums eröffnet.[8]

Nach den Kloster- und Stiftsschulen entdeckten die neu entstandenen städtischen Lateinschulen den Gregoriustag, um neue Knaben in die Schulen zu holen. Dabei entwickelten sich regional verschiedene Bräuche. Einige Schulordnungen aus vorreformatorischer Zeit berichten davon. Über die lateinische Stadtschule in Nordhausen ist bekannt, daß 1394 vertraglich eine Aufnahmegebühr festgelegt wurde: »1. Erstlich gibt man am Feste S. Gregorii, wenn die Knaben in die Schule gebracht werden, sechs Denarii für das Alphabet, Brot und Heringe nach Belieben der Eltern, und damit ist der Knabe befreit vom Schulgeld an den Rektor bis Michaelis« (zit. bei Klette 1932, 133–134). Ähnliches steht in der Schulordnung der Zwickauer Pfarr- und Stadtschule von circa 1415. »Am S. Gregoriustage pflegt man die Kinder zum Lernen in die Schule zu setzen. Ein Kind, das man in die Schule setzt, soll hinter sich an einer Stange so viel Brezeln tragen lassen, als seine Eltern wollen, und mit ihnen einen Groschen dem Meister bringen und ihm zu Ehren geben, und sie sind für das Jahr gegen den rechten

---

[7] Warum dieses Privileg zur Errichtung einer Stadtschule, das die Stadt bereits 1395 durch die Urkunde des Papstes Bonifacius IX. inne hatte, erst Ende des 15. Jahrhunderts genutzt wurde, ist ungeklärt (vgl. Wustmann 1898).
[8] Eine Übersicht über die im 14. und 15. Jahrhundert entstandenen Schulen in Sachsen gibt Uhlig 2000, 23–42.

Meister ledig und frei« (zit. ebd., 134)[9]. Weitere Städte, für die Klette den Gregoriustag als Einschulungstag belegen kann, sind Hagenau 1413, Bautzen 1418, Braunschweig 1478, Neiße 1498, Wernigerode 1500, Köln um 1500, Arnstadt 1522, Zittau 1524. An der Pfarrschule zu Neiße wurde 1498 erstmals das sogenannte Schuleeintragen erwähnt. Die entsprechende Schulordnung nennt als Pflichten des Rektors: »am Tage des h. Gregorius früh nach der ersten Stunde des Meisters die ganze Schule in 4 oder 5 Abteilungen zu teilen mit allen älteren Schülern und sie durch die Straßen der Stadt zu senden, um die neuen Schüler herbeizutragen, die sie unter den ihnen anbefohlenen Gesängen tragen sollen« (zit. ebd., 141). 1524 wird der Brauch auch für die Zittauer Lateinschule erstmals bezeugt und hinzugefügt, dass die Kinder reicher Eltern auf Pferden in die Schule einritten (Gärtner 1886, 10–11). Das Werben um die Schulanfänger setzte sich zu Beginn des 16. Jahrhunderts immer mehr durch und fiel damit in eine Zeit, in der sich auf allen Gebieten der ständischen Gesellschaft Umbrüche andeuteten.

## 2. Der Impuls der Reformation für das sächsische Schulwesen

Mit Luthers Aufruf 1524 *An die Ratsherren aller Städte deutschen Lands, dass sie christliche Schulen aufrichten und erhalten sollen* trieben die Reformatoren den Ausbau des städtischen Schulwesens voran. Diese Entwicklung führte implizit zu einer Verbreitung des Gregoriusfestes vor allem in Sachsen und Thüringen. Im Hinblick auf das Fest spricht Klette sogar von einer »Schöpfung der Reformation« (Klette 1932, 140). Die in der Volksfrömmigkeit angesiedelte Verehrung christlicher Glaubenszeugen hatte im 16. Jahrhundert zwar die Kritik der Reformatoren erregt, die Heiligenverehrung in der Kirche verwarfen sie jedoch nicht gänzlich. Bei den Wittenberger Reformatoren kann man sogar, nach dem evangelischen Liturgiewissenschaftler Frieder Schulz, von einer »modifizierten Rezeption des überlieferten Heiligengedächtnisses« (Schulz 1985, 664) im Gegensatz zu Zwingli und Calvin sprechen. Unter dem reformatorischen Grundsatz *solus Christus* verloren die Heiligen freilich ihre Rolle als Fürsprecher und Nothelfer vor Gott. Die Augsburger Konfession verurteilte die Heiligenverehrung nicht gänzlich, sondern erklärte die Heiligen zu Vorbildern im Glauben wie im Handeln

---

9   Original heißt es: »§5. (Gregori) Zu senthe Gregorii tage phliget man dy kynder in dy schule zu der lernunge zu setzin. Welche kind man denne in dy schule setzet, daz sal nach ym pretzen an eyner stangen lasen tragen nach siner eldern kure, wy vil sy wollen, unde damite eynen groschen dem meyster brengen unde geben zu ereh, unde syn wort daz iar gen den rechten meyster ledig unde vruhe« (Ermisch 1899, 42).

# Ein Fest für Schule und Stadt

(vgl. CA XXI [1530], 83b–83c).[10] In Folge dieser neuen Heiligentheologie entstanden die reformatorischen Kirchenkalender mit Hinweisen auf ausgewählte Heilige, protestantische Martyrer und historische Daten. Zu den bekanntesten zählt der Kalender von Kaspar Goltwurm, der zwischen 1559 und 1612 neun Auflagen erfuhr (vgl. Deneke 1974). Trotz der Kritik an Gregors »Abgoettischen gebraeuchen, Ceremonien und auch falschen Lehren« (Goltwurm 1588, 66) zählten die Reformatoren die frühen Päpste »under die vier fuertreffliche Lehrer der Kirchen« (ebd., 65, vgl. auch Schade 1974).[11]

Die Beibehaltung und Modifizierung des Heiligengedächtnisses wirkte sich auch auf die Feste in der Schule aus. Bis ins 19. Jahrhundert gliederten kirchliche Feier- und Heiligentage das Schuljahr. Im Sprachgebrauch war etwa der Michaelistag bis zu Beginn des 20. Jahrhunderts präsent, da um ihn herum die Michaelisferien lagen. Daneben gehörten auch der Johannistag, die drei Marientage und die Apsoteltage, St. Martin, St. Nikolaus sowie die vier Bußtage[12] zum Festkalender. Regionale Unterschiede ergaben sich etwa aus dem Heiligenpatron der Schule oder aus der regionalen Verehrungspraxis. So feierte die Nikolaischule bis Mitte des 19. Jahrhunderts den Nikolaustag mit einem Stiftungsfest. In Freiberg beging man den Bartholomäustag (24. August) aufgrund einer Stiftung aus dem Jahr 1681 bis zum Verbrauch der Stiftung in der Inflationszeit der 1920er Jahres mit einer Redefeierlichkeit. Die Schulen des oberen Erzgebirges begingen wiederum den Nikolaus- und Andreastag (vgl. Spieß, 1862).

Die Etablierung des Gregoriusfestes an den Stadtschulen ging nicht nur auf die Heiligentheologie der Reformatoren zurück. Seine Verbreitung hing zudem vom Engagement des Rektors und vom Votum der städtischen Schulaufsicht ab. An der Freiberger Stadtschule wurde das Fest 1582 vom Rat der Stadt auf Drängen des Rektors der Lateinschule, Friedrich Zörler (1581–1587) eingeführt. Zörler war Konrektor an der Freiberger Stadtschule und wechselte 1571 nach Dresden, nachdem er von dort den

---

10  Dass die Ausburger Konfession (confession augustana, CA) auch für die Lehrer an Lateinschulen verbindlich galt, belegt die Schulordnung des Zittauer Stadtrates für die Lateinschule von 1594. Dort heißt es, »dass Erstlich der Rector und seine Collegen keine Neue schädliche und reprobirte Lehre, so der Augspurgischen Confession zu wieder einführen noch profitiren« (Instruction und Articul [1594], 23).

11  Die Kritik des Protestantismus am Heiligenkult begünstigte schließlich die Durchsetzung des bürgerlichen Kalenders. Unabhängig vom Kirchenjahr und den Heiligentagen beruhte der weltliche Kalender im wesentlichen auf dem Gregorianischen Kalender, der seit Ende des 16. Jahrhunderts und endgültig unter Kaiser Ferdinand II. (1619–1637) in Geltung trat (vgl. Wendorff 1980, 184–185).

12  Busstage wurden bis 1831 von kurfürstlichen Mandaten eingesetzt wurden. Erst 1831 legte der sächsische Staat ihre Feier auf jeweils den Freitag vor dem dritten Sonntag in der Passionszeit (März) und vor dem letzten Sonntag im Kirchenjahr (November) fest. Vgl. dazu Rescript, die Beschränkung der Feiertage betr. v. 13. Jan. 1831, 319 und über die Busstagsfeiern, den Quatemberfeiern (vgl. Schulz 1997, 368–370).

Ruf zum Rektor der Kreuzschule erhalten hatte. Dort lernte er das Fest kennen. Nach seiner Berufung zum Rektor der Freiberger Stadtschule kehrte er 1581 wieder zurück und bat den Rat, das Fest ebenfalls einführen zu dürfen. Im Ratsprotokoll vom 26. Februar 1582 heißt es: »Rector wil uf St. Gregoriustag die Pusillichen in die Schule holen, wie vor Alters. Consilium: Man wil's Ihm vergönnen, mag sie im namen Gottes uf St. Gregoriustag hineinholen lassen. Aber den deutschen Schulen läßt mans nicht nach.« Und zwei Tage später ergeht noch folgender Beschluss: »Man sol den knechten befelen, sollen sich tummeln, Raum und Gassen machen, damit die kleinen Knaben nicht schaden nehmen« (Ratsprotokoll vom 26. Februar 1582, zit. bei Heydenreich 1896, 39). Bis dahin hatte es in Freiberg noch kein derartiges Fest gegeben. Erst durch die Erfahrung Zörlers in seinem Dresdner Rektorat gelangte das Fest nach Freiberg. Nach dem Freiberger Chronisten und Konrektor der Schule, Andreas Möller, fand das Fest jedoch nicht am 12. März statt, sondern am »19. Martii haben die Schüler das erste mal zu Freibergk das Schulfest Gregorii celebriret, auff angehen des newen Rectoris M. Friderici Zörlers, welchen E. H. Rath vorigen Jahres an des verstorbenen M. Valent. Apellis stelle zum Rectorat von Dreßden aus beruffen hat« (Möller 1653, Annales 342).

Dieser Bruch mit der traditionellen Verehrung, die Entkoppelung von Heiligentag und Gedenkpraxis, belegt die Verselbstständigung dieses Festes. Aus dem einstigen Heiligenfest war ein säkulares Schulfest geworden. Über den Ursprung des Festes war damals wenig bekannt, dafür schätzte man den Nutzen für die Schule. Die Aussage »wie vor Alters« verweist zudem auf eine bewährte Tradition, die an anderen Schulen bereits einen festen Sitz im Schulleben hatte. Erst Benewitz versuchte 1652, die vermuteten heidnischen und katholischen Ursprünge des Festes abzumildern und biblische Vorbilder des Singumgangs anführen, um es gegen Vorwürfe zu rechtfertigen. Schließlich zeigt das Ratsprotokoll deutlich, dass es sich um ein Privileg der Lateinschulen handelte. Die deutschen Schulen, die Elementarschulen, blieben vorerst davon ausgenommen.

Der Aufschwung des Schulwesens hatte im 16. und 17. Jahrhundert vermehrt zur Entstehung von privaten Winkelschulen geführt. Sie stellten in zahlreichen Fällen eine gewisse Konkurrenz zu den städtischen Schulen dar. Winkelschulen wurden meist von ehemaligen Schülern als Privatunternehmen gegründet, um sich den Lebensunterhalt oder das nötige Geld für den Abschluss ihrer Studien zu verdienen. Sie hatten zudem ein anspruchsvolles Lehrprogramm. Ihre Vermehrung und Blüte stand somit in steter Wechselwirkung mit dem Verfall des öffentlichen Schulwesens (für Freiberg vgl. Süß 1877, 53–55; 66–67). Das zwang die Städte den Schulbesuch zu sichern, um ihre Schule erhalten zu können. Eine Strategie war, gute Lehrer, meist stellenlose Humanisten oder Theologen, anzustellen, die bereits woanders Erfahrungen im Unterrichten gesammelt hatten. Ein anderer Aspekt war das Lehrangebot. In Freiberg etwa hielt Hieronimus Weller von Molsdorf (1499–1572)[13], Professor der Theologie, Inspektor der Schule und kurzzeitiger Rektor der Schule (1540–1541, ihm folgte Adam Siber im Amt), ab 1539 theologische Vorlesungen für amtierende und zukünftige Geistliche, bis diese Aufgabe ab 1541 von der Universität Leipzig übernommen wurde.[14] In einigen Fällen entdeckte man auch das Gregoriusfest – etwa in Dresden, Annaberg oder Freiberg – als eine weitere Möglichkeit, Kinder für die städtische Schule zu werben und die Eltern überhaupt zu überzeugen, ihre Kinder unterweisen zu lassen.[15] An der Annaberger Lateinschule ist das Fest am Ende des 16. Jahrhunderts bekannt. Aus dem Bericht des Chronisten und Schulrektors Paulus Jenisius in den *Annales scholae Annabergensis* von 1589 schließt der Annaberger Seminaroberlehrer Paul Bartusch, »dass der Hauptzweck der pomphaften Feier nicht die Belustigung der Schüler war, sondern die Anlockung derer, die es werden sollten und wollten. Der glänzende Aufzug, durch den die Lateinschule nicht nur die Herzen der Kinder gewann, sondern auch die Augen der Bürgerschaft auf sich zog, und durch den sie […] als offizielle, von der Obrigkeit begünstigte und bevorrechtete Stadtschule sich erwies, war in jener schulzwanglosen Zeit, […], ein nötiger Ansporn zu willigem und fleissigem Schulbesuch und namentlich auch ein nicht zu unterschätzendes Fördernis im Kampfe gegen die gefährliche Konkurrenz der Neben- und Beischulen« (Bartusch 1897, 249).

Von dieser Intention der städtischen Lateinschulen zeugen auch die Gregoriuslieder. Die bekanntesten Schülerlieder schrieb der Thüringer Dichter und Philosoph Ludwig Helmbold (1532–1598), der nach seiner Konversion zum lutherischen Bekenntnis die Erfurter Universität verlassen musste und daraufhin als Lehrer und Superintendent in Mühlhausen wirkte. 1578 erschien die *Crepundia sacra*[16], eine Sammlung von Kinderliedern des Komponisten Joachim von Burgk. Helmold dichtete ein lateinisches und zwei deutsche Gregoriuslieder. Vertont wurden diese von Johannes Eccard (1553–1611), einem Schüler von Burgk, der ebenfalls aus Thüringen stammte. Bis ins

---

13 Weller hatte bei Luther in Wittenberg studiert und war auf dessen Anregung 1539 als Inspektor der städtischen Schule angestellt worden. Nach 22jähriger Lehrtätigkeit legte er sein Amt nieder, Inspektor der Schule blieb er bis 1572 (vgl. Schellhas 1986, 139).
14 Für kurze Zeit bestand in Freiberg eine Art evangelisch-theologische Akademie, als deren Leiter Weller exegetische und systematisch-ethische Vorlesungen hielt, vgl. Süß 1877, 38–39.
15 Weil »das Schicksal der Kirche an guten Gelehrtenschulen hing«, wurden die Eltern durch Schulmeister und zu den Visitationen durch den Superintendent ermahnt, ihre Kinder zur Schule zu schicken. Noch in der 1580er kursächsischen Schulordnung ergeht die Aufforderung dazu an die Lehrer (vgl. Hettwer 1965, 27; 71).
16 Die Sammlung ist aus dem Jahr 1608 unter dem Titel erhalten: Helmbold, Ludwig: Crepundia Sacra. An S. Gregorii der Schüler FestTage und sonsten zu singen mit vier Stimmen zugericht.

17. Jahrhundert gehörten die beiden deutschen Lieder kirchlichen Gesangbüchern an (vgl. Winterfeld 1843, 457–458).[17] Helmbolds Schülerlied, *Hört ihr Eltern, Christus spricht*[18], lässt sich hingegen noch bis in das 19. Jahrhundert in sächsischen und thüringischen Gesangbüchern nachweisen.[19] Vorbild für die Gestaltung des Gregoriusfestes als Schulfest waren die wöchentlichen Singumgänge der Kurrendaner durch die Stadt. Vor allem arme Schüler gehörten diesen Kurrenden an, die vor den Häusern der Bürger sangen und für sich und den sie begleitenden Lehrer um Spenden baten. »So sollen der Schulmeister und seine Collaboratores, besonders aber der Cantor die armen Knaben mit den Gesang also abrichten, das sie auff der gassen nicht heßlich und verdriesslich schreyen, sondern ihr gesang stille, langsam und soviel müglich also verrichten, ihnen lieblich zuzuhören und die leute desto lustiger ihnen zu geben bewegt werden möchten« (Kirchen- und Schulordnung für Kursachsen 1580, CLIII). Zu den Aufgaben der Kurrende gehörte es zudem, bei Gottesdiensten, Begräbnissen und Hochzeiten geistliche Lieder zu singen. Auch zu Festlichkeiten in Bürgerhäusern waren Chorschüler gern gesehen. Nicht wenige mussten aus diesen Einnahmen den Schulbesuch finanzieren.[20]

Die Wende vom Heiligen- zum Schulfest im 16. Jahrhundert ermöglichte langfristig den Erfolg des Gregoriusfestes. Für die Schule war das Fest ein geeigneter Anlass, die Eltern an das Bestehen der städtischen Lateinschule und an die Pflicht zu erinnern, ihre Söhne derselben zu übergeben. Zudem bot der singende Umzug Schülern wie Lehrern eine zusätzliche Gelegenheit zum Spendensammeln.

---

17  Als erstes Gregoriuslied gilt das Carmen quo solent pueruli ad studium litterarum in scholam evocari die Gregorii von Philipp Melanchthon aus dem Jahre 1528. Zur Diskussion über dieses Carmen, seine Entstehung und Bedeutung vgl. Klette 1932, 133; 151–154, v. a. Fußnote 32. Auf dieses Carmen nehmen auch Süß 1877, 50 sowie Eckstein 1888, 3 Bezug.

18  In der vierten Strophe heißt es: »Gehorchet ihm, und bringt sie her, daß man von Jugend auf sie lehr in der Kirchen und in der Schul, im Glauben Gott erkennen wohl« (Neu verbessertes aus dem Coburgischen 1761, 605–606.

19  Nachweisbar war das Schülerlied in folgenden Gesangbüchern: Neu verbessertes aus dem Coburgischen und Meiningischen zusammengetragenes Gesangbuch 1761, 605 f.; Evangelisches Gesangbuch 1865, 228; Das andächtig singende und bethende Freyberg 1779, 532 f.; Gesangbuch für die evangelisch-lutherische Landeskirche des Königreiches Sachsen, Nr. 558. Nachweisbar war es nicht in: Das Privilegierte ordentliche und vermehrte Dreßdnische Gesang-Buch 1728 und 1774; Wittenbergisches Gesangbuch 1788. Über den Zusammenhang zwischen dem Gregoriusfest und der Entwicklung der Schulmusik vgl. Schünemann, 1931.

20  Über das Spendensammeln der Kurrende in Freiberg vgl. Krickeberg 1965, der auch darauf hinweist, dass das Freiberger Kantorenamt im 17. Jahrhundert den »am weitesten verbreiteten Typ des Kantorats« (ebd., 21) im Protestantismus darstellte.

# 3. Die Gregoriusfeste der Freiberger Stadtschule im 17. Jahrhundert – Zeugnisse städtischer Memorialkultur

## 3.1 Über »vielfältige und herrliche Nutzbarkeiten« des Schulfestes

Seinen Höhepunkt erlebte das Fest ab Mitte des 17. Jahrhunderts. Die Reformation hatte sich in Sachsen endgültig durchgesetzt. Eine Phase der konfessionellen Stabilisierung war eingetreten. Während des Dreißigjährigen Krieges musste das Gregoriusfest zwar an den meisten Orten ausgesetzt werden, wurde nach dessen Ende aber meist vom Rat wieder genehmigt und in der Folge jährlich gefeiert. In Freiberg wurde 1649, am »17. und 18. April […] von Schul Praeceptoribus und Alumnis das Gregorienfest celebriret, so bißher in dreißig Jahren wegen böser Zeiten und anderen Verhinderungen nicht geschehen war« (Möller 1653, Annales 697).

In dieser Zeit veränderte sich die Gestalt des Festes. Bereits die Handschrift von 1651 führt im Programm als zweites Bild »Orpheus und Instrumental Musikanten mit zweyen singenden weibsbildern« (Gr.Pr. 1651, Bl. 2r) auf. Das vierte Bild zeigte Bacchus »auff einem Wägelein von 6. Satyris gezogen, und mit 4. Bacchis- oder vollen Weibern und ihrem geschreye begleitet, darauff 3 laster von 6 Teuffeln geführt werden« (Gr.Pr. 1651, Bl. 4v). Ob es sich um Mädchen der deutschen Schule handelte, die am Gregoriusumgang der Lateinschule teilnahmen, muss offen bleiben. Auch ob es sich um eine gemeinsame Prozession beider Schulen handelte und ob das Privileg der Lateinschule gegenüber der Elementarschule, welches der Rat 1582 aufgestellt hatte, noch Gültigkeit besaß, lässt sich aus den Quellen nicht eruieren. In den folgenden Programmen werden »weibsbilder« allerdings nicht mehr explizit genannt.

Mit der Wiedereinführung des Festes trat die Lateinschule wie niemals zuvor in die städtische Öffentlichkeit. Das Fest warb nun nicht mehr ausschließlich für die Schule, sondern sie präsentierte sich in ihm. Dazu gehörten vor allem die öffentliche Ankündigung des Festes im vorherigen Gottesdienst durch den Pfarrer sowie die Festprogramme. Bei den ersten Gregoriusprogrammen von 1649 bis 1651 handelte es sich um handschriftliche Rollenverzeichnisse, die man noch an die Bürger verteilte.[21] Ab

---

21 Die Handschriften sowie die Gregoriusprogramme der Jahre 1652, 1654–1656, 1658–1696, 1700–1703, 1706, 1708, 1709 befinden sich in der ehemaligen Bibliothek des Freiberger Altertumsvereins, ansässig im Stadt- und Bergbaumuseum unter der Signatur Ba 94. Aufgrund handschriftlicher Notizen auf dem jeweils folgenden Programm wissen wir, das die Lücken 1653 und 1657 auf Trauerfälle zurückzuführen sind und »alles in Trauer ect. angestellt« (Handschrift auf dem Titelblatt Gr. Pr. 1658) wurde. 1653 erschien aufgrund des Todes des Freiberger Superintendenten Paul Sperling und 1657 aufgrund der Landestrauer um Kurfürst Johann Georg I. jeweils kein Programm.

1652 erschienen in Freiberg gedruckte Programme, die im Gegensatz zu den in lateinischer Sprache abgefassten Schulprogrammen, die zu Redefeierlichkeiten, Schulentlassungen oder Theatervorstellungen einluden, in Deutsch veröffentlicht wurden. Mit ihnen hofften Lehrer und Schüler, die Aufmerksamkeit, vor allem aber die Gunst der Bürger zu erlangen. Das erste Programm schließt daher mit den Worten: »Helffe nun Gott, daß dieses ietzt beschriebene alte SchulFest seinen effect ietzt und immerdar glücklich erreiche, und die liebe Jugend so hierdurch zur Schulen entweder von newen gelocket, oder sonst mit grösserer Liebe zu derselben verbunden wird, durch seine Gnade in aller pietät, guten Künsten und Sprachen zu göttlicher Ehre und allgemeiner Wolfahrt der liebwerthen Christenheit wachse und zunehme ie mehr und mehr immerdar ohne ENDE« (Benewitz 1652, 8).

Dieses Programm unter dem Titel »Entwurff des Uhrhalten Gregorius- und Schulen-Festes, Sampt angefügter Beschreibung, wie es zu Freyberg von denen anwesenden Schülern gehalten worden« enthält die früheste in Sachsen bislang bekannte systematische Abhandlung über das Gregoriusfest. Sie ist im wesentlichen eine Rechtfertigungsschrift gegenüber Kritik am Fest und plädiert für dessen Beibehaltung an evangelischen Schulen. An den Anfang stellte Benewitz seine Mutmaßungen über den Ursprung des Festes, indem er diesen sowohl im Fest der Minerva als auch in der christlichen Überformung dieses Kultes durch Papst Gregor I. selbst angibt. Anlass zu diesen Überlegungen dürften kritische Äußerungen über das Fest in Freiberg gewesen sein. Auch wenn der »Uhrsprung dieses alten SchulFestes heydnisch und die nächstdarauff folgende vieljährige Fortstellung desselben papistisch, so ist doch die heutige nach nunmehro fast anderhalbhundertjähriger GottLob glücklich vollbrachter reformation unsers hochthrewren und seligen SeelenVaters Herzn D. Martini Lutheri, so wol von heydnischen als papistischen abergläubigen Sawerteige ausgefegte, auch aller Orten, bevoraus in unsern Lande, in Städten und Dörffern gebräuchliche Wiederholung desselben keinesvegs in Zweifel zuziehen oder zuhinderhalten« (ebd. 3–4). Als Protestant kam Benewitz nicht umhin, zumindest eine biblische Parallele aufzuzeigen, um so dem reformatorischen Prinzip *sola scriptura* zu entsprechen. »Do aber so irgend iemand dieses Fest umb seines angeführten verdächtigen Uhrsprungs un Mißbrauchs willen, alles Zuspruchs gäntzlich zuentlassen nicht gemeynet, der wolle bedencken, daß wir auch einen Biblischen und unstreitig Christlichen Anfang desselben wissen nahmhaftig zumachen, nemlich das Exempel Davids« (ebd., 5). Benewitz bezog sich hier auf eine Geschichte aus 2. Sam 6. Dort wird beschrieben, wie König David die Bundeslade der Israeliten von den Philistern nach Jerusalem holte. Diese Prozession nach Jerusalem, deren bekanntestes Element der Tanz Davids um die Lade ist, sowie das anschließende Austeilen von Brot, Fleisch und Kuchen an das Volk bezeichnet

Benewitz als »unserm GregoriusFeste und dessen Ceremonien nicht sonderlich unähnlich« (ebd.). Dieser christlichen Überformung jüdischer Geschichte entspricht auch die reformatorische Umwidmung des Festes, indem statt Gregorius der Salvator, also Christus selbst, als wahrer Schulpatron verherrlicht wird. Dieser ist es auch, der dem 1652er Gregoriusumzug im ersten Akt vorangig. »In dem ersten wird auffgeführet der Salvator oder der HERR Christus selber, als der einige und obriste SchulenPatron, Geber und Vermehrer aller göttlichen und andern nützlichen Weisheit, der nicht allein im 12 Jahr seines Alters im Tempel zu Jerusalem die grossen Doktores daselbst mit höchster Verwunderung unterrichtet, sondern auch hernach zur Zeit seines angetretenen PredigtAmptes in denen Jüdischen Syangogen und Schulen, so offt es nur die Gelegenheit gegeben, gewaltig gelehret, sampt einer gewissen Anzahl der Engelein, als welche die himlische Quardia sind, so Christliche Schulen, und die Praeceptores nebens der lieben Jugend in denenselben vor allen Schaden zu Wege und Stege getrewlich behüten« (ebd., 6–7). Schließlich verweisen die Datumsangaben auf die reformatorische Modifikation des Festes, das »jährlich nach vollbrachten frühlingischen Examine« (ebd., 6) gefeiert wurde. Im 17. Jahrhundert variierten die Termine nachweislich von Mitte April bis Mitte Mai.

Es sind »vielfältige und herrliche Nutzbarkeiten« (ebd., 5), die Benewitz dem Fest zuschrieb. Erstens ermöglichte der kostümierte Umgang, »alle Stände« zu zeigen, die in der Schule »erzogen werden«, zweitens solle es »viel andere junge Kinder und Knaben [anregen], daß sie dahero mit Lust gegen die Schulen entzündet« werden und drittens gäbe das Schauspiel eine »augenscheinliche Probe und Erkäntnis der jungen Schüler, wie sie nemlich in ihren Gemüthern geartet, und was sie ihrer eingepflantzten Zuneigung nach, also zu reden, am Schilde führen« (ebd.). Der pädagogische Nutzen und pekuniäre Vorteil bezog sich nicht ausschließlich auf die Schüler und Lehrer, auch Eltern und Bürger sollten von dem Fest profitieren. Programm und Schauspiel übernahmen diese volksbildnerische Funktion. So »haben wir auch vor diesesmal mit wolmeynender publicirung dieses einfältigen Berichts für dem gemeinen Mann, die intention und Absehen dieser Solennität demselben in etwas beyzubringen, solches angestellet in nachfolgenden actibus« (ebd., 6). Diesen Anspruch unterstrich 1652 Merkur, der das Schauspiel mit den Worten eröffnete: »*Das ist das Schulen-Fest/das zeiget jedermann/Was Schul-Zucht mit der Zeit/für Nutzen geben kan*« (ebd., 7).

## 3.2   1663 und 1671 – Sachsens früheste Stadtjubiläen

Der Jahre 1663 und 1671 standen unter dem in der Geschichtsschreibung der Schule bislang wenig beachtetem Rektorat von Michael Schirmer (1662–1672). Der wesentlich bekanntere Lehrer jener Zeit war Andreas Möller (1598–1660), Konrektor (1624–1638), Bibliothekar der Schule (1630–1660) und Arzt. Als Stadtchronist veröffentlichte er 1653 in deutscher Sprache die erste gedruckte Stadtgeschichte *Theatrum Freibergense Chronicum*. Schirmer war es hingegen, der aufgrund Möllers Chronik mit der Schule das erste bislang bekannte Stadtjubiläum Freibergs beging. Das Gregoriusprogramm aus dem Jahr 1663, das von seinem Konrektor Andreas Beyer[22] geschrieben wurde, trägt den Titel: »Uffsatz, wie das Ertzgegründete und gleich ietzund Halb-tausend-Jährige Freyberg bey dem alten, gewöhnlichen Schul- und Gregoriusfeyer Anno 1663 von der löblichen Stad-Schule mit angehenckten Wünschen vorgestellet worden« (Gr. Pr. 1663, 1).

Nach Möller war 1163 die »erste Stuffe Ertz zu Freyberg« durch »Goßlarische Fuhrleute« gefördert worden. Diese baten Markgraf Otto in Meißen um die »Zulassung« und haben das »Freybergische Bergwerck zum ersten anbracht« (Möller 1653, Annales 2). Auf diese Aussage stützte sich das 1663er Gregoriusfest. Das Programm beginnt mit dem Satz: «Gunstgewogener Leser, Hat iemals unsere werthe Stad Freyberg Ursach gehabt, dem Allerhöchsten herzlich danckbar zu seyn, so hat Sie es dieses 1663 nach Christi Geburt lauffende Jahr, als mit welchen Sie nunmehro das 500 Jahr seither ihrer ersten Ankunfft zu rücke leget« (Gr.Pr. 1663, 2). Der Verfasser bezog sich in der anschließenden Erklärung auf die Chronik Möllers und dessen Bemerkungen über das Jahr 1163. Dabei lehnte er sich auch in der Wortwahl an den Stadtchronisten an. »In Erwegung dieses hat die löbl. Stad-Schule bey begehung des alten, gewöhnlichen Schul- und Gregorius-Feyers, [...die] Stad dieses erwehnten halb-tausend-jährigen Alters erinnern; Als vielmehr in dem breuchlichen Uffzug wünschten, daß der Höchste offt rühmlich gedachte Stad, so von Metallen ihren Ursprung genommen, darvon sich genehret, und berühmet worden nochmals an allen Metallen wolle reichlich Segen und in gutem Flor und Wolstand erhalten« (Gr.Pr. 1663, 3).

Neben der Erfindung eines Stadtjubiläums birgt das 1663er Gregoriusfest noch ein weiteres Novum. Das kostümierte Anspiel orientierte sich diesmal an der Möllerschen Überlieferung und kann als erster historischer Stadtumzug in Sachsen bezeichnet wer-

---

22   Der Name des Verfassers ist wie damals üblich abgekürzt: M.A.B.C., wobei das M für Magister, A und B für den Namen stehen und der letzte Buchstabe das Amt, R für Rektor und C für Conrektor angibt. Nach Schirmer war Andreas Beyer Rektor der Schule. Auch Preuß/Thümer geben im Quellenbuch Beyer als Verfasser des Programms an (vgl. Quellenbuch Freiberg 1915, 256).

# Ein Fest für Schule und Stadt

den. Die Szenen drehten sich um den ersten Erzfund in der Freiberger Gegend und inszenierten diesen als das Gründungsdatum der späteren Stadt. Das kleine Schauspiel, das die Schüler vor den Bürgerhäusern auffführten, eröffnete der Fuhrmann. Ihm folgten Markgraf Heinrich, der Erlauchte, die Stadt Freiberg, Phoebus beziehungsweise die Sonne. Daraus nun ein Auszug: »*Fuhrmann. Das hett' ich nicht gedacht/vor nun 500 Jahren/Alls ich das Ertzt auffhub/da ich bin durchgefahren/Daß das ein solche Stad/wie ich ietzt seh'/solt werden?/Da sieht man was Gott kan und mag auff dieser Erden!* Herzog Heinrich, der Erlauchte. *Gleich 100 Jahr hernach/nun vor 400 Jahren/Gab Frey- und Scharffenberg/mir solche reich Außbeut/Daß ich ein SilberBaum auffricht vor RittersLeut/Wie dieser Ast bezeucht/dergleichen nicht erfahren*« (Gr.Pr. 1663, 3). Am Ende der Vorstellung sangen die Schüler einen Wunsch: »*Grüne/blüh noch tausend Jahr/Ja so lange Jahre jähren/was dir wird gewünscht/werd wahr/GOTT muß an dir gar nichts sparen/Segen wie Regen Dich stetig befeuchte/Schimmere/flimmere/gläntze und leuchte!*« (Gr.Pr. 1663, 4).

1671 widmete sich das Fest zum zweiten Mal dem 500jährigen Freiberg. Das Programm stand unter dem Titel »Entwurff, wie das vor fünfhundert Jahren erbaute und befreyete Freyberg bey dem alten und löblichen Schul- und Gregorius-Feste im Jahr nach Christi Geburt M. DC. LXXI. von den sämbtlichen Collegen der Lateinichen Stadt-Schulen mit hinzugesätzten Wündschen ist aufgeführet worden.« Im Vorwort heißt es: »geben wir zur Nachricht, daß wir diesesmal das vor fünfhundert Jahren erbaute, mit Mauern, Thoren, und andern Gebäuden gezieret und befreyete Freybergk aufzuführen und vorzustellen uns vorgesätzet haben. Hierzu hat uns veranlaßt das lauffende 71. Jahr, in welchem wir leben, und vor 500 Jahren die Sachsen, daß ChristianusDorff an der Müntzbach im Bau zu bessern angefangen haben, daß es einer Stadt gegleichet, und die Sachsen-Stadt genennet worden« (Gr.Pr. 1671, 2). Auch hier orientierte sich der Verfasser, der diesmal nicht genannt wird, an der Stadtchronik Möllers, in der über das Jahr 1171 steht: »Haben die Sachsen das Dorff Christiansdorff an der ietzigen Müntzbach im Baw gebessert, und also zugerichtet, daß es einer newen Stad gegleichet, wie auch hernach dieser Ort die Sachsen-Stadt genennet worden, und deßwegen etliche dieses Jahr für das erste Jahr der Stadt Freybergk rechnen, davon M. Valent. Apelles folgendes Chronodistichon verfertiget: Misina LaetatVr FreIbergae fIgere teCta, aerIs & argentI terra reperta feraX« (Möller 1653, Annales 3). Dieses Jahr war demnach bereits im 16. Jahrhundert als bedeutendes historisches Datum bekannt, und bereits hier machte die Stadtschule darauf aufmerksam. Valentin Appel war von 1545 bis 1581 Rektor der Schule, Nachfolger von Adam Siber (1541–1545) und Vorgänger von Friedrich Zoerler, unter dem das Gregoriusfest eingeführt wurde.

Auch diesmal wird im Spiel der historische Bezug zu den Goßlaer Bergmännern und ihrem Erzfund hergestellt. Insgesamt ist das Stück im Unterschied zu 1663 mehr auf den Lobpreis Gottes und des Kurfürsten ausgerichtet, verbunden mit guten Wünschen für die Stadt. Merkur kündigt einen Berg- und einen Bürgersmann an. Der als Bürger verkleidete Schüler hielt folgende Rede: »*Es sind fünffhundert Jahr/Gott Lob/ nun weggegangen/Da ich das Bürger-Recht und Mauern hab empfangen/Weil Gott den Segen gab der treuen Bergk-Knapschaft/Und andern Leuten hier erwündschte Nahrungs-Krafft.*« Darauf folgte die personifizierte Stadt. »Freybergk hierdurch erfreut/erkennet Gottes wunderbahre Güte und verspricht solche stets zu loben: *O Gottes Güt' und Gnad! Denn die hat mich erhoben/Durch Glück und Fürsten-Gunst/das will ich immer loben An Gott und Sachsen-Stamm/daß beyder Vater-Hand In mir begnädigte den Raths-Bergk-Kirch-Schul-Stand*« (Gr.Pr. 1671, 3). Danach trat ein Engel auf, der der Stadt den erwünschten Segen Gottes versprach. Auch der Kurfürst versicherte der Stadt seiner Gnade. Dem folgten Apollo und die musizierenden Musen. Den Abschluss bildeten die Glückwünsche von Oreas, der Bergnymphe, Irene, der Friedensgöttin und Juno, der Göttin des Reichtums sowie Instrumentalmusik. Das Programm endet mit der Bitte um Spenden.

Diese beiden frühen Stadtjubiläen geben nun Anlass, den erst kürzlich von Ulrich Rosseaux publizierten Termin des ersten Annaberger Stadtjubiläums von 1696 als das »mit einiger Wahrscheinlichkeit [...] älteste bekannte Beispiel für ein historisches Stadtjubiläum überhaupt« (Rosseaux 2003, 351) zu korrigieren.[23] Freiberg feierte bereits über 30 Jahre früher sein 500. Jubiläum und zwar auf Anregung der Lateinschule. Die Nähe des Stadtchronisten und ehemaligen Konrektor Andreas Möller zur städtischen Lateinschule begünstigte die Erfindung dieses Jubiläums und begründete die Würdigung der Stadt 1663 und 1671 durch das Gregorius- und Schulfest. Die Schule war es, die die Bürger auf beide Stadtjubiläen hinwies. Diese auch in der Freiberger Geschichtsschreibung bislang unbekannten Termine sind früheste Zeugnisse städtischer Memorialkultur. Rosseaux führt den Stolz der Annaberger Bürgerschaft auf deren bergmännische Tradition und das daraus entspringende ausgeprägte »Bewusstsein für die eigene Geschichte« (Rosseaux 2003, 353) zurück. Das war in Freiberg nicht anders, nur hier begünstigte die frühe Abfassung der Stadtchronik durch den Konrektor die Inszenierung des Stadtjubiläums in einer Schulfeier. Die beiden Anlässe blieben jedoch auf die Schule beschränkt. Die Ratsprotokolle enthalten keinen Hinweis auf ein Stadt-

---

23  Über die Freiberger Jubiläen gibt es keine Untersuchung. Es ist nur bekannt, dass die Stadt im 20. Jahrhundert zu jeweils unterschiedlichen Terminen ihre Stadtgründung feierte. Daher ist es an dieser Stelle auch nicht möglich, wie es Rosseaux für Annaberg zeigen konnte, über die Tradierung, d. h. einer longue durée dieser beiden ersten Jubiläumstermine, Aussagen zu treffen (vgl. Rosseaux 2003, 349–367).

fest oder gar auf eine Jubiläumsfeier in Verbindung mit dem Gregoriusumgang der Lateinschule. Der Rat genehmigte das Schulfest und forderte wie jedes Jahr den ordnungsgemäßen Ablauf des Festes, indem aller »Exceß hierbey« zu »vermindern«[24] sei.

Bislang galten die Reformationsjubiläen 1617 und 1630 als Vorbilder der Jubiläumskultur. Das Freiberger Gregoriusfest eröffnet hingegen eine völlig neue Perspektive. Hier wurde die Form des Schulfestes beibehalten und das Stadtjubiläum von der Lateinschule mit den ihr zur Verfügung stehenden Mitteln publiziert und gefeiert. Das Schulfest mit seinem kostümierten Umzug und der in Szenen dargestellten Stadtgeschichte war damit Vorbild für die Gestaltung eines Stadtjubiläums. 1663 wurde der erste Erzfund nachgespielt und gedeutet. 1671 war das Thema die Errichtung und Befestigung der Stadt und die Übergabe des Bürgerrechts. Diese kleinen kostümierten Umzüge stellen somit ein weiteres Novum in der Stadtgeschichte dar. Hartmann etwa erklärte in seiner groß angelegten Studie über historische Festumzüge: »Bis in das 18. Jahrhundert waren der Hof und die Kirche die Hauptveranstalter von Festzügen. Mit Ausnahme kleinerer Schützenzüge, ländlicher Hochzeitszüge oder Gewerbeumzüge hatte das Bürgertum keinen aktiven Anteil am Festwesen« (Hartmann 1976, 125).

3.3  Eine »wandernde Komödie auf der Gasse«[25] – Figuren und Themen

Der Umzug begab sich von der Schule aus singend durch die Straßen. Damit verbunden war das dramatisch-musikalische Spiel, dessen Szenen an verschiedenen Stellen der Stadt, meist vor reichen Bürgerhäusern, aufgeführt wurden. Die dem mittelalterlichem Narrenspiel verwandten Schauspiele schöpften ihre allegorischen Figuren überwiegend aus der griechischen Mythologie und der Stadtgeschichte. Gregorius trat als Schulpatron allmählich in den Hintergrund. Die Figur lässt sich in den Gregoriusprogrammen zwischen 1649 und 1709 noch 1649, 1650, 1651, danach erst wieder 1700 und 1708 nachweisen. Auch biblische Themen gehörten selten zum Repertoire. In Freiberg wurde einzig 1706 auf die Offenbarung des Johannes Bezug genommen.

Nicht selten schrieben Lehrer die entsprechenden Stücke. Zu den zentralen The-

---

24  StadtAF, I Ba 10b Stadt-Protocoll, Ratsprotokoll vom 5. Aprilis 1671, Bl. 136.
25  F. gem. N. 20 (1801), 180. 1801 fragen die Freiberger gemeinnützigen Nachrichten »Worinne bestand denn dies Gregoriusfest?« und veröffentlichen eine kurze Beschreibung des Festes (vgl. F. gem. N. 20 (1801), 179–183). Mit dem allmählichen Niedergang und der endgültigen Abschaffung des Festes in Freiberg 1834 setzen Veröffentlichungen über das Fest ein. Unter dem Titel »Das Gregoriusfest« erschienen bereits 1823 drei Abhandlungen in den Freiberger gemeinnützigen Nachrichten: 16 (1823), 121–125; 17 (1823), 129–131; 18 (1823), 137–140.

men des Freiberger Gregoriusfestes gehörten die Bitten um Frieden und um Erhalt der Stadt und ihres Bergbaus. Die Hauptfiguren waren Merkur, Apollo oder Athene Pallas, Vertreter aller Stände der Gesellschaft, vom Kaiser und Kurfürst bis zum Soldaten, Handwerker sowie personifizierte Tugenden, Laster und die vier Jahreszeiten. In Freiberg stellten die Schüler ab Mitte des 17. Jahrhunderts Szenen aus der Stadtgeschichte, sowie aus dem Berg- und Hüttenwesen dar. Damit reagierte die Schule auf den allgemeinen wirtschaftlichen Aufschwung und die technischen Neuerungen im Bergbau sowie auf die sich regional entwickelnde Bergbaufestkultur (vgl. Tenfelde 1984). Auch die Schule selbst machte sich zum Thema. 1682 etwa beschäftigt sich das Stück mit Klagen über den schlechten Zustand der Schulen und lobt die Stadt Freiberg als Beschützerin der Schule. Den Nutzen der Schule bestätigen daraufhin Vertreter der Stände, ein Politiker, ein Kleriker, ein Ökonom, ein Bauer, ein Bauersjunge und dessen Vater. 1686 stellte der Aufzug der Schüler in Zittau unter Christian Weise die Geschichte der Schule dar (vgl. Eckstein 1888, 3).

Seit der Wiedereinführung Mitte des 17. Jahrhunderts hatte sich das Fest zu einem säkularen Schulfest entwickelt, das dem Namen und der Gestaltung nach zwar noch mittelalterliche Züge trug, sich aber von seinem religiösen Ursprung entfernt hatte. Das Gregoriusfest ist ein Beispiel für die Verbürgerlichung eines Heiligenfestes innerhalb des Protestantismus. Es bot den Akteuren eine bewährte Festform, die sich zur Inszenierung sowohl der eigenen Geschichte (Stadt und Schule) als auch des pädagogischen Selbstverständnisses der Lehrer hervorragend eignete. Ihre Themen schöpften sie aus dem humanistischen und stadtgeschichtlichen Kontext. Dazu war ein dezidierter Bezug zu Kirche und Theologie nicht mehr erforderlich.

## 4. Vom Schulfest zum Bettelumgang

Die Euphorie, mit der noch 1652 der Freiberger Rektor Benewitz das Fest gerühmt hatte, verflog bald. Jedes Jahr musste die Schule es beim Rat anmelden, und dieser verknüpfte die Bewilligung schon früh an die Forderung, möglichst alle «Exceße und Obscena»[26] sowie «alle Üppigkeit, [… wie], ungewöhnliche Kleidung und Larven»[27] abzustellen. Fast jährlich lassen sich diese Auflagen in den Freiberger Ratsprotokollen des späten 17. Jahrhunderts nachweisen. Seit Beginn des 18. Jahrhunderts mehrten sich jedoch die kritischen Stimmen unter den Lehrern, die vor allem den pädagogischen

---

26  StadtAF, I Ba 10b Stadt-Protocoll, Ratsprotokoll vom 16. Aprilis 1663, Bl. 205–207.
27  StadtAF, I Ba 10b Stadt-Protocoll, Ratsprotokoll vom 13. Aprilis 1664, Bl. 384–388.

Nutzen des Festes deutlich in Frage stellten. Der kostümierte Umzug, die mythologischen Spiele und das Einwerben von Spenden passten nicht mehr so recht in die Zeit der Aufklärung und zum neuen Standesbewusstsein der Lehrer. Diese empfanden es zunehmend als Demütigung, sich das nötige Entgelt für ihre Leistung in der Schule auf der Straße erbetteln zu müssen. Bereits 1712 sprach sich der Zittauer Rektor Gottfried Hoffmann (1658–1712) im Gregoriusprogramm öffentlich gegen das Fest und für eine ausreichende Bezahlung der Lehrer durch die Stadt aus (vgl. Quellenbuch Zittau 1911, 228). Der Unmut der Lehrer entlud sich auch in den Schulprogrammen. 1787 stellte der Laubaner Rektor Göbel seine Abhandlung unter die Frage: «Verdienen die ehemaligen Gregoriusfeste Erziehungsthorheiten genannt zu werden?« (zit. bei Schwabe, 1909, 98). Aus Schneeberg ist die Auseinandersetzung der Schneeberger Schulinspektion mit dem Rektor der Lateinschule überliefert. In der «Acta, die Abstellung verschiedener Unordnung und Missbräuche beym. sogen. Gregorius Umgange betr. 1789» werden unter anderem das Verkleiden und Tragen von Larven und Masken, das Führen und Schlagen von Trommeln, das Reiten, die komödiantischen Vorstellungen auf dem Markt sowie die «schändlichen Betteleyen« in Häusern unter Androhung der Polizei verboten. In seinem Brief an den Rat verteidigte der Lehrer seine Schüler, denn die ganze Stadt sei in «einer wilden Ungezogenheit« am Fest beteiligt. Er bat die Schulinspektion, die unwürdigen Betteleien wegen «ein paar Groschen« gänzlich aufzuheben (zit. bei Heydenreich, 55–57). Ein weiterer Grund für den Niedergang des Festes lag im Bedeutungsschwund der Schulkomödie. Noch im 17. Jahrhundert hatte sie als «öffentliche Kulturinstitution der Kommune, ... das fehlende kommunale Theater [ersetzt]« (Hünecke 1999, 481). Meist erregte sie großen Zulauf und war den Lehrern eine weitere wichtige zusätzliche Einnahmequelle. Aber mit der Professionalisierung des Schauspielerberufs sowie der Etablierung des deutschen Dramas trat auch sie in den Hintergrund.

An einzelnen Lateinschulen gelang aufgrund der Kritik im 18. Jahrhundert die Aufhebung der Umzüge und die finanzielle Erstattung der fehlenden Einnahmen durch die Stadt. Die Abschaffung des Festes war von der lokalen Schulinspektion und dem Rat abhängig. In Zittau hob dieser das Fest sogar aufgrund einer kurfürstlichen Verfügung bereits 1737 auf, nachdem es bereits seit 1735 nicht mehr gefeiert worden war. Der Rat verpflichtete sich zur Zahlung von 100 Talern an das Lehrerkollegium (vgl. Quellenbuch Zittau 1911, 230). In Freiberg dagegen gelang dies erst einhundert Jahre später. Über dreißig Jahre dauerte hier die Auseinandersetzung zwischen Stadtrat und Schule, bis die Umzüge 1834 endlich eingestellt werden konnten. Noch bis 1842 erstattete die Stadt Ausgleichszahlungen an die Gymnasialkasse, die mit der Übernahme der Schule durch den Staat ab 1843 wurden (vgl. Quellenbuch Freiberg 1915, 263–264).

An die Seite dieser örtlichen Regelungen traten 1773 die Ernestinischen Schulordnungen. Die Ordnung für die städtischen Lateinschulen erwähnt nur das »Singen auf den Straßen«, bei dem die Lehrer die Schüler »zur Sittsamkeit und Andacht anhalten« sollten, damit »nicht aber Gott und sein Dienst dadurch verspottet, und fromme Herzen geärgert werden« (Erneuerte Schulordnung für die lateinischen Stadtschulen 1773, 79–80)[28]. Eine Regelung des Gregoriusfestes, das die Volksschulen im 17. Jahrhundert übernommen hatten, ist nur noch in der Schulordnung für die deutschen Stadt- und Dorfschulen enthalten, wonach »bey dem Gregoriusumgange eine Woche« (Erneuerte Schulordnung für die deutschen Stadt- und Dorfschulen 1773, 83–84) schulfrei zu gewähren sei. Hier könnte sich die ursprüngliche Absicht, die Kinder in die Schule zu locken, noch erhalten haben. Denn in dem Generale »über das Anhalten der Kinder zur Schule und die Bezahlung des Schulgeldes betreffend« vom 4. März 1805 verband das Oberkonsistorium die Einführung der Schulpflicht vom 6. bis zum 14. Lebensjahr mit der Aufhebung des Gregoriusfestes (vgl. Generale 1805).

Doch die Abschaffung des Festes gestaltete sich schwieriger als die Kritik aus den Lateinschulen vermuten ließe. Die von den Schulbehörden angeforderten Gutachten zeigten den Widerstand gegen diese Regelung. Die Gemeinden wünschten den Fortbestand des Festes, sie wollten keine Entschädigungen zahlen, und die Eltern wünschten wiederum ein vergleichbares Schulfest. Diese Forderungen hatten zunächst Erfolg. Allerdings ließen die Bestrebungen vonseiten der Lehrerschaft, das Fest ganz aufzuheben, nicht nach (vgl. Daebritz 1897, 119).[29] Erst 1835 regelte der sächsische Staat im Elementar- und Volksschulgesetz das Einkommen der Lehrer und beschloss damit endgültig die Aufhebung des Gregoriusfestes. Dort heißt es im §. 38.: »Wo die Schullehrer von den Aeltern der schulpflichtigen Kinder oder von andern Einwohnern Victualien, […] verabreicht erhalten, oder solche bei den Mitgliedern der Gemeinde einsammeln, oder wo zur Zeit noch immer Neujahrs-, Gregorius- oder andere Singumgaenge Statt finden, hat der Ortsschul-Vorstand dafuer zu sorgen, daß dergleichen

---

28  Im Kapitel §.6. »Von der Zucht« heißt es wie folgt: »Es sollen auch die Schullehrer, und insonderheit der Cantor darauf halten, daß die Schüler, bey den Leichen, der Currende, und dem Chorsingen auf den Straßen, erst ehrbar, sittsam und ordentlich gehen und stehen, hiernächst aber und noch mehr, daß sie die Gesangbücher in den Händen haben, hineinsehen, langsam, andächtig, und, auf eine solche Art, singen, daß es der Gesundheit nicht nachteilig, und ein wirklicher Gottesdienst sey, auch die, so das Singen hören, dadurch erwecket und erbauet, nicht aber Gott und sein Dienst dadurch verspottet, und fromme Herzen geärgert werden« (Erneuerte Schulordnung für die lateinischen Stadtschulen 1773, 79–80).
29  Über den gescheiterten Versuch, 1819 in Freiberg wenigstens die Lehrer vom Umgang zu entbinden und nur die Schüler durch die Straßen ziehen zu lassen, berichtet Thümer 1887, 9–10 sowie Quellenbuch Freiberg 1915, 263–264.

Naturalleistungen oder Umgaenge in angemessene stehende Geld- oder Naturalabgaben verwandelt werden« (Elementar-Volksschulgesetz 1835, 14).[30]

Im Laufe der Jahrhunderte hatte dieses Schulfest jedoch eine so große Popularität erlangt, dass es zu einem Vorbild für Volks- und Kinderfeste ab Mitte des 19. Jahrhunderts wurde bzw. das »moderne Schulfest« (Bartusch 1897, 247) an seine Stelle trat.[31] Solch ein Schulfest ist das Roßweiner Kinderfest, das älteste Kinderfest in Sachsen. Kurz nach der Abschaffung der Gregoriusumgänge 1837 eingeführt, wird es bis heute als Schul- und Heimatfest gefeiert.[32]

## Literatur

### Handschriften

Stadtarchiv Freiberg (StadtAF)
I Ba 10 a Stadt-Protocoll
I Ba 10 b Stadt-Protocoll
I Ba 10 c Stadt-Protocoll: Ratsprotokolle

Bibliothek des Freiberger Altertumsvereins (ehem.)
Ba 94: Gregoriusprogramme (Handschriftliche Rollenverzeichnisse der Gregoriusfeste 1649–1651) [zitiert: Gr.Pr.]

### Gedruckte Quellen und Literatur
Angenendt, Arnold: Geschichte der Religiosität im Mittelalter, Darmstadt 2000, S. 31–88.
Arnold, Klaus: Kind und Gesellschaft in Mittelalter und Renaissance, Paderborn 1980.
Art. Feste der Schule. In: Pädagogische Realencyclopädie. Nr. 1, Grimma 1843, S. 658–660.
Art. Gregorianischer Gesang. In: Lexikon für Theologie und Kirche. Nr. 4, Freiburg/Basel/Rom/Wien 1995, Sp. 1033–1037.
Art. Gregoriusfest. In: Pädagogische Realencyclopädie. Nr. 1, Grimma 1843, S. 826.
Art. Minerva. In: Roscher, W. H. (Hg.): Ausführliches Lexikon der griechischen und römischen Mythologie. Nr. II. 2, (reprographischer Nachdruck d. Ausgabe Leipzig 1894–97) Hildesheim/Zürich/New York 1993, Sp. 2982–2992.
Bartusch, Paul: Die Feier des Gregoriusfestes an der Annaberger Lateinschule im XVI. Jahrhundert.

---

30  Überhaupt regelte das Gesetz die Einhaltung von Schulzeit und schulfreien Tagen strenger als bisherige Schulordnungen. Der §.68. beispielsweise fordert die Aussetzung des Unterrichts für Leichenbegräbnisse oder anderer kirchlicher Amtshandlungen möglichst zu vermeiden.
31  Vgl. auch Art. Feste der Schule 1843, 658–660 sowie Art. Gregoriusfest, 1843 S. 826. Dort heißt es, »erst die neueste Zeit hat dasselbe zu Grabe getragen, doch ist es, gleich einem Phönix, in den sogenannten Schulfesten verjüngt wieder auferstanden« (ebd.).
32  Über Schulfeste in Sachsen vgl.: Rosswein Sachsen. Heimatrundschau 1995; Kluge/Herrmann 1998. Für Bayern vgl. Bretschneider 1987; Heller 1997, 245–249 sowie Freyer 1997, 287.

Ein quellenmäßiger Beitrag zur Geschichte dieses Festes. In: Mitteilungen der Gesellschaft für Deutsche Erziehungs- und Schulgeschichte 7 (1897) 3, S. 246–258.

Benewitz, Otto: Entwurff des Uhrhalten Gregorius- und Schulen-Festes, Sampt angefügter Beschreibung, wie es zu Freyberg von denen anwesenden Schülern gehalten worden, o. O. [Freiberg] 1652.

Bretschneider, Günther: Die Geschichte des Neustadter Kinderfestes. Eine grundlegende Schrift über Alter und Herkunft, Entstehung und Entwicklung unseres Kinderfestes, vom kirchl. Gregorius-Fest zum heutigen Neustadter Volksfest, Neustadt bei Coburg 1987.

Brückner, Wolfgang (Hg.): Volkserzählung und Reformation. Ein Handbuch zur Tradierung und Funktion von Erzählstoffen und Erzählliteratur im Protestantismus, Berlin 1974.

Bulst, N[einthard]: Guibert. I. G. v. Nogent. In: Lexikon des Mittelalters. Nr. 4, München/Zürich 1989, Sp. 1768–1769.

CA XXI. Vom Dienst der Heiligen (1530). In: Die Bekenntnisschriften der evangelisch-lutherischen Kirche, Göttingen 1982, S. 83b–83c.

Chartier, Roger: Phantasie und Disziplin. Das Fest in Frankreich vom 15. bis 18. Jahrhundert. In: Dülmen, Richard v./Schindler, Norbert (Hg.): Volkskultur. Zur Wiederentdeckung des vergessenen Alltags (16.–20. Jahrhundert), Frankfurt/M. 1984, S. 153–176.

Daebritz, Herm[ann]: Etwas vom alten Gregoriusfest in sächsischen Städten. Zum 12. März. In: Wissenschaftliche Beilage der Leipziger Zeitung 30 (1897), S. 117–119.

Das andächtig singende und bethende Freyberg, Freyberg 1779.

Deneke, Bernward: Kaspar Goltwurm. Ein lutherischer Kompilator zwischen Überlieferung und Glaube. In: Brückner, Wolfgang (Hg.): Volkserzählung und Reformation. Ein Handbuch zur Tradierung und Funktion von Erzählstoffen und Erzählliteratur im Protestantismus, Berlin 1974, S. 124–177.

Die Legenda aurea des Jacobus de Voragine, aus dem Lateinischen übersetzt von Richard Benz, Berlin 1963.

Eckstein, Hermann: Die Feier des Gregoriusfestes am Gymnasium in Zittau. In: Schulrogramm des Gymnasiums zu Zittau 1887/88, Zittau 1888, S. 1–19.

Das Elementar-Volksschulgesetz für die Königlich-Sächsischen Lande vom 6. Juni 1835, nebst zugehöriger Verordnung vom 9. Juni 1835 und dem Regulativ vom 13. Juli 1835, Dresden [1835].

Ermisch, H.: Die Zwickauer Stadtbücher und eine Zwickauer Schulordnung des 15. Jahrhunderts. In: Neues Archiv für sächsische Geschichte 20 (1899), S. 33–45.

Erneuerte Schulordnung für die lateinischen Stadtschulen der Chur-Sächsischen Lande, auf Ihrer Churfürstlichen Durchlauchtigkeit höchsten Befehl, Dresden 1773.

Erneuerte Schulordnung für die deutschen Stadt- und Dorfschulen der Chur-Sächsischen Lande, auf Ihrer Churfürstlichen Durchlauchtigkeit hoechsten Befehl, Dresden 1773.

Evangelisches Gesangbuch, Meiningen 1865.

Freyberger Gemeinnützigen Nachrichten 20 (1801); 16 (1823) – 18 (1823).

Freyer, Michael: Geschichte der Schülerkleidung. In: Handbuch der Geschichte des Bayerischen Bildungswesens, hrsg. v. Max Liedtke, Nr. 4, Bad Heilbrunn/Obb. 1997, S. 273–287.

Gärtner, Theodor: Die Zittauer Schule bis zur Gründung des Gymnasiums. In: Festschrift zur dreihundertjährigen Jubelfeier des Gymnasiums zu Zittau am 9. und 10. März 1886, Zittau 1886, S. 1–21.

Generale, das Anhalten der Kinder zur Schule und die Bezahlung des Schulgeldes betreffend, vom 4. März 1805, Dresden 1805.

Gesangbuch für die evangelisch-lutherische Landeskirche des Königreiches Sachsen, Leipzig/Dresden 1883.

Das Gregoriusfest. In: Freyberger gemeinnützige Nachrichten für das Königlich Sächsische Erzgebirge 16 (1823), 121–125; 17 (1823), 129–131; 18 (1823), 137–140.

Gregoriusprogramme der Lateinschule zu Freiberg von 1652, 1654–1656, 1658–1696, 1700–1703, 1706, 1708, 1709. [zitiert: Gr.Pr.]

Hartmann, Wolfgang: Der historische Festumzug. Seine Entstehung und Entwicklung im 19. und 20. Jahrhundert, München 1976.

Heinzelmann, M.: Gregor I. der Große. III. Kult und Verehrung. In: Lexikon des Mittelalters. Nr. IV, München/Zürich [10]1989, Sp. 1666.

Heller, Hartmut: Schulfeste und Schulbräuche. In: Handbuch der Geschichte des Bayerischen Bildungswesens, hrsg. v. Max Liedtke. Nr. 4, Bad Heilbrunn/Obb. 1997, S. 244–272.

Helmbold, Ludwig: Crepundia Sacra. An S. Gregorii der Schüler FestTage und sonsten zu singen mit vier Stimmen zugericht, Mühlausen/Erffordt 1608.

Hettwer, Hubert: Herkunft und Zusammenhang der Schulordnungen, Mainz 1965.

Heydenreich, Eduard [Karl Heinrich]: Das Gregoriusfest im sächs. Erzgebirge mit besonderer Berücksichtigung Freiberger Verhältnisse. In: Mitteilungen vom Freiberger Altertumsverein 33 (1896), S. 37–58.

Hünecke, Rainer: Nachwort. In: Möller, Andreas: Die Schuldramen des Freiberger Konrektors Andreas Möller, hrsg. und mit einem Nachw. versehen von Rainer Hünecke, unter Mitarbeit von Ulrike Hünecke, Stuttgart 1999, S. 471–520.

Instruction und Articul, wie es Ein Erbar Rath der Stadt Zittau in Ihrer Stadtschulen hinführo will gehalten haben [vom 20. Juni 1594]. In: Festschrift zur dreihundertjährigen Jubelfeier des Gymnasiums zu Zittau am 9. und 10. März 1886, Zittau 1886, S. 21–24.

Kaemmel, Otto: Geschichte des Leipziger Schulwesens vom Anfange des 13. bis gegen die Mitte des 19. Jahrhunderts (1214–1846), Leipzig/Berlin 1909.

Klette, Johannes: Der Gregoriustag als Einschulungstag in Deutschland. In: Zeitschrift für Geschichte der Erziehung und des Unterrichts 22 (1932) 3, S. 131–164.

Kirchen- und Schulordnung für Kursachsen. Des durchlauchtigsten, hochgebornen Fürsten […] Herrn Augusten, Herzog zu Sachsen, […] Ordnung, wie es in seiner churfürstlichen Gnaden Landen bei den Kirchen mit der Lehr und Ceremonien, desgleichen in derselben beiden Universiteten, Consistorien, Fürsten- und Partikularschulen, Visitation, Synodis und was solchem allem mehr anhanget, gehalten werden soll, Meißen 1580.

Kluge, Ulrich und Karin Herrmann: Sächsische Feste, München/Wien 1998.

Krickeberg, Dieter: Das protestantische Kantorat im 17. Jahrhundert, Berlin 1965.

Löwe, Heinz: Lateinisch-christliche Kultur im karolingischen Sachsen. In: Ders.: Religiosität und Bildung im frühen Mittelalter. Ausgewählte Aufsätze, Weimar 1994, S. 46–86.

Maurer, Michael: Feste und Feiern als historischer Forschungsgegenstand. In: HZ 253 (1991), S. 101–130.

Meisen, Karl (1931): Nikolauskult und Nikolausbrauch im Abendlande. Eine kultgeographisch-volkskundliche Untersuchung, hrsg. v. Zender, Matthias und Franz-Josef Heyden, Düsseldorf 1981.

Möller, Andreas: Theatrum Freibergense Chronicum. Beschreibung der alten löblichen BergHaupt-Stadt Freyberg in Meissen, Freyberg 1653.

Mücke, Samuel Traugott: Vom Ursprunge des Gregoriusfestes. Eine Schulschrift, Leipzig 1793.

Müller, Winfried: Stadtjubiläen. Zur Entstehung städtischer Erinnerungskultur unter besonderer Berücksichtigung Sachsens. In: Wißuwa, Renate, Gabriele Viertel und Nina Krüger: Sachsen. Beiträge zur Landesgeschichte, Dresden 2002, S. 1–19.

Müller, Winfried: Das historische Jubiläum. Zur Geschichtlichkeit einer Zeitkonstruktion. In: Ders.

u. a. (Hg.): Das historische Jubiläum. Genese, Ordnungsleistung und Inszenierungsgeschichte eines institutionellen Mechanismus, Münster 2004, S. 1–75.

Neu verbessertes aus dem Coburgischen und Meiningischen zusammengetragenes Gesangbuch, Meiningen 1761.

Palmer: Gregoriusfest. In: Real-Encyklopädie für Protestantische Theologie und Kirche, Nr. 5, Stuttgart/Hamburg 1856, S. 365–366.

Das Privilegierte ordentliche und vermehrte Dreßdnische Gesang-Buch, Dreßden 1728.

Das Privilegierte ordentliche und vermehrte Dreßdnische Gesang-Buch, Dreßden 1774.

Quellenbuch zur Geschichte des Gymnasiums in Freiberg von der Zeit vor der Reformation bis 1842, bearb. v. Friedrich Emil Preuss und Karl August Thümer, Freiberg 1915.

Quellenbuch der Geschichte des Gymnasiums zu Zittau. II. Heft: 1709 bis 1855, bearb. v. Theodor Gärtner, Leipzig 1911.

Rescript, die Beschränkung der Feiertage betr. v. 13. Jan. 1831. In: Codex des im Königreiche Sachsen geltenden Kirchen- und Schul-Rechts, bearb. und hrsg. v. Eduard Schreyer, Leipzig ²1864, S. 318–320.

Richter, Anja: Sinninszenierungen in der Schule. Schulfeiern als Gegenstand historischer Forschung. In: Zeitschrift für pädagogische Historiographie 2 (2005) [im Druck].

Rosseaux, Ulrich: Städtische Jubiläumskultur zwischen früher Neuzeit und Moderne. Das Beispiel Annaberg in Sachsen (1696–1996). In: Müller, Winfried (Hg.): Das historische Jubiläum. Genese Ordnungsleistung und Inszenierungsgeschichte eines institutionellen Mechanismus, Münster 2004, S. 349–367.

Rosswein Sachsen. Heimatrundschau 1995, Rosswein 1995.

Rüdiger, Karl August: Ueber die ehemalige Feier des Gregoriusumganges in Freiberg. In: Mittheilungen des Königlich Sächsischen Vereins für Erforschung und Erhaltung vaterländischer Alterthümer, 4 (1847), S. 15–19.

Ruhkopf, Friedrich Ernst: Geschichte des Schul- und Erziehungswesens in Deutschland von der Einführung des Christentums bis auf die neuesten Zeiten, Bremen 1794.

Schade, Heidemarie: Andreas Hondorffs Promptuarium Exemplorum. In: Brückner, Wolfgang (Hg.): Volkserzählung und Reformation. Ein Handbuch zur Tradierung und Funktion von Erzählstoffen und Erzählliteratur im Protestantismus, Berlin 1974, S. 647–703.

Schellhas, Walter: Vom Vorabend des frühbürgerlichen Revolution bis zum Ende des Dreißigjährigen Krieges 1470 bis 1648. In: Geschichte der Bergstadt Freiberg, im Auftrag des Rates der Stadt Freiberg, hrsg. v. Hanns-Heinz Kasper und Eberhard Wächtler, Weimar 1986, S. 91–142.

Schünemann, Georg: Geschichte der deutschen Schulmusik, Leipzig ²1931.

Schulz, Frieder: Heilige/Heiligenverehrung VII. Die protestantischen Kirchen. In: Müller, Gerhard (Hg.): TRE. Nr. 14, Berlin/New York 1985, S. 664–672.

Schulz, Frieder: Synaxis. Beiträge zur Liturgik, Göttingen 1997.

Schwabe, Ernst: Beiträge zur Geschichte des sächsischen Gelehrtenschulwesens 1760–1820, Leipzig 1909.

Specht, F. A.: Geschichte des Unterrichtswesens in Deutschland, Stuttgart 1885.

Spieß, Moritz: Aberglauben, Sitten und Gebräuche des sächsischen Erzgebirges. Ein Beitrag zur Kenntnis des Volksglaubens und Volkslebens im Königreich Sachsen. (Abhandlung, zum Programm der Realschule zu Annaberg für 1862 gehörig), Dresden 1862.

Süß, Paul: Geschichte des Gymnasiums zu Freiberg (Gymnasium Albertinum). Teil II. In: Schulprogramm des Freiberger Gymnasiums Albertinum 1876/77, Freiberg 1877, S. 31–68.

Tenfelde, Klaus: Streik als Fest. Zur frühneuzeitlichen Bergarbeiterkultur. In: Dülmen, Richard v./

Schindler, Norbert (Hg.): Volkskultur. Zur Wiederentdeckung des vergessenen Alltags (16.–20. Jahrhundert), Frankfurt/M. 1984, S. 177–202.

Thomas, A.: Gregor I. der Große. In: LCI – Lexikon der christlichen Ikonographie. Ikonographie der Heiligen. Nr. 6, hrsg. v. Engelbert Kirschbaum, Rom/Freiburg/Basel/Wien 1974, Sp. 432–441.

Thümer, Karl August: Geschichte des Freiberger Gymnasiums 1811–1839. In: Schulprogramm des Freiberger Gymnasiums Albertinum 1886/87, Freiberg 1887, S. 1–39.

Uhlig, Gottfried: Geschichte des sächsischen Schulwesens bis 1600, Dresden 2000.

Wendorff, Rudolf: Zeit und Kultur. Geschichte des Zeitbewußtseins in Europa, Opladen 1980.

Wimmer, Otto: Kennzeichen und Attribute der Heiligen, Innsbruck/Wien 2000.

Winterfeld, Carl von: Der evangelische Kirchengesang und sein Verhältnis zur Kunst des Tonsatzes. Teil 1, Leipzig 1843.

Wittenbergisches Gesangbuch, Meißen 1788.

Wustmann, Gustav: Urkundliche Beiträge zur frühesten Geschichte der Nicolaischule, Leipzig 1898.

www.bautz.de/bbkl

Andreas Martin

# Landschaftsbilder
Zum Beitrag der Dresdner Künstler an der »Entdeckung« der Sächsischen Schweiz im ausgehenden 18. Jahrhundert

Seit mehr als zwei Jahrhunderten zieht es Jahr für Jahr unzählige Reisende in das wenige Kilometer südöstlich der sächsischen Landeshauptstadt gelegene Gebiet, das noch vor dem Ende des 18. Jahrhunderts als »Sächsische Schweiz« auch über die Landesgrenzen hinaus bekannt war und sich zu wesentlichen Teilen aus den kursächsischen Ämtern Hohnstein und Lohmen zusammensetzte. Die Einheimischen nannten es bis in das 20. Jahrhundert kurz und bündig »Hochland«. Die »Heide über Schandau« war die gebräuchliche Bezeichnung für einen Teil dieses Gebiets, der auf Grund von Sandsteinformationen bereits früh das Interesse der Reisenden fand. Heute wird die Region meist in drei große Bereiche gegliedert: Die Vordere[1], die Hintere und die Linkselbische Sächsische Schweiz. Seit der ersten Nutzung des viel diskutierten Namens »Sächsische Schweiz« – man kann sie wohl um 1785 datieren – hat sich sein Inhalt sehr gewandelt.[2] Noch bis vor wenigen Jahren gab es keine allgemein gültige

---

1   Die Vordere Sächsische Schweiz liegt näher bei Dresden, dem häufigsten Ausgangspunkt der Reisenden.
2   In seiner 1804 veröffentlichten umfangreichen »Beschreibung der sogenannten Sächsischen Schweiz« betonte Götzinger, dass dieser Name seit seiner Verwendung für das Hochland, seit »beinahe 20 Jahren«, immer wieder Kritiker fand (Götzinger 1804). Die Mitte der 1780er Jahre war demzufolge der Zeitraum, in dem das Sandsteingebirge des »Meißner Hochlands« zur »Sächsischen Schweiz« wurde. Götzinger bemühte sich zu unterstreichen, dass er den Namen »Sächsische Schweiz« lediglich als terminus technicus verwende, »weil ein großer Theil Naturfreunde, die sie sahn oder nicht sahn, sie blos unter diesem Namen kennen« (S. III). Der Name unterstreiche lediglich den gebirgigen Charakter dieser Sandstein-Felsenwelt, ohne einen Vergleich mit der Bergwelt in der Schweiz anstreben zu wollen – »Schweizerische Ansichten« im Sinne einer bergigen Landschaft. Tatsächlich fand in dieser Zeit das Attribut »schweizerisch« häufiger für bergige Gegenden um die Residenz Verwendung. Allerdings bemühte sich Götzinger durchaus, das Treffende des Begriffs durch die Aussage zu belegen, dass es »geborne Schweizer« waren, die als erste diesen Namen verwendeten. Diese Aussage Götzingers wurde häufig auf Adrian Zingg und Anton Graff bezogen. Aber es gab auch andere Schweizer, die noch vor der Jahrhundertwende den Weg in das Meißner Hochland fanden, wie Aufzeichnungen der Festung Königstein belegen (vgl. Hoch 1996, 12).

Definition für das Territorium der Sächsischen Schweiz. Die Ausdehnung des Gebietes, für das dieser Name Anwendung fand, war vor allem in den Randbereichen immer gebunden an den Fortschritt des Fremdenverkehrs und damit an die Interessen sowohl der Reisenden als auch der Einheimischen, die durch Versorgung und Beherbergung der Fremden Einnahmen erzielen konnten. So war der Name »Sächsische Schweiz« vor allem ein fremdenverkehrstechnischer Begriff. Erst 1994, im Rahmen der Kreisgebietsreform des Freistaats Sachsen, wurde eine grundlegend neue Situation geschaffen. Durch die Einrichtung des Landkreises »Sächsische Schweiz« fand der Raum eine staatliche Definition.

Am wenigsten berührt wurden allerdings die Reisenden selbst durch diese Entwicklung. Sie reisen heute wie vor 200 Jahren in die Sächsische Schweiz und nicht nach Rathen, Hohnstein, Lohmen, Wehlen, Pfaffendorf, Uttewalde, Schandau oder all den anderen Orten, die unter dem werbeträchtigen Namen eine regionale Einheit bilden. Der Name ist zugleich Symbol für die Entwicklung eines einzigartigen Naturraumes zu einer Kulturlandschaft, in der gegenwärtig kaum ein Detail von den Marketingkonzepten der Fremdenverkehrswirtschaft unberührt bleibt. So werden auch historische Phänomene einzelner Phasen dieser Entwicklung bereits touristisch verwertet. Unter anderem bemüht sich die Branche, durch Beschreibung von bevorzugten Zielen der frühen Reisenden historische Räume mit kulturellen Werten zu füllen, die dem modernen Touristen vergegenwärtigen sollen, dass er auf den Spuren bedeutender Künstler wandert: Auf diese Weise entstand in den neunziger Jahren des 20. Jahrhunderts der »Malerweg«. Eine Wegbeschreibung ist veröffentlicht (Richter 1997),[3] die elektronischen Medien präsentieren die Route vielgestaltig.[4] Wie die Silberstraße im Erzgebirge (vgl. Gumnior/Kasper 1994, 194 ff.), die Weinstraße im Elbtal (vgl. z. B. Böhme/Rühle 1999; Tönspeterotto/Fischer 1995) oder der Elberadweg wurde und wird auch der Malerweg in der Sächsischen Schweiz fremdenverkehrswirksam aufbereitet.

Beschäftigt man sich mit den Anfängen des Fremdenverkehrs in der Sächsischen Schweiz, die in den letzten zwei Jahrzehnten des 18. Jahrhunderts festzustellen sind, wird man unweigerlich mit den Namen Götzinger, Nikolai und Zingg konfrontiert.

---

3   Vgl. dazu auch das Faltblatt: Musenküsse am Malerweg, hrsg. vom Fremdenverkehrsverband Sächsische Schweiz, Pirna 1994.
4   Hinter den Links http://www.oberelbe.de/tourist/der_malerweg.htm, http://www.enviamwelt.de/welt/regionales/ausflugstipps/649.html, http://www.pirna-online.de/umgebung/html/malerweg.html, wird der »Malerweg« thematisiert. Unter http://www.saechsische-schweiz.de/start/click.system?navid=243&sid=21855581 findet man sogar eine pdf-Datei mit Wegbeschreibung zum Herunterladen. Eine Ausweitung des Malerwegs stellt der DichterMusikerMaler-Weg dar, der bereits in Dresden beginnt (http://www.dichtermusikermaler-weg.de/body_index.html) und für den es auch Aktionsmaterial gibt (Stempelkarten u. ä.).

Für diese Zeit, die durch das Hervortreten spezifischer Reisegewohnheiten bürgerlicher Kreise gekennzeichnet ist (vgl. Gyr 2001, 471), wird dem Künstler Adrian Zingg (1734–1816) und den Pfarrern Wilhelm Lebrecht Götzinger (1758–1818) und Carl Heinrich Nikolai (1738–1823) das Verdienst zugesprochen, das Gebiet der Sächsischen Schweiz in den Blickwinkel der Bildungs- und Lustreisenden gerückt zu haben. Zumeist wird davon ausgegangen, dass es zunächst Texte waren, die über den Naturraum des Hochlands und über die Kulturlandschaft Sächsische Schweiz informierten.

Götzinger war Pfarrer in Neustadt in Sachsen und veröffentlichte 1786 die »Geschichte und Beschreibung des Chursächsischen Amts Hohnstein und Lohmen…« und damit die erste umfassende Darstellung der Region (Götzinger 1786).[5] Nikolai, Pfarrer in Lohmen, gab 1801 mit dem »Wegweiser durch die Sächsische Schweiz« den ersten Reiseführer durch das Gebiet in Druck (Nikolai 1801). Adrian Zingg (1734–1816) war Kupferstecher und Landschaftsmaler. Er folgte dem Ruf des ersten Generaldirektors der 1764 neu gegründeten Dresdner Kunstakademie Christian Ludwig von Hagedorn und widmete sich in Dresden vor allem der Darstellung sächsischer und böhmischer Landschaften. In der Literatur wurde Zingg vor allem wegen seiner vermeintlichen Bedeutung für den sich etablierenden Namen »Sächsische Schweiz« genannt. Die frühe Aufarbeitung eines aktenkundigen Vorfalls (Gautsch 1878, 85 f.), der sich 1766, noch im Jahr seiner Ankunft in Dresden, ereignete, führte dazu, dass man ihn und seinen Landsmann Anton Graff (1736–1813)[6] immer wieder als Schöpfer dieses neuen Namens benannte (vgl. Ruge 1879, 122 f.; Neidhardt 1976, 17). Diese einseitige Sicht auf die Bedeutung Adrian Zinggs und die m. E. deutliche Überbewertung der Veröffentlichungen von Götzinger und Nikolai für die »Entdeckung« der Sächsischen Schweiz sollen im vorliegenden Aufsatz relativiert werden. Es wird dargestellt, dass die Tätigkeit von Adrian Zingg an der Dresdner Kunstakademie dazu führte, dass eine Gruppe von

---

5 Dass diese mehr als 500 Seiten umfassende Darstellung nicht als Landschaftsbeschreibung aufgenommen wurde, zeigt auch die Rezension, die 1877 im Dresdner Anzeiger erschien und die sich ausschließlich der in diesem Band umfangreich dargestellten Verwaltungsgeschichte zuwandte (Dresdner Anzeiger 1877, 86 f.). Es sind lediglich die letzten beiden Abschnitte (Nr. 25 und Nr. 26), in denen Götzinger sich den »Merkwürdigkeiten der Gegend« und den »Merkwürdigkeiten im Reiche der Natur« zuwandte (S. 458–502). Erst 17 Jahre später veröffentlichte Götzinger einen Reiseführer durch das Gebiet.

6 Anton Graff (1736–1813) begann ebenfalls 1766 eine Tätigkeit an der Dresdner Kunstakademie. Das Ereignis bestand darin, dass er und Zingg in der Umgebung der Festung Königstein zeichneten. Sie übernachteten in der unterhalb der Festung gelegenen Neuen Schenke. Dadurch wurde der Festungskommandant auf sie aufmerksam und verbot ihnen das Zeichnen. Graff ging daraufhin wieder nach Dresden zurück. Zingg arbeitete am nächsten Tage weiter, wurde arretiert und seine Zeichnungen eingezogen. Vgl. Sächsisches Hauptstaatsarchiv Dresden, Festung Königstein betr. 1712–1767, Loc. 14635.

Künstlern sich der Landschaftsdarstellung vor allem von Motiven aus der Sächsischen Schweiz zuwandte. Auf der Grundlage einer in Dresden durch Zingg neu eingeführten künstlerischen Technik war es möglich, einzelne Motive in größeren Stückzahlen herzustellen. Es entwickelte sich ein Handel mit Blättern dieser »Produktion«, beim dem die Künstler zunächst selbst als Händler auftraten und der zum Ausgangspunkt für die Etablierung von Kunstverlagen in Dresden wurde.

## Die Berufung von Adrian Zingg an die Königliche Kunstakademie in Dresden

Adrian Zingg wurde 1734 in St. Gallen in der Schweiz geboren. Nach einer Lehre bei dem Kupferstecher Johann Rudolf Holzhalb (1730–1805) in Zürich und Arbeiten für Johann Ludwig Aberli (1723–1786) in Bern ging er 1759 nach Paris. Sieben Jahre arbeitete Zingg hier als Kupferstecher und Landschaftsmaler, vor allem unter dem Einfluss von Johann Georg Wille (1715–1808) (vgl. Schulze Altcappenberg 1987).

Als Adrian Zingg sich 1766 entschloss, dem Ruf nach Dresden zu folgen, gehörte für ihn ein gesichertes Einkommen zu den wichtigsten Punkten der vertraglichen Bindung. In seinem ersten Brief an Christian Ludwig von Hagedorn, dem Generaldirektor der im Februar 1764 gegründeten Dresdner Kunstakademie, beschrieb er seine Sicht auf die Lebenssituation eines Künstlers in Europa. So gab es, Zinggs Schilderung folgend, Mitte der 1760er Jahre nur zwei Städte, in denen ein Kunstmarkt so weit entwickelt war, dass ein guter Kupferstecher vom Verkauf seiner Arbeiten leben konnte. Dies waren Paris und London. An jedem anderen Ort war eine finanzielle Unterstützung erforderlich.

Der Gedanke, nach Dresden zu gehen, reizte ihn und er betonte, dass er lieber an Kunst denke, als an Verdienst. Allein »…in Dresden würde man Geduld haben müssen bis einige Kupferstecher und man verschiedene Platten hätte, um den Handel anzufangen…« (vgl. Stübel 1916, 281 ff., hier: Brief von Zingg an Hagedorn vom 15. Juni 1764, 290). Als Gegenleistung für seine finanziellen Forderungen bot Zingg die Unterrichtung einiger Schüler an (ebd., 289). Diesem Ziel, nicht nur die Entwicklung der eigenen Arbeit, sondern die Entfaltung das Kunstfaches in Dresden voranzubringen, wandte er sich vom ersten Tag seines Aufenthalts zu. Er folgte damit Hagedorns Bestrebungen nach einer Gemeinnützigkeit von Kunst, also die künstlerische Ausbildung vor allem einheimischer Kräfte und die Verbreitung von künstlerischen Fähigkeiten im Rahmen handwerksmäßiger, manufattureller und fabrikmäßiger Produktion. Die Förderung der Wirtschaft, des »Commercii«, durch seine künstlerische Tätigkeit war folgerichtig auch eine der Verbindlichkeiten, die in Zinggs Anstellungsdekret beschrieben waren (vgl. Dresden 1990, 56–63).

## Adrian Zingg und seine Schule der Landschaftsmalerei

»Jahr aus Jahr ein, wenigstens einen ihm anständigen Lehrling, zwar ohne einigen Aufwand, jedoch ohnentgeltlich zu unterrichten« (ebd., 60) war eine weitere Verpflichtung, der Zingg im Rahmen seiner Anstellung nachzukommen hatte. Zu den Inhalten und Formen der Ausbildung, die er seinen Schülern angedeihen ließ, existieren kaum Überlieferungen. In wenigen Zeilen nur fragmentarisch erhaltener autobiographischer Aufzeichnungen gedachte er selbst dieses Bereichs seiner künstlerischen Wirksamkeit: »Ich wurde nach Dresden berufen um bei der Kunstacademie jungen Leuthen nützlich zu sein, in Landschaftzeichnen und Kupferstechen. Die Bedingungen waren für mich nicht lästig, ich sollte nur einen Schüler für beständig unterrichten, doch ohne den geringsten Aufwand, aber ich hatte mich freiwillig entschlosen mehrere zu nehmen, um in dem Fall einige misrathen, ich doch einige aufzuweisen hätte, die Erfahrung beweist das ich wohl gethan habe, […], die Anzahl meiner Schüler vermehrte sich bis auf 7. Meine Vergnügen nützlich zu sein waren immer groß. So bald es meine Umstände erlaubt haben, nahm ich etliche Schüler mit auf Kunstreisen und hielte sie ganz frei, Wochen auch Monat lag, einmahl hatte ich 7 Schüler, ohne den Mann zu Bedienung, die Unkosten waren ziemlich beträchtlich, auf Bergen und Wiesen setzte ich mich mitten unter meinen Schülern, ich freuete mich meiner Thätigkeit und Wirkungskreis…«[7]. Nahezu fünf Jahrzehnte war Zingg in Dresden tätig. Von den vielen Schülern, die er in dieser Zeit unterrichtet haben mag, können heute nur diejenigen benannt werden, die im Ergebnis seiner Ausbildung eine gewisse Bedeutung erlangten und eigenständige Arbeiten hinterließen: Neben Christian August Günther (1759–1824)[8] konnten die Brüder Carl Wizani (1767–1818) und Friedrich Wizani (1770–1835), Carl Gregor Täu-

---

7   Sächsische Landesbibliothek, Staats- und Universitätsbibliothek Dresden (SLUB), Handschriftensammlung, Mscr. Dresd. App. 292, 290. Kläbe bestätigt 1796 die Aussage. Vgl. Kläbe 1796, 190.
8   Günther war acht Jahre Schüler bei Zingg, wurde 1789 Pensionär, 1810 Mitglied und 1815 außerordentlicher Professor der Dresdner Kunstakademie. Vgl. Thieme/Becker 1999, Nr. 15, 202 f.

bert (1778–1861)⁹ und Franz Täubert (1783, tätig bis 1853)¹⁰, sowie Carl August Richter (1770–1848)¹¹, Heinrich Friedrich Laurin (1756–um 1830), Phillip Veith (1768–1837), Johann Georg Wagner (1744–1787¹²), Konrad Gessner (1764–1826) und Johann Heinrich Troll (1756–1824)¹³ als Schüler von Adrian Zingg nachgewiesen werden¹⁴. Einige von ihnen bildeten selbst aus. Als Schüler von Phillip Veith können Christian Gottlob Hammer (1779–1864) und Johann Franz Friedrich Bruder (1782–1838) angeführt werden, sowie Carl Wilhelm Arldt (1809–1868) und Gustav Täubert (1817–1913) als Schüler von Carl August Richter. Damit hatte sich eine recht große Gruppe von Künstlern gebildet, die unter dem Einfluss von Adrian Zingg ein gleichsam unerschöpfliches Reservoir an Landschaftsdarstellungen innerhalb eines relativ kurzen Zeitraums lieferte.¹⁵ So resümierte Kläbe bereits 1796, dass Adrian Zingg der »Stammvater von den sächsischen Landschaftszeichnern und Kupferstechern [sey], weil nur seit seinem hiesigen Aufenthalte dieses Fach mit gutem Erfolg in Thätigkeit gekommen ist« (Kläbe 1796, 190). Zingg, seine Schüler und eine Vielzahl weiterer in Dresden lebender Künstler arbeiteten im Verlaufe der letzten Jahrzehnte des 18. Jahrhunderts an einer Idee,

---

9    Carl (Gregor) Täubert beschickte die Akademieausstellung ab 1800 für nahezu sechs Jahrzehnte mit Ansichten aus Dresden und Umgebung, Freiberg, Leipzig, Meißen, der Sächsischen Schweiz, dem Lausitzer Gebirge und aus Böhmen. Für den eigenen Verlag schuf er eine Reihe kolorierter Umrissstiche. Vgl. Thieme/Becker 1999, Nr. 32, 401.
10   (Carl) Franz Täubert fertigte Hunderte von kleinen aquarellierten sächsischen Veduten. Vgl. Thieme/Becker 1999, Nr. 32, 401.
11   Carl August Richter und sein Sohn Adrian Ludwig Richter (1803–1884) prägten in der ersten Hälfte des 19. Jahrhunderts die Illustrationsarbeiten der Reiseliteratur mit ihren umfangreichen Werken zur Sächsischen Schweiz, die der Verleger Arnold herausgab, beispielsweise »70 mahlerische An- und Aussichten der Umgegend von Dresden in einem Kreise von sechs bis acht Meilen; aufgenommen, gezeichnet und radiert von C. A. Richter, Professor, und A. Louis Richter, in der Arnoldischen Buchhandlung« (Dresden um 1820) oder auch »30 An- und Aussichten zu dem Taschenbuch für den Besuch der sächsischen Schweiz; neu aufgenommen, gezeichnet und gestochen von A. L. Richter« (Dresden 1823). Vgl. Thieme/Becker 1999 Nr. 28, 285.
12   Zum Todesjahr gibt es drei verschiedene Angaben: 1767, nach 1771 und 1787 (vgl. Nagler 1835–1852, Nr. 23, 427 ff.). Sollte die Aussage von Nagler zutreffen, dass Wagner bereits 1767 verstorben ist (obwohl Nagler selbst eine Arbeit von Wagner auf 1771 datierte) müsste man ihn aus der Liste der Zingg-Schüler streichen.
13   Vgl. Fröhlich 2002, 124 f.
14   Kläbe benannte daneben noch Steiner aus Winterthur in der Schweiz. Doch konnte diese Person an keiner anderen Stelle belegt werden. In seinen Lebenserinnerungen sprach Zingg auch von Schülern, die seine Erwartungen nicht erfüllten (vgl. Kläbe 1796).
15   Auf die Schulen von Johann Alexander Thiele (1685–1752), Johann Christian Klengel (1751–1824) sowie die Leipziger, Meißner und Görlitzer Künstler soll hier nicht eingegangen werden, da sie für die Verbreitung von Bildern der Sächsischen Schweiz von vergleichsweise geringer Bedeutung sind (vgl. zu diesen Künstlern Fröhlich 2002).

# Landschaftsbilder 63

die Heinrich Keller 1788 folgendermaßen formuliert hatte: »Wie sehr wäre zu wünschen, daß die vielen geschickten Landschaftsmaler und Zeichner, welche Dresden in seinen Mauern hat, ein Zingg, Klengel, Klaß, Gießel, Günther, Friedrich, Penzel, Oeser, Laurin und Ersterer mit allen seinen schätzbaren Schülern, sich einige Sommer hintereinander aufmachten, in die verschiednen Provinzen Sachsens vertheilten, um unter Herrn Zinggs Aufsicht, die malerischen Aussichten Sachsens in einem gemeinschaftlichen Werk herauszugeben!«[16] (Keller 1788, 121). In der gleichen Veröffentlichung beschrieb Keller eine scheinbar ganz neue und faszinierende künstlerische Technik, der sich Christian August Günther und Johann Christian Klengel zugewandt hatten: »Dieser thätige Künstler [Klengel – A. M.] verdient noch besonders in seinem unlängst eröffneten Vorhaben, von den Liebhabern der Kunst, ermuntert zu werden. Er entschloß sich nämlich, in einer Suite, die schönsten sächsischen Gegenden dem Publikum mitzutheilen, und zwar so, daß die Conture leicht radiert, das übrige aber alles mit eigner Hand von ihm ausgemalt werden solle.« (ebd., 87). Klengel hatte bald erkannt, dass dieses Vorhaben »sein Talent zurück setzte, so befriedigte er die Liebhaberey nicht mehr, indem er zu wenig Muse hatte, sie mit eigener Hand zu verfertigen und nichts Fabrikmäßiges liefern wollte« (Kläbe 1796, 77 f.). Durch diese Aussage wurde eine künstlerische Technik fabrikmäßiger Produktion zugeordnet und damit letztendlich die Arbeitsweise, in der Zingg und seine Schüler am Ende des 18. und bis weit in das 19. Jahrhundert tätig waren, beschrieben.[17] Während Kläbe im Zusammenhang

---

16  Klengel, Johann Christian (1751–1824), Schüler von Hutin, Canaletto und Dietrich, 1777 Mitglied der Dresdner Kunstakademie, 1786 Ehrenmitglied der Berliner Akademie, 1800 außerordentlicher Professor der Dresdner Kunstakademie (1816 ordentlicher Professor). Vgl. Thieme/Becker 1999, Nr. 20, 474.
Klaß, Friedrich Christian (1752–1827), Autodidakt, 1794 Zeichenmeister bei den kurfürstlichen Pagen, 1800 Mitglied der Dresdner Kunstakademie, 1816 außerordentlicher Professor. Vgl. Thieme/Becker 1999, Nr. 20, 409.
Gießel, Johann Ludwig (1747–1814), Schüler Hutins, Ende der 1780er Jahre Theatermaler in Warschau, ab 1794 wieder in Dresden (1799 Bürgerrecht). Vgl Thieme/Becker 1999, Nr. 14, 7 f.
Friedrich, Johann Christian Jacob (1746–1813), Schüler Hutins und Casanovas an der Dresdner Kunstakademie, als Kupferstecher und Radierer war er Autodidakt. Vgl. Thieme/Becker 1999, Nr. 12, 470.
Penzel, Johann Georg (1754–1809), lernte in Hersbruck, Nürnberg und Winterthur, ab 1783 in Dresden, später in Leipzig. Vgl. Thieme/Becker 1999, Nr. 26, 388.
Oeser, Johann Friedrich Ludwig (1751–1792), bis 1777 Zeichenlehrer an der Leipziger Akademie, übersiedelte dann nach Dresden, wo er vor allem Landschaften malte. Vgl. Thieme/Becker 1999, Nr. 25, 573.
17  Der Zingg-Schüler Christian August Günther hatte etwa zeitgleich mit Klengel begonnen, diese Methode anzuwenden: »Man hat auch von ihm kleine Landschaften von Dresden… Von diesen ist die Contour ganz leicht radirt, das übrige aber alles ausgemalt. Es ist sehr zu wünschen, daß der

mit der Erklärung, weshalb Klengel sein Vorhaben nicht realisierte, die Technik der Umrissradierung deutlich negativ als »Fabrikmäßiges« bewertete, schwächte er diese harte Beurteilung des künstlerischen Wertes im Zusammenhang mit der Vorstellung von Adrian Zingg und dessen Arbeiten merklich ab. Doch ist zu spüren, dass dieses Verfahren der sepialavierten bzw. kolorierten Umrissradierung unter den Zeitgenossen bereits in Misskredit geraten war: »Diese Methode hat auch einen großen Nutzen für diejenigen, welche kein vorzügliches Genie haben. Man arbeitet hernach mit großer Gewißheit. Wahre Kunstkenner, welche ohne heimlichen Neid oder Partheylichkeit urteilen können, werden diese Manier billigen...« (Kläbe 1796, 189).

Heute finden sich in verschiedensten Sammlungen diese Umrissradierungen mit Landschaftsdarstellungen aus Dresden und der Umgebung der sächsischen Residenz. Nicht nur die Schüler Adrian Zinggs, auch eine Reihe anderer Künstler bedienten sich dieses Verfahrens, um von den unterschiedlichsten Motiven reproduzierbare Abbilder zu erhalten. Durch die Ausmalung wurde jedes einzelne ohnehin zum Unikat. Die Methode ist eine Verbindung der Vorradierung aus der französischen Kupferstichtechnik (vgl. Stübel 1916, 282) und der von Zingg geübten Pinselzeichnung (vgl. Neidhardt 1976). Die bei der Pinselzeichnung mit einer Feder ausgeführte Vorzeichnung wurde durch eine leicht reproduzierbare Radierung ersetzt und die radierten Umrisse wurden, wie es Keller schon 1788 nannte, »ausgemalt«. Der künstlerische Wert liegt in der Erarbeitung der Vorlage, des ersten Exemplars. In der Zinggschen »Werkstatt« wurden die Umrissradierungen wohl zumeist durch die Schüler nach einer Vorlage des Lehrers vollendet. Künstlerische Arbeit geriet in die Nähe manufaktureller Produktion. Im Dresdner Kupferstichkabinett sind Exemplare der »Rohware«, angearbeitete Stücke und verschiedene fertige Arbeiten (möglicherweise die entsprechenden Vorlagen) aus dem Nachlass Zinggs überliefert (vgl. die Abbildungen auf Seite XX). Schulze Altcappenberg verweist darauf, dass es von den Ansichten sächsischer und böhmischer Landschaften jeweils drei in etwa standardisierte Formate gab (Schulze Altcappenberg 1987, 75 f.). Die Berechnung des Umfangs der durch Zingg dem Kunstmarkt zur Verfügung gestellten Blätter beläuft sich nach Schulze Altcappenberg auf etwa 4.500 Stück. Er ging dabei von einer Auflage von jeweils 100 Blatt aus und davon, dass jede der drei Serien etwa 15 Motive umfasste. In einer Auflistung der Zinggschen Arbeiten durch

---

Künstler mit dieser Suite fortfahren möge.« (Keller 1788, 65 f.). Erstaunlich ist allerdings, dass diese Technik bei Keller 1788 Aufsehen erregte, denn seit etwa 1760 war die Umrissradierung durch Aberli, einem Lehrer und Freund Zinggs, in der Schweiz bereits ausgeübt, unter Schweizreisenden als Erinnerungsstück verbreitet und allgemein als »Aberlische Manier« bezeichnet. Vgl. Thieme/Becker 1999, Nr. 1, 22.

Ruge (vgl. Ruge 1897)[18] sind allerdings weit mehr als 100 Motive aus der sächsischen Landschaft nachgewiesen. Es wäre demzufolge durchaus möglich, dass sich die Zahl der aus der Schule von Zingg in den Handel gelangten Blätter auf bis zu 10.000 Stück beläuft. Wir müssen davon ausgehen, dass im Verlaufe der etwa drei Jahrzehnte, in denen Zingg die sepialavierten und kolorierten Umrissradierungen »produzierte«, viele seiner Schüler mit den »Ausmalarbeiten« beschäftigt waren. Die eigene künstlerische Befähigung versetzte nur wenige in die Lage, sich aus dieser Werkstatt zu lösen und selbständig tätig zu werden. Bei aller Kritik am künstlerischen Wert der Blätter vermittelten diese Arbeiten die außerordentliche Anziehungskraft der Natur in der Region. Sie wurden zum »Dokument für die Erlebnisdimension der Landschaft« (Kunze 1981, 96).[19] Die Verfügbarkeit einzelner Blätter war für einen sich entwickelnden Handel die entscheidende Voraussetzung. Die Umrissradierungen Adrian Zinggs sind in den zeitgenössischen Sammlungen gut dokumentiert. Sie fanden große Verbreitung und galten als »Inbegriff der Sächsischen Landschaftskunst« (Schulze Altcappenberg 1987, 75f.). Ausdruck der nachlassenden Wertschätzung ist allerdings, dass die Arbeiten seiner Schüler kaum mehr Eingang in die Kunstsammlungen fanden. So ist es heute recht problematisch, einen Überblick zu erlangen über den Umfang der Landschaftsbilder, die Reisenden bereits am Ende des 18. Jahrhunderts in der sächsischen Residenz angeboten wurden.

## Der Bilderhandel

Bei der Betrachtung der Arbeiten einiger Zingg-Schüler gewinnt man den Eindruck, dass sie diese zunächst wohl meist selbst verkauft haben. Günther fügte auf verschiedenen großformatigen Blättern zum Bildtitel hinzu: »…zu finden in Dresden auf der Pirnaischen Gasse vorm Thore, Nr. 275«[20] bzw. »Herausgegeben von C. A. Günther und zu finden auf der Pirnaischen Gasse vorm Thore N. 275«[21]. Günther trat demzu-

---

18  Beilage zum Jahresende: 10 Seiten als Text zu 15 Blatt Handzeichnungen von Zingg, die seit 1894 der Zeitschrift beilegt waren. Vgl. dazu Lehmann 1894, 21.
19  Vgl. Bopp 1981. Hier insbesondere: Peter Märker und Monika Wagner: Bildungsreise und Reisebild. Einführende Bemerkungen zum Verhältnis von Reisen und Sehen (S. 7–18) und Matthias Kunze: Schöne Aussichten in der Sächsischen Schweiz (S. 95–102).
20  Vgl. Kupferstichkabinett Dresden, Inv.-Nr. A 133031, »Das Thor, bey Hirnisskrätschen« – in diesem Fall hat sich Günther, wie üblich, am unteren Rand des Drucks als Zeichner und Radierer vermerkt.
21  Vgl. Kupferstichkabinett Dresden, Inv.-Nr. A 133011, »Der Kleinstein« (Auf diesem Blatt fehlt der Hinweis auf Zeichner und Radierer/Stecher).

folge selbst als Händler auf (vgl. dazu auch Fröhlich 2002, 63 f.). Ebenso handhaben die Brüder Täubert den Absatz ihrer Werke. Unter dem großformatigen Bild »Vue de la Forteresse de Königstein du cote de l'occident du Lilienstein à l'opposite« findet sich der Hinweis auf den Künstler »Dessine et grave d'apres nature par Francois Täubert« und auf die Handlung »Dresde, chez Fr. Täubert hors de la porte Pirna à main droit rue St. Jean No. 27«.[22] Eine vergleichbare Situation dokumentiert das Blatt »Ansicht der Stadt Dresden von Neustadt aus« von Carl Täubert: »Dresden bei C. Täubert Wilsdruffer Vorstadt am See No. 493«.[23] Die Arbeiten der Brüder Wizani dagegen waren »…zu finden in Dresden beym Hofkupferstecher Schulze vorm Seethore No. 11.«[24] Sie hatten Schulze bereits als Händler eingeschaltet und widmeten sich nicht selbst dem Verkauf ihrer »Ware«. Und sie hatten sich auch nicht an nur einen Händler gebunden. Beispielsweise war ihr Blatt vom »Schloß Hohnstein« (Sächsische Schweiz) zu haben »Im Verlag der Dr. Richterschen Buch- und Kunsthandlung in Dresden.«[25] Auch der Kupferstecher und Emailminiaturmaler Christian Gottfried Morasch (1749–1815) wurde als Verleger von anderen Künstlern bekannt (vgl. Thieme/Becker 1999, Nr. 25, 122).

Die völlige Trennung von künstlerischer Produktion und Handel hat bis weit in das 19. Jahrhundert nicht stattgefunden. Beleg dafür ist auch die Tatsache, dass Adrian Zingg 1816 in Leipzig während der Messe, auf der er seine Bilder angeboten hatte, verstarb (vgl. Stübel 1916), und dass noch in den 1850er Jahren Gustav Täubert (1817–1913), der Sohn von Carl Täubert, seine Werke selbst verlegte (vgl. Thieme/Becker 1999, Nr. 32, 401). Bis an das Ende des 18. Jahrhunderts handelten die produzierenden Künstler selbst mit den Ergebnissen ihrer Arbeit. Einzelne begannen in den Handel mit eigenen Arbeiten Bilder von Kollegen einzubeziehen. So gab es am Ende des 18. und zu Beginn des 19. Jahrhunderts in Dresden eine kleine Gruppe von Künstler-Verlegern, zu denen man neben Adrian Zingg auch Christian Gottfried Schulze (1749–1819) und Christian Gottfried Morasch zählen kann. Es scheint, dass sich erst an der Wende zum 19. Jahrhundert Kunstverleger als eigenständige Berufsgruppe in Dresden etablierten. Heinrich Rittner, der 1811 den Band »Dresden mit seinen Prachtgebäuden und schönsten Umgebungen« veröffentlichte, ist wohl das beste Beispiel dafür. Die Publikation offenbarte eine fest umrissene Aufgabe, der sich dieser Verlag stellte: Die

---

22  Vgl. Kupferstichkabinett Dresden, Inv.-Nr. A 133106.
23  Privatbesitz.
24  Wir finden auf dem mittelformatigen Blatt (nahe A4) »Ansicht des Diebskellers auf dem Querl bey Königstein« (Kupferstichkabinett Dresden, Inv.-Nr. A 133152) die Künstlernennung wie folgt: »nach der Natur gezeichnet von I. F. Wizani«, »gefertigt von C. A. Wizani«.
25  Vgl. Kupferstichkabinett Dresden, Inv.-Nr. A 133238, »Schloß Hohnstein«.

Verbreitung des Wissens um die Kulturschätze und die Naturschönheiten in und um die sächsische Residenz. Gedruckt wurde der Band mit elf Seiten deutschem und französischem Text[26] durch den »Hofbuchdrucker« Carl Christian Meinhold. Rittner, der auf den 18 Kupferstichen als Verleger auftrat,[27] widmete diese Veröffentlichung dem Herzog Albert von Sachsen-Teschen, einem der bedeutenden Kunstmäzene der Zeit.

## Die Verbindung von Text und Bild in Landschaftsbeschreibung und Reisebericht

1785 erhalten wir durch die Ankündigung der »dichterischen Schilderungen von den berühmtesten Lustörtern, romantischen Ansichten und mahlerischschönen Gegenden, vorzüglich um Dresden, Meißen und Pirna. Mit großen schönen Kupfern« (vgl. Dresdner Anzeiger 1785, 380) einen Eindruck von den in der näheren und weiteren Umgebung Dresdens gelegenen Orten, die dem Zeitgeschmack entsprechend als sehenswert galten. Es wurden Beschreibungen des »so allgemein bekannten Plauischen Grundes, des Schoner Grundes, des Friedrichthals, des Porsberges, des Liebethals, des großen Gartens, der Meißnischen Gegenden u. s. w.« in Aussicht gestellt (ebd.).[28] 1786

---

26  Der Text wurde zweispaltig gestaltet. Die linke Spalte zeigt den deutschen, die rechte den französischen Text.
27  Sie zeigen vor allem Dresdner Ansichten (»Allgemeine Ansicht der Stadt Dresden und ihrer Lage«, »Das weiße Thor und das Japanische Palais«, »Das Japanische Palais von der Elbseite gesehen«, »Die Aussicht aus der Lindenallee, nach der Brücke hin«, »Die prächtige Brücke mit ihren 16 Bögen«, »Die Gegend nach Pillnitz zu, von der Brücke gesehen, nebst dem Brückengeländer als Vordergrund«, »Das Gehege mit dem Italienischen Dörfchen, durch die Brücke gesehen, mit einem Brückenbogen als Vordergrund«, »Ansicht der katholischen Kirche und deren Umgebung«, »Ansicht des Zwingers«, »Die Gallerie«, »Die Frauenkirche«, »Die Kreuzkirche«, »Das Pirnaische Thor«) und nur wenige Ansichten aus der Umgebung (»Das Lustschloss Pillnitz und die Gegend desselben«, »Der Plauensche Grund«, »Tharandt« und »Moritzburg«) Aus der Sächsischen Schweiz findet sich lediglich ein einziges Bild in dem Band (»Die Festung und das Städtchen Königstein«).
Für Heinrich Rittner fertigte bspw. Johann Franz Friedrich Bruder (1782–1838), ein Schüler von Phillip Veith, kolorierte Umrissradierungen, Ansichten aus der Umgebung Dresdens und der Sächsischen Schweiz nach Vorlagen von Johann Gottfried Jentzsch (1759–1826), Caspar David Friedrich (1774–1840) und eigenen Zeichnungen.
28  Außer dem Borsberg (in der Nähe des Schlosses Pillnitz, mit einem grandiosen Weitblick über das gesamte Gebiet der Sächsischen Schweiz) und dem Liebethal (bekannt als Liebethaler Grund, bis 1836 der bekannteste Zugang in die Sächsische Schweiz.) befanden sich alle Orte, für die Beschreibungen angekündigt wurden, westlich der Residenzstadt. Wir können heute nicht mit eindeutiger Sicherheit sagen, welche dieser angekündigten »Schilderungen« tatsächlich erschienen sind. Belegt sind vier. Keines der angekündigten und der dargestellten Gebiete korrespondiert mit dem in dieser Zeit demzufolge erst in einer Bekanntwerdungsphase befindlichen Gebiet der Sächsischen Schweiz.

erschienen dann die ersten vier Hefte, denen Kupferstiche als Illustrationen beigegeben waren (vgl. Müller 1786): Heft 1 »Plauen« mit zwei Ansichten, Heft 2 »Der Reisewitzische Garten bei Plauen« mit vier Ansichten, Heft 3 »Der Plauische Grund« mit Ansichten der Buschmühle und von Potschappel und Heft 4 »Das Friedrichthal bei Pillnitz« mit einer Ansicht. Im Vorwort zum Heft 1 betonte Karl Müller, dass diese Publikation von Ausgabe zu Ausgabe – es war an ein monatliches Erscheinen gedacht – »schöner und größer erfolgen« sollen. Die Kupferstiche wurden von Christian August Günther geschaffen[29], einem der bedeutendsten Schüler von Adrian Zingg. Diese Veröffentlichung ist wohl die früheste illustrierte Beschreibung von »Ausflugszielen« Dresdner Einwohner und Reisender, die die sächsische Residenz aufsuchten. Die aus dem darauf folgenden Jahr bekannte Veröffentlichung von Götzinger über das später allgemein »Sächsische Schweiz« genannte Gebiet des chursächsischen Amts Hohnstein (vgl. Götzinger 1786) und die durch Heinrich Keller abgedruckten, Dresden und seine Umgebung betreffenden Auszüge (Keller 1786, 80 ff.)[30] aus den »Kleinen Wanderungen durch Teutschland« (Schulz 1786)[31] erschienen ohne Bildmaterial.

Rund ein Jahrzehnt später, in den Jahren 1794 und 1795, publizierten Karl August Engelhardt und der Zingg-Schüler Johann Philipp Veith zwei Hefte der »Mahlerischen Wanderungen durch Sachsen«[32], die in Bild und Text weit über eine reine Landschaftsbeschreibung hinausgingen (Engelhardt/Veith 1794/1995). In dieser Publikation wurden auch die Bewohner der vorgestellten Region – es war die Sächsische Schweiz – als wichtige und interessante Spezifik des Gebietes beschrieben. Die Leser erhalten hier unter anderem eine interessante Schilderung des gefährlichen Arbeitsalltags der Steinbrecher des Liebethaler Grunds und Informationen über gesundheitsschädigenden Wirkungen dieser körperlich anstrengenden Tätigkeit.

Die »Pitoreskischen Reisen …« von Johann Jacob Brückner und Zingg-Schüler Christian August Günther erschienen 1796 in erster Auflage. Auch diese Reisebeschreibung war als Fortsetzungsreihe geplant. Und ebenso wie bei den »Mahlerischen Wanderungen« von Veith und Engelhardt erschienen lediglich die ersten Hefte, in denen

---

29  Der Kupferstich in Heft 4 trägt keinen Namenszug.
30  Keller zitiert den Verfasser Friedrich Schulz, der über »mannigfaltige Schönheiten der Gegend berichtete: Den Plauenschen Grund, Reisewitz' Garten und den Hegereiter bewundert er, die Spaziergänge und die Gärten in der Stadt sind ihm zu künstlich«. Ostrawiese und Schonergrund gefallen ihm dagegen so sehr, dass er letzteren »das Dresdner Paradies« taufte. »Auch die Gegenden vor dem schwarzen Thore, den Naumannischen Weinberg, Pillnitz, den Borsberg hat er besucht und erstiegen.« (Keller 1786, 80).
31  Die Beschreibung von Dresden und Umgebung findet sich auf den Seiten 141–167.
32  Nach Kläbe wurde noch 1796 an eine Fortsetzung der erfolgreichen Veröffentlichung gedacht. Vgl. Kläbe 1796.

# Landschaftsbilder

eine mehrtägige Studienreise in die Sächsische Schweiz und in das nahe Umfeld der Residenz beschrieben wurde. Der Leipziger Advokat Johann Jacob Brückner schilderte überschwenglich die Landschaft. Christian August Günther fertigte die Illustrationen. Während bei Engelhardt und Veith Text und Bild noch relativ selbständige Elemente darstellten, zeigte sich bei Brückner und Günther deutlich die illustrative Funktion der Kupferstiche: Im Text wurde sogar auf einzelne Bilder verwiesen und ihre Einbindung erfolgte unmittelbar an der Position, an der die jeweils dargestellte Landschaft beschrieben wurde. Noch vor der Jahrhundertwende erschien eine französische Übersetzung und im Jahr 1800 die zweite Auflage dieser im handlichen Format gehaltenen Veröffentlichung (Brückner/Günther 1800).[33] So gab es eine Reihe von Publikationen, mit denen sich vor allem die Schüler Adrian Zinggs, Günther und Veith, ein neues Betätigungsfeld eröffneten: die Illustrierung von Reiseberichten.[34] Bereits in den 1790er Jahren war es nicht mehr nur die Sächsische Schweiz, für die sich die Menschen interessierten. So erschienen neben den Landschaftsbeschreibungen aus diesem Gebiet vergleichbare Darstellungen zu anderen Reise- bzw. Ausflugszielen im Umfeld der Residenz: Die Beschreibung des Seifersdorfer Tals von Wilhelm Gottlieb Becker aus dem Jahr 1792 wurde mit 40 Kupferstichen von Johann Adolph Darnstedt (1769–1844) (vgl. Thieme/Becker 1999, Nr. 8, 408)[35] ausgestattet und in Dresden vom Hofkupferstecher Schultze verlegt (Becker 1792). Die umfassende Darstellung des »Plauischen Grundes« ebenfalls von Becker aus dem Jahr 1799 (Becker 1799) wurde von Christian August Günther mit 25 Kupferstichen illustriert. Daneben gab es noch eine Reihe anderer Beschreibungen von Orten innerhalb und außerhalb Sachsens, an denen Zingg-Schüler beteiligt waren (vgl. Schlenkert 1794 und Schlenkert 1797, jeweils mit Kupfern von Christian August Günther).

Wenn auch der erste Wegweiser durch die Sächsische Schweiz, den Nikolai 1801 veröffentlichte (vgl. Nikolai 1801),[36] noch ohne Illustrationen gedruckt wurde, hatte

---

33  Die Größe: 10 x 15,5 cm.
34  Für Phillip Veith wurde dieses Genre im 19. Jahrhundert zu einer Haupteinnahmequelle. Vgl. Thieme/Becker 1999, Nr. 34, 183 f. und Veith 1839. Veith fertigte einen größeren Kupferstich zu einem Aufsatz von Carl August Weinhold (Weinhold 1813). Der Verleger Arnold setzte diesem monografischen Abdruck eine Ankündigung voran, in der er auf seine Absicht aufmerksam machte, Philipp Veith zu beauftragen, ein Gesamtbild der Sächsischen Schweiz von einem erhöhten Standpunkt zu schaffen. Wir würden es heute sicher als eine Ansicht aus der Vogelperspektive bezeichnen. Obwohl von Veith ein solches Blatt nicht bekannt geworden ist, spricht es doch für die grundsätzliche Orientierung sowohl des Künstlers als auch des Verlegers.
35  Schüler von Hofkupferstecher Christian Gottfried Schul(t)ze. Vgl. Thieme/Becker 1999, Nr. 30, 335.
36  1816 erschien bereits die dritte Auflage, aber immer noch ohne Illustrationen.

Götzinger die Wirkung der Bilder für diese Art Lektüre erkannt. Er stattete schon 1804 die erste Auflage seines Reiseführers (Götzinger 1804) mit acht Kupfern von Christian August Günther aus. Dass Bildinformationen eine bedeutende Aufwertung landschaftsbeschreibender Texte erzielen, wurde in einem weiteren in dieser Zeit erschienen Text, einem Briefroman über eine Reise in die »Sächsischen Sandsteingebirge« (vgl. Eberhard 1798) vermittelt. Die erzählende Hauptperson bringt zum Ausdruck, dass es dem »neuesten Geschmack« entspräche, wenn man in »lebendigen Farben« ausgemalte Bilder in ein Buch aufnimmt (ebd., 179).

## Die Sächsische Schweiz als Reisegebiet um 1800 – ein Resümee

Folgen wir einer Aufstellung aus dem Jahr 1797, so standen den Bewohnern der Residenz und deren Vorstädte allein 21 Gärten und Promenaden für Spaziergänge zur Verfügung (Neuester Dresdner Wegweiser 1797, 159 ff.).[37] Daneben existierten in der näheren Umgebung von Dresden eine ganze Reihe von Wegen, Tälern und Parks, um deren Popularisierung sich Schriftsteller und Künstler bereits seit der Mitte der 1780er Jahre bemühten.

Bis zum Ende des 18. Jahrhunderts war die Sächsische Schweiz im öffentlichen Bewusstsein als Reisegebiet noch nicht präsent. Erst wenige Reisende waren dort unterwegs. Mit der Tätigkeit einer Gruppe Dresdner Künstler verbreitete sich das Wissen um die einzigartigen Naturschönheiten. Einzelne besonders malerische Ausschnitte des später als »Sächsische Schweiz« allgemein bekannten Reisegebiets fanden im Ergebnis der jährlichen Ausstellungen der Kunstakademie und eines beginnenden gewerblichen Handels mit den Landschaftsdarstellungen den Weg in das öffentliche Bewusstsein. So, wie sich in der zweiten Hälfte des 18. Jahrhunderts die reale Landschaft als künstlerisches Thema etablierte, wurde das unmittelbare persönliche Erlebnis des bildgewordenen Raumes zur Triebfeder der Herausbildung früher Formen des Tourismus in Sachsen. Mit den Bildern verbreitete sich der Wunsch, eben diese wahrgenommene Landschaft, wo dies möglich war, selbst zu erleben. Eine zusammenfassende Beschreibung, der nur wenige Jahre später unter dem Namen »Fremdenweg« etablierten Strecke zu den bekanntesten Bildmotiven in der Sächsischen Schweiz existierte im 18. Jahrhundert aber noch nicht.

Voraussetzung für eine weite Verbreitung dieser Landschaftsbilder war eine von

---

37 »Es sind der Gärten und Promenaden zu viele, und der jetzigen Bewohner zu wenige, um alle Plätze gehörig auszufüllen.« (Neuester Dresdner Wegweiser 1797, 159).

Adrian Zingg und seinen Schülern eingeführte künstlerische Technik, mit der die Herstellung einer größeren Stückzahl einzelner Motive möglich wurde und die Blätter trotzdem das Erscheinungsbild eines gemalten Originals behielten. Zingg gilt auf Grund der Tatsache, dass durch seine künstlerische Tätigkeit der Beginn einer realistischen Landschaftswahrnehmung in der Kunst markiert wurde, auch als Entdecker der sächsischen Landschaft (Neidhardt 1976, 17). Unter den Sujets, die im Zentrum einer sich im letzten Viertel des 18. Jahrhunderts entwickelnden künstlerischen »Produktion« standen, nahmen die Bilder aus der »Sächsischen Schweiz« eine – zumindest quantitativ – herausragende Position ein.

Durch Zusammenarbeit der Landschaftsmaler mit Textautoren konnte der Bedarf an detaillierterer Information durch die Herausgabe von hochwertig illustrierten Beschreibungen einzelner Parks und anderer »pittoresker« Gegenden aus der unmittelbaren Umgebung der Stadt Dresden im letzten Jahrzehnt des 18. Jahrhunderts befriedigt werden.

Die Verknüpfung dieser vielgestaltigen Bilder zu einer Gesamtlandschaft »Sächsische Schweiz« oder »Elbgebirge« blieb den zu Beginn des 19. Jahrhundert durch Nikolai und Götzinger veröffentlichten »Fremdenführern« vorbehalten (vgl. Nikolai 1801 und Götzinger 1804).

## Literatur

Becker, Wilhelm Gottlob: Das Seifersdorfer Thal, Leipzig 1792.
Becker, Wilhelm Gottlob: Der Plauische Grund bei Dresden mit Hinblick auf Naturgeschichte und schöne Gartenkunst, Nürnberg 1799.
Böhme, Werner und Günther Rühle: Die sächsische Weinstraße. Winzer, Wirte und alte Weinbergsherrlichkeit, Meißen 1999.
Bopp, Petra (Hg.): Mit dem Auge des Touristen. Zur Geschichte des Reisebildes. Ausstellungskatalog des Kunsthistorischen Instituts in der Kunsthalle, Tübingen 1981.
Brückner, Johann Jacob und Christian August Günther: Pitoreskische Reisen durch Sachsen oder Naturschönheiten Sächsischer Gegenden auf einer gesellschaftlichen Reise gesammelt. Neue Auflage, Leipzig 1800.
Dresden. Von der Königlichen Kunstakademie zur Hochschule für Bildende Künste [1764–1989], Dresden 1990.
Eberhard, Christian August Gottlob: Ysop Lafleur's sämmtliche Werke oder meiner Herrschaft und meiner Wenigkeit romantische Reise in die sächsischen Sandsteingebirge an der Elbe, Halle 1798.
Engelhardt, Karl August und Veith, Johann Philipp: Mahlerische Wanderungen durch Sachsen, 2 Bde., Leipzig 1974/1795.
Fröhlich, Anke: Landschaftsmalerei in Sachsen in der zweiten Hälfte des 18. Jahrhunderts. Land-

schaftsmaler, -zeichner und -radierer in Dresden, Leipzig, Meißen und Görlitz von 1720 bis 1800, Weimar 2002.

Gautsch, Carl: Abenteuer zweier Künstler in der sächsischen Schweiz im Jahre 1766, in: Über Berg und Thal 1/1878, S. 85 f.

Götzinger, Wilhelm Leberecht: Geschichte und Beschreibung des Chursächsischen Amts Hohnstein und Lohmen, insbesondere der unter dieses Amt gehörigen Stadt Sebnitz, Freiberg 1786.

Götzinger, Wilhelm Lebrecht: Schandau und seine Umgebungen oder Beschreibung der sogenannten Sächsischen Schweiz, Bautzen 1804.

Gumnior, Klaus und Hanns-Heinz Kasper: Die Silberstraße – Sachsens erste Ferienstraße, in: Sächsische Heimatblätter 4/1994, S. 194–201.

Gyr, Ueli: Tourismus und Tourismusforschung, in: Brednich, Rolf W. (Hg.): Grundriß der Volkskunde. Einführung in die Forschungsfelder der Europäischen Ethnologie, Berlin 2001, S. 469–489.

Hoch, Karl Ludwig: Caspar David Friedrich in der Sächsischen Schweiz. Skizzen, Motive, Bilder, Dresden 1996.

Keller, Heinrich (Hg.): Dreßdner Museum. Eine Zweymonatschrift, Januar 1786.

Keller, Heinrich (Hg.): Nachrichten von allen in Dresden lebenden Künstlern, gesammelt und herausgegeben von Heinrich Keller, Leipzig 1788.

Kläbe, Johann Gottlieb August: Neuestes gelehrtes Dresden, oder Nachrichten von jetzt lebenden Dresdner Künstlern, Bibliotheken- und Kunstsammlern, Leipzig 1796.

Kunze, Matthias: Schöne Aussichten in der Sächsischen Schweiz, in: Bopp, Petra (Hg.): Mit dem Auge des Touristen. Zur Geschichte des Reisebildes. Ausstellungskatalog des Kunsthistorischen Instituts in der Kunsthalle, Tübingen 1981, S. 95–102.

Lehmann, Otto: Kunstbeilagen zu unserem Vereinsblatt, in: Über Berg und Thal 17/1894, S. 21.

Müller, Bärbel: Ein neu erworbenes Skizzenbuch Adrian Zinggs im Dresdner Kupferstichkabinett, in: Dresdner Kunstblätter 1/1997, S. 24–27.

Müller, Carl: Dichterischer Schilderungen von den berühmtesten romantischen Lustörtern und malerischschönen Gegenden in Sachsen, vorzüglich um Dresden, Meißen und Pirna, Pirna 1786.

Nagler, Georg Kaspar: Neues allgemeines Künstlerlexikon oder Nachrichten von dem Leben und den Werken der Maler Bildhauer, Baumeister, Kupferstecher, Lithographen, Formenschneider, Zeichner, Medailleure, Elfenbeinarbeiter etc., 25 Bde., Leipzig 1835–1852.

Neidhardt, Hans Joachim: Die Malerei der Romantik in Dresden, Leipzig 1976.

Neuester Dresdner Wegweiser, 1797, S. 159 ff.

Nikolai, Karl Heinrich: Wegweiser durch die Sächsische Schweiz. Nebst einer Reisekarte, Pirna 1801.

Richter, Frank: Unterwegs auf dem Malerweg. Auf Caspar David Friedrichs Spuren (Der spezielle SchweizFührer 1), Dresden 1997.

Ruge, Sophus: Über den Ursprung des Namens: Sächsische Schweiz, in: Über Berg und Thal 2/1879, S. 122 f.

Ruge, Sophus: Adrian Zingg, in: Über Berg und Thal 20/1897, o. S. (Beilage zum Jahresende 1897; 10 Seiten als Text zu 15 Blatt Handzeichnungen von Zingg, die seit 1894 der Zeitschrift beilegt waren)

Schlenkert, Friedrich Christian: Mahlerischen Skizzen von Deutschland, Leipzig 1794.

Schlenkert, Friedrich Christian: Tharandt, ein historisch-romantisches Gemälde nach der Natur, Urkunden und Sagen, Tharandt 1797.

Schulz, Friedrich: Kleine Wanderungen durch Teutschland, Berlin 1786.

Schulze Altcappenberg, Hein-Th.: »Le Voltaire de l'Art« Johann Georg Wille (1715–1808) und seine Schule in Paris, Studien zur Künstler- und Kunstgeschichte der Aufklärung, mit einem Werk-

verzeichnis der Zeichnungen von J. G. Wille und einem Auswahlkatalog der Arbeiten seiner Schüler von Aberli bis Zingg, Münster 1987.
Stübel, Moritz: Briefe von und über Adrian Zingg, in: Monatshefte für Kunstwissenschaft, 1916, S. 281 ff.
Thieme, Ulrich (Begr./Hg.) und Felix Becker (Begr.): Allgemeines Lexikon der bildenden Künstler von der Antike bis zur Gegenwart. Band 1 bis Band 37, Leipzig 1999.
Tönspeterotto, Erich und Ferdy Fischer: Sächsische Weinstraße, Hamm 1995.
Veith, Johann Philipp: Arbeiten der Musse. 18 [Landschaftsblätter], Dresden/Leipzig 1839.
Weinhold, Carl August: Die Elbbrücke zu Dresden, historisch und malerisch dargestellt, Dresden 1813.

Sönke Friedreich

# Ländliche Gesellschaft unter Veränderungsdruck
Diskurse um die Transformation des
ländlichen Raumes in Sachsen, 1830–60*

## I. Einleitung

Mit der Gesetzgebung zur Agrarreform, die im Königreich Sachsen in den Jahren seit 1832 erlassen wurde, sollte der durch die napoleonischen Kriege geschwächte Mittelstaat ein mächtiges Werkzeug für die überfällige Modernisierung und den Eintritt in das Zeitalter von Industrie und Handel in die Hand bekommen (Gross 2001, 205 ff.; Achilles 1993, 150 ff.; Kötzschke 1953, 142 f.; Henning 1988, 44 ff.). Die Agrarreformen initiierten jene Neufundierung der Landwirtschaft in landesspezifischer Weise, in der ein Vierteljahrhundert zuvor bereits in Preußen die Grundlage für eine Modernisierung »von oben« gelegt worden war. Sie wurden unter Konkurrenzgesichtspunkten nun auch von den übrigen deutschen Staaten sukzessive nachvollzogen. Dabei ging es nicht lediglich um eine sektorale Modernisierung, sondern um den Gesamtzusammenhang der ökonomischen Beziehungen innerhalb der Volkswirtschaft des Königreichs (grundlegend Kiesewetter 1988, 110 ff.). Auch wurde die Agrarreform keineswegs primär unter dem Gesichtspunkt der so genannten Bauernbefreiung konzipiert oder diskutiert. Schon den Zeitgenossen war die weitaus größere Tragweite des Reformprozesses klar. So wurde in einem Aufsatz des Herausgebers der »Biene«, eines »Volksblattes für Sachsen« mit vorwiegend intellektuellem, städtischem Publikum, vom Juli 1831 das Anliegen formuliert, dass sowohl die Freiheit der Person als auch diejenige des Eigentums auf dem Lande gewährt werden müsse, dass darüber hinaus aber auch die zweckmäßigere Einrichtung der Abgaben erforderlich sei. Um diese Schritte angemes-

---

\* Der vorliegende Beitrag fasst die Ergebnisse einer Vorstudie aus dem vom Verfasser seit 2003 am Institut für Sächsische Geschichte und Volkskunde e. V. durchgeführten Forschungsvorhaben »Ländliche Gesellschaft im Wandel. Das westliche Sachsen im Übergang zur industriellen Gesellschaft im 19. Jahrhundert« zusammen.

sen durchzuführen sei, so der Verfasser Karl Ernst Richter, eine besonnene und behutsame Reform notwendig, die das Gesamtgefüge der Wirtschaft berücksichtige: »Eine Aenderung dieser drei angegebenen Punkte, wodurch unser Landmann bisher hart gedrückt worden ist, kann und darf er erwarten; und er wird sie mit derselben Ruhe erwarten, die er bisher bewieß, und wodurch sich eben seine Fähigkeit zu größerer Freiheit beurkundet. Nicht das Werk der Eile darf die Veränderung deines Zustandes seyn, braver Bauersmann, sondern der umsichtsvollsten Fürsorge für das Wohl des Ganzen. Leichter ist zerstört und eingerissen, denn aufgebaut.« (Richter 1831, 211 f.). Der Tenor traf insofern den Nerv der Zeit, als die Agrarreform lediglich ein Bestandteil der größeren Reformvorhaben wie der Verfassungsgebung von 1831 und der Einführung der kommunalen Selbstverwaltung war. Die Äußerung blieb in den Folgejahren keineswegs als vereinzelter Kommentar eines schließlich rasch abgeschlossenen gesetzgeberischen Verfahrens stehen. Die Jahrzehnte zwischen der Agrarreform und den 1860er Jahren stellen vielmehr eine Zeit intensiver Diskussion gegenwärtiger und zukünftiger Probleme der sächsischen Landwirtschaft dar, in der sowohl akute Notlagen wie etwa die Agrarkrise der 1840er Jahre als auch strukturelle Probleme beleuchtet wurden. Diesen Diskurs einer sich modernisierenden Landwirtschaft nachzuzeichnen, ist Ziel der vorliegenden Ausführungen.

Im Folgenden soll es darum gehen, diskursive Strukturen und Paradigmenwechsel zu beleuchten, die zwischen 1830 und 1860 die Entwicklung der sächsischen Landwirtschaft im Verhältnis zu einer expandierenden Industrie begleitet haben und die von daher als gestaltende Elemente der Moderne interpretiert werden können (vgl. Zimmermann 1998). Als volkskundlicher Forschungsgegenstand bietet sich dieses Feld insofern an, als damit zugleich eine stark objektbezogene Sachkulturforschung des ländlichen Raumes (Assion 1985) ergänzt, wie auch die sozialhistorischen Arbeiten der DDR-Volkskunde zum ländlichen Raum in Sachsen (Weinhold 1982) erweitert werden können. Nicht zuletzt soll die Analyse des Diskurses aufzeigen, wie eine – jenseits von Mikrostudien angesiedelte – regionale Volkskunde des ländlichen Raumes heute vorgehen kann, ohne sich dem Paradigma der zum Untergang verurteilten bäuerlichen Kultur im Sachsen des 19. Jahrhunderts zu verschreiben (vgl. hierfür Wuttke 1901). Insbesondere ist darauf hinzuweisen, dass die Transformationsprozesse »auf dem Lande« von den Zeitgenossen selbst z. T. differenziert betrachtet und nicht ausschließlich aus kulturkritischer Perspektive bewertet wurden. Die Verknüpfung ökonomischer Analysen mit moralischen Maximen, wie sie typischerweise im 19. Jahrhundert auftritt, ist zwar kaum als ein sächsisches Spezifikum zu betrachten, erreichte aber in Sachsen als dem am frühesten und nachhaltigsten industrialisierten deutschen Mittelstaat schon sehr zeitig ein hohes Niveau und entwickelte eine erhebliche Außenwirkung.

## II. Ländliche Existenz in der Defensive: Das Paradigma struktureller Benachteiligung und die Entdeckung der moralischen Übel, 1830–1850

Einer der aktivsten Publizisten des Vormärz, der Leipziger Philosophieprofessor und Staatswissenschaftler Friedrich Bülau (1805–59), veröffentlichte 1834, zwei Jahre nach dem sächsischen Ablösegesetz, seine Abhandlung »Der Staat und der Landbau«, in der er die Rolle des Staates bei der wirtschaftlichen Modernisierung des Primärsektors beleuchtete (Bülau 1834). In dieser Schrift verteidigte er vehement den Landbau, der nach seiner Auffassung auch im Zeitalter der Industrialisierung die Grundlage aller Wirtschaft darstelle. Es sei falsch, einen Gegensatz von Landwirtschaft und Industrie herzustellen, denn diese seien zu ihrer jeweiligen Entfaltung aufeinander angewiesen: »Die dauerndste Macht, das gediegenste Wohlsein verspricht die Geschichte den Völkern, die zwar Geist und Leben genug besitzen, um Handel, Gewerbe, Künste und Wissenschaft mit Erfolg zu treiben, die aber zur wichtigsten Grundlage ihres Nationalreichthums, zum wesentlichsten Gegenstande ihrer Beschäftigung den Landbau gewählt haben; oder wenn ihre besondern Verhältnisse, die Oertlichkeit ihres Wohnsitzes, ein vorzugsweises Betreiben des Handels, der Schifffahrt, der Fabrikatur gebieten, dem Landbaue wenigstens d i e Anstrengungen widmen, die erforderlich sind, um das Mögliche zu leisten. Vergesse man nie, daß in England und Holland auch der Landbau auf einer ausgezeichneten Höhe steht, daß er über Handel und Industrie, die den Hauptzweig der Thätigkeit jener Völker ausmachen, nicht vernachlässigt wird.« (Bülau 1834, 18; Hervorhebung im Original). Allerdings sei, so Bülau, im Zuge der Industrialisierung eine strukturelle Benachteiligung des Landes eingetreten, die gleichsam aus der funktionalen Arbeitsteilung mit der Stadt resultiere. Letztere habe nämlich nicht nur die Funktionen des Gewerbes und Handels an sich gezogen, sondern diese institutionell, legislativ und juristisch zementiert und dadurch mögliche Standortvorteile des Landes, die dieses gerade in jüngerer Zeit durch landwirtschaftliche Modernisierung gewonnen habe, zunichte gemacht (Bülau 1834, 204 ff.). Hier hielt er ein Einschreiten des Staates für dringlich.

Diese apologetischen Verdikte zugunsten der Landwirtschaft in einem bereits teilindustrialisierten Sachsen verführten Bülau jedoch keineswegs dazu, einem etwaig romantischen Geist zu folgen, der in der Landwirtschaft noch immer das Fundament von Gesellschaft und Wirtschaft sah. Scharfsinnig analysierte er nämlich zugleich, warum durch die Landwirtschaft allein prinzipiell kein Volk zu Reichtum kommen könne. Hierfür nannte er drei Gründe: Erstens benötige die Landwirtschaft eine gleichbleibend hohe Zahl an Arbeitskräften, da keine Rationalisierung der Landwirtschaft möglich sei. Zweitens gebe es Kostennachteile durch den oft schwierigen Transport der Erzeugnisse vom Land zu den Konsumenten. Drittens schließlich besäßen die Landbewohner mentale Defizite in Form einer »natürliche[n] Trägheit«: »Wie es [das Landvolk, S. F.] die unentbehrlichsten Bedürfnisse des Lebens selbst und in Fülle erbaut, so bleibt es auch geneigter als andere, sich mit diesen begnügen zu lassen, fühlt sich weniger zu feinen, künstlichen Genüssen gezogen, wird aber eben dadurch des unternehmenden Sinnes und des Erfindungsgeistes beraubt, der in der Mannigfaltigkeit seiner Erzeugnisse seinen Lohn und rastlosen Antrieb zu neuen, gewinnreicheren Schöpfungen findet.« (Bülau 1834, 3). Sah er einerseits strukturelle institutionelle, legale und politische Ursachen als maßgeblich für die Benachteiligung der ländlichen Bevölkerung im Industrialisierungsprozess an, so kam er doch nicht umhin, diese Defizite zugleich zu naturalisieren, indem er mentale Differenzen als entscheidend für den mangelnden Reichtum des Landes erkannte. Die (hier noch nicht explizit gemachte) Konsequenz aus dieser Ansicht konnte letztlich nur die pädagogische Fixierung des Landvolkes und seine Unterwerfung unter eine (wiederum städtisch geprägte und formulierte) Erziehungspraxis sein.

Bülaus Erklärungsmuster für die Probleme der Landwirtschaft seiner Zeit bietet einen typischen Blick in die Denkweise einer Gesellschaft, die in hohem Maße von den Veränderungen und den Konsequenzen der Industrialisierung betroffen war. Der Siegeszug der Industrie machte die Landwirtschaft und im weiteren Sinne die Landbewohnerschaft insgesamt zu einem Problemfall, wobei diese Probleme sowohl als extern-strukturell bedingt wie auch als endogen-mental benannt wurden. Typischerweise wurden diese Erklärungen von einem Ausgangspunkt vorgenommen, an dem die gesellschaftliche Transformation zwar begonnen, aber noch lange nicht ihren Höhepunkt erreicht hatte. Die Texte der 1830er Jahre enthalten demnach eine Beunruhigung über die Zeitumstände, deren negative Erscheinungen gleichsam in die Zukunft projiziert und dabei vergrößert wurden. Bülau folgte einem Diskursstrang, der in zahlreichen anderen Zusammenhängen in noch deutlicherer Form formuliert wurde. Ein gutes Beispiel bietet eine Schrift des ostpreußischen Landwirts und Ehrenmitglieds der *Königlich Preußisch-märkisch ökonomischen Gesellschaft* zu Potsdam sowie der *Ökonomischen Gesellschaft des Königreichs Sachsen* zu Dresden, W. A. Kreyssig. Anders als Bülau war Kreyssig ein Mann der Praxis, der seine Kompetenz in der praktischen Landwirtschaft unter Beweis zu stellen suchte, dabei aber auch die Behandlung allgemeiner Fragen der ländlichen Not nicht vernachlässigte. Er formulierte 1839 eine Schrift über »Hindernisse und Schädlichkeiten, Missgriffe und Fehler in den Gegenständen und im Betriebe der Landwirthschaft«, deren Titel bereits praktischen Nutzwert für den Leser signalisieren sollte (Kreyssig 1839). In einer lexikalischen Zusammenstellung unternahm er es, sämtliche nur denkbare Misslichkeiten der Landwirtschaft seiner Zeit zu beschreiben und Remedur anzubieten. Die einzelnen Artikel reflektieren die grundsätzliche Einstellung des Autors, nach der die Missstände auf dem Lande letztlich einer moralischen Zerrüttung sowie einer ganzen Bandbreite negativer mentaler Faktoren entsprechen und aus ihnen hervorgehen. Bezeichnend ist etwa der Artikel zum Stichwort »Landbaugewerbe«, der einen überraschenden Moraltraktat enthüllt: »Das Landbaugewerbe ist nicht nur die Mutter, sondern auch die Entwickelungs- und Veredelungsschule der Menschheit. Nun hat aber von jeher der größte Theil der Menschen Landbau getrieben, und wenn wir uns heute in dem Leben und Treiben unseres Geschlechtes umsehen, so finden wir nichts weniger, als solche Wirkungen bestätigt. Disharmonie unserer Kräfte und Anlagen in einer verzerrten und einseitigen Entwickelung finden wir überall im Treiben und Leben der Menschen […]. Einseitige Entwickelung der Körperkräfte finden wir in den großen Massen der Völker mit schlafenden und verzerrten Verstandes- und Gemüthskräften, und durch diesen letztern Zustand auch die körperlichen oder sinnlichen Triebe in Verwirrung und Übermaß gerathen […]. Unentwickelter, oder nur auf Pfiffigkeit und List gerichteter Verstand; das Gewissen mit Kirchensatzungen umstrickt, zum Gängelbande satanischer Arglist herabgewürdigt und durch Gleißnerei und Mißbrauch geheiligter Lehrsätze beschwichtigt; statt allgemeiner Menschenliebe waltet Neid, Parteienhaß, Schadenfreude, Habsucht und Raublust; […] In einem kleinen Theile der Völker macht vorragende Verstandes-Entwickelung mit vernachlässigten oder zerrütteten Körper- und Gemüthskräften die Menschen zu unzufriedenen, sich gegenseitig herumhetzenden Wesen […].« (Kreyssig 1839, 264). Und weiter heißt es: »In einem dritten, bald kleinern, bald größern Theile der Menschen walten die Gemüthskräfte eben so einseitig, und besonders der Leitung der Verstandeskräfte mehr und weniger enthoben, vor. Diese Ausartung wurzelt am häufigsten in einem zerrütteten Zustande der Körperkräfte. Die Menschen haben hier das Gleichgewicht ihrer Kräfte verloren, suchen deshalb einen Stützpunkt für Ruhm und Wohlsein und werfen sich dann leicht dem ersten besten Fantasten, wo nicht gar Betrüger, in die Arme. […] So finden wir, leider! heute unser Geschlecht in seinem Treiben und Leben, und die kleinere Zahl der Ausnahmen handelt und lebt häufig nach dem politischen Lehrsatz: ›Wer unter den Wölfen ist, muß mit heulen!‹ Nur einzelnen Menschen war bisher das Loos beschieden, in harmonischer Entwickelung der Körper-, Verstandes- und Gemüthskräfte, die Würde der Menschennatur in ihrer Hoheit und Seligkeit darzustellen.« (Kreyssig 1839, 265). In diesem mit Metaphern gespickten Bild entwirft Kreyssig gleichsam ein scheinbar unlösbares moralisches Problem, das jedoch, rhetorisch geschickt, im Anschluss mit einer durchaus rational erscheinenden Analyse der Ursachen konfrontiert wird: »So sehen wir hier denn die Ursachen des heutigen unerwünschten sittlichen Zustandes der Völker nur durch Unterdrückung jener guten Wirkungen des Landbaugewerbes entstanden und verbreitet, und werden daher gestehen müssen, dass nur durchgreifende und allgemeine Lösung und Verbannung aller hemmenden Fesseln des Bodens und der Menschenkräfte in ihrem so nothwendigen und wichtigen Verkehr einen bessern Zustand begründen und gewinnen kann. Kann man es daher bestreiten, dass da, wo diese Fesseln mit kräftiger Hand weggeräumt sind, Großes und Wichtiges für das Wohlsein und die Veredelung der Menschheit geschah; kann man es entschuldigen, wenn diese Fesseln anderwärts noch beibehalten werden?« (Kreyssig 1839, 269 f.). Mit dieser Erklärung kehrt der Autor auf den Ausgang jener Analyse zurück, den Bülau sich fünf Jahre zuvor als Standpunkt zu Eigen gemacht hatte. Es sind der Druck auf die Landwirtschaft, die ihr auferlegten Fesseln, die letztlich auch moralische Übel bedingen. Strukturelle Benachteiligung und mentale Defizite gehen unlösbar miteinander einher. Reform von Besitzordnungen und Freiheitsrechten äußert sich somit immer auch als charakterliche Reform zum Positiven – zumindest sollte das nach Vorstellung der Zeitgenossen ein Hintergrund sein, der nicht hinterfragt werden sollte.

Die Reformidee, von der die vorgestellten Schriften der 1830er Jahre durchdrungen waren, behielt in den folgenden Jahrzehnten ihre Dringlichkeit, wenn sich diese auch nicht auf die institutionelle Ordnung bezog, sondern auf die Idee eines Ausgleichs zwischen Industrie und Landwirtschaft. Diese musste vor allem dort stark werden, wo – wie in Sachsen – beide Zweige am heftigsten in Konkurrenz zueinander traten. Die Agrarkrise der 1840er Jahre zeigte einerseits die Anfälligkeit der Landwirtschaft für Störungen, andererseits aber auch ihren gesamtökonomisch schwächer werdenden Stand. Es ist kein Wunder, dass in diesem Zusammenhang die Diskussion über Missstände auf dem Lande neuerlich entflammte und auch eine neue Welle institutioneller Gegenmittel Sachsen erfasste. 1848 wurde der *Landesculturrath* in Sachsen gegründet, eine Institution zur Förderung der Landwirtschaft durch Bildungs- und Wissensvermittlung mittels landwirtschaftlichen Schulen, Vorträgen, Presseartikeln, agrarphysikalischen Versuchen und Einrichtung von Versuchsgütern. Damit stand auch hinter dieser Institution ein pädagogischer Zweck. Zugleich wurde der Lohndruck im Königreich Sachsen stärker, so dass zur Jahrhundertmitte vermehrt Klagen über die Abwanderung von Arbeitskräften vom Lande in die Stadt laut wurden – nicht zuletzt vom *Landesculturrath* selbst (vgl. Bindseil 1937, 18). Diese Klage wurde aber noch 1849 von Hugo Schober von der Forstakademie Tharandt untersucht und für unbegründet befunden: »Man hört häufig namentlich in einzelnen Gegenden des Landes und besonders in denen, wo die Industrie am ausgedehntesten und die Bevölkerung am stärksten ist, die Behauptung aussprechen, dass es an Arbeitskräften für die Landwirthschaft fehle. Dieselbe Klage ist in fast ausschließlich Ackerbau treibenden Gegenden anderer Länder laut, und die Allgemeinheit, mit welcher sie bei ganz unterschiedenen volkswirthschaftlichen Zuständen auftritt, weist laut auf die Ursachen hin, in welchen sie begründet ist. Was Sachsen angeht, so steht im Allgemeinen fest, dass ein eigentlicher Mangel an Arbeitskräften überhaupt nicht vorhanden ist, sondern dass vielmehr zeitweise in einzelnen Zweigen gewerblicher Beschäftigungen überflüssige Arbeitskräfte vorhanden sind, während auf der andern Seite nicht in Abrede zu stellen ist, dass der Landwirthschaft fortwährend durch Uebergang zu anderen Beschäftigungen Arbeitskräfte entzogen werden, und dass dessenungeachtet für andauernde Verwendung und entsprechende Lohnsätze auch für die Landwirthschaft fast jeder Zeit Arbeiter zu erhalten sind, dagegen nicht immer für eine vorübergehende Beschäftigung, wie es gerade das augenblickliche Bedürfnis erfordert. Diese Erscheinung aber liegt in der Natur des landwirthschaftlichen Gewerbes, sie ist eine unvermeidliche. [...] Es ergiebt sich hieraus, dass im Allgemeinen jener Klage über zeitwesen Mangel an Arbeitskräften in denjenigen Perioden eines Jahres, wo ein außerordentlicher Bedarf nach Arbeitskraft stattfindet, nicht abgeholfen werden kann, außer durch den Anreiz, den günstige Lohnsätze darbieten, oder durch Herbeiführung der volkswirthschaftlichen Zustände, unter welchen jene Klage überhaupt nicht stattfindet.« (Schober 1849, 313). Sollte also ein Mangel vorhanden sein, so sei dieser gleichsam naturgemäß, da er der saisonalen Ungleichverteilung der Arbeit folge; daher sei ihm nicht abzuhelfen, wenn nicht das Lohnsystem insgesamt geändert werde – was ohne Zweifel kaum in der Erwartung des Autors gelegen haben dürfte. Immerhin hatte bereits 1844 die *Oeconomische Societaet Leipzig* in einem Gutachten eine ähnliche Einschätzung gegeben (vgl. Hanssen 1844, 152).

Schobers Äußerungen reflektieren eine hier noch abgewehrte, aber vergleichsweise früh aufkeimende Diskussion um die ländlichen Arbeitskräfte, die in Grundzügen spätere Diskurse um die Landarbeiterfrage, wie sie vor allem von Max Weber geprägt wurden, vorwegnimmt (Weber 1892; Quante 1933). Dies war kein Zufall, insofern es in Sachsen bereits früh einen Landarbeiterstand gab, der scharfe soziale Konturen aufwies und daher als Politikum betrachtet wurde (Bindseil 1937, 13). Nicht allein die spezifische sächsische Agrarverfassung mit dem Fehlen eines leibeigenen Bauernstandes und einem relativ großen Anteil mittelgroßer, freier Bauerngüter war für die Konstituierung einer wachsenden Landarbeiterschaft verantwortlich. Man kann auch zu Recht darauf verweisen, dass die Agrarreform von 1832 diesem Wachstum nochmals Auftrieb gab, indem durch die in ihrer Folge stattfindenden Gemeinheitsteilungen und Ablösung der Nutzungsrechte eine erhebliche Zahl von Landbewohnern, insbesondere Häusler, Anbauer und Hintersassen, ihre Rechte am Gemeindeland verloren und ihnen damit die Viehhaltung auf Gemeindeland verwehrt war. Mangels anderweitiger Subsistenz mussten diese besitzlosen Landbewohner sich künftig als Landarbeiter verdingen (Bindseil 1937, 12 f.). Was Schober als vereinzelte Klagen über den Arbeitskräftemangel wahrnahm, resultierte demnach aus der Modernisierung der Agrarverfassung selbst, auch wenn das Wachstum der Industrie als das Kernproblem betrachtet wurde.

Die Publikation Schobers zeigt aber auch, dass mit der vor allem an der sächsischen Peripherie, etwa dem Erzgebirge, wütenden Agrarkrise und der daraus notwendig folgenden Intervention des sächsischen Staates durchaus keine »Versachlichung« der Diskussion über die Probleme einer sich im Wandel befindlichen ländlichen Gesellschaft erfolgte. Auch Schober sah sich veranlasst, moralisch zu argumentieren, wobei er vor allem den Aspekt der Proletarisierung der Landbevölkerung hervorhob. Damit sprach er ein Kernproblem der sozialen Frage in der ersten Hälfte des 19. Jahrhunderts an, nämlich die Tatsache der Verelendung weiter Teile gerade desjenigen Teils der Landbevölkerung, der gleichsam außerhalb der Landwirtschaft stand. Er befand es für erforderlich, solche Maßregeln zu ergreifen, »welche geeignet erscheinen, den sittlichen und wirthschaftlichen Zustand dieser Arbeiterklassen, des Gesindes und der Tagelöhner, zu verbessern.« (Schober 1849, 314). Schober ging es also um zwei Ebenen der Verbesserung, die einer sozialen Scheidelinie folgten: einerseits institutionelle Hilfe und ökonomisch-technische sowie pädagogische Verbesserungen für die Landwirte im Sinne der Bauernschaft, andererseits moralisch-sittliche Erziehung der wachsenden Schicht der unvermögenden Landbewohner. Hierbei lag die verantwortliche Rolle indes keineswegs bei den ländlichen Unterschichten selbst; ihnen wurde ganz im Gegenteil lediglich die Rolle des passiven, schicksalsduldenden Empfängers gnädiger Gaben zugedacht. Dagegen war die besitzende Schicht auf dem Lande dazu angehalten, den landlosen Armen materielle Hilfe und zugleich sittliche Erziehung angedeihen zu lassen: »Man verlangt von dem Gesinde Ordnungssinn und Reinlichkeit und untergräbt beides unbewußt täglich durch Art und Beschaffenheit der Wohn- und Schlafräume, in welchen die Leute keinen Anstoß durch ihre Umgebungen zu einer so wohlthätigen Sauberkeit finden. Man verlangt Keuschheit und setzt die Leute durch die Art, wie sie in der Wirthschaft zusammenleben, tausend Gefahren aus, die nur festere Charaktere zu überwinden mögen. […] Diese Betrachtungen weisen darauf hin, wie unendlich viel gerade durch die Dienstherrschaften für sittliche Hebung des Gesindes geschehen kann […]. Man sehe auch nur mit offenen Augen! Man verlangt Treue, Hingebung, lebendige Anhänglichkeit von den Leuten, und wenn sie krank werden sucht man ihrer möglichst bald ledig zu werden, und wenn sie alt und schwach werden, da heißt man sie gehen! Man häuft täglich Zündstoff an und erstaunt, wenn dann plötzlich die Flamme emporschlägt.« (Schober 1849, 315). Hier wird sehr deutlich gegen die die Verantwortungslosigkeit der besitzenden Landbewohner polemisiert, deren mangelhafte paternalistische Fürsorge für die Unterschichten die sozialen Spannungen heraufbeschwört.

Zwei Jahre nach seinen »Bemerkungen« trat Schober mit einem weiteren Artikel an die Öffentlichkeit, in dem er seine Thesen in extenso wiederholte und zugleich argumentativ weiter fundierte. Ausgangspunkt war ein Fragebogen des Direktoriums des *Landwirtschaftlichen Hauptvereins im Königreich Sachsen*, der 1848 an die einzelnen landwirtschaftlichen Vereine verschickt worden war, um von diesen Informationen über die Arbeiterverhältnisse auf dem Lande zu erhalten und zugleich die Möglichkeit der Kolonisation von Fabrikarbeitern auf dem Lande zu erwägen (Schober 1851). Obwohl Schober nach Auswertung dieser empirischen Daten zugeben musste, dass Arbeitskräfte vom Lande in die Fabriken, in den Bergbau und das Baugewerbe abgewandert seien, sah er dies nicht als das grundlegende Problem an, da ein genereller Mangel an Arbeitskräften nicht festzustellen sei, zumindest nicht für die laufenden Arbeiten auf den Höfen (Schober 1851, 168). Immerhin sei zu berücksichtigen, dass die Landwirtschaft konjunkturell weniger anfällig sei als die Industrie. Allerdings sei der moralische Zustand der ländlichen Unterschichten Sachsens schlecht und werde sich weiter verschlechtern, wenn keine Anleitung durch die Landbesitzenden erfolge. Hier nun führte Schober eine ganze Reihe von praktischen Hilfestellungen an, mit denen dieses moralische Problem gelöst werden könne und die zugleich zeigten, dass sich der Verfasser nicht mit einem erhobenen Zeigefinger begnügen wollte. So empfahl er etwa die regelmäßige Erziehung durch Schule und Kirche, die Einrichtung von Kleinkinder- und Fortbildungsschulen, die Bereitstellung geeigneter Lesebücher, die Errichtung von Spinn- und Strickschulen für Mädchen; des Weiteren die Veredelung der Sinne durch die Verschönerung der Dorfanlagen durch die Gemeinden. Zur Motivation der Arbeiter empfahl er Prämien für treue Dienste, die auf der Sparkasse angelegt werden sollten. Als sichtbares Treuezeichen sollten eine Medaille, ein Kreuz oder eine Taschenuhr für langjährige Dienste vergeben werden. Auch habe die – offenbar keineswegs selbstverständliche – wahrheitsgetreue Ausstellung von Dienstzeugnissen einen günstigen Einfluss auf die Moral (Schober 1851, 173 ff.). Damit legte Schober einen Maßnahmenkatalog vor, der die moralische Verbesserung im Wesentlichen als Aufgabe der landwirtschaftlichen Dienstherren sowie der Landgemeinden bezeichnete. Schobers Schrift von 1851 stellte letztlich den Versuch dar, die bereits 1849 skizzierten Probleme insofern als lösbar darzustellen, als sie die sittliche und geistige Verfassung der Unterschichten betrafen. Als strukturelles Problem konnte der Verfasser sie aber noch nicht durchgängig verstehen. Mit seinem Konzept schlug Schober einen Ton an, der bis zum Ende des Jahrhunderts diskursiv wirksam bleiben sollte, der zugleich aber auch die politischen Implikationen der sozialen Frage auf dem Lande und des gesellschaftlichen Wandels in Sachsen enthielt, selbst wenn die Analyse der Transformation auf dem Lande unzureichend blieb.

Was von Spezialisten für Landwirtschaftsfragen für die 1840er Jahre als Probleme der sächsischen und darüber hinaus der deutschen Landwirtschaft beschrieben wurde, spiegelte sich auch in den frühen statistischen Erhebungen wider, die staatlicherseits durchgeführt wurden, um ein »objektives« Bild von den Zuständen in Stadt und Land zu gewinnen. Es ist bekanntlich kein Zufall, dass gerade in Sachsen diese statistischen Arbeiten am ehesten auf ein qualitativ neues Niveau gehoben wurden, durch das die herkömmlichen Landesbeschreibungen an Genauigkeit und methodischer Akribie deutlich übertroffen wurden. Der Statistiker Ernst Engel (1821–96) beschrieb in nüchternen Zahlen, welche transformativen Bewegungen das Königreich Sachsen seit der Frühzeit der Industrialisierung erfuhr. 1852 veröffentlichte er einen Überblick über die sächsische Bevölkerung, die bis in die 1830er Jahre zurückreichte (Engel 1852). Was Schober noch als ein natürliches Gesetz verstanden hatte, dem nicht entschieden abgeholfen werden müsse, da es keine bedrohlichen Dimensionen, nämlich den Arbeitskräftemangel, angenommen habe, wurde von Engel als das Symptom eines fundamentalen gesellschaftlichen Wandels erkannt, das nicht ernst genug genommen werden konnte. So sei statistisch bewiesen, »dass es ganz entschieden die Ackerbau-Ortschaften sind, welche die Städte vergrössern helfen. Allerdings finden auch aus den Industrie-Dörfern Wegzüge statt, aber nur in sehr kleinem Maassstabe, und zu zwei Drittheilen werden sie überdiess durch die Zuzüge aufgewogen. Characteristisch ist es, dass die Wegzüge in den Classen der Ackerbau-Ortschaften fast alle in einem und demselben Verhältnisse stehen, während die Zuzüge in den Städten weit grösseren Schwankungen ausgesetzt waren.« (Engel 1852, 113). Die Land-Stadt-Wanderung habe in den vergangenen eineinhalb Jahrzehnten zu einem deutlichen Wachstum der Städte geführt, während die Bevölkerung des Landes stagniere und in einzelnen hochindustrialisierten Regionen wie etwa im Regierungsbezirk Zwickau zurückgehe. Damit wurde bestätigt, dass zumindest regional ein saisonaler Arbeitskräftemangel strukturell bedingt war und dass zudem abzusehen war, dass dieser sich zukünftig weiter verstärken würde. Diese Aussicht wurde auch durch Engels Analyse der Gründe für die Abwanderung in die Städte bekräftigt: »Als vornehmlichster Grund für beregte Erscheinung zeigt sich das naturgemässe Streben der arbeitenden Classen, ihre wirthschaftliche Lage zu verbessern und eine grössere Unabhängigkeit zu erlangen [...]. Deshalb strömen gerade solche Landbewohner nach Städten, welche daselbst persönliche Dienstleistungen hoch verwerthen wollen. Nicht minder gehen fast überall landwirthschaftliche Arbeitskräfte und Bewohner von Ackerbau-Gegenden zu anderen Gewerbszweigen über, besonders zu den Baugewerken, zu Fabrikarbeiten, zum Bergbau u. s. w. In allen diesen Beschäftigungen liegt für den Landbewohner ein eigenthümlicher Reiz insofern, als bei denselben nicht nur gleichmässigere, lohnendere und minder anstrengende Arbeit leichter zu erlangen ist, sondern auch, als nach beendeter Arbeitszeit der in ihnen Beschäftigte vollkommene oder doch weit grössere Unabhängigkeit geniesst.« (Engel 1852, 112 f.). Hier taucht der moralische Zusammenhang der entwurzelten landlosen Klasse der Tagelöhner und Dienstboten in einem demografischen Kontext auf und wird hierdurch neu interpretiert: die ländlichen Unterschichten nehmen ihr Schicksal selbst in die Hand, indem sie in die Städte migrieren und dort ihr Los verbessern. Die schlechten Lebensumstände auf dem Lande bestehen aber nicht nur in der Armut, sondern eben gerade in jener Unfreiheit, die durch Schobers paternalistische Umarmung gleichsam noch verstärkt werden sollte. Was Schober dem ländlichen Proletariat gegenüber als heilsam empfahl, war damit genau das, wovor nach Engels Auffassung die ländlichen Unterschichten flohen: Abhängigkeit und Beschneidung der Selbstbestimmung.

Strukturelle Probleme und Benachteiligung gegenüber Industrie und Gewerbe bestimmen das Bild von der sächsischen Landwirtschaft im öffentlichen Diskurs des Vormärz ebenso wie die aufkeimende soziale Frage der landlosen ländlichen Unterschichten, die einerseits politischen Zündstoff durch ihre Deprivation entstehen lassen, andererseits unkontrollierbare gesellschaftliche Bewegung durch Migration in die Städte erzeugen. Dieser Komplex wird noch nicht in seiner vollen Tragweite erkannt, zumal noch tradierte Denkmuster von der Landwirtschaft als dem Fundament der gesamten Volkswirtschaft und von den Landbewohnern als bodenverwurzelter Klasse von Menschen gültig sind. Doch die Pionierrolle Sachsens in der Frühzeit der Industrialisierung wirft wegen der auftretenden Krisenerscheinungen Probleme auf, die sich nach der Jahrhundertmitte keineswegs einfacher lösen lassen. Das nunmehr anbrechende »goldene Zeitalter der Landwirtschaft« mag ökonomisch eine Blütezeit bringen, in sozialer Hinsicht bestimmen düstere Analysen weiterhin das Bild (vgl. Abel 1978, 273 ff.). Statistische Daten ebenso wie Expertisen aus den landwirtschaftlichen Institutionen zeigen in scharfen Konturen das Bild einer ruhelosen ländlichen Gesellschaft.

## III. Landwirtschaft und ländliche Gesellschaft im Industriestaat: Vor- und Schreckensbilder, 1850–1860

Im Jahre 1855 untersuchte der frühere sächsische Innenminister Albert Weinlig (1812–73), der 1848 eine *Vorbereitende Kommission für die Gewerbs- und Arbeitsverhältnisse* in Sachsen initiiert und sich mit diversen sozialpolitischen Vorschlägen hervorgetan hatte

(Weinlig 1848), welchen Stand die Landwirtschaft in Sachsen im deutschen Vergleich habe und wie von diesem Stand ausgehend ein »Fortschritt« zu definieren sei. Er konstatierte, dass seit einigen Jahren die sächsische Landwirtschaft unter Landwirten im In- und Ausland als vorbildlich gelte. Besonders in den letzten zehn Jahren habe sich die Erkenntnis durchgesetzt, dass die sächsische Landwirtschaft »sehr rege und vielleicht größere und namentlich auch weiter hinein in die bäuerlichen Kreise verbreitete Fortschritte gemacht hat, als in vielen anderen Gegenden Deutschlands nachgewiesen werden können.« (Weinlig 1855, 87). Ursächlich für diese positive Entwicklung seien Bildungswille und -fleiß der bäuerlichen Bevölkerung, die eine gute Ausbildung im Rechnen, die richtige Verwendung von Kapital sowie das Bestreben nach wissenschaftlich-technischer Weiterbildung begründet hätten.

Weinlig benennt en détail die Gründe für den Erfolg der sächsischen Landwirtschaft, wobei er diesen scheinbar von der Einbettung in den ökonomischen Wandlungsprozess des Landes entkoppelt: das Verhältnis und die Konkurrenz zur Industrie treten bei ihm zunächst in den Hintergrund. Voll des Lobes äußert er sich über die landwirtschaftlichen Vereine unter Generalsekretär Theodor Reuning sowie über die klugen politisch-administrativen Maßnahmen, die staatlicherseits die Blüte herbeigeführt hätten. Dazu zählt er vor allem materielle Leistungen, die zum Unterhalt der landwirtschaftlichen Lehranstalten (Akademie in Tharandt und die landwirtschaftliche Abteilung der Gewerbeschule Chemnitz) sowie der Versuchsanstalten verwendet würden (Weinlig 1855, 88 f.). Außerdem sei der Einsatz landwirtschaftlicher Kommissare zur Durchführung von landwirtschaftlichen Verbesserungen wie Feldvermessung, Drainage und »Hebung« der Wirtschaftseinrichtungen und die Förderung von Maschinengenossenschaften vorangetrieben worden. Eine solche Förderung könne durchaus mit Erfolg auf andere Länder übertragen werden, doch sei andererseits zu beachten, dass die Institutionen und administrativen Vorkehrungen allein nicht für den Erfolg verantwortlich seien. Ebenso wichtig seien die Voraussetzungen in der ländlichen Bevölkerung selbst (Weinlig 1855, 89 f.). Es habe sich nämlich gezeigt, dass diese in Sachsen besonders empfänglich für Verbesserungen der Landwirtschaft sei. Dies wiederum führte Weinlig nicht auf einen spezifischen »Volkscharakter« zurück, sondern auf einen jüngeren Einfluss, der die Sachsen gleichsam für die Adaption von Neuerungen vorbereitet habe: »Man kann daher wohl sagen, dass die ländliche Bevölkerung selbst […] in Sachsen für besonders glücklich vorbereitet gelten konnte, auch wenn ihre steten Berührungen mit einer dichten, thätigen, in Geschäften der Industrie und des Handels allseitig rührigen gewerblichen Bevölkerung, so manche Schattenseiten dieselben vom allgemein moralischen und idyllischen Natur-Standpunkte betrachtet, auch haben mögen, ihr nicht einen gewissen, besonders im Erzgebirge, wo diese Berührungen enger sind, bemerklichen Anflug mehr industriell-speculativer Betrachtungsweise mitgetheilt hätten, welcher gleichwohl bei einem Uebergange zu intensiver, in ihren Grundprincipien der Industrie im engern Sinne sich immer mehr nähernden und vor allem auf ›Rechnen und wieder Rechnen‹ sich gründenden Bewirthschaftung ein nicht zu übersehende Vorbereitung bildet.«(Weinlig 1855, 90). Hier wird eine interessante und bis dahin kaum populäre Wendung der Argumentation erkennbar: eine »industriell-speculative Betrachtungsweise« ist es, die die Besserung auf dem Lande herbeigeführt hat, und diese stamme, so Weinlig, eben gerade aus dem wachsenden industriellen Sektor, der in zunehmendem Maße alle wirtschaftlichen Zusammenhänge bestimme. Über den Umweg der Mentalität kommt er so schließlich auf die positiven Wirkungen der Industrialisierung zu sprechen. Auch in materieller Hinsicht sei aber die Industrie keinesfalls schädlich für die Landwirtschaft, auch wenn oft dieser Eindruck herrsche. So werde man sicher das Arbeitskräfteproblem nicht vernachlässigen dürfen: »Zwar hat sie [die Konkurrenz, S. F.] auf den ersten Anblick manche Unbequemlichkeit für den Landwirt, unter denen die hauptsächlichste die Concurrenz ist, welche die Industrie der Landwirthschaft in Bezug auf Arbeitskräfte macht. Es ist eine bekannte Thatsache, dass es in Sachsen bei einer Bevölkerung von 8000 Seelen auf die Quadratmeile der Landwirthschaft doch an Arbeitern fehlt und namentlich zur Zeit der Ernten böhmische Arbeiter herbeigezogen werden müssen.« (Weinlig 1855, 90 f.). Hierfür seien v. a. die Schwere und die schlechte Bezahlung der ländlichen Arbeit verantwortlich. Es gelte aber zugleich: »Gerade die unmittelbarste Umgebung des landwirthschaftlichen Producenten durch eine dichte, wenn auch hier und da einmal sehr nothleidende, immer aber consumirende, in ihrem Bedürfniß weit das Maß der regelmäßigen Production des Landes übersteigende […] Bevölkerung ist es allein, welche in Sachsen die Cultur fast jeder Quadratruthe Land möglich gemacht und den Grundwerth dergestalt in die Höhe getrieben hat.« Und gerade die Konkurrenz um die Arbeitskräfte beförderte den landwirtschaftlichen Fortschritt, da so entweder die Löhne und Erträge steigen oder Maschinen angeschafft werden müssten, d. h. dass die Produktivität ständig erhöht werden müsse (Weinlig 1855, 91). Weinlig deutet damit an, dass Industrialisierung und reformierte Landwirtschaft sich gegenseitig bedingen, eine Erklärung, die von späteren Historikern des Industrialisierungsprozesses bestätigt wurde (Kiesewetter 1988, 748).

Weinligs positive Einschätzung stützte sich im Wesentlichen auf die Entwicklung der grundbesitzenden bäuerlichen Bevölkerung, deren Marktorientierung durch den Industrialisierungsprozess beschleunigt wurde und sie als landwirtschaftliche Unternehmer erscheinen ließ. Die ländlichen Unterschichten blieben dagegen weitgehend außerhalb der Analyse. Zwar ist die Rede von einer gelegentlich notleidenden Landbevölkerung, doch da diese regelmäßig konsumiere, erfülle auch sie stets eine wichtige Funktion für die ländliche Ökonomie. Ländliche Armut wird nicht als Problem des Sittenverfalls mit politischer Sprengkraft gesehen, sondern aus streng ökonomischer Perspektive. Angesichts des Aufschwungs der Landwirtschaft seit den späten 1840er Jahren tritt die soziale Frage in den Hintergrund. Die Beobachter formulieren in der Restaurationszeit Rezepte für den Fortschritt, nehmen als Basis desselben aber ganz selbstverständlich die vergleichsweise kleine Schicht der landbesitzenden Bauern an, die doch letztlich eine Minderheit der ländlichen Bevölkerung darstellt.

Das sich ergänzende Verhältnis von Landwirtschaft und Industrie beschäftigte in den 1850er Jahren auch die Statistik. Wiederum war es Ernst Engel, der hierzu nicht nur wichtige Zahlen vorlegte, sondern auch gleich ihre Interpretation lieferte. In einer Abhandlung über die Beziehungen zwischen der Bevölkerungsdichte und dem gewerblichen Charakter Sachsens stellt er den unterschiedlichen Industrialisierungsgrad der einzelnen Regierungsbezirke und Amtshauptmannschaften in Sachsen fest, um dann die Korrelation zur Bevölkerungsdichte zu ermitteln (Engel 1857). Entscheidend war für ihn die Frage, welchen Industrialisierungsgrad die jeweiligen Städte und Landgemeinden in den Bezirken und Amtshauptmannschaften aufwiesen. Wenig überraschend kam er zu dem Schluss, dass ein hoher Industrialisierungsgrad mit entsprechender Bevölkerungsverdichtung einherging, was sich vor allem in Westsachsen belegen ließ. Bedeutender als diese Schlussfolgerung waren jedoch seine abwägenden und differenzierten Bemerkungen über den »Mischcharakter« der Bevölkerung in Sachsen. Hieran zeigt er auf, dass Landwirtschaft und Industrie in einem gesunden, nicht einseitig geprägten Verhältnis zueinander stehen: »Wie schon erwähnt, ist der gewerbliche Charakter der Bevölkerung selten ein ungemischter. Diejenigen Ackerbaudörfer sind ersichtlich die zahlreichsten, in welchen die gewerbliche Bevölkerung 20 bis 40% der Gesammtbevölkerung ausmacht. Doch ist letzterer Theil der Bewohner selten in rein industriellen Gewerbszweigen beschäftigt, sondern meist in Gewerben, die für den Betrieb der Landwirtschaft unerläßlich sind. Solcher Art gemischte Dörfer sind daher in den vorherrschend landwirthschaftlichen Gerichtsämtern am häufigsten. Von den vorherrschend industriellen gilt keineswegs das Gegentheil. In diesen ist die industrielle Bevölkerung nur sehr untergeordnet in Hilfsgewerben für den Landbau thätig, sie tritt daselbst in eigenthümlichen selbständigen Fabrikzweigen auf. Umgekehrt aber ist die landwirthschaftliche Bevölkerung nur in so weit vorhanden, als sie nöthig ist, um das Areal zu bebauen und die Industriellen mit den nothwendigsten und nächstliegenden Lebensbedürfnissen zu versorgen.« (Engel 1857, 116). Die Verzahnung von Stadt und Land, nicht ihre strikte Abgrenzung voneinander, wirkt demnach positiv auf die gesamte Wirtschaft ein. Bezeichnenderweise verzichtet aber auch Engel nicht auf den

Rückgriff auf mentale Faktoren. Ähnlich wie zuvor Weinlig sieht er die Ursachen im spezifischen Charakter der sächsischen Bevölkerung, den er in seinem Fazit als entscheidenden Faktor für das wirtschaftliche Wohlergehen hervorhebt: »Eigentlich liegt schon in diesen Zahlen allein der Beweis, dass das Volk der Sachsen ein fleißiges und sparsames sein müsse. Denn da die des Landes Nahrung producirende Fläche noch nicht ganz 200 Q.-Meilen beträgt, die Bevölkerung aber mehr als 2 Millionen, so liegt es auf der Hand, dass dieselbe nicht allein vom Ackerbau leben kann. Sie muß nothgedrungen in Industriezweigen thätig sein, deren Artikel außer Landes gehen und mit welchen wir die uns fehlenden Subsistenzmittel eintauschen.« (Engel 1857, 128). Der spekulative, risikofreudige und auf Gewinn bedachte Unternehmergeist nach Weinlig wird hier durch Fleiß und Sparsamkeit ergänzt. Diese Zuschreibung erfolgt explizit hinsichtlich des sächsischen »Volkscharakters« und hebt die Scheidung von Stadt und Land auf.

In den Interpretationen von Weinlig und Engel werden somit die unterschiedlichen und z. T. konträren Interessen von Industrie und Landwirtschaft, von Stadt und Land negiert und stattdessen ein mehr oder weniger harmonisches Zusammenwirken apostrophiert. Die Krisenerscheinungen der Landwirtschaft bestimmen nicht mehr das Bild einer unter Druck geratenen und letztlich benachteiligten ländlichen Bevölkerung. Die sozialen Friktionen bleiben in diesen rein nationalökonomisch ausgerichteten Abhandlungen allerdings ausgeblendet; dass sie vorhanden waren, darüber konnte auch die landwirtschaftliche Konjunktur der 1850er Jahre nicht hinwegtäuschen. Um feststellen zu können, inwieweit und in welcher Größenordnung die bekannten sozialen Probleme des Vormärz auch in den 1850er Jahren vorhanden waren, ist es erforderlich, weitere Quellen heranzuziehen. Abgesehen von dem publizierten Schrifttum der Zeit sind hierfür besonders die Berichte der landwirtschaftlichen Vereine geeignet. Für das Jahr 1858 liegen zahlreiche Verwaltungsberichte der landwirtschaftlichen Kreisvereine in Sachsen vor, die ein detailliertes Bild ihrer Tätigkeit wie auch der landwirtschaftlichen Zustände geben. Wie sich zeigt, war es nach wie vor die Arbeiterfrage, die die Schilderungen der ländlichen Verhältnisse bestimmte. Hierzu seien einige einschlägige Beispiele genannt.

Aus dem landwirtschaftlichen Kreisverein für das Erzgebirge, einer Region, in der die landwirtschaftlichen Verhältnisse im 19. Jahrhundert besonders prekär waren, wurde die Problematik des Mangels an Arbeitskräften in aller Schärfe formuliert und damit die aus den 1840er Jahren bekannte Klage über die Rivalität zur Industrie wiederholt: »Wie es in einem überwiegend industriellen Kreise, wo die Industrie ihren mannigfachen Zweigen und Ausläufern und neben ihr das (sic!) Metall- und Kohlenbergbau durch die Höhe der Löhne und die Ungebundenheit der Stellung, die bekannte oft beklagte Anziehungskraft auf die Arbeiter äußern, nicht anders erwartet werden kann, enthalten alle Berichte mehr oder weniger laute Klagen über zunehmenden Mangel menschlicherArbeitskräfte bei der Landwirthschaft und selbst die wenigen Vereine, welche von einer Fühlbarkeit dieses Mangels fruehtäglich nur mit Rücksicht auf die Zeiten schwunghaften Betriebs in den industriellen Geschäften sprechen, geben zu, dass auch auf dann, wenn dieser vermindert ist oder still steht, die Landwirthschaft von dem vermehrten Angebot von Arbeitskräften keinen wesentlichen Nutzen zu ziehen vermag, da die industriellen Arbeiter größtenteils für landwirthschaftliche Arbeiten untauglich sind.«[1] Hier erscheint die Lage hinsichtlich der Arbeitskräfte durchaus prekär, und das in doppelter Hinsicht: einerseits treibt die Industrie durch ihre Nachfrage die Löhne der Arbeiter in die Höhe, so dass diese immer häufiger vom Land in die Stadt migrieren, andererseits transformiert die Industrie den »Charakter« der Arbeiter in einer Weise, die den Einsatz von industriellen Arbeitern auf dem Lande unmöglich macht. Nicht zuletzt sorgt die Konkurrenz um die Arbeitskraft auch für sittliche Probleme, wie es direkt im Anschluss heißt: »Mit diesen Klagen gehen Hand in Hand die über zunehmende Untauglichkeit und Ungeschicklichkeit, Vergnügungssucht und Arbeitsscheu der Dienstleute, ihre Abneigung, lange bei einer Herrschaft auszuhalten und sich auch längere Zeit als auf Wochen und Monate zu vermiethen.«[2] Die Untauglichkeit der Arbeitskräfte wird hier in einen direkten Bezug zu ihrer moralischen Disqualifikation gesetzt, die v. a. aus Vergnügungssucht und einer hohen Evasivität besteht. Bezeichnenderweise ist es hier nicht die Armut, die mit sittlichem Verfall korrespondiert, wie dies noch in den 1830er und 1840er Jahren gesehen wurde. Vielmehr ist es gerade die Verbesserung der materiellen Lage, die nunmehr zur Wurzel des Übels wird. Statt eben diesen im Zuge der Industrialisierung stattfindenden Wandel als potentielle Lösung sozialer Probleme zu begreifen, wird – aus landwirtschaftlicher Sicht verständlich – die Destabilisierung der ländlichen Ordnung als ein Übel erkannt, das nicht allein ökonomisch problematisch ist, sondern auch moralisch verwerflich. Der Zusammenbruch ständischen Denkens spiegelt sich hier deutlich wider. Von einem Zusammenspiel zwischen Industrie und Landwirtschaft kann hingegen kaum die Rede sein.

Nicht nur in einer mit Betrieben ausgesprochen dicht durchsetzten Gewerberegion wie dem Erzgebirge wurden seitens der landwirtschaftlichen Vereine Klagen über das Arbeitskräfteproblem geäußert. Die Nähe zu einer Großstadt wie Leipzig brachte

---

1  HStA Dresden, Nr. 11508 – Generalsekretär der landwirtschaftlichen Vereine, Nr. 62: Verwaltungsbericht des landwirthschaftlichen Kreisvereins im Erzgebirge, auf das Jahr 1858: 5 a) Die Arbeitskräfte der Menschen.
2  Ebd.

Probleme der gleichen Art hervor. So heißt es in dem Bericht des landwirtschaftlichen Vereins Colditz: »Obgleich hiesige Gegend dicht bevölkert ist, so ist doch kein Ueberfluß an Arbeitskräften vorhanden, im Gegentheil nehmen die vielen Erwerbszweige, welche sich darbieten, so zahlreiche Arbeiter in Anspruch, dass es in der Zeit wo die Landwirtschaft der meisten Kräfte benöthigt ist, oft an Arbeitern fehlt. Außer den Leipziger Messen, wohin viele brauchbare Arbeiter sich […] wenden, außer den vielen Erdarbeiten und Uferbauten welche lohnende Arbeit bieten, sind es namentlich die Braunkohlenwerke durch die nicht nur der Landwirtschaft viele Kräfte entzogen werden, sondern die wesentlich dazu beitragen die Verhältnisse der Tagelöhner von den Landwirthen zu emancipieren. Denn jeder Tagelöhner der in der Landwirtschaft nicht befriedigt ist ist sicher dass, wenn er hier fortgeschickt wird, ihm in den Braunkohlenwerke Beschäftigung und sogar ein höherer Lohn wird. Es ist ihnen also an der Zufriedenheit der Landwirthe aus in soweit etwas gelegen als sie lieber eine bequemere und reinlichere Arbeit verrichten, als die schmutzige und anstrengendere in den ›Drecklöchern‹, wie sie die Braunkohlenwerke nennen. Abhängig sind sie keineswegs von der ländlichen Arbeit. Nur dadurch dass ordentliche Tagelöhner Jahr aus Jahr ein in den größeren Wirtschaften sicher Beschäftigung finden, dass ihnen auch sonst mancherlei Vortheile und Berücksichtigung zu Theil wurden, und endlich dass ihnen in der Zeit der nöthigsten Arbeit noch besondere Zulagen gewährt wurden, welche im Verhältnis zu der Koncurenz stehen, kann man sich die nöthigste Arbeit sichern. Immerhin bedarf man in den verschiedenen Erndteperioden noch Aushülfen, die oft sehr schwer und nur durch größere Opfer zu erlangen sind.«[3] In diesem Bericht wird angedeutet, dass zumindest insoweit differenziert werden muss, als nicht jede Arbeit die ländlichen Unterschichten vom Land in die Stadt lockte. Arbeit in der Braunkohle brachte zwar im Vergleich zur Arbeit in der Landwirtschaft einen höheren Lohn, doch auch eine schmutzigere und wohl oft auch körperlich härtere und gefährlichere Arbeit mit sich. Nur dort, wo die Push-Faktoren entsprechend an Gewicht gewannen, war die Wahrscheinlichkeit der Landflucht groß. Daher galt es als durchaus sinnvoll für die Landwirte, Anreize in einer Weise zu schaffen, die die Schwelle für die Abwanderungswilligen möglichst hoch legte. Dies war bezüglich des Lohnes oder anderer materieller Anreize kaum möglich, abgesehen von vereinzelten Prämienregelungen. Doch die landwirtschaftlichen Vereine erkannten sehr wohl, dass es andere Vorzüge der Arbeit auf dem Lande gab, die in der Industrie so nicht immer vorhanden waren, namentlich

---

3   HStA Dresden, Nr. 11508 – Generalsekretär der landwirtschaftlichen Vereine, Nr. 62: Jahresbericht über die Wirksamkeit des landwirtschaftlichen Vereins zu Colditz, a) Arbeitskräfte der Menschen [1858].

stetige Arbeitsverhältnisse und (zumindest teilweise) erleichterte Arbeitsbedingungen. In einem umfassenden Sinne wurde die ländliche Arbeitskraft in Sachsen zu einem umkämpften Gut, und daher war die moralische Beobachtung der Unterschichten notwendig zu ihrer Rekrutierung für die ländliche Arbeit.

Eine ähnliche Einschätzung wie der Colditzer Verein gab der *Landwirtschaftliche Verein Oschatz*. Er machte als kritische Faktoren aber nicht nur die wachsende Nachfrage der Industrie nach Arbeitskräften aus, sondern begründete in einem Umkehrschluss, dass auch die landwirtschaftliche Konjunktur die Nachfrage nach Arbeit erheblich verschärft habe, so dass in den 1850er Jahren eine Verschlechterung eingetreten sei: »Durch den im allgemeinen guten Zustand der hiesigen Landwirthschaft ist es natürlich, dass ein größerer Bedarf an Arbeitskräften eingetreten ist, den sich aber, da die Landwirtschaft immer vorwärts schreitet, immer fühlbarer macht, da eine Menge junger Leute theils dem Bauhandwerk, theils den Arbeiten an der Eisenbahn, theils der Schifffahrt sich widmet. Eine wahre Sucht aber herrscht unter der jungen weiblichen Bevölkerung, das Nähen und Schneidern zu erlernen und zu betreiben und empfinden dies die Landwirthe sehr, da nur mit Mühe die nöthigen Mägde zur Viehhaltung erst zu erlangen sind.«[4] Nicht zuletzt der weibliche Teil der ländlichen Unterschichten suchte um die Jahrhundertmitte nicht nur ein besseres Einkommen, sondern auch eine größere persönliche Freiheit in den Städten. Dass der Wunsch der Frauen nach einer Veränderung ihrer beruflichen Stellung und der damit verbundenen Lebensperspektive als besonders drängend empfunden wurde, überrascht kaum, da weibliche Tagelöhner, Mägde und Dienstboten sowohl ihrer sozialen Herkunft wie auch ihrem Geschlecht nach in besonderem Maße in Unfreiheit und Abhängigkeit lebten.

Doch die Abwanderung in die Städte und die verschärfte Konkurrenz zur Industrie waren es nicht allein, die der Landwirtschaft Probleme bereiteten. Sichtbar wurden auch die Folgekosten, die darin bestanden, dass arbeitsunfähige oder alte Arbeiter in den Städten und bei den Unternehmen materiell nicht aufgefangen wurden und daher in ihre Herkunftgemeinden auf dem Lande zurückkehrten, wo sie Ansprüche auf Versorgung durch die Armenkassen anmeldeten. Dieses Problem formulierte der landwirtschaftliche Verein Oschatz in aller Klarheit: »Die Einrichtung von Armenvereinen hat zuvor hierinnen sehr wohlthätig gewirkt, da sie dem Betteln einen Damm gesetzt hat, aber die Gesetzgebung muss noch dahin wirken dass die Anstalten, welche die Kräfte eines Menschen zu ihrem Nutzen verwendet haben, auch verbunden sind,

---

4 HStA Dresden, Nr. 11508 – Generalsekretär der landwirtschaftlichen Vereine, Nr. 62: Jahresbericht über die Wirksamkeit des landwirtschaftlichen Vereins zu Oschatz, 1. Arbeitskräfte der Menschen [1858].

wenn dessen Kräfte verbraucht sind, oder wenn sich ihr augenblicklich kein Nutzen gewähren, <u>einen solchen Menschen zu ernähren</u>. Jetzt aber wird er entlassen und fällt seinem Heimathbezirk, der ihn oft nur als Kind gesehen und dann gar keinen Nutzen von seinen Kräften gezogen hat, zur Last.«[5] Damit wies der Berichterstatter auf gravierende Änderungen im sozialen Gefüge nicht nur der ländlichen Gesellschaft, sondern des Landes insgesamt hin. Das Verhältnis der Landwirtschaft zur Industrie wurde hier mit einem zusätzlichen Argument als ein Ungleichgewicht beschrieben: neben der Konkurrenz um die Arbeitskräfte wurden verbunden damit auch Geldmittel abgezogen. Aber auch in sittlich-moralischer Hinsicht impliziert die genannte Klage ein Bild der Benachteiligung: die Industrie erscheint hier gleichsam als ein Moloch, der die Menschen erst vom Lande in die Stadt lockt, um sie dort durch die industrielle Maschinerie zu drehen und sie anschließend als »unbrauchbar« weil arbeitsunfähig wieder auszuspucken und sie ihrem Schicksal zu überlassen. Damit wurde ein weiteres Mal verdeutlicht, dass die negativen Auswirkungen der Industrialisierung nicht durch die positive Entwicklung der Landwirtschaft aufgehoben wurden. Ganz im Gegenteil zeichnete man das düstere Bild, dass die positiven Entwicklungen der 1850er Jahre in beiden Sektoren auf Dauer nur umso größere Probleme bereithalten würden und dass eine dauerhafte moralische Degeneration der ländlichen Bevölkerung sowie eine Destabilisierung der sozialen Ordnung im Lande eingesetzt habe. Diese Einschätzung aus dem Blickwinkel der landwirtschaftlichen Vereine wurde nicht zuletzt deswegen zugespitzt, weil die Institutionen der Landwirtschaft politischen Druck auszuüben gewillt waren, mit dem sie substantielle Verbesserungen für die Landwirtschaft erreichen konnten. Von daher handelt es sich kaum um eine abgewogene Argumentation. Dennoch ist erkennbar, dass grundlegende Probleme des Wandels ländlicher Wirtschaft und Gesellschaft unabhängig von der konjunkturellen Lage und von Produktivitätsfortschritten persistierten und dass in den Abhandlungen und Berichten jeweils moralische Fragen impliziert waren. Der Veränderungsdruck, der auf der ländlichen Gesellschaft lastete, konnte nicht an externe Institutionen oder Sektoren weitergegeben werden, wenn die Bemühungen um moralische oder auch gesamtwirtschaftliche Argumente ausgeklammert blieben.

5 Ebd. Hervorhebung im Original.

## IV. Fazit

Mit dem Ausklang der 1850er Jahre hatte sich das öffentliche Bild von den Problemen der Landwirtschaft insoweit verfestigt, als erstens die Konkurrenz um Arbeitskräfte zwischen Stadt und Land bzw. Industrie und Landwirtschaft und zweitens (und damit zusammenhängend) der sittlich-moralische Verfall der ländlichen Unterschichten die Diskussionen bestimmten. Von welchem Standpunkt aus auch argumentiert wurde (ob aus streng ökonomischer oder aus moralischer Sicht), welche Ansicht über das Verhältnis zwischen Landwirtschaft und Industrie auch vertreten wurde (gegenseitige Ergänzung oder scharfes Gegeneinander), stets wurden diese beiden Diskussionspunkte als diskursive Vehikel herangezogen und miteinander in Bezug gesetzt. Was den genannten Punkten zugrunde lag, war letztlich die Idee der Mobilität – einerseits einer räumlichen Mobilität, die die traditionellen, allerdings in Sachsen nicht sehr ausgeprägten Bindungen an Scholle und Herrn aufhob, andererseits einer »sittlichen Mobilität«, die die zunehmende Individualisierungstendenz der Zeit bezeichnete. Der gemeinsame Nenner derjenigen Autoren, die sich zwischen 1830 und 1860 mit Fragen der ländlichen Gesellschaft und ihren Problemen befassten, war demnach das Zerbrechen der althergebrachten, starren Ordnung, die bis dahin in einem umfassenden Sinne biografische Erfahrungen und soziale Interaktionen strukturiert hatte.

Es ist keine Überraschung, dass gesellschaftliche Transformationsprozesse Diskurse hervorbringen, die als Interpretationsmuster und Wahrnehmungshilfen dienen und so den Zeitgenossen Vorgaben über akzeptable Weltsichten machen. Und auch die Rückwirkung der Diskurse auf den Prozess des Wandels haben ihr je eigenes Gewicht. Es ist jedoch bezeichnend, welche sachlichen Felder hierbei als Leitlinien der Argumentation dienen, denn ihre Auswahl ist nicht zufällig. Ganz offensichtlich verbargen sich hinter der Landarbeiterfrage und dem Problem der Sittlichkeit der Landbevölkerung Unsicherheiten einer städtisch-bürgerlichen Elite, die Zeuge eines umfassenden, schlechterdings nicht lenkbaren Wandels wurde, der die Gesellschaft, in der diese Elite lebte, für immer veränderte. Neben dieser wachsenden Unsicherheit, die auf der Mobilisierung der Bevölkerung beruhte, nahmen sich die temporär auftretenden Probleme wie etwa die konjunkturelle Lage vergleichsweise harmlos aus, zumindest seit Abklingen der letzten großen Hungerkrise 1846/47. Mit dieser Konturierung der Diskurse um die Transformation des ländlichen Raumes in Sachsen bereiteten die zeitgenössischen Beobachter und Berichterstatter den Boden für die breite Agrardiskussion des Kaiserreichs, die insbesondere seit Mitte der 1870er Jahre mit dem Ende des »goldenen Zeitalters« der Landwirtschaft zunehmend an Schärfe gewann. Die von der Agrarkonjunktur zunächst verdeckten Probleme der 1850er Jahre brachen vor dem Hintergrund eines zunehmend vernetzten und globalisierten Agrarmarktes neu auf. Von der zu diesem Zeitpunkt erreichten Frontstellung der Landwirtschaft gegenüber der modernen Industriegesellschaft gab es, wie sich historisch zeigen sollte, kein Zurück mehr: bis heute prägt der Konkurrenz-Diskurs die Wahrnehmungen von Land und Landwirtschaft.

## Quellen und Literatur

Abel, Wilhelm: Agrarkrisen und Agrarkonjunktur. Eine Geschichte der Land- und Ernährungswirtschaft Mitteleuropas seit dem hohen Mittelalter, Hamburg/Berlin ³1978.

Achilles, Walter: Deutsche Agrargeschichte im Zeitalter der Reformen und der Industrialisierung, Stuttgart 1993.

Assion, Peter: Nord-Süd-Unterschiede in der ländlichen Arbeits- und Gerätekultur, in: Günter Wiegelmann (Hg.): Nord-Süd-Unterschiede in der städtischen und ländlichen Kultur Mitteleuropas, Münster 1985, S. 250–263.

Bindseil, Hans: Die Landarbeiterfrage unter dem Gesichtspunkt des landwirtschaftlichen Arbeitseinsatzes in Sachsen, Diss. Dresden 1937.

Bülau, Friedrich: Der Staat und der Landbau. Beiträge zur Agriculturpolitik, Leipzig 1834.

Engel, Ernst: Die Bewegung der Bevölkerung im Königreiche Sachsen in den Jahren 1834–1850, Dresden 1852.

Engel, Ernst: Die Beziehungen zwischen dem gewerblichen Charakter und der Dichtigkeit der Bevölkerung in den Gerichtsämtern des Königreichs, in: Zeitschrift des Statistischen Bureaus des Königlich Sächsischen Ministeriums des Innern III/1857, S. 105–128.

Gross, Reiner: Geschichte Sachsens, Berlin 2001.

Hanssen, Georg: Ueber den Mangel an landwirtschaftlichem Arbeitspersonal im Königreiche Sachsen, in: Archiv der politischen Oekonomie und Polizeiwissenschaften N. F. II/1844, S. 145–172.

Henning, Friedrich-Wilhelm: Landwirtschaft und ländliche Gesellschaft in Deutschland, Nr. 2: 1750 bis 1986, Paderborn ²1988.

Kiesewetter, Hubert: Industrialisierung und Landwirtschaft. Sachsens Stellung im regionalen Industrialisierungsprozess Deutschlands im 19. Jahrhundert, Köln u. a. 1988.

Kötzschke, Rudolf: Ländliche Siedlung und Agrarwesen in Sachsen, Remagen 1953.

Kreyssig, W. A.: Die Hindernisse und Schädlichkeiten, Missgriffe und Fehler in den Gegenständen und im Betriebe der Landwirtschaft, wie solche mehr oder weniger vorkommen, mehr und weniger nachteilig sind und mehr und weniger aufgehoben, verhütet und vermieden werden können. In alphabetischer Ordnung zusammengestellt von W. A. Kreyssig, Braunschweig 1839.

Richter, Karl Ernst: Was erwartet der sächsische Landmann von der Zukunft und was darf er erwarten?, in: Die Biene 5/1831, S. 209–212 [dat. 3. 7. 1831].

Quante, Peter: Die Flucht aus der Landwirtschaft. Umfang und Ursachen der ländlichen Abwanderung, dargestellt auf Grund neueren Tatsachenmaterials, Berlin 1933.

Schober, Hugo: Bemerkungen über die Maßnahmen zur Förderung der Landescultur in Sachsen, in: Landwirtschaftliche Zeitschrift. Organ der landwirtschaftlichen Vereine im Königreiche Sachsen und der Akademie Tharandt V/1849, S. 255–263 und 313–321.

Schober, Hugo: Ueber die landwirtschaftlichen Arbeiterverhältnisse im Königreiche Sachsen und die Verwendung der Fabrikarbeiter zu landwirthschaftlichen Arbeiten, in: Zeitschrift für deutsche Landwirthe N. F. II/1851, S. 167–177.

Weber, Max: Die Verhältnisse der Landarbeiter im ostelbischen Deutschland (Schriften des Vereins für Socialpolitik, 55), Leipzig 1892.

Weinhold, Rudolf (Hg.): Volksleben zwischen Zunft und Fabrik. Studien zu Kultur und Lebensweise werktätiger Klassen und Schichten während des Übergangs vom Feudalismus zum Kapitalismus, Berlin 1982.

Weinlig, Albert: Aufforderung zu Bildung von Ausschüssen für Erörterung der Gewerbs- und Arbeitsverhältnisse, in: Dresdner Journal. Herold für sächsische und deutsche Interessen, Nr. 6 v. 6. 4. 1848, S. 42.

Weinlig, Albert: Ueber einige Umstände, welche den landwirthschaftlichen Fortschritt in Sachsen bedingen, in: Zeitschrift für deutsche Landwirthe, N. F. VI/1855, S. 87–96.

Wuttke, Robert (Hg.): Sächsische Volkskunde, Dresden ²1901.

Zimmermann, Clemens: Ländliche Gesellschaft und Agrarwirtschaft im 19. und 20. Jahrhundert. Transformationsprozesse als Thema der Agrargeschichte, in: Troßbach, Werner und Clemens Zimmermann (Hg.): Agrargeschichte. Positionen und Perspektiven, Stuttgart 1998, S. 137–163.

Wolfgang Hesse

# Schornsteinkrieg
Zu einem Motiv der Arbeiterfotografie*

> Die Lage wird dadurch so kompliziert, daß weniger denn je eine einfache »Wiedergabe der Realität« etwas über die Realität aussagt. Eine Photographie der Kruppwerke oder der AEG ergibt beinahe nichts über diese Institute. Die eigentliche Realität ist in die Funktionale gerutscht. Die Verdinglichung der menschlichen Beziehungen, also etwa die Fabrik, gibt die letzteren nicht mehr heraus.
> Bertolt Brecht[1]

## 1. Ansatz und Ziel

Insbesondere durch die Auseinandersetzungen um die sogenannte Wehrmachtsausstellung hat in den Geschichtswissenschaften eine Diskussion über Quellencharakter und Realitätsbezug von Fotografien Umfang und Bedeutung erlangt, die allzu lange nicht geführt worden war. Auch die Volkskunde/Europäische Ethnologie widmet sich zunehmend medialen Fragestellungen (Hägele 2002, Starl 1995, Holzer 2003).

In diesem Zusammenhang ist die Erforschung der Arbeiterfotografie – ungeachtet einiger vor allem in der DDR vorgelegter Publikationen (Danner 1966, Sonntag 1986, Vier 1987, Willmann 1984, Weber 1977, Rinka 1981, Bergmann 1983 (1))[2] – nach wie vor ein Desiderat, allerdings ein wegen anderer politischer und wissenschaftlicher Konjunkturen derzeit nicht besonders schmerzlich vermisstes (Kerbs 2004).[3]

Das gilt auch für Sachsen. Zwar existierten hier zwischen 1926 und 1933 unter-

---

\* Der Titel ist der Überschrift der gleichlautenden Meldung »Schornsteinkrieg« entlehnt, in: Der Arbeiter-Fotograf 6 (1932) 12 (Dezember 1932), Titelbild, vgl. Abb. 2. Der Autor dankt Manuel Frey, Gabriele Nette, Katrin Tauscher und Holger Starke (Dresden) sowie Wolfgang Jaworek (Stuttgart) für kritische Bestärkung.
1 Aus: Brecht, Bertolt: Der Dreigroschenprozeß. Ein soziologisches Experiment (1931), in: Ders.: Gesammelte Werke, Bd. 18, Frankfurt a. M. 1967, 161f.
2 Dank an Barbara Schinko (Dresden/Leipzig) für freundliche Unterstützung sowie an Jens Bergmann (Berlin) für die Überlassung seiner Diplomarbeit.
3 Dank an Diethart Kerbs für freundliche Zusendung des Textes.

schiedlich langlebig und erfolgreich mehr als 20 Ortsgruppen der kommunistisch beeinflussten »Vereinigung der Arbeiter-Fotografen Deutschlands« (VdAFD) (Danner 1966, 129 f.; Bergmann 1983 (1), 30)[4] und fand die zweite Reichsdelegiertenkonferenz des Verbandes am 30. und 31. März 1929 in Dresden statt, wo »eine der aktivsten Gruppen der VdAFD« arbeitete (Vier 1987, 80 f.). Doch liegen weder detaillierte lokale Untersuchungen vor, noch lösten die Überblicks-Publikationen der 70er und 80er Jahre mit ihrer weitgehend schematisch ableitenden Einbindung in die Apologien der DDR die Frage nach der ästhetischen Praxis zufriedenstellend: Trotz des apostrophierten engen Zusammenhangs zwischen Sozialgeschichte, Lebensweise, Medienentwicklung, Parteipolitik, Bildfunktion, Form und ästhetischer Theorie blieb die tatsächliche Realisierung dieser Beziehungen in den Fotografien selbst ausgeblendet.

Dass jene ebenso komplex wie widersprüchlich sind, soll an einem Beispiel des Jahres 1932 entwickelt werden. Seine Analyse möchte zu einer detaillierten, kritischen und insbesondere fotohistorisch orientierten Neuaufnahme der Thematik anregen. Diese hätte sich mit der Arbeiterfotografenbewegung in den unterschiedlichen Milieus von Großstadt und Dorf, mit dem Zusammenhang von ästhetischer und politischer Avantgarde, mit dem Verhältnis von Presse- und Amateurfotografie, mit der Rezeption wie der Entwicklung von Bildsprachen, mit der Theoriediskussion um 1930 und nicht zuletzt auch der Retrospektive auf die gesellschaftliche Praxis der Weimarer Republik zu befassen, die in beiden deutschen Staaten in den 70er und 80er Jahren gepflegt worden ist: Fokus des Interesses wäre indessen spezifisch die Rekonstruktion einer bedeutenden proletarischen kulturellen Praxis aus der Durchsetzungsphase industriell bestimmter Visualität.

## 2. Das Motiv

Der dingliche Bestand der ausgewählten Fotografie und ihre formale Konstruktion sind rasch benannt. Doch steht ihre Kargheit gewissermaßen in umgekehrtem Verhältnis zur Bedeutung ihres Motivs und den seiner Darstellungsweise einbeschriebenen

---

4   Nachgewiesen sind Ortsgruppen in Bermsgrün, Brand-Erbisdorf, Burghardtsdorf, Chemnitz, Heidenau, Dresden, Dresden-Neustadt, Dresden-Leuben, Falkenstein i. V., Flöha, Freital, Johanngeorgenstadt, Leipzig, Limbach, Lößnitz (Erzgeb.), Neugersdorf, Plauen i. V., Weißwasser, Wurzen, Zittau, Zschopau, Zwickau. Reichsweit hatte die VdAFD 1933 ca. 3.000 Mitglieder in über 130 Ortsgruppen.

# Schornsteinkrieg

Abb. 1: Erich Meinhold: Schornstein der Pappenfabrik in Markersbach (Kreis Aue-Schwarzenberg) am 30. Juli 1932, Sächsische Landesbibliothek – Staats- und Universitätsbibliothek Dresden, Abt. Deutsche Fotothek, SLUB/DF 44761.

kulturellen Konnotationen – sie ist Teil einer zentralen Motivkette des 19. und 20. Jahrhunderts.[5]

Die Aufnahme (Abb. 1) zeigt einen Fabrikschornstein ohne Sockelzone und Zusammenhang mit übrigen Gebäuden sowie auch von weiterer Umgebung isoliert, vor bewölktem Himmel. Am unteren Rand des Bildfeldes kreuzen elektrische Leitungen den Baukörper, und links ist schemenhaft das Laubwerk eines Baums zu erkennen.

5  Die zur Diskussion stehende Fotografie wurde als Teil des Nachlasses von Erich Meinhold zu Anfang der 1980er Jahre von der Deutschen Fotothek in Dresden erworben, nachdem diese auf Beschluß des Sekretariats des ZK der SED zum zentralen Bildarchiv der DDR ausgebaut werden sollte, vgl. Hesse 2004. Teile des Bestands wurden in die Kataloge eingearbeitet, doch unterblieb eine vollständige Erschließung.

Die Fotografie entstand von einem relativ nahen und hohen Standort aus mit nach oben gerichtetem Objektiv. Im zentralperspektivischen Raumaufzeichnungssystem der Kamera erscheint der Schornstein daher leicht verkürzt. Zudem wurde der Apparat auch in Bezug zum Horizont gekippt, so dass im rechtwinkligen Raster der Bildfläche seine Kontur außerdem leicht schräg von unten rechts nach oben links aufsteigend verläuft.

An der Krone des Schornsteins sind offenbar unmittelbar zuvor nebeneinander angebrachte Plakate zu sehen, auf denen eine »3« gut erkennbar ist, darunter ein Mann in kurzen Hosen, der den Abstieg beginnt. Die entfernungs- und objektivbedingte Kleinheit des Motivs sowie eine leichte Unschärfe verhindern, dass die Ziegel des Schornsteins prägnant zu erkennen sind.

Abzüge des Autors aus der Aufnahmezeit oder aus späteren Jahren sind nicht bekannt. Auch eine Publikation konnte nicht nachgewiesen werden. Doch gehörte das Motiv zusammen mit einer ganzen Reihe anderer zu einer schriftlich ausgearbeiteten, weitgehend chronologischen und autobiografisch gefärbten Darstellung des Fotografen Erich Meinhold zur revolutionären Arbeiterbewegung im Kreis Aue-Schwarzenberg, vermutlich einem Lichtbildervortrag der 1960er- oder 1970er Jahre.[6] Hierin erinnerte er sich an die Umstände der Aufnahme im Reichstagswahlkampf des Sommers 1932: »Couragierte Genossen brachten an weithin sichtbaren Stellen Wahlaufrufe für die KPD an (Wählt Liste 3). Bei der Aufnahme dieses Schornsteins einer Pappenfabrik in Markersbach (Schornstein = 34 m hoch) welche ich vom Eisenbahndamm aus machte, wurde ich wegen unbefugten Betretens des Eisenbahnkörpers mit einem Tag Haft bestraft«.[7] Die Reproduktion der Strafverfügung der Deutschen Reichsbahn-Gesellschaft datiert die Aufnahme auf den 30. Juli 1932.[8]

---

6  Archiv der Deutschen Fotothek.
7  Typoskript Fotoserie von Erich Meinhold, 1960/70er(?)-Jahre: Pkt. 66; Archiv der Deutschen Fotothek; Zum selben Ereignis ein Bericht Meinholds in Henze 1983. Hierzu auch Reproduktion SLUB DF 200975 mit Schreiben des Reichsbahn-Betriebsamts Schwarzenberg vom 17. August 1932 an E.M.
8  Deutsche Fotothek SLUB/DF 44404.

## 3. Der Fotograf

Der gelernte Tischler Ernst Erich Meinhold (*1908), wohnhaft in Markersbach (Kreis Aue-Schwarzenberg), 1929 bis 1933 erwerbslos und während dieser Zeit vorübergehend auf Wanderschaft[9], schloss sich 1930 der VdAFD an.[10] In diesem organisierten Zusammenhang setzte er seine langjährige Tätigkeit als Amateurfotograf fort. Bereits 1922, während seiner Lehrzeit, hatte er sich eine Kamera gekauft. Sein Beitritt war dabei nicht nur durch die eigenen sozialen Erfahrungen, sondern insbesondere durch die Augenzeugenschaft zweier Polizeieinsätze gegen Arbeitslose gefördert worden: Er brauchte die Mitgliedskarte, um bei solchen Gelegenheiten eine politische Legitimation seines Tuns nachweisen zu können (Henze 1983, 413f.).

Erich Meinhold trat der im 15 km entfernten Bermsgrün bestehenden Ortsgruppe mit Max Winkler (*1904), Kurt Winkler (*1905) und Kurt Beck (*1909) bei (Abb. 2) (Bergmann 1983 (1), 88). Hier fügte sich das Engagement des jungen Arbeiterfotografen, seit 1923 Mitglied des Arbeiter-Turn- und Sportbundes, in eine entwickelte Struktur: »Bermsgrün war damals ein Dorf mit überwiegend landarmen Kleinbauern. Viele Bermsgrüner arbeiteten in den Industriebetrieben der Umgebung. Das Dorf war bereits 1925 ausgesprochen ›rot‹ und unter den Namen ›Klein-Moskau‹ bekannt. Die Bewohner, von denen viele in der KPD organisiert waren, hatten es immer wieder verstanden, einen kommunistischen Bürgermeister zu wählen und sich dadurch für ihre politische Arbeit günstige Bedingungen zu schaffen. 1923 wurde in Bermsgrün von den Arbeitersportlern ein Sportplatz gebaut. Im ›Roten Arbeitersport‹ mit seinen Wettkämpfen und anderen Höhepunkten entdeckten die Arbeiterfotografen ein beliebtes Fotomotiv. Mit der 1928 begonnenen Errichtung des Arbeiterheimes in der Nähe des Sportplatzes schufen sich die Bermsgrüner ein sport- und kulturpolitisches Zentrum, in dem vielfältige Veranstaltungen durchgeführt wurden. […] Die ersten Fotoausstellungen der Bermsgrüner Arbeiterfotografen fanden 1931 und 1932 im Bermsgrüner

---

9   Vgl. Reproduktion Nachweiskarte Arbeitsamt Freiburg i. Br. vom 9.3.1929, SLUB/DF 200991; Fotografien der Handwerkerherberge »Wespennest« in Nürnberg SLUB/DF 41954, 41055, 41956. 1934 wurde Meinhold zu zwei Jahren Zuchthaus wegen »Vorbereitung des Hochverrats« verurteilt, 1936 Überführung in das KZ Sachsenburg bei Chemnitz und Entlassung, 1942 eingezogen zum Strafbataillon 999 der Wehrmacht, 1947–1956 Arbeit als Zimmerhauer, 1956–1960 stellvertretender Bürgermeister in Markersbach, 1960–1973 Arbeit im Waschgerätewerk Schwarzenberg, nach Bergmann 1983 (1), 84–88 zusammen mit Biografien der anderen Ortsgruppenmitglieder.
10  Vgl. Schreiben des Reichssekretariats der VdAFD an Erich Meinhold vom 4. April 1930, SLUB/DF 43656.

Abb. 2: Kurt Beck: Die Bermsgrüner Arbeiterfotografen 1931. Von links nach rechts: Max Winkler, Kurt Beck, Kurt Winkler, Erich Meinhold. SLUB/DF Beck R 3/25.

Arbeiterheim statt« (Bergmann 1983 (2), Korb 2000).[11] Aufgrund seiner langjährigen Erfahrungen war Meinhold der erfahrendste der Ortsgruppe.[12]

Die selbstgestellte wie satzungsgemäße Aufgabe der VdAFD-Mitglieder war die

---

11   Freundliche Mitteilung von Kreisarchiv Aue-Schwarzenberg vom 21. 3. 2004. Zur Gründung der Bermsgrüner Gruppe der VdAFD: Der Arbeiter-Fotograf 4 (1930) 2, 43: »Hier hat sich aus verschiedenen Lesern des Arbeiter-Fotograf eine kleine Arbeitsgruppe zusammengefunden und wir hoffen, daß wir bald zur Gründung einer Ortsgruppe schreiten können.« Dazu auch: Lebenslauf Kurt Beck, 28. 4. 1970, Archiv der Deutschen Fotothek: »1930 bildeten wir in Bermsgrün unter der Tätigkeit des Bundes schaffender Landwirte eine Jugendgruppe, die sich Thomas Müntzer Bund nannte. Ich gehörte dem erzgeb. Bauernkomitee an. Mit meiner Kamera, als Mittel im Klassenkampf, hielt ich als Arbeiterfotograf viele Momente aus dem harten Kampf der Arbeiter und Kleinbauern im Bild fest. In der A-I-Z erschienen Bilder von mir, dadurch war ich bei der Reaktion verhasst, frühzeitig machte ich mit der Weimarerpolizei Bekanntschaft. 1933 wurden bei mir Fotogeräte und Material beschlagnahmt.«

12   Vgl. Bergmann 1983 (1), 47: »Ihm folgte 1927 Kurt Winkler, Max Winkler und Kurt Beck erwarben 1928 ihren ersten Fotoapparat«; Meinhold war vor Erscheinen des »Arbeiter-Fotografen« auch Abonnent der Zeitschrift »Der Fotofreund«, vgl. Bergmann (1), 51.

Dokumentation proletarischen und kleinbäuerlichen Lebens mit dem Ziel lokaler und überregionaler Bildagitation. Die Fotografien Meinholds zeigen denn auch zumeist Veranstaltungen aus dem Arbeitersport, Demonstrationen und Szenen des bäuerlichen, handwerklichen und hauswirtschaftlichen Alltags. Bilder aus der industriellen Produktion hingegen fehlen – das Bild des Schornsteins ist die einzige bisher bekannte Aufnahme eines Fabrikmotivs. Sie entsprechen in ihrer Thematik damit dem Aktionsprogramm der VdAFD: »3. Volksaufklärung im Sinne des proletarischen Klassenkampfes durch eine weitverzweigte Bildberichterstattung auf allen Gebieten, wie: a) aus allen Arbeiter-Sportgruppen [...] sowie allen kulturellen proletarischen Organisationen; b) Wohnungswesen; c) Wohlfahrtswesen; d) Arbeitsstätten und die Arbeit; e) Gesundheitswesen und -dienst; f) Arbeiterbewegung.« (Vier 1987, 47 f.) Zugleich resultiert die Motivik aus dem Arbeitslosenstatus Meinholds wie auch vieler anderer Arbeiterfotografen sowie dem Fotografierverbot in den meisten Betrieben (Vier 1987, 38 f.).

## 4. Schornsteinkrieg 1932

Im Vierfach-Wahljahr 1932 waren Aktionen wie die in Markersbach keine Ausnahme. Bisher nachgewiesen werden konnten sechs weitere (sowie eine aus dem Jahr 1928 und eine aus Japan 1930).[13] Sie verbanden sportive Mutprobe, trotzig illegale Aktion und wirksame Sichtagitation vor Ort – und als Teil medialer Symbolpolitik darüber hinaus. Eine Anekdote aus Mössingen bei Tübingen verdeutlicht diese Aspekte: »›Auf dem hohen Fabrikschornstein der Pausa, hier‹, so berichtet die Steinlach-Zeitung am 25. 4. 1932, ›flattert seit gestern früh eine rote Fahne, die mit Sichel und Hammer geschmückt ist, lustig im Winde. Es gehört schon einige Kletterfertigkeit und Mut dazu, diesen hohen Kamin von außen zu besteigen und die Fahne zu befestigen.‹ Da sich niemand zum ›Fahneneinholen‹ bereitfindet, wird der Betriebsheizer schließlich angewiesen, so stark und so lange zu heizen, bis sich die Fahne auflöst oder eine andere Farbe‹ annimmt« (Althaus 1982, 87). Und von ähnlich ironischem Optimismus ist das

---

13  Ichtershausen SAPMO-Barch, Bild Y 1 – 1983 N; Berlin-Köpenick SAPMO-Barch, Bild Y 1 – 369/90 N; Delmenhorst SAPMO-Barch, Bild Y 1 – 18642 N-O.; freundliche Mitteilung von Peter Vier, Berlin, auf die Fotosammlung des ehem. Zentralen Parteiarchivs der SED, Stiftung Archiv der Parteien und Massenorganisationen der DDR im Bundesarchiv Berlin (SAPMO) vom 4. 1. 2005; Hagen, in: AIZ 11 (1932) 41, 962. Hamburg 1928 mit der Parole »Tod dem Faschismus. Hamburg bleibt rot«, in: AIZ 7 (1928) 25, 3 f. sowie eine Schornsteinbesetzung in Yokohama 1930, in: AIZ 9 (1930) 52, 1022.

Titelbild der Verbandszeitschrift vom Dezember 1932 gezeichnet, das in der Bildlegende unter der Überschrift »Schornsteinkrieg« zukunftssicher berichtet: »Sechsmal holten sie die rote Fahne runter, doch jeden Morgen wehte sie aufs Neue. Jetzt soll der Stacheldraht sie hindern.« (Abb. 3)

Diese Aktionen stellten die Orte der Produktion in den Mittelpunkt der Agitation. Ihre Botschaft lautete: Fabrikinhaber, Werkschutz und Polizei können nicht verhindern, dass rote Fahnen, Plakate oder Parolen der KPD weithin sichtbar angebracht werden; damit ist ihre Schwäche offensichtlich und ihre Macht lächerlich; über den Tag hinaus bemächtigen sich die Kommunisten – vorerst symbolisch, doch dadurch dies als real ankündigend – der Fabriken, im bald siegreichen Kampf »Klasse gegen Klasse«.

Der »Schornsteinkrieg« ist damit ein Bilder-Kampf um die »Eroberung der Maschinen«[14] und entfaltet in dieser Beziehung utopisches Potential. Vor allem diesem Aspekt – als dem politisch wie emotional motivierenden – galten die fotografischen Dokumentationen beziehungsweise deren Veröffentlichung in den Presseorganen der KPD. Sie sind Bestandteile des »symbolpublizistischen Bilderkriegs«, wie er im Zusammenhang gerade des Jahres 1932 konstatiert worden ist (Paul 1992). Dabei ist sowohl die auffällige Häufung des Motivs wie zugleich dessen formale Organisation ikonografisch und stilistisch als bedeutsames Element gewissermaßen gestischer Bildagitation zu verstehen. Es stellt im Bereich der Sach- und Reportagefotografie durchaus Vergleichbares zur Entwicklung körpersprachlicher Kampfzeichen vor: Sowohl der Gruß (gestreckter Arm mit geballter Faust und dem Ruf »Freiheit!«) wie die drei Pfeile der sozialdemokratischen »Eisernen Front« etwa sind Erfindungen dieses Jahres und seiner Zuspitzungen im zunehmend militanten Kampf um die Macht.

## 5. Schlote des Fortschritts

Voraussetzung für das Funktionieren dieser Agitation ist zunächst eine vorhandene Repräsentation von »Fabrik«: Der Schornstein dient in der Regel zur Rauchabfuhr einer Dampfmaschinenanlage, von der aus über Transmissionen alle Maschinen mit Energie versorgt werden, oder aber er gehört zu Betrieben, die für die Produktion Wärme benötigen, wie etwa Gießereien. Nach Einführung von Elektromotoren in der ersten Hälfte des 20. Jahrhunderts konnten Schornsteine auch zu den Anlagen fabrikeigener

---

14  Vgl. den im Malik-Verlag erschienenen Roman des anarchistischen Schriftstellers Franz Jung: Die Eroberung der Maschinen, Berlin 1923.

Abb. 3: Der Arbeiter-Fotograf. Sondernummer Rhein/Ruhr (Dezember 1932), 6(1932)12 mit Fotografie von E. Happe, Lüdenscheid: Schornsteinkrieg.

Stromerzeugung gehören. Der Schornstein oder eine Gruppe davon bezeichnen somit in jedem Fall das Energiezentrum des Werks, und sie können daher unter einem technizistischen Blickwinkel für die Fabrik und ihren »lebendigen« Betrieb insgesamt stehen (Matz 1987, 22 f.; Krase 1989). Doch genügt dies allein nicht, über die lokale Aktion hinaus auch deren bildliche Dokumentationen zu begründen. Deren Wirksamkeit ist verbunden mit der Aktivierung und Anverwandlung eines visuellen Codes, auf dessen Hintergrund eine möglichst eindeutige Bildwirkung entsteht.

Seit dem Beginn des letzten Viertels des 19. Jahrhunderts ist »Fabrik« oder »Industrie« wesentlich mit den Chiffren der Sheddacharchitektur und des Fabrikschornsteins, oft in Kombination, verbunden (Arbeitskreis 1974). Zum Verständnis der Aufnahme Erich Meinholds ist entscheidend, dass sich aus der Fülle grafischer und fotografischer

Abb. 4: Albert Renger-Patzsch: Fabrikschornstein, um 1925, nach: Kat. Albert Renger-Patzsch: Joy before the object, Philadelphia 1993, 67.

Darstellungen ab Mitte der 1920er Jahre eine ansehnliche Gruppe von Bildern isolieren lässt, die das Schornstein-Motiv zum einen weitgehend ohne oder mit äußerst reduzierten Begleitarchitekturen zeigen und es zugleich in verkürzender Untersicht präsentieren.

Wegweisend in unserem Motivzusammenhang erweist sich hierbei die Formulierung von Albert Renger-Patzsch von 1925 (Abb. 4) (Renger-Patzsch 1993, 67), die wesentliche Charakteristika neusachlicher bzw. konstruktivistischer Fotografie in sich vereint: ein Motiv der industriellen Moderne, materialscharfe Abbildung von Oberflächen in kontrastreicher Ausleuchtung, Verlassen der horizontbezogenen Darstellungsform. Während Renger-Patzsch durch die »Animalisch wirkende Kraft eines Fabrikschornsteins« mit phallischen Assoziationen den Fortschritt modernen Maschinenwesens feiert[15], soziale Umstände ausblendet und die »Magie des Realen« (Windisch 1929, 247) beschwört, finden sich im Zusammenhang der kommunistischen Bildfindungen immer zugleich Hinweise auf ökonomisch-politische Zusammenhänge. Signifikant hierfür ist die bereits erwähnte Aufnahme »Schornsteinkrieg«, die sich – vermutlich bewusst – dicht an Renger-Patzschs Formulierung anlehnt, jedoch durch die Darstellung der beiden Arbeiter und die detailgenaue Wiedergabe des Stacheldrahts um die Steigeisen die »zeitlose Modernität« der Neuen Sachlichkeit ins Anekdotische erweitert und so die genannten politisch-symbolischen Auseinandersetzungen visualisiert.[16] Sie übernimmt damit die Innovationen der Neuen Sachlichkeit – und bindet sie idealtypisch in die politischen Erzählzusammenhänge der Arbeiterfotografie ein.

Auch die übrigen Verwendungen der Motivik des Schornsteins in Untersicht, die sich in der AIZ nachweisen ließen[17], verdeutlichen: eine Kontextualisierung durch Collage mit anderen Teilbildern zu einem neuen Ganzen oder durch die Seitenmontage mit anderen Bildern beziehungsweise die Erläuterung durch Texte gibt der spezifisch fotografischen Darstellungsform des »Fortschritts« den Zusammenhang mit der gewünschten politischen Ausrichtung.

Bereits 1928 hatte ein AIZ-Titelbild die in monumentalisierender Untersicht gesehene Silhouette eines Arbeiters mit erhobenen Armen vor wolkigem Himmel gezeigt, in den rechts angeschnitten ein ebenfalls schräg gesehener Schornstein ragt (Abb. 5). Und im fraglichen Jahr 1932 steuerte die AIZ mehrere Seitengestaltungen bei, in denen das Bedeutungsspektrum der rhetorischen Figur »Fabrikschornstein« entwickelt vorliegt: Eine Montage mit stark untersichtig gezeigten Soldaten der Roten Armee mit

15  Moholy 1925, 125, mit Verstärkung des Dynamismus durch die Übernahme des rengerschen Motivs in das Filmszenario »Typophoto. Dynamik der Gross-Stadt«.
16  1931 zeigte die AIZ eine aus drei Einzelbildern bestehende Seitenmontage »Ein Schornstein wird gebaut« mit Darstellung von Grundlegung, Aufbau und Endabnahme, wobei die Gesamtansicht sich an Renger-Patzsch anlehnt aber um das Motiv der Arbeit erweitert ist, vgl. AIZ 10 (1931) 19, 377.
17  Erich Meinhold wie auch die anderen Fotografen der Bermsgrüner Gruppe gehörten zu den Lesern des Arbeiter-Fotografen und der AIZ, vgl. Bergmann (1), 51; Kurt Beck konnte dort einige Reportageaufnahmen veröffentlichen: vgl. Uhse 1932, mit anonym veröffentlichten Fotografien von Kurt Beck. Identifizierbar waren: SLUB/DF Beck R 2/11 (Bauerndemonstration in Johanngeorgenstadt unter Führung des Thomas-Münzer-Bundes« 17. Juli 1932), Beck R 48/1 (Auseinandersetzung zwischen Landpächtern und Grundbesitzern in Bermsgrün, sog. Pächterkampf), 1931, Beck R 50/4 (Polizist neben Losung »Bauern! Wer den jetzigen Pächtern das Feld verbietet begeht ein Verbrechen«, 1930; Beck R 51/3 Plakat zum »Licht-Streik« 1931; Beck R 51/5 Polizeieinsatz während des Licht-Streiks in Bermsgrün 1931; Kurt Beck hat auch belegt, daß die Doppelseite der AIZ auf der Anschlagtafel des Bauern-Komitees Bermsgrün in Eibenstock/Erzgeb. plakatiert worden war, s. SLUB/DF Beck R 2/45. Die Verwendung der Aufnahme eines Mädchens, das in sein Schulheft »Streik!« schreibt (Beck R 2/75) sowie von jugendlichen Demonstranten während des Schulstreiks in Bermsgrün 1931 (Beck R 48/4) in der Kinder-AIZ ist durch die Aufnahme Beck R 2/79 dokumentiert.

Abb. 5: John Heartfield (?): Arbeiter-Illustrierte Zeitung (AIZ), 7 (1928) 44, Titelbild zum 10. Jahrestag der Novemberrevolution 1918.

aufgepflanztem Bajonett vor einer aufragenden Industriearchitektur, hinter ihnen lachende Frauen und Kinder, visualisieren ausweislich der Bildlegende die Sowjetunion (Abb. 6).[18]

Triftigstes Argument für die Geläufigkeit solcher Formulierungen sind Karikaturen, da sich diese auf schnelles Wiedererkennen eines Basiscodes beziehen müssen.[19] Eine von ihnen verdeutlicht – zusammen mit dem schriftlichen Kommentar – das Problem, das sich der Leitung der VdAFD als politisches stellte (Abb. 7):[20] die Ent-

18  Entsprechend auch AIZ 11 (1932) 44, 1035: John Heartfield: »15 Jahre Sowjet-Union« mit einem Mann mit erhobenem Schwurarm unter der Flagge der UdSSR, im Hintergrund eine Fabrikanlage.
19  AIZ 10 (1931) 48, 974 und AIZ 11 (1932) 9, 207.
20  5 (1931) 5, 104 E. Braun, Berlin: »Neue Sachlichkeit« und »Süße Richtung« (Zeichnungen)

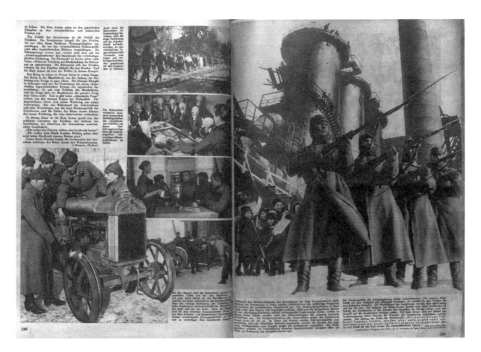

Abb. 6: Fotomontage AIZ 11 (1932) 11, 247 mit ausführlichem Beitext, in dem es u. a. heißt: »Die Losung der Partei der Bolschewiki: ›Wir wollen keinen Fußbreit fremden Landes, werden aber auch unsererseits niemandem auch nur einen Zollbreit eigenes Land abtreten‹ war, ist und bleibt für die Rote Armee eine unerschütterliche Losung.«

wicklung griffiger Formensprache und zugleich die Vermeidung »kleinbürgerlichen Künstlertums« ihrer Mitglieder. Die Doppel-Zeichnung in der Machart von Holz- oder Linolschnitten zeigt links einen konstruktivistisch schräggestellten Zugriff auf die Industriewelt, und präsentiert rechts eine verträumte Szenerie mit »süßen« Motiven aus der Natur: »Seitdem die romantischen Bestrebungen, die Fotografie durch Retusche einem Gemälde angleichen zu wollen, auch in bürgerlichen Kreisen als reaktionär erkannt worden sind, ist als Antwort darauf das scharf realistische Foto entstanden, das aber ebenfalls bereits wieder in eine ästhetisierende, romantische Spielerei umgeschlagen und so zu einer Gefahr geworden ist. [...] Aber dieser Realismus, der in der Kunst den Namen ›neue Sachlichkeit‹ hatte, war nur scheinbar fortschrittlich, war in Wirklichkeit mehr Ausdruck des Willens zu einer Ordnung der Dinge, im Grunde zu Ruhe und Ordnung. Man bildete sich ein, objektiv zu sein, wenn man mit der Kamera an die Gegenstände möglichst nahe herangin [...] Man bildete sich ein, dem Wesen eines Hauses, einer Maschine, eines schönen Steines gerecht zu werden, wenn man ihre Wucht oder Mächtigkeit durch perspektivische Verzerrungen oder Ver-

Abb. 7: E. Braun (Berlin): »Neue Sachlichkeit« und »Süße Richtung«, aus: Der Arbeiter-Fotograf, 5(1931)5, 104.

schiebungen auf der Platte zum Ausdruck brachte. [...] Am gefährlichsten wird dieses realistische Fotografieren, wenn zum Objekte Maschinen oder Fabriken genommen werden. Hier verfällt jeder von uns nur allzuleicht der romantischen Bewunderung vor der Größe des Menschengeistes, dem es gelungen ist, die Naturkräfte mit derartigen Mechanismen zu beherrschen. Aber diese Anbetung der Maschinen führt geradewegs zu einer reformistischen Ideologie [...]. Perspektivische Verhimmelungen aber, so wie es die beistehend abgebildete Karikatur zeigt, soll man den bürgerlichen Fotografen überlassen, denn die Aufgabe des Arbeiterfotografen ist weder Abbildung noch Verherrlichung, sondern allein Gestaltung im Sinne des Klassenkampfes« (Schiff 1931).

## 6. Das Auge des Arbeiters

Die Entstehung einer der bürgerlichen, mehr noch aber der proletarischen Amateurfotografenpraxis hatte die Entwicklung kleiner Kameras zur Voraussetzung gehabt, die vergleichsweise billig waren, von Laien bedient, in zugespitzten Aufnahmesituationen genutzt – und notfalls auch rasch versteckt werden konnten. Auch Erich Meinhold arbeitete zunächst mit einer 9×12-Kamera für 18 RM, ab 1930 mit einer leicht beweglichen Kamera, einer Voigtländer 6×9 cm mit Platten-Kassetten, die solche Arbeitsweisen zuließ (Heinze 1983, 413, Bergmann 1983 (1), 47f.). Ungeachtet äußerst bedrängter finanzieller Verhältnisse investierten er und die anderen Mitglieder der Gruppe erhebliche Mittel: »Erich Meinhold erwarb Anfang der 30er Jahre eine lichtstarke Plattenkamera, für die er nach eigener Aussage 105,– RM bezahlte, also einen ganzen Monatslohn. Alle vier Arbeiterfotografen verfügten Anfang der 30er Jahre über zwei oder mehrere Apparate« (Bergmann 1983 (1), 49).

Solche Technik hatte es seit Anfang des 20. Jahrhunderts möglich gemacht, den Rahmen der Atelierfotografie zu verlassen und unkonventionelle Perspektiven einzunehmen, was als Befreiung erlebt wurde. Die kleinen Kameras emanzipierten den auf einem Stativ aufgebrachten schweren Apparat von der Nabelschau des Operateurs und machten ihn beweglich: sei es auf Augenhöhe oder in allen denkbaren anderen Positionen, die nun erkundet wurden. Die Kamera löste sich vom Auge des Fotografen, verselbständigte sich, wurde dabei auch zum Spielobjekt, das Bilder hervorbrachte, die mit den bildparallelen Aufzeichnungstraditionen wenig zu tun hatten.[21]

Aufbauend auf den auch bis dahin immer wieder entstandenen Juxbildern hatten ab Mitte der 1920er Jahre sowjetische und deutsche Konstruktivisten die vielfältigen Möglichkeiten der entfesselten Kamera erkundet. Sporadisch verwies die Leitung der VdAFD in der Verbandszeitschrift hierauf, um diese Experimente für ihre Mitglieder nutzbar zu machen. Erstmals war das 1927 mit der Aufnahme »Balkons« von »Feininger, Bauhaus Dessau« geschehen, die als Illustration zu einem programmatischen Beitrag des AIZ-Chefredakteurs Franz Höllering fungierte.[22] Einzelne Aufnahmen auch von Mitgliedern der VdAFD, wie etwa in Untersicht von Willi Zimmermann (Dresden) oder in extremer Draufsicht von S.M. aus Markersbach, belegen die praktische Anwendung solcher Verfahrensweisen in der spezifischen Thematik der Arbeiterfotografie.[23]

---

21  Der Arbeiter-Fotograf 3 (1929) 7, 135 Was sagt Ihr dazu? Einiges über neues Sehen: »Heute sind uns Bilder aus Augenhöhe schon so geläufig, daß die meisten Beschauer kaum noch interessiert werden (…). Man kann einen wohlbeleibten Bürger sehr gut aus Augenhöhe aufnehmen, doch wird sein Bau bestimmt viel größer, wenn man ihn aus der Froschperspektive oder von der Vogelsicht aus mit der Kamera festhält, also das, was man zeigen will, noch deutlicher herausstreicht.«
22  Höllering 1928, 3. Ihm folgte in derselben Ausgabe die F. H. gezeichnete, lobende Kurzrezension von Laszlo Moholy Nagys »Malerei, Fotografie, Film« (Der Arbeiter-Fotograf 2 (1927/28) 10, 18) oder wenig später die von Werner Gräffs »Es kommt der neue Fotograf!« (Der Arbeiter-Fotograf 3 (1929) 9, 183).
23  W.Z. Dresden: »Nachwuchs« (Kindergruppe mit Wimpeln), in: Der Arbeiter-Fotograf 5 (1931) 5, 99; W.Z., Dresden: »6. März: Von der Polizei zerschlagen« (Abtransport eines Verwundeten), in: Der Arbeiter-Fotograf 4 (1930) 4, 59; S.M., Markersbach: Neues Sehen, in: Der Arbeiter-Fotograf

Doch war solcher Modernismus nicht unumstritten. Die theoretischen Positionen traten in einer heftig geführten Debatte des Jahres 1929 hervor: einerseits der Funktionalismus etwa Edwin Hoernles (Hoernle 1930 (1), Hoernle 1930 (2)), der dem Apparat per se objektive Aufzeichnungsweisen unterstellte, die nur noch mit dem richtigen Bewusstsein anzuwenden seien: »Je stärker unsere Handlungen und Worte sich auf das Wesentliche dessen konzentrieren, was unsere Klasse und Zeit bewegt, desto unmittelbarer, erregender, also ›künstlerischer‹ sind die Wirkungen. [...] Schön ist, was unmittelbar in den Menschen, in den Massen Wirkungen erhöhter Lebenskraft auslöst.« (Hoernle 1931, 5) – andererseits der Konstruktivismus H. Windischs, der auf eine subjektive und medial-multiperspektivische Wahrnehmung von Realität abhob: »Weder das Auge noch die Kamera ist objektiv, also lassen sich beide nicht gegeneinander ausspielen. Beide können aber ein Weltbild ergänzen. Es ist nämlich durchaus zu vermuten, daß ein Ding keineswegs bloß zwei Seiten, sondern zehntausend Seiten hat. Den tieferen Kontakt mit der Umwelt hat Der, der mehr als die zwei Seiten kennt. Wer die tausendste kennt, ist vielleicht ein Wissender. Es geht also immer nur darum: möglichst viel Welt zu erleben und von jeglichem Gesichtspunkte. [...] Die Umwelt ist eine Konstruktion von Bewußtseinsinhalten – um es korrekt auszudrücken. Daher Welt-›Bild‹.[...] Und wenn die objektive Existenz der Umwelt einfach nicht zu erweisen ist, wenn sie nur eine Konstruktion aus sehr subjektiven Bewußtseins- und Erfahrungsinhalten ist – ahnen Sie, wie dann jede neue Seite, jede neue Perspektive ein Fenster noch draußen ist?« (Windisch 1929, 247)

Windischs Position konnte sich ganz offenbar nicht gegen eindimensionalere und populärere Wirklichkeits- und Abbildungstheorien durchsetzen, denen Multiperspektivität als unpolitische Spielerei und Positionslosigkeit erschien: »Ist die Forderung berechtigt, die Wirklichkeit nur zu fotografieren, wie das Auge sie sieht? Nein! Die Röntgenfotografie, die Zeitlupe im Film gibt darauf eine klare Antwort. (...) Aber die optische Wirklichkeit wird zu einer Atrappe (sic!), wenn sie der Augenwirklichkeit gegenüber gestellt wird. (...) Der zweite Schritt ist, die Wirklichkeit überhaupt zu leugnen.«(Nettelbeck 1929, 221) Allenfalls sollten Übernahmen von Perspektiven der ästhetischen Avantgarde dann gestattet sein, wenn sie etwa den tatsächlichen räumlichen Bedingungen einer Aufnahmesituation entsprächen, wie dem Blick von oben in eine Baugrube – oder eben Verkürzungen beim Fotografieren von Fabrikschloten.[24]

5 (1931) 6, 138 mit »Bilderkritik«: »(...) Nicht immer ist ein Blick von oben günstig. (...) Zweifellos wäre das Resultat besser, wenn der Standpunkt etwas seitlich rechts gewesen wäre.«.
24 Dazu etwa Nettelbeck 1929 und Heering 1929; K.H., Halle: »Baugrube«, in: Der Arbeiter-Fotograf 2 (1928) 13, 15: »Es ist absolut nicht nötig, den Apparat immer wagerecht auszurichten [...]. Wer nicht selbst bei dem Bau beschäftigt ist, kommt wohl kaum in die Lage, eine Baugrube von unten zu

## 7. Medienperspektiven

Zusammen mit der Praxis der Fotomontage, wie sie vor allem John Heartfield für die AIZ entwickelte, sowie von Reportagen, auf die die Leitung der VdAFD mit der Bildung von Arbeitskollektiven und der Vorstellung von Musterreportagen orientierte, sollten Bildauffassungen und Erzählweisen entstehen, die komplexe soziale und politische Zusammenhänge darzustellen in der Lage waren – die etwa von Siegfried Kracauer postulierte Medieneigenschaft der Fotografie überwindend, als Technik der Oberflächendarstellung ausschließlich optische Inventarverzeichnisse von Wirklichkeit liefern zu können und damit notwendig einer immanenten Affirmation unterworfen zu sein (Kracauer 1927). Dabei geht offensichtlich das hier wie in der Leitung der VdAFD über Fotografie zugrundeliegende Denken – sowohl was die Medieneigenschaften wie die politischen Funktionen betrifft – ganz wesentlich von gedruckter Fotografie aus und interessiert sich für die Kameraaufnahmen selbst nur unter dem Zielaspekt ihrer Nützlichkeit für diese Massenpublikationen (wenn auch in der Verbandszeitschrift der Rubrik »Bilderkritik« eine eminente Bedeutung zukam).

Dies entspricht der bedeutenden Rolle, die den Arbeiterfotografen seitens der kommunistischen Parteipolitik zugewiesen worden war. Ihre Tätigkeit war Reflex und Bestandteil der grundlegend veränderten Rolle von Visualität und Medialität in der – auch politischen – Öffentlichkeit. Deren Indikatoren sind – abgesehen von der Kinematographie und der Radiobewegung – die rasante Entwicklung des illustrierten Pressewesens und des Berufsbilds des Pressefotografen (vgl. Weise 2005) einerseits, der Amateurfotografie andererseits. Auf diese kulturell neue Situation hatte sich auch die Gründung der VdAFD 1926 ausdrücklich bezogen: »Der Sieg der Bildberichterstattung über die reine textliche Journalistik ist nun auch in Deutschland einwandfrei entschieden. Mit gewaltigen Schritten dringt die Illustration in die gesamte Presse ein« – ein »Sieg des Bildes über das Wort«.[25] Daher sollten entsprechend der »Beschlüsse des 10. Parteitages und der 1. Reichsagitations- und Propagandakonferenz der KPD 1925 in Berlin [...] unter der Losung ›Heran an die Massen‹ eine verstärkte ideologische Arbeit mit den Mitteln differenzierter Agitation und Propaganda« entwickelt und dabei »besonders die Fotografie [...] wesentlich mehr als vorher eingesetzt werden.« (vgl. Bergmann 1983(1); Vier 1987, 21f.) Die Vereinigung folgte damit einem

---

fotografieren [...]. Darum muß die bewußt senkrecht von oben nach unten gemachte Aufnahme als die echtere angesehen werden [...]. Die ›Bauhaus‹leute in Dessau erzielen mit solchen und ähnlichen Bildern manchmal ganz eigenartige Wirkungen.«

25  Aus: »1. Preisausschreiben des ›Arbeiter-Fotografen‹«, in: Der Arbeiterfotograf 1 (1926/27) 2, 6/7, hier S. 6.

von Willi Münzenberg formulierten medienpolitischen Ansatz: »Die Fotografie ist ein unentbehrliches und hervorragendes Propagandamittel im revolutionären Klassenkampf geworden. Die Bourgeoisie hat bereits vor 30 und 40 Jahren verstanden, daß das fotografische Bild eine ganz besondere Wirkung auf den Beschauer ausübt. Denn ein illustriertes Buch wird leichter gelesen und gekauft und eine illustrierte Zeitung ist eine unterhaltende Lektüre als der Leitartikel einer politischen Tageszeitung. Die Fotografie wirkt auf das Auge des Menschen, das Gesehene spiegelt sich im Kopfe wieder, ohne daß der Mensch zu kompliziertem Denken gezwungen wird. – Auf diese Weise kommt die Bourgeoisie der Trägheit breiter Volksschichten entgegen und außerdem macht man ein gutes Geschäft – denn die illustrierten Zeitungen erreichen oft Millionenauflagen. Damit aber nicht genug, viel wichtiger ist die – letzten Endes – politische Wirkung, die durch die Zusammenstellung mehrerer Bilder, durch die Unterschriften und Begleittexte erzielt wird. Das ist das Entscheidende.« (Münzenberg 1931, 99 f.)

Die Darstellungen von Fabrikschornsteinen als Stellvertreter für Industrieproduktion und Gesellschaft und insbesondere auch die Fotografien der Schornstein-Aktionen des Jahres 1932 zeigen, dass ungeachtet theoretischer Bedenken bei der Übernahme von Formelementen der Neuen Sachlichkeit diese bei den Arbeiterfotografen und in der Bildredaktion der AIZ praktiziert wurden und ihren Zweck erreichten: eine revolutionäre Ikonografie zu entwickeln, in der Mittel der künstlerischen Avantgarde den politischen Zwecken der KPD-nahen Fotografen und Publikationsorgane angepasst wurden. Die intendierte politische Bedeutungsbildung verstand sich als bewusste visuelle Setzung und beließ »Inhalt« und »Aussage« nicht nur im Motivischen. Die Fotografien signalisierten Unkonventionalität, Modernität, Fortschritt und etablierten neben konventionellen Darstellungsformen einen eindeutigen Ausdruck des Utopischen.[26]

Dies gilt auch für Erich Meinholds Fabrikschlot, der aber wohl auch in seinem eigenen Werk die Ausnahme blieb. Das Experiment, im örtlichen Zusammenhang die von der vorbildhaften AIZ publizierten Verfahrensweisen zu erproben, verband ihn mit den Versuchen anderer Arbeiterfotografen und mag auch seinen Ambitionen als erfahrenem Amateur entsprochen haben, die über die Tagesfunktionalität hinaus an Bildlösungen interessiert war. Doch blieb solche Neigung eingebettet in die Identität

---

26 Vgl. z. B. die Rezension von Walter Gräff: Es kommt der neue Fotograf, in: Der Arbeiter-Fotograf 3 (1929) 9, 183: »Fesseln, die der Fotografie durch langjährige Ueberlieferung und durch den unpassenden Vergleich mit der Malerei angelegt worden sind, will der Verfasser mit seinem Buch sprengen. (…) Und das ist recht so, denn gerade die besten Fotos der neueren Zeit weichen von diesen Traditionen ab. Die Darstellungsmöglichkeiten der Fotografie lassen sich eben innerhalb dieser engen Grenzen nicht erschöpfen, und gerade wir, denen Ueberlieferungen aus Großvaters Zeiten nichts sind, wollen uns ja an das neue Leben gewöhnen.«

als Agitator und Dokumentarist: Die Publikationen der Bermsgrüner Ortsgruppe etwa in der Vereinszeitschrift »Der Arbeiter-Fotograf«[27] oder in der »Arbeiter-Illustrierten Zeitung« (AIZ) aber stellten ganz die Reportage und nicht etwa formale Experimente in den Vordergrund.[28] Die Bewertung bleibt ambivalent, denn die Begründungen, mit denen eine aktive Auseinandersetzung der Arbeiterfotografen mit der (bürgerlichen) Avantgarde abgeschwächt wurde, trugen zugleich den Keim stalinistischen Formalismusverbots in sich: »Allerdings seien die Arbeiterfotografen vor ähnlichen Experimenten einstweilen gewarnt; denn bei ihnen würde als Folge ähnlicher Experimente vorübergehend ein verspielter Aesthetizismus hervorgerufen werden; eine Ablenkung vom revolutionären Klassenkampf und von den eigentlichen Aufgaben der Arbeiter-Fotografen als revolutionären Berichterstattern.«[29]

## Literatur

Althaus, Hans-Joachim u. a.: Da ist nirgends nichts gewesen außer hier. Das ›rote Mössingen‹ im Generalstreik gegen Hitler. Geschichte eines schwäbischen Arbeiterdorfes, Berlin 1982.
Arbeitskreis am Kunsthistorischen Institut der Universität Tübingen: Fabrik und Sonne. Ein Motiv der sozialistischen Kunst, in: Bussmann, Georg: Kunst in der Revolution, Ausst. Kat. Frankfurt a. M. 1972, unpag.
Beck 1970 = Lebenslauf, Archiv der Deutschen Fotothek Dresden.
Bergmann, Jens: Die Arbeiterfotografie als Medium der Übermittlung politisch ästhetischer Wertvorstellungen, dargestellt am Beispiel der Ortsgruppe Bermsgrün der Vereinigung der Arbeiterfotografen Deutschlands, Leipzig (Dipl. Karl-Marx-Universität) 1983 (1).
Bergmann, Jens: Bermsgrüner Arbeiterfotografen, Faltblatt zur Ausstellung des Otto-Nagel-Hauses, Berlin 1983 (2).
Danner, Günther: Die Anfänge der Arbeiterfotografenbewegung in Deutschland und ihre Bedeutung für die »Arbeiter-Illustrierte Zeitung«, Leipzig 1966.
Durus, Alfred: Fotomontage, Fotogramm, in: Der Arbeiter-Fotograf 5 (1931) 7, S. 167.

27  5 (1931) 8, 192 E.M., Mittweida: Hochwasserkatastrophe im Erzgebirge (3 Aufnahmen); 196: K.W., Bermsgrün: Erste Hilfe; Nr. 7, 155 K.W., Bermsgrün (Heuernte mit Kuhgespann) als Kopfillustration zu: Edwin Hoernle: Das Objektiv dem Dorfe zu; Nr. 7, 157 K.B., Bermsgrün: »Küchen-Kollektiv«.
28  Inwieweit die theoretischen Diskussionen die fotografierenden Mitglieder tatsächlich erreichten, wäre anhand visueller Detailuntersuchungen in einem größeren Forschungsvorhaben zu untersuchen.
29  Vgl. Durus 1931 über eine Fotomontage von Nilgren und eine kameralose Fotografie von Alice Lex. Der Vorschein des Formalismusstreits, der bis weit in die Nachkriegszeit hinein die stalinistische und poststalinistische Ästhetik bestimmte, zeichnet sich deutlicher etwa in der Veröffentlichung der »Deklaration der Initiativ-Gruppe ROPF. Russische Vereinigung der proletarischen Fotoreporter« ab, in: Der Arbeiter-Fotograf 6 (1932) 1, 27–29; darin wird u. a. gegen die »westliche Dekadenz« Moholy Nagys polemisiert.

Chéroux, Clément: Wie man sein Leben aufs Spiel setzt um die Leser zu erfreuen, in: Rundbrief Fotografie, Vol. 6, Nr. 3, N. F. 23, September 1999, S. 3 f.

Hägele, Ulrich: DFG-Projekt »Fachgeschichte der volkskundlichen Fotografie«. Visualisierung zwischen Folklore, völkischer Wissenschaft und ethnographischem Forschungsfeld, in: Rundbrief Fotografie Vol. 8, Nr. 4, N. F. 32, Dezember 2001, S. 30–37 und Vol. 9, Nr. 1, N. F. 33, März 2002, S. 32–36.

Heering, Walther: Fotos aus ungewohnten Perspektiven, in: Der Arbeiter-Fotograf 3 (1929) 10, S. 200–202.

Henze, Volkmar: Erich Meinhold. Ein Bermsgrüner Arbeiterfotograf, in: Fotografie, 37 (1983) 11, S. 412–418.

Hesse, Wolfgang: Kontinuitäten und Brüche: Die Deutsche Fotothek im Kalten Krieg, in: Rundbrief Fotografie, Vol. 11 (2004) Nr. 1, N. F. 41, S. 25–29, und Nr. 2, N. F. 42, S. 22–25.

Hoernle, Edwin: Das Auge des Arbeiters, in: Der Arbeiter-Fotograf 4 (1930) 7, S. 151–154.

Hoernle, Edwin: Der Mensch vor Deinem Auge, in: Der Arbeiter-Fotograf 4 (1930) 11, S. 251–253.

Hoernle, Edwin: Fotografie und Kunst, in: Der Arbeiter-Fotograf 5 (1931) 1, S. 5.

Höllering, Franz: Die Eroberung der beobachtenden Maschinen, in: Der Arbeiterfotograf 2 (1927/28) 10, S. 3 f.

Holzer, Anton (Hg.): Fotogeschichte, Heft 85/86, Krieg und Fotografie, Marburg 2003.

Kerbs, Diethart: Botschaften von Überlebenden: Vorbemerkungen zur Geschichte der Arbeiterfotografie, in: Judith Baumhartner, Bernd Wedemayer-Kolwe [Hg.]: Aufbrüche. Seitenpfade. Abwege. Suchbewegungen und Subkulturen im 20. Jahrhundert (= Festschrift für Ulrich Linse), Würzburg 2004, S. 45–57.

Korb, Paul: Der Bermsgrüner Kommunistenprozeß 1930, in: Brennessel, Zeitschrift der PDS Schwarzenberg, Nr. 98 (April 2000), S. 6–8, Nr. 99 (Mai 2000), S. 5 f., Nr. 100 (Juni 2000), S. 4 f.

Kracauer, Siegfried: Die Photographie (1927), in: Ders.: Das Ornament der Masse, Frankfurt a. M. 1977, S. 21–39.

Krase, Andreas: Das topographische Stereotyp. Städtebilder im beginnenden Industriezeitalter, in: Wolfgang Hesse und Timm Starl (Hg.): Photographie und Apparatur. Der Photopionier Hermann Krone. Bildkultur und Phototechnik im 19. Jahrhundert, Marburg 1989, S. 77–86.

Matz, Reinhard: Industriefotografie. Aus Firmenarchiven des Ruhrgebiets (Schriftenreihe der Kulturstiftung Ruhr; Bd. 2), Essen 1987.

Meinhold, Erich: Typoskript, 1960/70er(?)-Jahre; Pkt. 66; Archiv der Deutschen Fotothek.

Moholy Nagy, Laszlo: Malerei Photographie Film (= Bauhaus-Bücher Nr. 8), München 1925.

Münzenberg, Willi: Aufgaben und Ziele der internationalen Arbeiter-Fotografen-Bewegung, in: Der Arbeiter-Fotograf 5 (1931) 5, S. 99 ff.

Nettelbeck, Walter: Sinn und Unsinn der ›modernen‹ Fotografie, in: Der Arbeiter-Fotograf 3 (1929) 11, S. 219–221.

Paul, Gerhard: Krieg der Symbole. Formen und Inhalte des symbolpublizistischen Bürgerkriegs 1932, in: Kerbs, Diethart und Henrick Stahr (Hg.): Berlin 1932. Das letzte Jahr der ersten deutschen Republik, Politik, Symbole, Medien, Berlin 1992, S. 27–55.

Renger-Patzsch, Albert: Joy before the object, Philadelphia 1993 (Factory Smokestack, ca. 1925).

Rinka, Erich: Fotografie im Klassenkampf. Ein Arbeiterfotograf erinnert sich, Leipzig 1981.

Schiff, Fritz: Was sagt der Kunst-Schriftsteller?, in: Der Arbeiter-Fotograf 5 (1931) 5, S. 104 f.

Sonntag, Hans-Ulrich: Proletarische Lebensweise in der Wertung der »Arbeiter-Illustrierte Zeitung« – eine Untersuchung anhand der Veröffentlichungen von 1921 bis 1933, Leipzig 1986.

Starl, Timm: Knipser. Die Bildgeschichte der privaten Fotografie in Deutschland und Österreich von 1880 bis 1980, Berlin 1995.

Uhse, Bodo: Bauer steht auf – Bauern zu Hauf! Illustration u. a. mit anonym veröffentlichten Fotografien von Kurt Beck, AIZ 11 (1932) 42, S. 1014 f.

Vier, Peter: Die Herausbildung der Arbeiterfotografenbewegung in Deutschland und die Entwicklung der Vereinigung der Arbeiterfotografen Deutschlands (VdAFD) zu einer proletarischen Organisation, Berlin 1987.

Weber, Richard (Hg.): Der Arbeiter-Fotograf. Dokumente und Beiträge zur Arbeiterfotografie 1926–1932, Köln 1977.

Weise, Bernd: Kamera- und Fototechnik im journalistischen Gebrauch, Teil II (1914–1932), in: Rundbrief Fotografie, Vol. 12, Nr. 1 (N. F. 45), S. 27–33.

Willmann, Heinz: Geschichte der Arbeiter-Illustrierten Zeitung 1921–1938, Berlin 1974.

Windisch, H.: Fotogramme, Neue Sachlichkeit, Kunst usw., in: Der Arbeiter-Fotograf 3 (1929) 12, S. 246–248.

Anita Maaß

# »… eine der republikanischen Würde entsprechende Bildausstattung durchzuführen«

Erinnerungspolitik im Dresdner Stadtverordnetenkollegium am Beispiel der »Fürstenbilder« im Neuen Rathaus 1928[*]

## I. Einleitung und Fragestellung

Das »Kollegium wolle beschließen, den Rat zu ersuchen: a. die in der Wandelhalle des Neuen Rathauses noch vorhandenen sechs Fürstenbilder gegen künstlerisch wertvolle Bilder aus den Beständen der in städtischem Besitz befindlichen Kunstwerke auszuwechseln oder Dresdner Künstler zu beauftragen, eine der republikanischen Würde entsprechende Bildausstattung durchzuführen« (STAD[1] 3.2.3., 28. 2. 1928, 131).

Diesen Wortlaut trug ein Antrag, den der sozialdemokratische Stadtverordnete Max Walther[2] im Namen seiner Fraktion am 2. Februar 1928 im Dresdner Stadtverordnetenkollegium stellte. Seine Forderung platzte in eine Situation, in der die hiesige kommunale Selbstverwaltung an einem politischen Scheideweg stand. Nach jahrelangen parteipolitischen Machtkämpfen im Kollegium musste es diesem gelingen, zu vernünftiger kommunalpolitischer Alltagsarbeit überzugehen. Der städtische Parlamentarismus durfte nicht länger »diskreditiert« werden, wenn im »demokratischen

---

[*] Der Aufsatz baut auf Studien auf, die die Verfasserin im Rahmen ihres an der TU Chemnitz angesiedelten Dissertationsprojektes durchführte. Der Abschluss der Arbeit wird voraussichtlich bis 2006 erfolgen. Der Arbeitstitel lautet: »… zum Wohle unseres Gemeinwesens« Kommunaler Parlamentarismus zwischen »Demokratisierung« und »NS-Gleichschaltung« am Beispiel des Dresdner Stadtverordnetenkollegiums in der Weimarer Republik.

[1] STAD = Stadtarchiv Dresden. Die folgenden Zitate aus dieser Debatte beziehen sich auf die Seiten 131–145 des benannten Protokolltextes und werden zur Wahrung der Übersichtlichkeit nicht einzelnen belegt.

[2] Max Walther (1875–1950), Lagerhalter, saß seit 1922 im Kollegium, gehörte dabei anfangs zu den Unabhängigen Sozialdemokraten (USPD), später schloss er sich der SPD an und zählte zu ihrem linken Flügel.

Staatsleben« für die Bevölkerung »fruchtbringende Arbeit« zu leisten sei (STAD 3.2.3., 8.12.1927, 1348). Die Einstellungen gegenüber dem parlamentarischen System – gerade auf kommunaler Ebene – mussten im zehnten Jahr nach der Revolution endlich positiv gestimmt werden. Der Umgang mit der eigenen Geschichte beeinflusste hierbei das Verständnis der Gegenwart. Erinnerungsdiskurse warfen Licht auf das jeweilige Selbstverständnis der gesellschaftlichen Akteure, auf deren Gegenwartsvorstellungen und politische Leitprinzipien (Assmann, 1999, 62). Die Sozialdemokraten eröffneten mit ihrem Antrag über die »Entfernung der Fürstenbilder« eine neue Runde des politischen Diskurses über die symbolische Verankerung des republikanisch-demokratischen Gedankengutes im Stadtparlament.[3] Der Aufsatz beschäftigt sich mit der Frage, in welchem politisch-funktionalen Zusammenhang der Erinnerungsdiskurs und die Gegenwartsdeutungen der Dresdner Stadtverordneten standen.

Allgemein, wer über die historische Deutungsmacht verfügt, kann mittelbar politischen Einfluss ausüben. Je stärker sich eine Sicht von Geschichte durchzusetzen vermag, desto mehr prägt sie die politisch-kulturelle Deutungsmacht der Gegenwart. Das Ziel jeglicher politischer Richtungen besteht daher darin, entsprechend ihres Machtinteresses die Deutungen der Geschichte zu prägen (Winkler, 2004, 7).

Jenseits der »großen« Geschichtsthemen – wie z.B. der Feier des Verfassungstages oder der Staatsfeiertage – drehte sich die Debatte um einen kommunalen »Sonderfall« und bezog sich auf die bildhafte Ausgestaltung des Rathauses. Im Mittelpunkt stand nicht die Rekonstruktion von Geschichte, sondern das kollektive Verdrängen von Erinnerung zur Stiftung neuer gemeinschaftlicher Identität. Das »Ende« der Erinnerung hatte einen symbolischen Bezugspunkt des politischen Neubeginns zu markieren. Das Entfernen dieser Fürstenbilder aus dem Dresdner Rathaus musste demonstrieren, welche gesellschaftlichen Kräfte die politische Sinnstiftung prägten und welche Leitbilder außerhalb der von diesen als hegemonial definierten Deutungskultur lagen.

Für den Beitrag wurden als Primärquellen die stenografischen Sitzungsberichte sowie die Berichterstattung über diese Stadtverordnetensitzung in den Dresdner Zeitungen ausgewertet. Nach einer knappen Skizze zur politischen Funktion des Stadtverordnetenkollegiums (II), wird der Verlauf der Debatte dargestellt (III), darauf aufbauend der Zusammenhang von Erinnerungsdiskurs und Gegenwartsdeutung (IV) analysiert und abschließend eine Zusammenfassung sowie der Ausblick auf den Ausgang der Diskussion (V) geboten.

---

3   Anträge mit ähnlichem Ziel stellten die Sozialdemokraten ab 1919 mehrfach. Der Diskurs über diese Bilder führte wiederholt zu Beschlüssen der Stadtverordneten und des Rates. Vgl. STAD, 2.3.1., 437/1919, Beschlüsse der Stadtverordneten vom 18.9.1919, 6.7.1922 und 25.1.1923.

Erinnerungspolitik im Dresdner Stadtverordnetenkollegium 121

Neues Rathaus Dresden. Wandelgang vor den Festräumen. Architektur von Karl Roth. Aufnahme von Walter Möbius 1935. Fotothek.

## II. Das Dresdner Stadtverordnetenkollegium als Ort politischer Willensbildung

Das politische Klima im Stadtparlament des Jahres 1928 prägte der Gegensatz zwischen dem sozialistischen und nichtsozialistischen Lager. Beide standen sich mit jeweils 36 Abgeordneten gleich stark gegenüber. Die drei Vertreter der gemäßigten Alten Sozialdemokratischen Partei (ASP) und die zwei Abgeordneten der Reichspartei für Volksrecht und Aufwertung (Volksrechtspartei) bildeten das Zünglein an der Waage für die Entscheidungsfindung. Die soziale Zusammensetzung des Kollegiums hatte sich im Vergleich zum Kaiserreich durch die Abgeordneten der SPD und KPD völlig geändert. Im sozialistischen Lager dominierten Arbeiter, Angestellte und niedrige Beamte. Mittlere und höhere Beamte, selbständige Handwerksmeister sowie Angehörige der freien Berufe befanden sich vor allem im bürgerlichen Lager.[4]

4 Politische Zusammensetzung 1928 Sitze: SPD 26, KPD 10, ASP 3, DNVP 9, DVP 10, Hand-

Während die bürgerlichen Parteien sowie die wirtschaftlichen Interessengruppen ihre Arbeit im Stadtverordnetenkollegium nach wie vor als Verwaltungstätigkeit zum Wohl der Gemeinde deuteten, verstanden Sozialdemokraten und Kommunisten ihre Tätigkeit im Plenum als politischen Kampf für die Interessen der Arbeiter. Diese Unterschiede im Selbstverständnis beruhten wiederum auf den historischen Erfahrungen, den Verschiebungen in den Mehrheitsverhältnissen 1919 bis 1928 und den tatsächlichen Handlungsspielräumen im Rahmen der Kommunalen Selbstverwaltung. Sie bestimmten aber auch das eigene Auftreten und die Wahrnehmung des politischen Gegners. So wirkte bei den Sozialisten die Erfahrung nach, dass die Arbeiterschicht – vertreten von der Sozialdemokratischen Partei –von den Bürgerlichen bis 1918 ganz bewusst vom politischen Einfluss auf kommunaler Ebene ferngehalten worden war (Pohl, 2000, 181). Das bürgerliche Lager schien sich hingegen durch die Entwicklungen bis 1928 in früheren Vorurteilen hinsichtlich der Gefahren von Demokratisierung und Parlamentarisierung der Kommunalen Selbstverwaltung bestätigt zu sehen. Deutliche politische Unterschiede zwischen den einzelnen bürgerlichen Parteien und Gruppierungen gab es in dieser Hinsicht nicht. Die Sozialisten wollten folglich mittels ihres parlamentarischen Auftretens ihren in der Revolution erkämpften politischen Einfluss zurückgewinnen, ausbauen und zur sozialen-sozialistischen Umgestaltung der Republik nutzen. Die Bürgerlichen hielten dagegen verbissen an ihren traditionellen Vorstellungen parteiferner, angeblich von Fachkompetenz und politischer Unabhängigkeit geprägten Selbstverwaltungstätigkeit fest.

Die jeweiligen Leitvorstellungen über die Funktion des Stadtparlaments, aber auch der tatsächliche Einfluss auf die kommunale Politik prägten den politischen Stil der einzelnen Stadtverordnetenfraktionen.[5] Noch immer besaßen die Bürgerlichen in der Ratskörperschaft, der zweiten Kammer der Kommunalen Selbstverwaltung, die Mehrheit. Typische Merkmale der parlamentarischen Kultur der Stadtverordnetensit-

---

werk/Handel/Gewerbe 6, DDP 5, Zentrum 1, Allgemeiner Hausbesitzerverein 3, Volksrechtspartei 2; Soziale Zusammensetzung 1928: Arbeiter 18, politische/sonstige Angestellter 5/10, Handel/Handwerk/Gewerbe 8, höhere/niedere Beamter 7/13, Fabrikbesitzer 2, freie Berufe 6, Hausfrauen 5, Geistliche 1.

5    Die Sichtweisen wurden beider politischer Lager nicht zuletzt durch die Auseinandersetzungen über die sächsische Gemeindeordnung gestützt. Während in dem unter sozialdemokratischer Regierung erlassenem Gesetz von 1923 den Stadtverordneten die politische Entscheidungsgewalt in der Kommune übertragen worden war, stellte die 1925 mit einer bürgerlich-rechtssozialdemokratischen Mehrheit beschlossene Novelle das Zweikammersystem wieder her.(Schmeitzner, 2000, 369 f.). Die Dresdner SPD-Stadtverordnetenfraktion, die im Vergleich zur Reichs-SPD aufgrund vieler ehemaliger USPD-Mitglieder stärker linksorientiert war, sah darin erneut einen Verlust ihrer politischen Macht und ihrer Mitbestimmungsrechte sowie eine wiedereinsetzende Zurückdrängung der Arbeiterschaft aus den politischen Entscheidungsprozessen.

zungen zwischen 1919 und 1928 waren unkonstruktiver politischer Streit, endlos lange Sitzungen, permanenter Klassenkampf zwischen Sozialdemokraten und Kommunisten sowie Konflikte zwischen den Stadtverordneten und dem Rat. Die parlamentarische Ordnung war zeitweise – insbesondere durch das Auftreten der Kommunisten – gefährdet. Zusätzlich belasteten die Probleme des Reiches auch die kommunale Politik. All dies waren lebensgeschichtliche Eindrücke der Stadtverordneten, die deren Einstellungen gegenüber dem politischen System mit prägten. Die im folgenden Beispiel näher benannten Redner gehörten generell zu den Wortführern der Fraktionen im Stadtparlament.

## III. Die Debatte über die Entfernung der »Fürstenbilder« aus dem Rathaus

Gegenstand der Auseinandersetzung im Februar 1928 waren sechs Fürstenbilder mit den Portraits der sächsischen Könige Anton (1755–1836) von Johann Karl Roesler, Friedrich August II. (1797–1854) von Alfred Richard Diethe, Johann (1801–1873) von Max Pietschmann und Albert (1828–1902), Georg (1832–1904) und Friedrich August III. (1865–1932) von Hermann Prell.[6] Die Dargestellten waren überlebensgroß in Uniformen und Herrscherposen abgebildet. Die Gemälde hingen im zweiten Stock des im Jahr 1910 eingeweihten Neuen Rathauses, zwischen Festeingang, Stadtverordnetensaal und Prunksaal. Der Wandelgang wurde vor allem von den Stadtverordneten und Verwaltungsbeamten selbst betreten. Die breite Öffentlichkeit kam selten an den Bildern vorbei, nur die Festbesucher des Prunksaales oder die Teilnehmer einer Führung durch das Rathaus benutzten diesen Gang. Allerdings fanden hier auch offizielle Empfänge der Stadt Dresden statt. Die gesellschaftliche Dimension der Debatte entsprang nicht aus der kulturgeschichtlichen bzw. kunsthistorischen Verankerung der Bilder. Zentral war vielmehr die politische Bedeutung der abgebildeten Herrscher und insofern die Bewertung der Vergangenheit. Unter der Herrschaft dieser sächsischen Könige hatte sich Sachsen zu einem führenden und modernen Industriestaat entwickelt. Obgleich das Land als »Wiege der Arbeiterbewegung« galt, waren deren politische Einflussmöglichkeiten um die Wende vom 19. zum 20. Jahrhundert in Sachsen stark eingeschränkt. Den Versuchen der politischen Einflussnahme der Sozialdemokraten standen die Herrscher von Johann bis Friedrich August III. ablehnend bis zurückhaltend gegenüber. Das Pluralwahlrecht von 1909 brachte zwar auf Landesebene einen »Demokra-

---

6   Diese Bilder befinden sich heute im Stadtmuseum Dresden.

tisierungsschub«, blieb aber dennoch hinter dem Reichstagswahlrecht zurück. Selbst auf der kommunalen Ebene in Dresden beschränkte das 1905 eingeführte Berufs- und Altersklassenwahlsystem die politische Mitbestimmung der Sozialdemokraten erheblich. (Blaschke, 1991; Ritter, 1997; Nonn, 2000; Pohl 2000). Dieser politische Konflikt über die Demokratisierung des Landes bestimmte die Auseinandersetzung über die Fürstenbilder 1928.

In der Begründung des Antrages führte Max Walther aus: Die Bilder seien kein »würdige[r] Ausdruck der gegenwärtigen Zeit«. Wenn die Bilder »von der Revolution vergessen worden« wären, haben die Stadtverordneten im Jahr 1928 endlich die Verpflichtung, das Versäumte nachzuholen. Sie säßen »schließlich als die Schützer und Vertreter jener Errungenschaften« im Plenum. Mit Blick auf den künstlerischen Wert der Bilder polemisierte er, diese passten »in ein gutes Provinzhotel in Hinterpommern«. Vielleicht empfingen »die Honoratioren von Posemuckel durch diesen Stil eines Hurrapatriotismus noch Eindrücke«. Das Dresdner Rathaus stellte er sich jedoch geschmackvoller ausgestattet vor, »als durch sechs so schön frisierte, herausgeputzte Duodezfürsten von früher«. Nachdem er sich auf die künstlerische Auseinandersetzung nicht weiter einließ, kam er schnell auf die eigentliche – die politische Seite – seines Anliegens zu sprechen. Die Bilder seien »Ausdruck des Gottesgnadentums von früher«. Der Wiederkehr der Monarchie würde sich nicht nur die gesamte Arbeiterklasse »auf das entschiedenste« widersetzen, sondern »auch diejenigen Teile des Bürgertums, die noch Achtung vor der Demokratie, Achtung vor der Masse des Volkes haben«. Diese könnten wohl kaum dafür eintreten, »Vertreter einer alten, veralteten verstaubten Auffassung« hängen zu lassen. Diese »Herren da draußen« erinnerten die Sozialdemokraten »an die schwersten Zeiten des Gottesgnadentums«. Sie repräsentierten »eines der traurigsten Kapitel« sächsischer Geschichte.

Aus heutiger Sicht überrascht es, diese Bilder im Jahr 1928 noch in einem öffentlichen Gebäude anzutreffen. In den ersten beiden Jahren nach der Revolution fanden nämlich umfangreiche Maßnahmen zur Entfernung von Kaiser- und Königsbildern nebst aller sonstigen Abzeichen des alten Regierungs- und Staatssystems sowie aller »bildlichen Verherrlichung des Krieges und seiner Vertreter« aus den städtischen Schulen und öffentlichen Gebäuden statt (STAD, 3.2.3., 18.9.1919). Hierbei war allerdings die kunsthistorische Bedeutung der jeweiligen Werke zu beachten. Nach einer Prüfung durch das Hochbauamt, beschloss der Gesamtrat am 31.8.1922 die Büsten König Friedrich Augusts III. und Kaiser Wilhelms II. aus dem Festsaal des Rathauses zu entfernen, das Porträt des Königs allerdings in der Wandelhalle zu belassen (STAD, 2.3.1., 437/1919, Bl. 16 f.). Inwiefern hierbei künstlerische Argumente für die Bewahrung dieses wie der übrigen Fürstenbilder im Rathaus eine Rolle gespielt hatten, erschließt sich aus den Quellen nicht mehr. Bezüglich der kunsthistorischen Bedeutung der Einzelobjekte gilt dies eher als unwahrscheinlich, da es sich nicht um besondere Einzelstücke, sondern um typische Historienmalerei handelte. Der bedeutendste der Maler, Hermann Prell, schuf einige solcher Werke und war im Rathaus u. a. durch ein Wandgemälde vertreten. Möglicherweise beließ man sie jedoch aufgrund ihrer Wirkung als Gesamtensemble im Wandelgang des Rathauses oder eventuell auch aus kommunalpolitischen Gründen. Die abgebildeten Könige verwiesen gewissermaßen auf die Entwicklungsetappen der Kommunalen Selbstverwaltung in Sachsen. Jedenfalls setzte sich der Rat 1922 mit seiner Entscheidung durch, doch der politische Deutungskonflikt schwelte zwischen den politischen Lagern weiter.

Max Walther begründete seinen Antrag daher insbesondere mit politischen Argumenten. Die Deutungsstränge seiner Rede liefen auf die Abrechnung mit dem »Gottesgnadentum« hinaus. Er kritisierte insbesondere die Rolle der Könige hinsichtlich der Demokratisierung des Landes und der Durchführung von sozialpolitischen Reformen. Ab der Regierungszeit des Königs Albert berief sich Walther hierfür auf sein persönliches Erleben. Kommunikationsstrategisch beschwor er seine eigene Erinnerung, um die Glaubwürdigkeit seiner Ausführungen zu betonen und seine Argumentation zu bestärken. Er zog eine Fülle von Fallbeispielen (Dresdner Glasarbeiterstreik 1900, die Wahlrechtskämpfe 1904 in Dresden und den Crimmitschauer Textilarbeiterkampf 1908/09) heran und benannte das Beispiel eines früheren sozialdemokratischen Stadtverordneten, der auf ganz besondere Weise unter den Herrschern gelitten habe. Letztlich blieb Walther mit seinen Ausführungen weitgehend bei der Vergangenheit und zog insofern den Schluss: »Eines steht jedenfalls fest, keiner von ihnen war ein König der Armen. Alle waren sie Könige der Reichen«. Vergleiche mit der Gegenwart zog er nur insofern, als er die Erfolge der Revolution betonte. Walther schloss mit den Worten: »Wir haben gegenwärtig die Republik, die demokratische Republik. Das ist durchaus nicht die soziale Republik. Auch das wissen wir; wir wissen aber, daß wir noch nicht zu denen, die es wegen einer Äußerlichkeit, wie sie die Figuren da draußen darstellen, davon abhängig machen, ob wir so oder so gesinnt sind, aber wir können nicht dulden, daß ausgerechnet diese Spielerei heute noch bei uns im Rathause hängt.« Der linkseingestellte Teil der Dresdner Bevölkerung würde diese Bilder nur »kopfschüttelnd« betrachten, wenn er sie hängen sähe. Die »rechte Seite des Hauses« mache sich im Geheimen darüber lustig, »wie dumm« die Sozialdemokraten seien, diese Gemälde zu belassen. Die Porträts sollten endlich dahin gelangen, wo die dargestellten Personen schon längst seien, »auf den Schutthaufen der Geschichte«.

Der erste Redner der sich in der Aussprache mit dem Antrag auseinandersetzte, war der deutschnationale Stadtverordnete Dr. Willy Berthold (DNVP).[7] Im ersten Teil seiner Ausführungen pickte er genüsslich historisch-fachliche Fehler im sozialdemokratischen Vortrag heraus.[8] Den zweiten Teil der Rede nutzte er für eine Analyse der damaligen politischen Gegenwart. Er erklärte abschließend, der Antragsteller irre sich, »daß unter diese Periode der Geschichte bereits der Schlußstrich gesetzt« sei. In seinen Augen würde »dieser Abschnitt der Weltgeschichte mit den darauf folgenden der Revolution und Nachrevolution verglichen werden.« Wenn hundert Jahre vergangen seien und die Historiker unbeeinflusst vom »Streit der Tagesmeinung einmal die geschichtlichen Tatsachen« feststellten, sei er überzeugt, die Monarchie würde besser bewertet werden als die Republik. Ferner stimmte Berthold zu »die betreffenden Herren und Bilder seien kein würdiger Ausdruck der gegenwärtigen Zeit«, aber in dem Sinne als » die gegenwärtige Zeit nicht würdig genug ist, um die Bilder, die dort hängen, zu würdigen«. Er warf den Sozialdemokraten vor, sie wüssten »als Beschützer der Revolution und der Republik« selbst noch nicht, »was Republikaner sind und was die Republik« sei. Schließlich konstatierte Berthold: »Was ist überhaupt republikanische Würde? Das Deutsche Reich als Republik hat seine Würde und sie wird von uns allen geachtet, aber ich bin der Meinung, daß bei den Republikanern die Würde manchmal sehr mit einem Fragezeichen zu versehen ist. (Zuruf links: Unerhört!) Sie sprechen von demokratischer Republik, von sozialer Republik. Die Herren Kommunisten sprechen von Räterepublik. Was wir haben, ist weder eine demokratische, noch eine soziale, noch eine Räterepublik, das ist eine Rederepublik. Die Republik, in der wir uns befinden, hat weiter nichts gemacht, als geredet. (StV. Fischer I [SPD]: Ähnlich wie Sie!) Besser geworden ist es nicht. Es ist aber Zeit, daß man Sie darauf aufmerksam macht und das sagt. Wir werden also gegen den Antrag stimmen. (StV. Franke [SPD]: Das sind die Schützer der deutschen Verfassung!)«. Hierauf warf der sozialdemokratische Vorsteher Clemens Dölitzsch ein: »Ich fühle mich allerdings verpflichtet, eine ganz kurze Feststellung zu machen: Wir tagen hier als ein Parlament der deutschen Republik. (StV: Kuntzsch [Liste Handwerk, Gewerbe, Handel]: Das ist gar nicht bestritten worden! Die Feststellung war nicht notwendig!) Das zu entscheiden ist meine Sache!«[9]

---

7  Willy Berthold, Dr. (1882–?), Rechtsanwalt und Notar, saß erst seit 1927 für die DNVP im Kollegium.
8  Es wirkt sich unglücklich für die SPD aus, dass Walther sich die Informationen von einem Freund zusammenstellen ließ und der Vortrag einfache sachliche Fehler aufwies. Beispielsweise erzählte er von Friedrich August I., der auf den Bildern nicht abgebildet war. Diese Tatsache nutzte Berthold aus.
9  Clemens Dölitzsch (1888–1953), Volksschullehrer, SPD, saß 1922–1933 im Plenum. Hugo Kuntzsch (1862–?), Bäckerobermeister und Ehrenmeister des Sächsischen Handwerks, war DNVP-Mit-

Der folgende kommunistische Redner Alfred Werner unterstützte die sozialdemokratische Charakterisierung der Könige, nicht ohne zu betonen, diese hätte noch länger ausfallen müssen.[10] Hierauf erinnerte er an den, von ihm ironisch betitelten Kurfürsten »unseren guten Friedrich August dem Starken« und dessen Rolle gegenüber der »werktätigen Bevölkerung«. Werner erklärte danach dem »Antrage selbstverständlich sehr freundlich« gegenüber zu stehen. Wenn die Deutschen bereits »wirklich in einer sozialistischen Republik lebten«, so hätten die Kommunisten nichts dagegen, die Bilder hängen zu lassen. In »Rußland« dienten solche Bilder »zum Anschauungsunterricht« für die werktätigen Klassen. Allerdings wären diese dort »nicht dem bürgerlichen Gift« ausgesetzt, sondern sie unterständen der »proletarischen Erziehung und Aufklärung«. Hinter die Vorstellung von der »Würde der Republik« setzte er ebenfalls ein Fragezeichen und problematisierte deren symbolische Ausfüllung. Er warf die Frage auf, ob das »Bild des Herrn Ebert oder das des Herrn Hindenburg« als republikanische Symbole angebracht werden sollten. Weiter polemisierte er, ob nicht auch Philipp Scheidemann oder Gustav Noske, letzterer ironisch als »Schützer der Republik« betitelt, für den Bildschmuck in Frage kämen. In diesem Zusammenhang griff Werner mit langen Ausführungen die SPD an. Er warf ihr u. a. vor, sie hätte die Bilder schon längst und bei günstigeren Mehrheitsverhältnissen im Stadtparlament entfernen lassen können. Die Sozialdemokraten hätten damals aber den »Kampf gegen die Spartakisten und Unabhängigen« geführt, die nicht zufrieden gewesen wären »mit dem Abschluß der sogenannten Revolution«. Jene hätten wirklich versuchen wollen, »die Forderungen des Proletariats durchzusetzen«. Wenn sich die Sozialdemokratische Partei nicht »dagegen gestemmt hätte«, hätte »ein Deutschnationaler, ein verkappter Monarchist« nicht in dieser Weise sprechen dürfen. Am Schluss seiner Rede stellte er einen Abänderungsantrag mit dem Ziel: Das Kollegium solle den Satz »eine der republikanischen Würde entsprechende Bildausstattung durchzuführen« streichen, die »Bildnisse revolutionärer Vorkämpfer, wie Karl Marx, Friedrich Engels, Wilhelm und Karl Liebknecht und Rosa Luxemburg« herstellen und als Ersatz anbringen lassen. Die Bilder dieser »Vorkämpfer« würden auch nicht der »republikanischen Würde« entsprechen, weil dies bedeuteten würde, die Revolutionäre zu beleidigen. Die Kommunisten wollten aber dafür sorgen, »daß wirklich diejenigen, die den wichtigsten Teil dazu beigetragen haben, daß diese gekrönten Häupter verschwinden mußten, den Platz einzunehmen haben.« Offenbar glaubte er aber selbst nicht an den Erfolg seines Antrages

---

glied und Landtagsabgeordneter von 1920 bis 1929, saß aber für die Gruppe Handwerk, Handel, Gewerbe im Kollegium.
10  Alfred Werner (1889–?), Mechaniker, saß ab 1924 für die KPD im Kollegium.

und schloss deshalb einen Eventualantrag an. Darin forderte er, im Falle der Ablehnung des Abänderungsantrages eine »fünfgliedrige Kommission unter Hinzuziehung einer Vertretung des Gesamtbetriebsrates der städtischen Arbeiter und Angestellten« einzusetzen. Anders als der sozialdemokratische Redner entwickelte Werner seinen Argumentationsgang entlang der aktuellen Entwicklungen ab der Revolution. Da er das Abnehmen der Bilder unterstützte, war ihm die Frage des Ersatzes am wichtigsten, wobei wiederum politische und nicht künstlerische Erwägungen eine Rolle spielten.

Im Anschluss an den kommunistischen Redner, meldete sich der Demokrat Heinrich Hirschfeld mit kurzen Ausführungen zu Wort.[11] Er begrüßte die Tendenz des sozialdemokratischen Antrages, kritisierte aber dessen Begründung. Er erklärte, sie sollten keinen »Kampf« für oder gegen die Bilder führen, »sondern einen Kampf für oder gegen eine Idee«. Sie träten für die republikanische und demokratische Idee ein. Dabei sei es ihnen egal, wenn »hier und da noch ein Bild aus einer früheren Epoche« hinge. Es solle »die Objektivität« bewahrt werden, »auch einer früheren Epoche eine Anerkennung nicht unter allen Umständen zu versagen«. Diese müsse aber einer solchen auch wert sein. Deshalb stelle sich die Frage, ob es um bedeutende Persönlichkeiten oder um künstlerisch wertvolle Bilder ginge. Hirschfeld verneinte diese rhetorische Frage sogleich selbst. Weder repräsentierten die Gemälde »historisch wertvolle Persönlichkeiten«, noch sei der künstlerische Wert der Bilder so bedeutend, dass sie nicht ersetzt werden könnten. Die Demokraten sprachen sich »aus diesen rein sachlichen und objektiven Gründen« für den sozialdemokratischen Antrag aus und wollten für die Beseitigung der Bilder stimmen. Hirschfelds Argumentationsstrang beschränkte sich im Vergleich zu den Vorrednern weitgehend auf den behandelten Gegenstand. Er verknüpfte den künstlerischen Wert der Bilder mit der Bedeutung der Persönlichkeiten, ohne jedoch seine historische Einschätzung näher zu begründen.

Im weiteren Verlauf der Diskussion äußerten sich viermal die Sozialdemokraten, dreimal die Kommunisten, je ein Stadtverordneter der Volksrechtspartei, der Deutschen Volkspartei und nochmals ein Vertreter der Deutschen Demokratischen Partei. Dabei wichen die sozialdemokratischen und kommunistischen Reden nicht von der bereits genannten politischen Tendenz und Sprache ab. Die KPD nutzte allerdings die Gelegenheit, um zum wiederholten Male zum proletarischen Klassenkampf aufzurufen, das revolutionäre Ziel der Partei zu propagieren und gegen die Sozialdemokraten zu agitieren. Der Vertreter der Volksrechtspartei Paul Bertram erklärte in seinem Beitrag hingegen seine Stimmenthaltung. Er habe andere Sachen zu vertreten, als in einen

---

11  Heinrich Hirschfeld (1885–1933), Kaufmann und Fabrikbesitzer, saß ab 1924 für die DDP im Kollegium.

»derartigen kleinlichen Meinungsstreit« einzutreten.[12] Doch ließ auch er die Gelegenheit nicht ungenutzt, den Charakter der Republik aus seine Sicht einzuschätzen. Bertram verwies auf die unzähligen Debatten, die das Stadtparlament im vorangegangenen Jahr geführt hatte. Diese würden aus seiner Sicht »durchaus nicht der Würde eines Parlaments gut anstehen«. Weiter machte er sich über die Auffassung lustig, der republikanische Gedanke hinge von derartigen Bildern ab. Er pointierte: »[…] dann steht es mit der republikanischen Festigkeit allerdings sehr schlimm, dann steht die Republik auf sehr schwachen Füßen.«

Der Abgeordnete der Deutschen Volkspartei (DVP) Dr. Johannes Hartwig beteiligte sich deutlich emotionaler an der Debatte.[13] Zunächst warf er den Demokraten Widersprüchlichkeit vor. Deren Stadtverordneter Johannes Lehman habe sich nämlich 1919 gegen eine »Bilderstürmerei« ausgesprochen. Hartwig wandte sich ebenfalls entschieden gegen eine solche und argumentierte mit dem erreichten politischen Entwicklungsstand der deutschen Republik. Wenngleich der »Herr Antragsteller und verschiedene andere Herren« die Notwendigkeit der Entfernung der »Fürstenbilder« historisch begründeten, sei es besser, »nicht an die Geschichte zu appellieren«. Hartwig glaubte, »die Geschichte« werde »über die 9 Jahre nach dem Kriege« sowie über die folgenden Jahre »wahrscheinlich sehr bitter und sehr herb« urteilen. Zum Vergleich zog er die übrigen Republiken – insbesondere Frankreich – heran, die alle wie Deutschland angefangen hätten. Diese hätten sich zu Staaten entwickelt, »vor denen man alle Achtung haben muß, Achtung vor allem vor dem nationalen Willen, der diese Republiken erfüllt«. Hartwig äußerte den Eindruck, die Stadtverordneten würden sich »mit solchen Mätzchen wie dieser Bilderstürmerei« vor dem Ausland »reichlich lächerlich« machen. Gerade Frankreich, als erstes Land, welches eine Monarchie stürzte, würde »einen unerhörten Kult« mit dem Kaiser Napoleon treiben. Schließlich erklärte Hartwig den Sozialisten zugewandt: »M. D. u. H.! Wenn Sie sich stark fühlen als die bewußten Schaffer unserer Republik, dann müßten Sie auch auf dem Standpunkte stehen: die Fürsten sind die Leute, die früher regierten, und wir, das starke Volk, wir haben sie beseitigt. Diese Gedanken würde ich verstehen. So macht es mir aber den

---

12   Paul Bertram (1877–?), Telegrafischer Oberwerkmeister, zunächst Mitglied der Deutschsozialen Partei, wurde 1927 für die Volksrechtspartei ins Plenum gewählt und trat im Juni 1929 der Nationalsozialistischen Deutschen Arbeiterpartei bei. Er schied 1929 als Stadtverordneter aus.

13   Johannes Hartwig, Dr. Ing., (1886–1948), Reichsbahnrat und Regierungsbaurat, saß von 1922 bis 1924 und. von 1927 bis November 1928 für die DVP im Kollegium, wechselte dann zur DNVP und war für diese Partei bis 1932 Stadtverordneter. Er gehörte einer Familie an, die mehrfach Stadtverordnete stellte. Sein Vater und Großvater saßen für den Allgemeinen Hausbesitzerverein im Kollegium. Außerdem war Hartwig von 1926–1927 Landtagsabgeordneter und 1928 Reichstagsabgeordneter der DVP.

Eindruck, als hätten Sie direkt Angst davor, daß draußen im Wandelgange noch Fürstenbilder hängen. (Widerspruch und Unruhe links).«

Am Ende der Debatte stand eine namentliche Abstimmung, in der der Antrag mit den Stimmen der DDP, SPD, ASP und KPD angenommen wurde (44:31). DVP, DNVP, die Listen der Hausbesitzer und Handwerker stimmten dagegen, die Volksrechtler enthielten sich der Stimme. Ein Abänderungsantrag der Sozialdemokraten, der die Einsetzung einer neungliedrigen Kommission zur Auswahl der Ersatzbilder enthielt, wurde mit Mehrheit angenommen, Abänderungs- und Eventualantrag der Kommunisten dagegen abgelehnt.

Die Zeitungsberichterstattung über diese Debatte war deutlich parteipolitisch geprägt. Gleichlautend erkannten alle Presseorgane diesen Tagesordnungspunkt als den Schwerpunkt der Stadtverordnetensitzung an. Während sich der Dresdner Anzeiger als offizielles Amtsblatt um Versachlichung der Diskussion bemühte, indem er sie in protokollarischer Form und unter Berücksichtigung aller Redner ausführlich darstelle, verkürzten die übrigen Zeitungen die Aussprache. Die parlamentarische Streitkultur spiegelte sich in der Form der Kürzungen wider. Kommentar und Berichterstattung vermischten sich in der Wiedergabe der Äußerungen. Je nach politischer Färbung der Presseorgane wurden entweder die Bürgerlichen als verfassungsfeindliche Monarchisten dargestellt oder die Reden der linken Stadtverordneten als Agitation bewertet. Die als national geltenden Dresdner Nachrichten schrieben beispielsweise: »Aber einem Teil der Stadtverordneten sind diese Bilder, die ganz gewiß ein sprechender Ausdruck einer für das Königreich Sachsen und die Stadt Dresden sehr erfolgreichen Periode sind, sehr unangenehm« (Dresdner Nachrichten, 3.2.1928). Die Aussprache über die »peinliche Angelegenheit« sei »auf wilde Programm- und Wahlreden der Kommunisten« hinausgelaufen. Die »ganze Rechte« sei in der Beschlussfassung »wehrlos« gewesen, weshalb sich die Aussprache »in wirklicher Erregung nur zwischen Sozialdemokraten und Kommunisten« vollzogen habe. Die bürgerliche Presse ergötzte sich ferner an den Schwächen und Bildungslücken des Antragsstellers. Die Sozialdemokratische Presse unterstrich demgegenüber noch einmal die Notwendigkeit ihres Antrages, kritisierte aber zugleich das Gebaren der Kommunisten. Die sozialdemokratische Dresdner Volkszeitung erklärte: »Der Antragsteller erinnerte dabei an die Gewaltherrschaft der bürgerlichen Kaste im vorigen Jahrhundert und ihr Regime gegen die aufstrebende Arbeiterklasse« (Dresdner Volkszeitung, 3.2.1928). Dies sei »sehr zum Leidwesen der Deutschnationalen und Volksparteiler« gewesen, welche mit »wenig Geschick und Überzeugungskraft« in die »Arena« gestiegen seien. Da die Kommunisten am Antrag »herumdeuteln« mussten, sei es zu einer »sachlichen, aber auch grundsätzlichen Auseinandersetzung« zwischen dem Sozialdemokraten Dr. Freund und dem Kommunisten

Dr. Helm gekommen, wobei sich letzterer »schließlich den überzeugenden Darlegungen« des sozialdemokratischen Redners habe »beugen« müssen.¹⁴ Im Gegenzug stellte die kommunistische »Arbeiterstimme« erneut ihre Standpunkte in den Mittelpunkt und polemisierte– wie bereits im Parlament – vor allem gegen die Sozialdemokraten: »Kann man sich darüber wundern, dass Freund sich in der Pose des Marxverbesserers besonders lächerlich ausnahm?« (Dresdner Arbeiterstimme, 3. 2. 1928). Damit vermittelte die Presse eine völlig gegensätzliche Darstellung nicht nur des Diskurses über die Vergangenheit, sondern auch der erlebten Situation. Im Vergleich der tatsächlichen Wortwahl mit den sinngemäß zusammengefassten Beiträgen, sind außer dem Dresdner Anzeiger allen Parteizeitungen bewusste politische Überspitzungen und Verdrehungen der erlebten Situation als persuasive Kommunikationsmittel zu bescheinigen. Dies musste sich auf die Rezeption der Leser auswirken. Deren Vorstellungen von der politischen Kultur im Stadtverordnetenkollegium und deren jeweilige Sicht auf die Geschichte formten sich auch entsprechend der verschiedenen Deutungsangebote.

## IV. Zum Zusammenhang von Erinnerungsdiskurs und Gegenwartsdeutung

Der zentrale Deutungskonflikt speiste sich aus den Vorstellungen von Monarchie und Demokratie. Führt man sich die Argumente aller Richtungen vor Augen, so drehte sich der Streit um *alte* Identitäten und *neue* politische Sinnstiftungen. Die Sozialisten und Linksliberalen sahen im Ersatz der Fürstenporträts durch Symbole der Demokratie eine Stärkung des republikanischen Gedankens. Für die Rechtsliberalen und Konservativen bedeutete dieser politische Akt hingegen einen neuerlichen Verlust *ihrer* Vergangenheit und den Versuch, sie von der Deutungshoheit sowie der Identifizierung mit der Republik abzuhalten. Die Kommunisten stützten mit ihren Bildvorschlägen ebenfalls nicht die republikanischen Ideen, sondern propagierten sozialistische Ideale und Utopien ihres weiteren politischen Kampfes.

Mittels des Erinnerungsdiskurses versuchten die einzelnen Redner ihre jeweilige Einstellung zur politischen Gegenwart zu untermauern. Ein argumentatives Mittel bildete hierfür der Bezug auf das kollektive Gedächtnis. Vor dem Hintergrund einer historisch-anthropologischen Annäherung an den Untersuchungsgegenstand ist ein

---

14  Hugo Freund, Dr., (1890–?), Arzt, Ministerialdirektor a. D., saß für SPD von 1927 bis 1933 im Kollegium. Rudolf Helm, Dr. (1896–?), Rechtsanwalt, saß 1924–1929 und 1931 bis 1933 für die KPD im Kollegium.

derartiger Begriff nicht als objektiv geltendes Erinnerungskonstrukt zu verstehen. Vielmehr ist er Ausdruck subjektiver gesellschaftlicher Deutungs- und Aneignungspraxis verschiedener politischer Teilkulturen (Grosser, 2003). Inwiefern zogen die Gesprächsteilnehmer nun die sogenannte kollektive Erinnerung als politischen Beweis heran?

Die Deutungen der Vergangenheit, insbesondere der Rolle besagter sächsischer Könige, formulierten alle Fraktionen aus einer kollektiven, verallgemeinernden Sichtweise heraus. Damit suggerierten sie, es seien die Vergangenheitsvorstellungen einer breiten gesellschaftlichen Schicht und versuchten sie auf diese Weise zu legitimieren. Auch die Sozialdemokraten stellten ihre subjektiven Erlebnisse in diesen Deutungsrahmen. Wenn viele individuelle Erinnerungen ein ähnliches Bild ergäben, bestätigte dies nämlich die historische Glaubwürdigkeit der Aussagen. Auf diese Weise besaß die kollektive Konstruktion des Gedächtnisses zunächst funktionale Bedeutung. Es fungierte als Überzeugungsmittel zur Besetzung der Deutungshoheit und als Verstärkungsfaktor der politischen Argumentation. In den Vergangenheitsdeutungen vermischten sich die jeweils individuellen Sichtweisen funktional zu einem, nun als gemeinsame Sicht einer Teilkultur definierten, kollektiven Erinnerungskonstrukt. Den subjektiven Deutungen jedes Einzelnen dieser gesellschaftlichen Teilgruppe wurde damit ein Rahmen vorgegeben, innerhalb dessen er sich erinnern durfte (ähnlich Jarausch, 2002, 14). Gruppenspezifische Sichtweisen über die Vergangenheit sollten sich auf diese Perspektive manifestieren. Individuelles und kollektives Erinnern standen folglich in einem gegenseitigen Abhängigkeitsverhältnis.

Ein gleicher funktionaler Zusammenhang von Kollektiv und Individuum zeigte sich auch beim Gegenwartsdiskurs, d. h. hinsichtlich der Begründung des Entfernens oder Bewahrens der Königsbilder. Die Sozialdemokraten beriefen sich auf die »Masse des Volkes«, die diese Bilder ablehnen würde. Demgegenüber würden nur »Vertreter einer alten, veralteten verstaubten Auffassung«, mithin wenige und in ihren Ansichten völlig überholte Leute, auf dem Bestand des Bilderschmuckes beharren. Der rhetorische Bezug auf den guten Geschmack, als gesellschaftlich legitimiertes und vorherrschendes ästhetisches Empfinden, unterstrich in diesem Zusammenhang die politischen Ziele. Nun versuchte die bisher als geschmacklos – mithin ungebildet – verachtete politische Klasse den kollektiven Geschmack zu prägen, während die früher dominierende Ästhetik nur mehr als Bildschmuck für ein »Provinzhotel in Hinterpommern« ausreichen würde. Ebenso wie die politische Deutung erschien das kulturelle Empfinden als »geschichtliche Erfindung« (Bourdieu, 1999, 21). Geschmack fungierte gleichfalls als gesellschaftliche Konstruktion von Deutungsmacht. Die Berufung auf eine »Gemeinschaft« trug insofern wesentlich zur inhaltlichen Legitimierung der politischen Positionen bei.

Ferner spielte der Bezug auf das Kollektiv auch für die Ausdrucksseite der Deutungskultur, im Sinne einer Mehrheit und Masse, eine funktionale Rolle. Die Anzahl der Redebeiträge – die Redemasse – fungierte als funktionales Instrument zur Besetzung der Deutungskultur. Über die Häufigkeit der vorgetragenen Argumente versuchten die linken Stadtverordneten ihre politische Stärke zu demonstrieren. Offenbar nahmen sie an, je öfter sie – gerade in Zeiten eines Wertewandels – ihre Ansichten öffentlich vortrugen und je intensiver sie damit argumentativ zu überzeugen versuchten, desto stärker würden sie die öffentliche Meinung, mithin die herrschende Deutungskultur prägen können (zur Wirkungsweise Noelle-Neumann, 1991). Diese Vorstellungen resultierten aus ihrem Selbstverständnis, das Stadtverordnetenkollegium als Ort des politischen Kampfes zu betrachten. Während sich die Sozialdemokraten und Kommunisten ausführlich zu Wort meldeten, verzichteten die Bürgerlichen auf lange Ausführungen. Einerseits fühlten sie sich zwar durch die linken Stadtverordneten verletzt und provoziert. Andererseits widerstrebte es ihnen aber eine derartige Debatte zu führen und durch entsprechende Redebeiträge starke Deutungspositionen entgegenzuhalten. Die Aussprache erschien ihnen als lächerliches »Mätzchen«. Diese Verweigerungshaltung gründete sich nicht zuletzt auf ihre politische Mehrheit im Rat, mit der sie schon einmal derartige Bestrebungen verhindert hatten. In dieser Debatte waren sich außerdem die rechte Seite der Bürgerlichen von der DVP bis zu den Wirtschaftsvertretern im Stadtparlament über die Ablehnung des Antrages einig. Das Werben für die eigenen Positionen im Kollegium empfanden sie daher als unnötig. Die übrigen Gruppen hätten sie ohnehin nicht überzeugen können. Im Gegenzug stigmatisierten sie die langen Ausführungen der Linken als Ausdruck politischer Schwäche. Ironisch gaben sie zu verstehen, wie schwach die sozialistische Deutungshoheit bzw. Deutungsgemeinschaft sein müsse, wenn diese sich schon vor sechs, also vor wenigen Bildern fürchteten.

Den Bezug auf das Individuum, nämlich auf die subjektive Erinnerung und Erfahrung, nutzten die Redner demgegenüber zur Begründung der Wahrhaftigkeit wie auch zur politischen Instrumentalisierung von Geschichte. Welche subjektiven Erinnerungen an vergangene Zeiten wurden zum Ausdruck gebracht? Obgleich der zwiespältige Charakter Sachsens in jener historischen Periode zwischen September 1830 und November 1918 durch die Zeilen schimmerte, mithin der Widerspruch zwischen industriellem Aufstieg und sozialem Elend, zwischen starker Arbeiterbewegung und reaktionärem politischen Herrschaftssystem, drehte sich die Debatte nicht um die Einschätzung der historischen Wahrheit, sondern um den Symbolgehalt der Darstellung. Die Bürgerlichen, die in dieser Zeit ihren Aufstieg sowohl in politischer, als auch in wirtschaftlicher Hinsicht erlebten, deuteten diese Epoche fast schon nostalgisch anmutend als positiv. Mit Blick auf die Kommunale Selbstverwaltung betrachteten sie die Bilder insbesondere als symbolhaften Verweis auf den Bestand der sächsischen Städteordnung unter diesen Königen. Diesen Bezug sahen sie als identitätsstiftend an, als einen Erfolg ihres bürgerlichen Kampfes um das Selbstbestimmungsrecht der Städte und eine von landesherrlichen Verfügungen freie Kommunale Selbstverwaltung (Berthold, 1925, 1).

Negative Erinnerungen an diese Periode äußerten hingegen die linken Kreise. Max Walther empfand diese als eine Zeit der Unterdrückung, der Behandlung der Arbeiter »als Bürger 2. und 3. Klasse« und des Fernhaltens von der politischen Mitbestimmung durch das »allerschlechteste Wahlsystem«. Ihre historische Identität zogen die Linken schließlich aus dem Kampf gegen die bürgerlichen Vorrechte und gegen ihre politische Benachteiligung wie soziale Unterdrückung. Die Kommunisten teilten zwar diese sozialdemokratischen Einstellungen bezüglich der früheren Monarchen. Aber als identitätsstiftend fungierte für sie die subjektive Erinnerung an den proletarischen Kampf ab 1918. Ambivalent zeigten sich hingegen die Demokraten. Beispielsweise teilte Hirschfeld als Unternehmer die Erinnerungen der Sozialdemokraten ebenso wenig, wie die der Rechtsliberalen und Konservativen. Als Verfechter der republikanisch-demokratischen Idee empfand er die Monarchen nicht als »historisch wertvolle Persönlichkeiten«, schließlich war aus Sicht der DDP ein marodes Staatssystem zusammengebrochen. Insofern besaßen für sie die Bilder keinen Symbolwert. Die persönlichen Erinnerungen der jeweiligen Gruppen standen sich folglich gegensätzlich gegenüber (Hockerts, 2002, 45 ff.). Dieser Deutungswiderspruch führte zu Spannungen zwischen den Akteuren im Umgang mit den Zeichen der Vergangenheit.

Ein Grundproblem der Konstruktion politischer Sinnstiftung im angesprochenen Fall bestand im fehlenden gesellschaftlichen Konsens über den Wert und Unwert der untergegangenen Monarchie im Land wie im Reich. Obgleich die »Sieger« der Revolution zwar die Deutungen über das sächsische Königshaus auch in Dresden von Beginn an zu bestimmen versuchten, fehlte es ihnen hierbei an politischer Macht zur Legitimierung dieser Ansichten. Insofern fühlten sich die »Gegner« der Revolution aufgrund ihrer bewahrten politischen Positionen – besonders im Rahmen der Kommunalen Selbstverwaltung – durchaus berechtigt, auf der Achtung der Vergangenheit, *ihrer* Identität, zu bestehen.

Welche Einstellungen bezüglich der historischen Gegenwart vermittelte der Erinnerungsdiskurs? Antragstellern wie Debattenrednern ging es in ihrer Auseinandersetzung in erster Linie um die Vermittlung der *Würde* der Republik. Für die Linken waren beschriebene Gemälde kein würdiger Ausdruck der Republik. Für die Rechten war das neue politische System diesen Bildern nicht würdig genug. Der Begriff der Würde signalisierte hierbei den Bezug zur Qualität der politischen Kultur und legitimierte politische Leitbilder bzw. Werteprinzipien. Die Sozialdemokraten präsentierten sich auf der einen Seite als die Schützer der Republik und als Erzieher zum republikanischen Denken. Andererseits verhehlten sie nicht, den demokratischen Staat als Grundlage »für den weiteren Kampf« und Ausgangspunkt für die Verwirklichung des sozialdemokratischen Programms zu nutzen (auch Heidelberger Programm der SPD 1925). Dabei bedauerten sie die Zersplitterung der Arbeiterklasse, sonst würden sie bereits wieder »am Beginn einer revolutionären Situation stehen, allerdings auf anderem Boden«. Damit warfen die zum Zeitpunkt der Debatte die anstehenden Reichstagswahlen erkennbar ihre Schatten voraus. Der Bilderstreit war für die SPD zugleich Ausdruck des politischen Kampfes um die »soziale Republik«. Soweit gingen die Linksliberalen zwar in ihrer Argumentation nicht, aber auch für sie war die Weimarer Republik noch nicht die erwünschte Demokratie. Zu viele politische Vorstellungen des alten Systems wirkten aus ihrer Sicht nach. Die Kommunisten lehnten hingegen die Weimarer Republik völlig ab. Diese galt für sie nur als Ausdruck der unvollendeten proletarischen Revolution. Sie kämpften auch im Stadtparlament für die völlige sozialistische Umgestaltung des Systems. Das »Verschwinden der Bilder« war für sie deshalb »überhaupt« an der Zeit, um eine sozialistische Zukunft unter der Diktatur des Proletariats aufbauen zu können. Die Deutschnationalen ließen den Eindruck entstehen, für sie läge das Kapitel des Kaiserreiches noch nicht auf dem »Schutthaufen der Geschichte«. Die Republik habe sich in ihren Augen bisher nur zu einer »Rederepublik« entwickelt. Wenngleich der Vorsteher diesen denunziatorischen Ausdruck als verfassungsfeindlich rügte, ließ sich dieser Eindruck der Deutschnationalen bezogen auf die parlamentarische Kultur im Dresdner Stadtverordnetenkollegium kaum zurückweisen. Das Reden entwickelte sich zu einem wichtigen Instrument des parlamentarischen Kampfes der Kommunisten wie der Sozialdemokraten. Hierdurch versuchten sie sich politisch zu profilieren, für ihre politischen Ziele zu werben und den öffentlichen politischen Willensbildungsprozess mit Blick auf die nächsten Wahlen zu beeinflussen. Dies zeigte sich eben auch durch die Länge und Häufigkeit ihrer Wortmeldungen in der Debatte um die Fürstenbilder. Die dadurch ausgelösten Veränderungen des politischen Stiles im Stadtparlament kritisierten wiederum die Bürgerlichen als Gefährdung jeglicher sachbezogener Kommunaler Selbstverwaltung.

Insofern bestand damals zumindest in einem Punkt allgemeiner Konsens der Parteien: Sie waren alle mit dem Entwicklungsstand der Republik unzufrieden, wenngleich aus gegensätzlichen Gründen. Die Sozialdemokraten und Kommunisten waren noch nicht am Ziel ihrer politischen Umgestaltungsvorstellungen angelangt. Sie kämpften weiter um ihren politischen Einfluss. Rechtsliberale und Konservative hatten die parteipolitischen Verhaltensweisen dagegen satt und verhehlten auch nicht, der Monarchie nachzutrauern. Dennoch proklamierten sie im Dresdner Stadtparlament zu keiner Zeit revisionistisch-monarchistische oder verfassungsfeindliche Vorstellungen, sondern – wie eben auch in dieser Debatte – vor allem herbe Kritik an der existierenden politischen Kultur. Sie vermissten die Entwicklung einer stabilen politische Ordnung auf dem Boden der Verfassung. Auch die DNVP gab sich im Stadtparlament, anders als auf Reichsebene, durchaus vernunftrepublikanisch. Schließlich verfolgten sie aufgrund ihres kommunalpolitischen Selbstverständnisses im Gemeindeparlament lokale – gerade auf die Bewahrung von Besitzständen ausgerichtete – Interessen. Das zweite Grundproblem für die politische Sinnstiftung lag insofern in den allseits fehlenden positiven Erfahrungen mit der Republik.

In welche Richtungen die Zukunftsvorstellungen gingen, spiegelte sich andeutungsweise in der Frage um den Bildersatz wider. Die Sozialdemokraten machten als Antragsteller zunächst keine konkreten Vorschläge hierfür, sondern beschränkten sich auf den Verweis, es solle sich um »künstlerisch wertvolle Bilder« aus den städtischen Beständen oder um Auftragskunstwerke von Dresdner Künstlern handeln. Die Kommunisten forderten hingegen, Porträts revolutionärer Arbeiterführer malen zu lassen, um die Bevölkerung im marxistischen Sinn zu erziehen. Einen derartigen Personenkult quittierten die Sozialdemokraten mit Spott. Mit dem kommunistischen Eventualantrag einer Auswahlkommission konnte sich die SPD dagegen anfreunden und schlug ebenfalls die Einrichtung einer solchen Kommission vor. Folgerichtig sollte die Entscheidung über den künstlerischen Ersatz also im Rahmen eines demokratischen Willensbildungsprozesses gefunden werden.

## V. Zusammenfassung und Ausblick

Ausgangspunkt der Untersuchung war die Frage: In welchem politisch-funktionalem Zusammenhang standen der Erinnerungsdiskurs und die Gegenwartsdeutung der Dresdner Stadtverordneten? Die Debatte über die Fürstenbilder und der Antrag auf deren Entfernung vermittelte einen doppelten Eindruck. Zum einen waren sich die politischen Kräfte in der Weimarer Republik weder in einem gemeinsam geteilten Verständnis von der Vergangenheit noch von der Gegenwart oder Zukunft einig. Selbst der regionale Bezug auf die sächsische Geschichte stiftete keine Identität, da deren Interpretation von den politischen Machtkämpfen der Gegenwart beeinflusst wurde. Zum anderen verdeutlichte die Analyse, wie auf der kommunalen Ebene subjektives Erleben der Vergangenheit wie Gegenwart die Konstruktion kollektiver Deutungskultur prägte. Erinnerungsdiskurs und Gegenwartsdeutung standen in dieser Debatte in einem unauflösbaren politischen Abhängigkeitsverhältnis. Die Debatte über die »Fürstenbilder« musste hinsichtlich der symbolischen Verankerung des republikanisch-demokratischen Gedankengutes in der Öffentlichkeit daher von vornherein wirkungslos bleiben. Gemeinsam geteilte politische Befindlichkeiten, Leitbilder und Wertemuster bestanden nur innerhalb der einzelnen Gruppierungen. Die politischen Lager standen sich zwar gleichstark gegenüber, wiesen aber als solche keine innere Konsistenz auf. Im Jahr 1928 verringerte sich zudem die Chance der Ausformung solcher Sinnstiftungen, da sich die Erinnerung durch das Gegenwartserleben sowie die Gegenwartseinstellung durch die Erinnerungsweise immer stärker überlagerten. Auf kommunaler Ebene zeichnete sich hierbei die politische Kultur der Reichs- und Landesebene unverändert ab. Die Deutungen in der Presseöffentlichkeit unterstützten ferner die Fragmentierung der politischen Deutungskultur und ihrer Träger.

Dies zeigte sich letztlich auch im Entscheidungsfindungsprozess. Am Ende der Februardebatte blieb der symbolische Ersatz der »Fürstenbilder« unentschieden. Eine positive symbolische Sinnstiftung gelang nicht. Erst anderthalb Jahre später hatte sich eine Kommission der Stadtverordneten dazu entschlossen, sechs Städtebilder von Gotthard Kuehl aus dem Besitz des Stadtmuseums als Ersatzbilder auszuwählen. Der Rat teilte am 5. Juli 1929 mit, den Beschluss der Kommission auf sich beruhen zu lassen (STAD, 2.31., 437/1919, Beschluss vom 5.7.1929). Die Ersatzbilder würden aufgrund ihres unterschiedlichen Formates wie verschiedenen Größe die »geschlossene und ästhetisch befriedigende Raumwirkung der ganzen Wandelhalle« zerstören. Die angebrachten Fürstenbilder würden dagegen raumkünstlerisch den Anforderungen »zweifellos genügen«. Die Mehrheit des Rates erkannte ferner nach wie vor die »historische und künstlerische Bedeutung« an. Die Stadtverordneten entschieden aufgrund dieses Ratsbeschlusses im September 1929 nochmals über die Angelegenheit (Dresdner Anzeiger, 5.9.1929; 11.10.1929). Hierbei entstand aufgrund der gleichstarken Zusammensetzung der Lager ein Abstimmungspatt von 35 zu 35 Stimmen. Keine Seite besaß also mehrheitsfähige Deutungsangebote. Die Bilder blieben im Rathaus hängen.

Fazit: Die Debatte bewirkte nicht die Stärkung des demokratisch-republikanischen Gedankengutes im Stadtparlament, sondern dessen weitere Infragestellung. Die gegensätzlichen Deutungen der Vergangenheit verdeutlichten nur die konträren politischen Wertemuster und Leitprinzipien der politischen Lager und diskreditierten die parlamentarische Kultur erneut.

## Literatur

Assmann, Aleida: Erinnerungsräume. Formen und Wandlungen des kulturellen Gedächtnisses, München 1999.
Blaschke, Karlheinz: Der Fürstenzug zu Dresden, Leipzig/Jena/Berlin 1991.
Bourdieu, Pierre: Die Feinen Unterschiede. Kritik der gesellschaftlichen Urteilskraft, Frankfurt am Main ¹¹1999.
Ders.: Grundzüge sächsischer Geschichte zwischen der Reichsgründung und dem Ersten Weltkriege, in: Lässig, Simone und Karl Heinrich Pohl (Hg.): Sachsen im Kaiserreich. Politik, Wirtschaft und Gesellschaft im Umbruch, Dresden 1997, S. 11–26.
Ders.: Wahlen und Wählertraditionen in Deutschland. Kulturelle Grundlagen deutscher Parteien und Parteiensysteme im 19. und 20. Jahrhundert, Frankfurt am Main 1992.
Eckart Conze: Hic sunt leones. Das 20. Jahrhundert auf der Landkarte der Historischen Anthropologie, in: Historische Anthropologie. Kultur. Gesellschaft. Alltag, 2/2002, S. 295–299.
Grosser, Alfred: Die sogenannte kollektive Erinnerung, in: Conze, Eckart, Ulrich Schlie, und Harald Seubert (Hg.): Geschichte zwischen Wissenschaft und Politik, Baden-Baden 2003, S. 22–27.
Herz, Thomas und Michael Schwab-Trapp (Hg.): Umkämpfte Vergangenheit. Diskurse über den Nationalsozialismus seit 1945, Opladen 1997.
Hockerts, Hans Günter: Zugänge zur Zeitgeschichte: Primärerfahrung, Erinnerungskultur, Geschichtswissenschaft, in: Jarausch, Konrad H. und Martin Sabrow (Hg.): Verletztes Gedächtnis. Erinnerungskultur und Zeitgeschichte im Konflikt, Frankfurt am Main/New York 2002, S. 39–73.
Jarausch, Konrad H.: Zeitgeschichte und Erinnerung. Deutungskonkurrenz oder Interdependenz? In: Jarausch, Konrad H./Sabrow, Martin (Hg.): Verletztes Gedächtnis. Erinnerungskultur und Zeitgeschichte im Konflikt, Frankfurt am Main/New York 2002, S. 9–37.
Karitzki, Olaf: Nation heißt sich erinnern!?, In: Lotz, Christian, Thomas R. Wolf und Walter Ch. Zimmerli (Hg.): Erinnerung. Philosophische Positionen und Perspektiven, München 2004, S. 199–225.
Kolb, Eberhard und Walter Mühlhausen (Hg.): Demokratie in der Krise. Parteien im Verfassungssystem der Weimarer Republik, München 1997.
Lehnert, Detlef und Klaus Megerle (Hg.): Politische Identität und nationale Gedenktage in der Weimarer Republik, Opladen 1989.
Linsmayer, Ludwig: Politische Kultur im Saargebiet 1920–1932. Symbolische Politik, verhinderte Demokratisierung, nationalisiertes Kulturleben in einer abgetrennten Region, St. Ingert 1992.
Noelle-Neumann, Elisabeth: Öffentliche Meinung. Die Entdeckung der Schweigespirale, Frankfurt am Main/Berlin 1991.
Nonn, Christoph: Sozialer Konflikt und politische Reform in Sachsen, Preußen und Deutschland 1914–1918, in: Retallack, James (Hg.): Sachsen in Deutschland. Politik, Kultur und Gesellschaft 1830–1918, Dresden 2000, S. 171–217.
Pohl, Karl Heinrich: Nationalliberalismus und Kommunalpolitik in Dresden und München 1914, in: Retallack, James (Hg.): Sachsen in Deutschland. Politik, Kultur und Gesellschaft 1830–1918, Dresden 2000, S. 171–188.
Rehmann, Luzia Sutter: Ins Leben rufen. Ein Beitrag zur Hermeneutik des Erinnerns, in: Petzel, Paul und Norbert Reck (Hg.): Erinnern. Erkundungen zu einer theologischen Basiskategorie, Darmstadt 2003, S. 26–40.
Reinhardt, Dirk: »Kollektive Erinnerung« und »kollektives Gedächtnis«. Zur Frage der Übertrag-

barkeit individualpsychologischer Begriffe auf gesellschaftliche Phänomene, in: Wischermann, Clemens (Hg.): Die Legitimität der Erinnerung und die Geschichtswissenschaft (= Teuteberg, Hans J., Peter Borscheid und Clemens Wischermann (Hg.): Studien zur Geschichte des Alltags, Nr. 15), Stuttgart 1996, S. 87–99.

Ritter, Gerhard A.: Wahlen und Wahlpolitik im Königreich Sachsen 1867–1914, in: Lässig, Simone und Karl Heinrich Pohl (Hg.): Sachsen im Kaiserreich. Politik, Wirtschaft und Gesellschaft im Umbruch, Dresden 1997, S. 29–86.

Roeck, Bernd: Das historische Auge. Kunstwerk als Zeugen ihrer Zeit. Von der Renaissance zur Revolution, Göttingen 2004.

Rohe, Karl: Politische Kultur – politische Milieus: Zur Anwendung neuerer theoretischer Konzepte in einer modernen Landesgeschichte, in: Lässig, Simone und Karl Heinrich Pohl (Hg.): Sachsen im Kaiserreich. Politik, Wirtschaft und Gesellschaft im Umbruch, Dresden 1997, S. 177–190.

Schmeitzner, Mike: Alfred Fellisch 1884–1973. Eine politische Biographie, Köln/Weimar/Wien 2000.

Schubart, Friederike: Zehn Jahre Weimar – Eine Republik blickt zurück, in: Winkler, Heinrich August (Hg.): Griff nach der Deutungsmacht. Zur Geschichte der Geschichtspolitik in Deutschland, Göttingen 2004, S. 134–159.

Szejnmann, Claus-Christian W.: Vom Traum zum Alptraum. Sachsen in der Weimarer Republik, Dresden 2000

Uhl, Heidemarie: Einleitung, in: Dies. (Hg.): Zivilisationsbruch und Gedächtniskultur. Das 20. Jahrhundert in der Erinnerung des beginnenden 21. Jahrhunderts, Innsbruck u. a. 2003, S. 7–15.

Wenzel, Kay: Befreiung oder Freiheit? Zur politischen Ausdeutung der deutschen Kriege gegen Napoleon von 1913 bis 1923, in: Winkler, Heinrich August (Hg.): Griff nach der Deutungsmacht. Zur Geschichte der Geschichtspolitik in Deutschland, Göttingen 2004, S. 67–88.

Winkler, Heinrich August: Einleitung, in: Ders. (Hg.): Griff nach der Deutungsmacht. Zur Geschichte der Geschichtspolitik in Deutschland, Göttingen 2004, S. 7–13.

Wünsch, Christel: Leben und Werk des Malers und Bildhauers Hermann Prell (1854–1922) unter besonderer Berücksichtigung seines Wirkens in Dresden. Ein Beitrag zur Geschichte der Monumentalkunst im wilhelminischen Kaiserreich, masch. MS, Philosophische Fakultät TU Dresden, 1994.

# Quellen

## Ungedruckte Quellen:

STAD, 3.2.3., Stadtverordnetenprotokolle, 18. 9. 1919.
STAD, 3.2.3., Stadtverordnetenprotokolle, 28. 2. 1928, S. 131–145.
STAD, 3.2.3., Stadtverordnetenprotokolle, 8. 12. 1927, S. 1348.
STAD, 2.3.1., Hauptkanzlei, 437/1919, Bl. 16 f.
STAD, 2.3.1., Hauptkanzlei, 437/1919, Beschlüsse der Stadtverordneten vom 18. 9. 1919, 6. 7. 1922 und 25. 1. 1923.
STAD, 2.3.1., Hauptkanzlei, 437/1919, Beschluss vom 5. 7. 1929.

STAD, Bernhard Rackwitz: Biografischer Anhang zur Geschichte der Stadtverordneten 1837 bis 1947, Dresden 1949.
STAD, Heinrich Butte: 110 Jahre Stadtverordnete zu Dresden 1837 bis 1947, masch. MS o. J.
STAD, Alfred Hahn: 120 Jahre Gemeindevertretung. Kommunerepräsentanten und Stadtverordnete, masch. MS o. J.
Programm der SPD (beschlossen auf dem Parteitag in Heidelberg 1925, in: Protokoll Sozialdemokratischer Parteitag Magdeburg 1929, vom 26. bis 31. Mai in der Stadthalle, Berlin 1929.

Gedruckte Quellen:

Berthold, Willy: Die Gemeindeordnung für den Freistaat Sachsen vom 1. August 1923 in der Fassung des Gesetzes vom 15. Juni 1925, Dresden 1925.
Naumann, Kurt und Erwin Stein (Hg.): Sachsen. Kultur und Arbeit des sächsischen Landes mit besonderer Berücksichtigung der Kommunalwirtschaft und Kommunalpolitik, Berlin-Friedenau 1928.
Siegert, Rudolf: Das Verhältnis der Gemeindeverordneten zum Gemeinderat nach der sächsischen Gemeindeordnung, Leipzig 1927.
Sponsel, Jean Louis: Fürstenbilder aus dem Hause Wettin, Dresden, 1906.

Zeitungen:

Dresdner Anzeige, 3. 2. 1928, 5. 9. 1929, 11. 10. 1929.
Dresdner Nachrichten, 3. 2. 1928.
Dresdner Neueste Nachrichten, 4. 2. 1928.
Dresdner Volkszeitung, 3. 2. 1928.
Dresdner Arbeiterstimme, 3. 2. 1928.
Sächsische Volkszeitung, 4. 2. 1928.

Johanna Sänger

# Straßennamen und kulturelles Gedächtnis
Theoretische Reflexionen und Fallbeispiele
für das Vergessen im Erinnern

## Straßennamen und Gedächtnis

Gedächtnis und Erinnerung sind heute in den historischen Wissenschaften unumstrittene Metaphern für den gesellschaftlichen Umgang mit Vergangenheit. Sie beschreiben das Vermögen, in die historische Betrachtung von Personen und Ereignissen auch deren Rezeption einzubeziehen, also die Formung des Bildes, das wir von etwas nicht mehr Gegenwärtigem haben. Das Konzept kommt unserem skeptischen Bedürfnis entgegen, scheinbar unumstößliche Fakten zu rekontextualisieren. Auf Arbeiten des französischen Soziologen Maurice Halbwachs zum »kollektiven Gedächtnis« (Halbwachs 1991) basierend, hat sich die Theorie vor allem durch Arbeiten des Ägyptologen Jan Assmann (Assmann 1988; Assmann 1992) in Deutschland etabliert.

Das Konzept des kollektiven, bzw. »kulturellen«, vermittelten Gedächtnisses zeigt das Bild von Vergangenheit einer Gruppe auf, ist also mehr als die Summe der individuellen Erinnerungen. Assmann definierte es als »Sammelbegriff für alles Wissen, das im spezifischen Interaktionsrahmen einer Gesellschaft Handeln und Erleben steuert und von Generation zu Generation zur wiederholten Einübung und Einweisung ansteht« (Assmann 1988, 9). Es wird überliefert durch rituelle Handlungen, Texte (Mythen), Kultobjekte oder räumliche Markierungen. Solche »Zeichensysteme aller Art, die man aufgrund ihrer mnemotechnischen (Erinnerung und Identität stützenden) Funktion dem Gesamtbegriff ›Memoria‹ zuordnen darf«, sind die »Erinnerungsfiguren« oder »Medien« des Gedächtnisses (Assmann 1992, 52).

Als solche Medien erscheinen auch öffentliche Namen, wie Straßen- oder ehrende Beinamen, denn sie sind Verdichtungen von Ideen oder Mythen. Benennungen nach Führergestalten, Helden oder Ereignissen sind damit Denkmälern oder Bildern ähnlich. Im Unterschied zu diesen fehlt ihnen allerdings eine eigene Verräumlichung oder Verdinglichung und damit ein eigenständiger ästhetischer Wert. Ihre Existenzberechtigung im Gedächtnis wird in der Gesellschaft daher oft über den Raum oder das bezeichnete Objekt diskutiert. Ihre Bedeutung von der Lage und Funktion der Straße in der Stadt mitbestimmt. In öffentlichen Namen scheint außerdem diejenige kollektive Erinnerung auf, die von den jeweiligen Vergabeinstanzen vertreten wird: Von gewählten Volksvertretern oder Autokraten, von Verwaltungen oder Institutionen. Das sich in Straßennamen manifestierende Gedächtnis ist daher eher ein offiziell durch eine Machtgruppe als durch individuelle Erinnerung geprägtes. Die Authentizität des Erinnerten ist hierbei irrelevant, wichtig ist nur seine Funktion für die Gegenwart und Zukunft: »Für das kulturelle Gedächtnis zählen nicht faktische, sondern nur erinnerte Geschichte. [...] Mythos ist eine fundierende Geschichte, eine Geschichte, die erzählt wird, um eine Gegenwart vom Ursprung her zu erhellen. [...] Durch Erinnerung wird Geschichte zum Mythos. Dadurch wird sie nicht unwirklich, sondern im Gegenteil erst Wirklichkeit im Sinne einer fortdauernden normativen und formativen Kraft.« (Assmann 1992, 52). Eine solche fundierende Geschichte ist der Holocaust für den Staat Israel und war der deutsche kommunistische Antifaschismus für die DDR. Durch meist positive Sinnstiftung bestimmt der Mythos das Handeln der Gruppe. Er präsentiert Vorbilder und Normen innerhalb eines *Kanons*, welcher dazu dienen kann, Bestehendes zu verfestigen und gegen Veränderung zu sichern, so dass der Rahmen des bestehenden Richtigen schließlich zu etwas Heiligem, Sakrosankten wird und zu einem stärkeren Festhalten an Tradition führt (Assmann 1992, 122 f.).

Was erinnert wird, ist abhängig von den Auswahlmechanismen der Gruppe. Zu verschiedenen Zeiten oder in verschiedenen Kulturen, an verschiedenen Orten wird nicht das Gleiche erinnert, sondern Zeit, Gruppe und Raum determinieren die Erinnerung (Burke 1991, 289–304). Die Theorie ist nur dann adäquat in der historischen Forschung anwendbar, wenn diese Faktoren berücksichtigt werden. Zum kollektiven Gedächtnis gehört dann neben der offiziellen auch die informelle Überlieferung, etwa in Erzähltraditionen oder der gewachsenen räumlichen Erinnerung von Städten und Dörfern.

Die Bedeutung des Raumes für die gruppenspezifische Erinnerung wird durch eine eigene Forschungsrichtung der ›Erinnerungsorte‹ deutlich. Mit dem monumentalen Sammelwerk *Les Lieux de mémoire* (Nora 1984) begann die neuere Verwendung des Gedächtnisbegriffs auf reale wie metaphorische Räume. Darunter werden konkrete Memorialstätten wie Gedenkstätten und geschaffene Denkmäler ebenso gefasst wie Denkmale, d. h. Relikte (des Alltags) vergangener Epochen. Solche räumlich fixierbaren Objekte sollten durch ihre stärkere Erforschung bewusster gemacht, in das kollektive Gedächtnis der Nation wieder aufgenommen werden. Die von Nora herausgegebene Sammlung wurde vorbildhaft für ein ähnliches Projekt in Deutschland (François/Schulze 2001). Auch dessen Ziel war es, die »behandelten Denkmäler,

Bauwerke, Regionen, Personen oder Feiern in den breiteren Rahmen der deutschen Erinnerungsgeschichte einzubetten und ihre vielfältigen wechselseitigen Bezüge und Abgrenzungen zu klären.« (François/Schulze 2001, I, 17).

Als umfassender Speicher wird das Gedächtnis auch von Aleida Assmann gedacht (Assmann 1991, 13–35). Sie stellte verschiedene Metaphern vor: Räumliche Modelle, wie Bibliothek oder auch nur Buch, sind vollständige Reservoirs von Erinnerung. Ein Pergament kann zwar abgeschabt und neu beschrieben werden (Palimpsest), ist jedoch durch moderne Untersuchungsmethoden wieder lesbar. Zeitlich gedachtes Gedächtnis verweist auf die Gefahr des Vergessens: Neues überlagert das bekämpfte Alte, das jedoch unsichtbar weiter vorhanden ist. Die Probleme dieser Theorie sind verschiedentlich angesprochen worden. Unbehagen löste etwa die Frage aus, ob die neuen Begriffsverwendungen nicht Vergangenheit zu einem für sich gültigen, »nicht mehr kritisierbaren Bezugssystem« machten, das sich »einer Infragestellung durch eine explizite Gegenwartsanbindung des Betrachters widersetzt« (Wischermann 1996, 12 f.). Vergangenheit durch (kollektive) Erinnerung kritiklos zu ersetzen, könnte bedeuten, dass sie für sich akzeptiert, geheiligt und unantastbar erscheint. Das ist besonders da problematisch, wo es nicht mehr allein darum geht, bisher verdrängte historische Zusammenhänge darzustellen, sondern aus Erinnerungssymbolen ein bestimmtes Zugehörigkeitsgefühl und damit eine Verpflichtung auf eine erlösende Gegenwart oder Zukunft zu schaffen, sprich: Politik zu machen. Wie schon bei Jan Assmanns angelegt, findet sich nämlich auf theoretischer wie publizistischer Ebene immer wieder die emphatische Vorstellung eines »befreienden Charakters« (Borsdorf/Gruetter 1999, 28 f.) des kulturellen Gedächtnisses. Erinnerung soll als Hilfsmittel in solchen Identitätskrisen dienen, die auch für Deutschland am Ende des Jahrhunderts prägend geworden waren (Niethammer 2000, 39). Die Metaphern erhielten für zeitgeschichtliche Phänomene eine weitere Dimension als Argumentationsmittel in politischen und kulturkritischen Auseinandersetzungen. Die Vorstellung eines umfassenden Speichers in den Straßennamen oder Denkmälern einer Stadt wurde in der populären Publizistik und politischen Rhetorik übernommen. Lokalhistoriker und Stadtväter erheben sie zum »Gedächtnis der Stadt« und meinen damit freilich meist nur die gerade sichtbaren, gültigen, nicht die gestürzten oder umstrittenen Namen (vgl. problemorientiert: Hübner 1997). Gedächtnis und Erinnerung werden hier zur bequemen Metapher, um Vorhandenes in einer verbindlichen Form darzustellen und die gegenwärtige Historisierung theoretisch zu verbrämen.

Die Problematik des allumfassenden Anspruchs der Erinerungstheorie, die Straßennamen einer Stadt bildeten einen umfassenden Speicher, soll an den Beispielen dieser Untersuchung gezeigt werden. Denn diese Reservoirs städtischen Gedenkens werden regelmäßig ›aufgeräumt‹ und somit den jeweils aktuellen Maßstäben angepasst. Sie sind administrativ fixiert, nur durch langwierige politische und Verwaltungsakte zu ändern. Um Straßennamen mit national-politischen ebenso wie mit stadtgeschichtlichen Inhalten gibt es geradezu symbolische Kämpfe. Hier überwiegt der Aspekt der Ehrung und des Erinnerungs-Würdigen. Für wohl Geschehenes, aber nicht mehr als positiv Angesehenes soll auf Straßenschildern kein Raum sein, es wird bekämpft und gilt als beschämend. Straßennamen sollen primär schmücken und repräsentieren.

Straßennamen sind – im Gegensatz zu figürlichen Denkmälern – unabdingbar für das Funktionieren der modernen Stadt, denn sie geben räumliche Orientierung. Sie müssen eindeutig sein und einen Bezug zum benannten Raum haben, etwa, indem sie ihn direkt beschreiben. Straßennamen können also topographische Eigenarten (etwa Gestalt oder Lage der Straße, Richtung, städtische Funktion, typische Bewohner) in Vergangenheit oder Gegenwart enthalten. Oder sie sind, und das ist in den rasch gewachsenen Großstädten des 19. Jahrhunderts häufig der Fall, Teil eines thematischen Viertels (etwa Cluster mit Dichter-, Orts- oder Vornamen). Beliebt waren nach der Reichsgründung Ortsnamen aus dem Deutsch-Französischen-Krieg. Der Siedlungsbau am Anfang des 20. Jahrhunderts brachte auch eine stärkere Hinwendung zur Natur, was sich in den Namen der Blumenviertel wiederspiegelt. Neben der räumlichen Orientierung enthalten sie also eine zweite kulturelle, sie machen den Bezug der Stadt zu einer kulturellen Meta-Ebene namhaft.

Diese zweite Bedeutungsebene verbreitete sich zuerst in den Umbenennungen der Französischen Revolution und in großem Maße im 19. Jahrhundert. Damit gewann die bestätigende ehrende Funktion von Straßennamen an Gewicht. Moderne Straßennamen sind meist bestätigend; sie unterstreichen den Wunsch nach Harmonie, Geborgenheit, und damit Identität der Bürger. Konkrete Formen und Inhalte von Straßennamen sind abhängig von der Entstehungszeit. Im 19. Jahrhundert kamen zu den eindimensional raumbezogenen Namen der Altstädte Personen und Ereignisse des nationalen Pantheons hinzu. Die Diktaturen des 20. Jahrhunderts etablierten die Ehrung ihrer Führer, Vordenker und Märtyrer und waren auf die Auslöschung der vorherigen Erinnerungskultur bedacht, während die Demokratien rücksichtsvoller damit umgingen, ohne sich die Gelegenheit der Selbsteinschreibung entgehen zu lassen. So sind besonders ostdeutsche Städte am Ende des Jahrhunderts noch voller Verweise auf den radikalen Veränderungswillen und die eindimensionale Erinnerungsarbeit der DDR, denn die Umbenennungsdebatten des Umbruchs 1989/90 hatten vielerorts ein genaues Abwägen zum Ziel.

Immer wieder gibt es informelle Bezeichnungen für Straßen, die jedoch keine offizielle Gültigkeit erlangen. Gerade in ihnen ist ein anderes als das offizielle Gedächtnis enthalten, sie können auf Probleme und Vielschichtigkeiten hinweisen. So gibt es in Leipzig eine lange Ausfallstraße, die von den Einheimischen Adolf-Südknecht-Straße genannt wird. Darin spiegelt sich ihre Umbenennungskarriere im 20. Jahrhundert: Seit der städtebaulichen Erschließung des Viertels trug sie den Namen Südstraße (1874). 1933 wurde sie in Adolf-Hitler-Straße umbenannt, und, nach einer kurzen Rückkehr zum alten Namen, 1945 in Karl-Liebknecht-Straße (Klank/Griebsch 1995, 118). Bedeutete die nationalsozialistische Bezeichnung eine Widmung dieses Stadtraums für den deutschen Diktator, so ehrte die kommunistische Administration hier einen Vorkämpfer ihrer Bewegung, der in einer kleineren Querstraße geboren worden war – und setzte ihn zugleich dem faschistischen Symbol entgegen. Beide Namen beanspruchten eine neue Erinnerung, die Auslöschung des vorherigen Gehalts. Doch nur der Volksmund bewahrt alle Varianten und ironisiert die Pedanterie der ausführlichen Namen-Nennung.

Im Folgenden soll an zumeist ostdeutschen Einzelfällen die affirmative, identitätsstiftende Funktion von Straßennamen konkret dargestellt werden. Diese Benennungen sind im Rahmen einer Studie zu den Straßennamen der DDR aufgefallen, ohne für die Benennungsmuster ihrer Städte insgesamt signifikant zu sein (Sänger 2005). Es handelt sich also im Folgenden um eine eher impressionistische Zusammenstellung von Beispielen, wie man nach 1945 mit Namen umging, die dem öffentlichen Bedürfnis nach positiver Sinnstiftung nicht entsprachen. Dass dabei nur die Vergabepraxis und nicht die ethnologisch aufschlussreiche Rezeption der Straßennamen dargestellt wird, ist in der Anlage der genannten Studie begründet. Dabei interessiert besonders, welche Intentionen sich mit Bezeichnungen verbanden, die die Schuld der Deutschen an den Verbrechen des Nationalsozialismus symbolisierten. Ähnliche Strukturen wirkten bei der onomastischen Polonisierung der deutschen Stadt Breslau 1945, so dass dieses eigene Forschungsfeld hier mit dargestellt werden soll. Die ungewöhnlichen Beispiele zeigen nicht die Regel, sondern die Ausnahmen, und damit das Wesen moderner Straßennamen ex negativo. Dieser Beitrag geht den Anlässen und Ursachen für die Existenz »negativer« Erinnerung im Kosmos des Repräsentativen nach.

## 1. Fallbeispiel: Jüdenstraße, Judenplatz

Im November 2002 wurde ein jahrelanger Streit im Berliner Stadtbezirk Spandau um die Rekonstruktion des historischen Namens »Jüdenstraße« bekannt.[1] Fast 15 Jahre lang konnten sich die Parteien des Stadtbezirks nicht darauf einigen, eine Straße ihrer Altstadt zurück zu benennen, die von den Nationalsozialisten nach einem Patrioten des 19. Jahrhunderts getauft worden war. Eine Bürgeraktion verteidigte den gewohnten Namen Kinkelstraße. Als das neue Straßenschild am 9. November 2002 im Beisein des Vorsitzenden der Jüdischen Gemeinde doch enthüllt wurde, riefen einige Zuhörer antisemitische Parolen. Der Fall zeigt, wie ungewöhnlich es ist, einmal getilgte Judengassen oder -straßen zurück zu benennen. Auch ein Breslauer Judenplatz, der zwischenzeitlich die Namen Karls- und Lassalleplatz getragen hatte, wurde 1946 nicht so wieder benannt. Die Stadtverwaltung wich bei der Polonisierung der Straßennamen auf die Bezeichnungen plac Bohaterów Getta (Platz der Helden des Ghettos) aus (Kruszewski 1997, 77; 87). Indem man den jüdischen Widerstand betonte, wurden »die Juden in den Nationalkult der Volksrepublik integriert« (Thum 2003, 358), also dem Kampf der Polen gegen den Nationalsozialismus näher gerückt. Zugleich wurde den jüdischen Opfern ein eigener Status und sogar die Erinnerung an ihren Teil der Stadtgeschichte verwehrt. Der direkte Verweis auf diese Minderheit, wäre im nationalbewussten Polen der Gründungsjahre zu ethnisch-abgrenzend erschienen.

Die Debatte um das Mahnmal für die ermordeten Juden Europas zog 1998 in Berliner Zeitungen den provokanten Vorschlag nach sich, einfach den im Neubau begriffenen Potsdamer Platz umzubenennen, statt ein riesiges Denkmal zu errichten: »Warum Steine, wenn ein Wort schon genügt? ›Jude‹, dieser Name, der nicht nur benennt, sondern ausgrenzt und zurückschlägt, ist doch das Erinnerungszeichen, über das wir stolpern und stolpern müssen, solange das Gedächtnis reichen wird. Dass es Juden als selbstverständliche Mitglieder der deutschen Gesellschaft nicht mehr geben sollte, das muss als Skandal immer wieder ganz konkret zu erleben sein. Warum nicht den zentralsten, den stolzesten Platz in der neuen Hauptstadt auf den Namen ›Judenplatz‹ taufen?«[2]

Dieser Vorschlag nahm unausgesprochen Bezug auf Meinungen, die von den linken Parteien in den Ost-Berliner Umbenennungsdebatten der ersten Nachwendejahre immer wieder vertreten worden waren. Nach den Erfahrungen mit ›heldenhaften‹ Stra-

---

1  Tom Schimmeck: Volkszorn in der Jüdenstraße, in: Die Zeit, 14. November 2002, 59.
2  Dieter Bachmann: Zur Debatte über das Mahnmal, in Die Zeit, 26. 2. 1998. Der Publizist Jan Ross unterstützte den Vorschlag in der Berliner Zeitung, 7. 3. 1998: Judenplatz sei eine »schneidend« direkte, alterslose, provokante Benennung und deshalb einem Holocaust-Mahnmal vorzuziehen.

ßennamen der DDR-Zeit sollten sie nun nicht mehr nur als Ehrung, sondern auch als Mahnung verstanden werden können. Gleichsam als Negativseite des Gedächtnisses, als Verdrängtes und Schuldhaftes, sollten alle Straßennamen als historische Zeugnisse der Vergabezeit verstanden werden. Man sollte sie debattieren können und darüber zu einem Konsens kommen. Beispielhaft dafür ist ein ganz anderer Fall: Abgeordnete von Bündnis 90/Grüne im Stadtbezirk Mitte stimmten für den Erhalt der Wilhelm-Pieck-Straße, »›weil wir mit den Brüchen der Geschichte leben sollten‹ und die 40 Jahre DDR ›nicht völlig ausradiert werden dürfen.‹«[3]. Auch eine Ausstellung des Heimatmuseums Prenzlauer Berg zeigte die Entstehungsgeschichte einiger Straßennamen 1992 unter dem Titel »Mit der Geschichte leben«.[4] –

Auf die variable Erinnerung des Holocaust hat Peter Reichel eindringlich hingewiesen: »Nach Auschwitz hat die Rede vom Nutzen des Vergessens nicht nur ihre Unschuld verloren. Auch ihr jahrhundertelang unbestrittener anthropologischer Wahrheitsgehalt ist nachdrücklich in Frage gestellt. Allerdings zeigt sich – am konkreten wie am abstrakt-allgemeinen Erinnerungsort Auschwitz –, dass zwischen kollektivem Vergessen und Erinnern eine komplizierte Verbindung besteht. Wir vergessen nicht nur, was wir nicht erinnern, wir vergessen auch und gerade im Erinnern und verdrängen das zuerst. Denn die Erinnerung wählt aus, ergänzt und erfindet, sie verharmlost, verklärt, verteufelt und versachlicht, mit einem Wort: sie verändert und vereinnahmt das Vergangene, aus welchen politischen Motiven auch immer. Zahlreiche Kollektive beziehen sich auf Auschwitz, die nichtjüdischen Deutschen in anderer Weise als die alliierten Siegermächte und die verschiedenen Opfergruppen, und diese durchaus nicht in identischer Sicht und in konfliktfreiem Gedenken. [...] Längst ist der Name zu einem ortlosen, einem globalen Erinnerungsort geworden, zur Metapher für ein ›Jahrhundert der Barbarei‹« (Reichel 2001, I, 620f.) So werden auch heute in öffentlichen Benennungen die problematischen Seiten von Erinnerung meist verdrängt. Der Holocaust gehört zur schuldhaften Seite des kollektiven Gedächtnisses in Deutschland. Man kann die Opfer öffentlich mit ihren Namen nennen, aber ihren Kollektivbegriff nicht als Selbstverständlichkeit in den städtischen Raum setzen. In Berlin fehlte der legitimierende Bezug des eigentlich beschreibenden Namens zum Potsdamer Platz. Wenn seine einzige Referenz die deutsche Schuld am Holocaust ist, wenn er, wie gewollt, als Skandal verstanden würde, wäre er nicht ertragbar. Ein Judenplatz inmitten Berlins wäre wohl erst möglich, wenn diese Erinnerung, mit großem zeitlichen Abstand vom Geschehen, von den Lebenden nicht mehr bewältigt werden müsste.

3   Zitiert nach »Die Tageszeitung« (im Folgenden: TAZ), 6.5.1991, 3.
4   TAZ, 7.6.1991, 21 und 20.1.1992, 24. Ohne eigene Publikation.

## 2. Fallbeispiel: Völkermord und Konzentrationslager

Im Leipziger Vorort Wiederitzsch gibt es heute inmitten einer Kleinsiedlung, deren Straßennamen sonst meist nach Singvögeln und Bäumen gebildet sind, eine Auschwitzer Straße. In einer benachbarten Reihenhaussiedlung finden sich neben den Namen von verdienten Bürgern, Dichtern und Leipziger Opfern des Faschismus eine Dachauer und eine Buchenwaldstraße. Eine Lidicestraße, deren Name an die Zerstörung des tschechischen Dorfes 1942 und die Ermordung fast aller Bewohner durch die SS erinnert, verläuft durch eine weitere Siedlung in Leipzig-Thekla.

In diesen Namen werden dunkle Seiten der Vergangenheit öffentlich gemacht. Ortsnamen, die zu Synonymen deutscher Verbrechen des Nationalsozialismus geworden sind, werden hier von den Anwohnern alltäglich benutzt. Das ermöglicht, sich ständig an ihre historische Bedeutung zu erinnern. Allerdings bilden diese Namen eine Ausnahme in der allgemeinen Benennungspraxis der DDR wie der BRD. Leipzig ist der einzige Ort in Deutschland, in dem es mehrere solcher Straßennamen gibt. Recherchen in der Postleitzahlendatenbank der Deutschen Post[5] zeigen: Eine Auschwitzstraße gibt es nur in Leipzig. Einen ehrenden Lidiceplatz findet man außerdem lediglich in der Innenstadt von Dessau. Weimar besitzt einen Buchenwaldplatz[6] und die Altstadt von Regensburg einen Dachauplatz, der wohl gleichfalls als Ort der Erinnerung zu verstehen ist. Weitere Straßen nach diesen beiden Ortsnamen sind im Kontext der umgebenden Benennungen dagegen meist als Flurnamen und Naturbeschreibungen[7] oder als Richtungsnamen[8] zu lesen.

Trotz ihres hohen symbolischen Wertes sind diese Erinnerungsorte in Straßen-

---

5  Vgl. www.postleitzahl.de.
6  Die Bezeichnung ist eine Umbenennung aus dem DDR-Namen »Platz der 56.000« von 1958, der damals bekannten Opferzahl des nahen KZ Buchenwald. Seit jenem Jahr steht hier ein großes Thälmann-Denkmal für den prominentesten Toten dieses Lagers. Der neue Name Buchenwaldplatz bezieht auch die Opfer des sowjetischen Internierungslagers mit ein, als welches Buchenwald nach 1945 genutzt wurde.
7  Vgl. die ostdeutschen Buchenwaldstraßen in 09116 Chemnitz, in 07980 Berga an der Elster, die Buchenwalder Straße in 04519 Rackwitz, der Buchenwaldweg in 17213 Malchow. Auch in den westdeutschen Bundesländern beschreibt dieser Straßenname eine lokale Besonderheit oder ist Teil eines Baumviertels: so in 66989 Höhfröschen, 70771 Leinfelden-Echterdingen, 59379 Selm, 65193 Wiesbaden, 77736 Zell am Harmersbach, 55606 Otzweiler. – Alle Stadtpläne wurden mit dem Programm Microsoft MapPoint 2002 eingesehen.
8  Dachauer Straßen gibt es in Bayern 23-mal, meist als Richtungsnamen. Eine ostdeutsche Dachauer Straße befindet sich in 15738 Zeuthen bei Berlin, allerdings in einem Viertel mit bayerischen Städtenamen, d. h. sie ist dort als geographischer Verweis gemeint und nicht als Denkmal. Vgl. Microsoft MapPoint 2002.

namen extrem selten. Während die schuldhafte NS-Vergangenheit in der staatlichen Erinnerungspolitik einen wichtigen Platz einnimmt, wird sie in der städtischen Namengebung weitgehend gemieden. Offenbar ist ihr Bildungs- und Erziehungswert hier unangenehm und wird von einer Mehrheit der Bevölkerung sowie politischer Entscheidungsträger gemieden. Sie stören nicht nur den Cluster der umgebenden Namen, sondern auch den Anspruch, in der Adresse die Sicherheit, Harmonie, Schönheit wiederzuspiegeln, die jeder Bürger für seine Wohnung und jede Institution für ihren Sitz wünscht. Ebenso wie der debattierte Berliner »Judenplatz« sind diese Namen nicht durch einen räumlichen Verweis legitimiert, mit ihnen verbindet sich auch nicht überwiegend ruhmvolles Handeln, mit dem man sich leicht identifizieren könnte. Die Geschichte ihrer Entstehung zeigt, dass diese Namen als klare Mahnung und Warnung intendiert sind – obwohl die grammatisch falsche Form Dachau*er* und Auschwitz*er* Straße ihre Verharmlosung als Richtungsnamen erleichtert.

Die Leipziger Buchenwald- und Dachauer Straße sind Querstraßen einer großen Ausfallstraße, der Delitzscher Landstraße. Sie umgreifen ein in den 1930er Jahren begonnenes Wohngebiet. Auf dem Stadtplan von 1940 sind sie als Franz-Seldte- und Hermann-Göring-Straße zu finden. d.h., man hatte hier zwei Führer und Minister des Dritten Reiches zu Lebzeiten geehrt.[9] Auch die heutige Auschwitzer Straße war in einer nahegelegenen Kleinsiedlung, als Schlageterstraße[10] entstanden. Bereits im Mai 1945 wurden in Wiederitzsch diese mitsamt vier weiteren Straßen nach Führern und Heroen des NS-Regimes sowie die Straße der SA umbenannt.[11] Unter dem Einfluss der amerikanischen Besatzer kamen die nur wenige Wochen zuvor befreiten Konzentrationslager auf die Straßenschilder. Die Benennung steht im Zusammenhang zur Umerziehungspolitik der Amerikaner. Einzelheiten der in diesen Lagern aufgedeckten Verbrechen wurden im Frühjahr 1945 von den Alliierten in Deutschland verbreitet (Brink 1998). In Buchenwald und Dachau, den Lagern für politische Gefangene, hatte die US-Army im April Leichenberge und Zehntausende geschwächte Gefangene der Todesmärsche gefunden (Young 1997, 99–101). Auschwitz galt bald als das Todeslager des Ostens schlechthin. Die Amerikaner versuchten in den ersten Nachkriegsjahren,

---

9   Weitere Straßen des Viertels waren nach Personen benannt (etwa lokalen Persönlichkeiten, dem Schriftsteller Hermann Löns) und sind teilweise 1945 ebenfalls umbenannt worden, meist nach Widerstandskämpfern.
10  Mit der Machtergreifung der Nationalsozialisten stieg der Freikorpsmann Albert Leo Schlageter (1894–1923), der wegen Sprengstoffattentaten im französisch besetzten Ruhrgebiet hingerichtet worden war, zum Märtyrer der Bewegung auf.
11  StA (im Folgenden: Stadtarchiv) Leipzig, GR Wiederitzsch Nr. 53 (nach 1945), Bl. 12 f., Bekanntmachung vom 19./24. Mai 1945. Außer den erwähnten Umbenennungen gab es noch solche nach Heinrich Heine und Robert Blum sowie einige beschreibende Namen.

die Deutschen mit Wort- und Bildpropaganda dieser Schrecken umzuerziehen, so dass ein Symboltausch, bisherigen Führergestalten deren Untaten gegenüberzusetzen, nahe liegt. Vermutlich spielte auch die Nähe der Straßen zum Neuen Israelitischen Friedhof eine Rolle, dessen Hauptgebäude in der ›Reichskristallnacht‹ 1938 zerstört worden waren.

An diesen Namen haben auch spätere Umbenennungen nichts geändert. Die Sowjetische Militäradministration als zweite Besatzungsmacht veranlasste im Herbst des Jahres sogar noch weitere Änderungen. In Wiederitzsch wurden dabei Straßennamen getilgt, die bisher vornehmlich lokalen Persönlichkeiten gewidmet waren. Sie wurden nun nach Karl Marx, Karl Liebknecht sowie örtlichen Widerstandskämpfern benannt.[12] Unter den neuen Verhältnissen der Sowjetischen Besatzungszone konkretisierte sich die Erinnerung an die NS-Vergangenheit vor allem in den Vordenkern und Gründern der kommunistischen Partei sowie in deren Märtyrern.

Diese Umbenennungen lagen durchaus im Trend der unmittelbaren Nachkriegszeit. Während es 1945 vor allem um die Aufklärung von Schuldfragen, um Bestrafung und die onomastische Entnazifizierung, die Entfernung der faschistischen Symbole in aller Gestalt ging, gab es 1946 nochmals eine Aktion, in deren Verlauf verschiedenste militärische und monarchistische Namen verändert wurden. Am 13. Mai 1946 erließ der Alliierte Kontrollrat eine Direktive, nach der endgültig alle Symbole des alten Systems entfernt werden sollten: »Von dem Zeitpunkt des Inkrafttretens dieser Direktive an ist untersagt und als gesetzwidrig erklärt die Planung, der Entwurf, die Errichtung, die Aufstellung und der Anschlag oder die sonstige Zurschaustellung von Gedenksteinen, Denkmälern, Plakaten, Statuen, Bauwerken, Straßen- oder Landstraßenschildern, Wahrzeichen, Gedenktafeln oder Abzeichen, die darauf abzielen, die deutsche militärische Tradition zu bewahren und lebendig zu erhalten, den Militarismus wachzurufen oder die Erinnerung an die nationalsozialistische Partei aufrechtzuerhalten, oder ihrem Wesen nach in der Verherrlichung von kriegerischen Ereignissen bestehen. […]«[13] Obwohl sich diese Anordnung auf Militaria ab dem Beginn des Ersten Weltkriegs bezog, wurden daraufhin in der SBZ auch die Namen älterer Regenten (etwa Kaiser Wilhelm) und ihrer Familienmitglieder, von Feldherren und Schlachten

---

12   StA Leipzig, GR Wiederitzsch Nr. 53 (nach 1945), Bl. 102, Bekanntmachung vom 1. Oktober 1945.
13   Direktive Nr. 30, Beseitigung deutscher Denkmäler und Museen militärischen und nationalsozialistischen Charakters, 13. Mai 1946, in: Amtsblatt des Alliierten Kontrollrats in Deutschland, Nr. 7, Berlin, 31. 5. 1946, S. 154 f.

(etwa des Deutsch-Französischen Krieges), von Politikern und Staatsbeamten (etwa Bismarck) oder Aristokraten generell beseitigt.[14]

Unter den neuen Namen, die stattdessen gewählt wurden, nahmen Personen der Arbeiterbewegung und speziell der KPD, aber auch sowjet-russische Künstler und Wissenschaftler die ersten Plätze ein. Beeinflusst von SMAD und der SED, wurde in Hauptstraßen und Siedlungen ein neues nationales »Pantheon« (Azaryahu 1991, 25 f.) installiert, das ideologische Vordenker, Gründerväter, Märtyrer und andere Nationalhelden sowie Humanisten als Schlüsselfiguren der nationalen Kultur umfasste. Mit den Worten, es sei eine »heilige Tradition [...] als erstes der Helden zu gedenken, die der Kampf aus unseren Reihen gerissen hat« (zit. nach Wolgast 2001, 31, Anm. 11), stellte Wilhelm Pieck bei der Eröffnung des letzten Parteitags der KPD 1946 solch ein Pantheon auf. Er hob zuerst Karl Liebknecht, Rosa Luxemburg und Ernst Thälmann hervor. Weitere drei Totengruppen waren die »im Nationalsozialismus Ermordeten«, die »in Spanien Gefallenen« und die »in der Sowjetunion und in der Emigration« Gestorbenen (Wolgast 2001, 31, Anm. 11).

1946/47 kamen auf diese Weise vielerorts August Bebel, Karl Marx, Karl Liebknecht und Rosa Luxemburg, Ernst Thälmann und Rudolf Breitscheid, Käthe Kollwitz und Heinrich Heine sowie verschiedene lokale linke NS-Opfer auf die Straßenschilder. Hin und wieder gab es Rückbenennungen nach Walter Rathenau, Friedrich Ebert oder anderen Politikern der Weimarer Republik. Maxim-Gorki- und Alexander-Puschkin-Straßen bildeten Reminiszenzen an die neue Sowjetfreundschaft. Bürgerliche Persönlichkeiten aus älteren Epochen einer Stadt waren dabei nur als Lückenfüller zu finden. Beschreibende Namen (Richtungen, Ortseigenschaften, Naturbegriffe) wurden nur den politischen nachgeordnet vergeben.

Die Straßennamen der SBZ zeigen noch das Bemühen um eine Gewichtung der neuen Helden. Denn dass sich die neue Erinnerung im Handeln von Personen und daher ihren Namen konkretisierte, stand außer Diskussion. Das zeigt sich insbesondere im Umgang mit der Geschichte des Nationalsozialismus. Die Erinnerung daran repräsentierte sich nun in den ermordeten prominenten Vertretern linker Parteien und Gewerkschaften, wie auch in Widerstandskämpfern der eigenen Stadt. Auch der Kollektivbegriff ›Opfer des Faschismus‹ gelangte vielerorts auf Straßenschilder. Juden, Sinti und Roma und andere ›bloß‹ ethnische Opfer oder Menschen, bei denen nicht eine

---

14 In Thüringen etwa modifizierte im Winter 1946 eine Durchführungsbestimmung des Landes den Militarismus-Begriff folgendermaßen: »Auf alle Fälle sind jedoch die Straßenbezeichnungen wie Sedanstraße, Wörthstraße, Friedrich-Wilhelm-Straße, Karl-August-Straße usw. oder Bezeichnungen wie ›Siegeshöhe‹ zu beseitigen.«, Thüringisches Hauptstaatsarchiv Weimar, Bestand Ministerium des Innern 1225, Schreiben des Ministerium für allgemeine Verwaltung Thüringen vom 7.12.1946.

politische Mitgliedschaft Anlass ihrer Verfolgung gewesen war, wurden kaum öffentlich geehrt. Die sich etablierende SED hatte weder ein besonderes Interesse an diesen Opfern, noch waren ihr komplexere Erinnerungszeichen wichtig. Daher stellt die 1949 so benannte Lidicestraße in Leipzig-Thekla (Klank/Griebsch 1995, S. 135) ebenfalls eine bezeichnende Ausnahme dar.

Auch dieser Name entstand aus einem Symboltausch. Wie die Wiederitzscher Straßennamen befindet sich der 1931 als Sudetendeutsche Straße angelegte Weg in einer jüngeren Wohnsiedlung. Die anderen Wege des Viertels waren nach deutschböhmischen Städten als Aussiger, Kaadner, Leitmeritzer, Reichenberger und Egerer Straße benannt.[15] Weil diese Namen als so genannte Grenzlandnamen deutsche Gebietsansprüche auf diese Städte und Regionen ausdrückten oder ihre Einnahme feierten, wurden sie nach dem Krieg als ›reaktionär‹ angesehen und ab 1949 getilgt. Die Umbenennung der Sudetendeutschen Straße steht dabei am Anfang und scheint Anlass für einen Machtkampf in der Stadtverordnetenversammlung gegeben zu haben. Die Änderung wurde von der SED beantragt und gegen die Skepsis der bürgerlichen Parteien (LDP), damit könnte keine »Auslöschung« der alten Ideen erreicht werden, mit knapper Mehrheit durchgesetzt.[16]

Ähnlich wie die Namen der Konzentrationslager war Lidice in den Nachkriegsjahren ein Symbol für deutsche Verbrechen, über das immer wieder berichtet wurde. Das Dorf war am 10. Juni 1942 einer Vergeltungsaktion der SS für das Attentat auf Reinhard Heydrich zum Opfer gefallen, was zugleich alle widerstandsbereiten Tschechen einschüchtern sollte (Naumann 1983). Mit der vollständigen Zerstörung des Dorfes, der Ermordung der männlichen Dorfbewohner, der Verschleppung der Frauen ins KZ Ravensbrück und der heimlichen Ermordung der meisten Kinder in einem polnischen Lager sollte zugleich auch der Name des Dorfes für immer getilgt werden. Als Gegenreaktion solidarisierten sich weltweit Menschen und Kommunen mit den Opfern. Mehrere Orte benannten sich in Lidice um, es gab Benennungen von Straßen, Schulen und auch Bomben oder Flugzeugen, um den Namen lebendig zu erhalten. Jahrelang suchte man nach den verschleppten Kindern.[17]

---

15  1950 umbenannt nach sächsischen Orten im Erzgebirge und südlichen Vogtland.
16  StA Leipzig, StVuR (1945–1970), Nr. 120, Bl. 178r, 186.
17  Bereits 1945 war das Schicksal der Kinder von Lidice Thema in der deutschen Öffentlichkeit. Im StA Leipzig, GR Wiederitzsch Nr. 53 (nach 1945), Bl. 141 findet sich ein Aufruf des Hauptausschusses der Opfer des Faschismus, bei der Suche nach den nach Deutschland verschleppten Kindern mitzuhelfen: »Jeder ehrliche und anständige Deutsche muss es als seine Pflicht und Ehrensache betrachten, alles zu tun für die Auffindung der Kinder, und damit auch einen Teil zur Wiedergutmachung der Nazi-Verbrechen dem Ausland gegenüber beizutragen. Bis in jedes Haus muss der Ruf dringen: Wo

Diese Leipziger Straßenbenennung ist eine konträre Entgegensetzung zweier Symbole. Hatten sich in den weltweiten Lidice-Umbenennungen Solidarität mit den Opfern und die Bereitschaft, etwas gegen die deutsche Besatzungspolitik zu tun, gezeigt (dort ging es wohl kaum um die Beseitigung bisheriger Namen), und damit Zukunftsverweise gesetzt, so bleibt bei der deutschen Übernahme die Frage nach der eigenen Kollektivschuld bestehen. Die Leipziger Stadtverordneten setzten gegen den bisherigen Anspruch auf Nordböhmen als Siedlungsgebiet der Sudetendeutschen eine Identifizierung mit den tschechischen Opfern des SS-Massakers. Ein solcher von allen Bürgern oder auch nur Anwohnern zu tragender Wiedergutmachungsversuch müsste jedoch eine tiefere Auseinandersetzung mit der Schuld an den NS-Verbrechen voraussetzen, seine spätere Wirkungsmacht bleibt zweifelhaft. Der neue Straßenname allein konnte diese Auseinandersetzung nicht einleiten, er fixierte nur einen bestehenden Wunsch.

Auch die Lidice-Benennung als komplexer Erinnerungsort bot sich dafür an, zumal sich die deutsche Bevölkerung in der Perspektive der KPD/SED vom Naziregime hatte verführen lassen und mitschuldig geworden war (Wolgast 2001, 28–45). So sprachen kommunistische Veröffentlichungen in jenen Jahren abgrenzend immer in der dritten Person von den Deutschen, es gab kein »Wir«. Die Kommunisten als zahlenmäßig größte politische Opfergruppe fühlten sich durch das Kriegsende 1945 historisch bestätigt. So war auch der historische Focus auf die Lager von den Erfahrungen der eigenen Gruppe geprägt. Die rassische und ethnische Verfolgung (die in den Namen Auschwitz und Lidice erinnert wird) spielte darin nur eine untergeordnete Rolle, sie galt als Auswuchs der Herrenmenschentheorie, die, und das war wichtiger, zum Krieg gegen die Sowjetunion geführt hatte.

Das »Kleine politische Wörterbuch«, ein Standardwerk der politischen Bildung der DDR, definierte Konzentrationslager entsprechend als »wichtige[n] Bestandteil des Terrorsystems der Monopolbourgeoisie und insbesondere des faschistischen deutschen Imperialismus [...] In den KZ des faschistischen deutschen Imperialismus sollten die politischen Gegner des Naziregimes terrorisiert, ökonomisch ausgebeutet und physisch beseitigt werden. [...] Außer den Haft- und Zwangsarbeitslagern [...] bestanden ausgesprochene Vernichtungslager, in denen die Häftlinge zu Millionen ermordet wurden, vor allem Juden, Slawen, Zigeuner [...] Unter Führung von Kommunisten aus vielen europäischen Ländern entwickelte sich in den KZ ein mutiger und opferreicher Widerstandskampf. Die in illegalen Parteigruppen organisierten Kommunisten bezogen andere antifaschistische Häftlinge in den Kampf ein [...] Z. T. führte der illegale

---

sind die Kinder von Lidice? Helft alle mit! Die schönste Weihnachtsfreude können wir den Müttern bereiten, wenn wir ihnen ihre Kinder wiedergeben.« Dass. auch in: Naumann 1983, 98.

antifaschistische Kampf der Häftlinge zu ihrer Selbstbefreiung vom Terror der SS« (Böhme 1973, 458 f.).

Die Lager wurden hier vor allem als besonders grausame Unterdrückung des Widerstands und zugleich als Gelegenheiten des heroischen Kampfes und der Selbstbefreiung beschrieben. Der millionenfache rassistische Mord wurde nur als eine Ausprägung des Systems erwähnt. Aus Perspektive der SED sollte sich mit der Erinnerung an die Konzentrationslager keine Möglichkeit einer weitergehenden Auseinandersetzung mit dem Dritten Reich ergeben. So sprach Walter Ulbricht 1946 gar davon, »›dass der Nazismus in Gaswagen und Todesöfen systematisch die Ausrottung der Gegner des deutschen faschistischen Imperialismus‹ durchführte; mit dieser Kennzeichnung war die Judenvernichtung eindeutig ausgeklammert.« (Wolgast 2001, 39). Das Angebot, sich über antifaschistische Helden zu identifizieren, sollte genügen. Das Schuldproblem wurde seit der Staatsgründungsphase tabuisiert oder dem kapitalistischen Westdeutschland übertragen.

Einen Hinweis darauf, welche Formen die Erinnerung des neuen Staates DDR haben sollte, gab die »Verordnung zur Beseitigung nicht mehr tragbarer Benennungen von Straßen, Wegen und Plätzen« vom 30.3.1950[18], die erste und für lange Zeit einzige Richtlinie für öffentliche Namen. Danach wurden solche Straßennamen, »die eine militaristische, faschistische oder antidemokratische Benennung tragen« geändert. »Als neue Benennung sind solche Namen von Personen oder Orten, Begriffe oder Bezeichnungen zu wählen, die in enger Verbindung mit der antifaschistisch-demokratischen Ordnung stehen. [...] Es sollen vor allem Namen von Personen Verwendung finden, die auf Grund besonderer Leistungen für den Fortschritt hervorgetreten sind.«

Hier wurden zwar nicht allein politische Namen gefordert, aber gleichzeitig der Primat der Erinnerung durch Personen festgelegt. Die DDR bevorzugte dafür Personen, deren Biographien dem Idealbild des »sozialistischen Helden« (Satjukow/Gries 2002) entsprachen. Eine kommunistische Mitgliedschaft ohne Abweichlertum, aktive Parteiarbeit auch nach 1933, aufrechter Tod als Widerstandskämpfer oder Funktionärstätigkeit nach Kriegsende waren sinnstiftender als die Erinnerung an ein furchtbares Verbrechen. Das wird auch daran sichtbar, wie die Lidicestraße später kontextualisiert wurde. Sie wurde bei der weiteren Bebauung des Viertels 1976 verlängert und dabei auch mit einer Kindertagesstätte und einer Schule bebaut. Letztere erhielt den Namen des tschechischen Kommunisten Julius Fučik[19], also einer kommunistisch-antifaschistischen Märtyrergestalt des Bruderlandes ČSSR (Zwicker 2002, 244–255).

18  Gesetzblatt der DDR Nr. 39, 50/296.
19  StA Leipzig, STVuR (2) 301, Bl. 199 v., 12. Ratssitzung vom 26. Mai 1976: »die Weiterführung

Auch wenn die DDR sich ihrer aktiven Auseinandersetzung mit der NS-Vergangenheit rühmte, zeigen ihre Gedächtnismedien doch nur einen Ausschnitt der möglichen Erinnerung. Bis heute werden diese Verbrechensorte als Straßennamen respektiert, geliebt werden sie jedoch nicht (Vgl. Reichel 1999).

## 3. Fallbeispiel: Umbenennungen in Breslau 1945

Mit der Stadt Wrocław/Breslau, die in ihrer Geschichte immer Zentrum einer Grenzregion war und von verschiedenen Volksgruppen bewohnt wurde, verbinden sich viele Gedächtnisse. Seit der Öffnung des sozialistischen Blocks ist die Stadt aber auch zu einem Fallbeispiel für Erinnerungsbrüche geworden. An der ehemaligen deutschen und heutigen polnischen Metropole Schlesiens werden vor allem aus deutscher und westeuropäischer Perspektive die Veränderungen in der Erinnerung und Nutzung der Stadt nach 1945 untersucht (Thum 2003; Davies/Moorhouse 2002). Dabei liegt der Focus nicht nur auf ihrer fast völligen Zerstörung 1945, der Flucht und Vertreibung der deutschen Bewohner, sondern auch auf der Symbolpolitik der polnischen Administration, die im Spiegel der vorherigen Stadtgeschichte und des deutsch-polnischen Verhältnisses gesehen wird. Breslau gilt als Beispiel für den Wandel städtischer Erinnerung nach gravierenden Umbrüchen.[20]

In den 1990er Jahren wurden an einigen Stellen der Stadt Denkmäler für bedeutende deutsche und jüdische Bürger wieder errichtet und gepflegt (etwa Carl Maria von Weber, Norbert Elias, Dietrich Bonhoeffer oder den Dichter Karl von Holtei), und das Interesse an der deutschen Vergangenheit ist gewachsen, seitdem man diese als endgültig abgeschlossen ansieht. Jedoch wird auch heute von Polen und Deutschen vor allem die jeweils eigene Erinnerung gepflegt. Die Erinnerung an den gleichen Ort und die gleiche Zeit sind durch die Perspektive auf das Geschehen determiniert. Eine Stadtgeschichtsausstellung zur 1.000-Jahrfeier von Bistum und Stadt im Jahr 2000 rückte die Leistungen der Nachkriegsära in den Mittelpunkt. Die Exposition begann mit den Schwierigkeiten des Aufbaus durch ostpolnische Vertriebene (insbesondere aus Lwów/Lemberg) unter dem Motto »Bürger ohne Stadt treffen auf eine Stadt ohne

---

der Lidićestraße erfolgt in Angliederung an die Namensgebung der POS nach Julius Fučik, wobei gleichzeitig die geografische Lage der im Süden unserer Republik liegenden Orte, zu CSSR und dem Ort Lidiće mit beachtet wurde.«

20 Jüngstes Beispiel: Im Juli 2005 veranstalteten die ZEIT-Stiftung und die Universität Wrocław hier einen Sommerkurs zum Thema: »History Takes Place«: Europäische Gedächtnisorte.

Bürger«[21]. Die Vorgeschichte der Stadt und die zeitweilige deutsch-polnische Kohabitation wurden nur gestreift. Diese nun im Wandel begriffene Sichtweise war fast 50 Jahre lang maßgeblicher Inhalt der Stadtgeschichtsschreibung in Wrocław. Nach Kriegsende hatte man in den neuen polnischen Westgebieten mit einer gezielten Re-Polonisierung begonnen. Sämtliche Erinnerungen an die deutsche Kultur sollten marginalisiert, möglichst beseitigt, und stattdessen der Bezug zur regionalen polnischen Geschichte wieder sichtbar gemacht werden. Auch Breslau wurde als urpolnische Stadt beschrieben, die nun in ihr Mutterland zurückgekehrt sei (Thum 2003, 304–337). Dabei orientierte man sich an einem nationalen Kanon von Helden und epochalen Ereignissen.

Die Altstadt Breslaus sowie die äußeren Viertel im Süden und Westen waren 1945 großflächig zerstört worden. Jahrelang säumten nur Ruinenfelder und Leerflächen die großen Verkehrsachsen. In den 60er und 70er Jahren bebaute man sie dann unter veränderten stadtplanerischen Aspekten neu, was dem Stadtraum ein völlig neues Gesicht gab, das neben dem Verweis auf die polnische Nationalgeschichte nun auch die Leistungen des Sozialismus demonstrieren sollte. Im Rahmen der Polonisierung wurden bis 1946 jedoch zuerst alle öffentlichen Benennungen Breslaus geändert. Straßenschilder und Namensschilder an Schulen und anderen öffentlichen Einrichtungen (sofern diese den Krieg überstanden hatten) wurden ausgetauscht, ebenso deutsche Ladenschilder, Werbetexte und technische Hinweise entfernt oder polnisch überschrieben, mitunter sogar historische Inschriften ausgemeißelt (Thum 2003, 367–378). Bei der Straßenumbenennung verfuhr man 1946 auf zweierlei Art: Namen und Begriffe des deutschen Kanons wurden getilgt und durch polnische ersetzt. Beschreibende, topographische, alltagsbezogene Namen ohne erkennbaren ethnisch-kulturellen Verweis wurden dagegen meist übersetzt oder in historische polnische Bezeichnungen überführt (Thum 2003, 352–362). So haben etwa die innerstädtischen Lohestraße (nach dem Gerberhandwerk, heute ul. Ślężna), Fischergasse (nach dem Handwerk, ul. Rybacka), Lange Gasse (ul. Długa), oder Lehmgrubenstraße (ul. Gliniana) heute bedeutungsgleiche, übersetzte Namen (Kruszewski 1997, 90, 50, 86f.). Der Ring wurde zu Rynek (Markt), Neumarkt zu Nowy Targ und für den Namen Blücherplatz ging man sogar wieder auf die bis 1827 gültige Bezeichnung Salzring zurück und machte ihn zum pl. Solny (Kruszewski 1997, 112, 101, 34). Diese Übersetzungen trugen ihre Verweise auf die wirtschaftliche oder bauliche Vergangenheit des Ortes weiter, allerdings nun mit dem Subtext, dass es Polen waren, die diese Bezeichnungen geprägt hatten. Die räumliche Orientierungsfunktion dieser Namen wurde in der ruinösen Stadt und für die neuen,

---

21  Von der Verfasserin im Jahr 2000 besuchte Ausstellung in Wrocław.

häufig ebenfalls aus ihren ostpolnischen Heimatorten vertriebenen Bürger dringend gebraucht.

Neben diesen Übersetzungen finden sich einige hochsymbolische und viele signifikant nationalistische Änderungen. Zur Feier des Sieges wurde der Schlossplatz schon 1945 zum pl. Wolności (Platz der Freiheit), die Matthiasstraße als Reminiszenz an den sowjetischen Führer zur ul. Generalissimusa Stalina (Generalissimus-Stalin-Straße). Sie wechselte jedoch im Verlauf der Entstalinisierung und als wichtige Verkehrsstraße noch zweimal den Namen (Kruszewski 1997, 95).[22] Im Gegensatz zu den umfangreichen ideologischen Umbenennungen in der deutschen SBZ war der Versuch ideologischer Beeinflussung durch neue Straßennamen hier jedoch bescheidener und setzte erst um 1950 ein.

Die meisten Namen wurden übersetzt, um topographische oder lokalhistorische Bezüge aufrecht zu erhalten – es sei denn, sie trugen einen erkennbaren Verweis auf die deutsche Vergangenheit. Es versteht sich, dass von völligen Bedeutungsüberschreibungen meist Personen- und Ereignisnamen betroffen waren. Breslauer Bürger, berühmte Deutsch-Schlesier und Personen des nationalen Pantheons gehörten alle zu derjenigen Geschichte, die man zu negieren bemüht war. Wie Gregor Thum festgestellt hat, blieben nur drei deutschsprachige Personen als Straßenpatrone anerkannt: Pestalozzi, Röntgen und Comenius (Thum 2003, 358f.). Namen von Städten wurden allerdings dann beibehalten, wenn sie nun ebenfalls polnisch waren oder aber zur slawisch-sorbischen Lausitz gehörten. Andere deutsche Ortsnamen dagegen wurden von den Straßenschildern entfernt (Thum 2003, 355).

Diese Tendenz, nur Verweise auf das kulturell Eigene zuzulassen, ist auch für die SBZ und DDR zu beobachten: Hier begann man bereits vor der Gründung der DDR damit, die nun polnischen Toponyme, welche bis 1945 einen deutschen Anspruch auf Grenzregionen oder den Triumph über ihren Gewinn markiert hatten, auszutauschen. Die DDR wollte sich damit gegen den nationalistischen »Revanchismus« der Vergangenheit, aber auch der westdeutschen Politik stellen. Neu kamen in der DDR wie in Polen die Hauptstädte anderer sozialistischer Länder oder osteuropäische Partnerstädte aufs Straßenschild.

Vom Symboltausch waren also vorwiegend Hauptstraßen und –plätze betroffen. Die in den letzten Kriegsmonaten von den Deutschen für eine Flugzeuglandebahn selbst zerstörte, und daher monströs breite Kaiserstraße wurde zum plac Grunwaldz-

---

22 Der Name wurde 1956 geändert in ul. Jedności Narodowej (Straße der nationalen Einheit) und schließlich 1975 zu Ehren des ersten polnischen Stadtpräsidenten in ul. Bolesława Drobnera.

ki²³ und in den 1960er Jahren modernistisch bebaut. Die südliche Magistrale Straße der SA (vor 1933 Kaiser-Wilhelm-Straße) wurde zur ul. Powstańców Śląskich (Straße der Schlesischen Aufständischen, zum Gedenken an die Kämpfe 1921), und auch der angrenzende Hindenburgplatz (bis 1933 einfach Reichspräsidentenplatz) erhielt diesen Namen. Nach dem berühmten polnischen Feldherrn Kościuszko wurde der Verkehrsknoten Tauentzienplatz benannt und 1954–58 repräsentativ wieder bebaut. So besitzen die Namen dieser Hauptstraßen einen zu den vorherigen deutschen diametral entgegengesetzten Charakter. Sie sind neue Symbole, die in »eine[r] Art von Exorzismus« gegen die alten gesetzt wurden, als »Versuch, die deutschnationalen Zeichen durch ihre Umkehrung in polnischnationale zu bannen« (Thum 2003, 356).

Für die Führer und Repräsentanten des NS-Regimes fand man dagegen häufig polnische Dichter, Künstler oder und Gelehrte. Die Adolf-Hitler-Straße wurde zur ul. Mickiewicza (Kruszewski 1997, 15), eine Horst-Wessel-Straße zur ul. Wróblewskiego (Kruszewski 1997, 72). »Hier wurde also nicht mehr Gleiches mit Gleichem gebannt, sondern polnische Kultur gegen die Barbarei des Dritten Reiches gesetzt.« (Thum 2003, 357).

An der onomastischen Neugestaltung Breslaus wird erkennbar, dass sowohl die alten wie die neuen Namen eine spezifische Erinnerung transportierten. 1945 wurde ein in der bisherigen Benennung kaum sichtbarer ethnischer und nationaler Bezug zu Polen installiert, Deutsches jedoch destruiert. Straßennamen haben immer eine räumliche Orientierungsfunktion, die auch in Breslau weitgehend erhalten blieb. Auch darin liegt eine Erinnerung. Dagegen ist die kulturelle Orientierung von Namen variabler. Straßennamen, so zeigen diese Veränderungen, sind immer nur ein partieller Speicher, enthalten immer nur Teile eines kulturellen Gedächtnisses. Nur das wird nach außen sichtbar, was für die Akteure der Gegenwart und ihre Zukunftserwartungen von Bedeutung ist. Vergessenes und Verdrängtes müssen erst aufwendig wieder ans Tageslicht geholt werden. Und neues Erinnern bedeutet immer auch neues Vergessen: »In jeder Revolution, ob sie nun Politisches und Soziales betrifft oder die Kunst oder die Literatur, sind immer zwei Tendenzen wirksam: einmal der Wille zum völlig Neuen, wobei der Gegensatz zu dem bisher Gültigen schroff betont wird, sodann aber auch das Bedürfnis nach Anknüpfung, nach rechtfertigender Tradition. Man ist nicht absolut neu, man kehrt zurück zu dem, wogegen die abzulösende Epoche gesündigt

---

23   Grunwald ist ein wichtiger nationaler Erinnerungsort Polens. Der ostpreußische Ort markiert den finalen polnisch-litauischen Sieg über ein Heer des Deutschen Ritterordens in Ostpreußen 1410. Gegen dieses Ereignis wurde von deutsch-nationaler Seite häufig die durch Paul von Hindenburg 1914 gegen Russland gewonnene Schlacht bei Tannenberg gestellt, die in unmittelbarer räumlicher Nähe stattgefunden hatte.

hat, zurück zur Menschheit oder zur Nation oder zur Sittlichkeit oder zum wahren Wesen der Kunst usw. usw. Beide Tendenzen zeigen sich deutlich in Namengebungen und Umbenennungen.« (Klemperer 2001, 81 f.)

Die polnische Umbenennung war primär gegen alle sich in Personen, Ereignissen oder Institutionen konkretisierende deutsche Erinnerung gerichtet. Sie war dort bloß übersetzend, wo die deutschen Straßennamen der lokalen Erinnerung näher waren als der deutsch-nationalen des 19. und 20. Jahrhunderts. Die Übersetzung erhält und verschleiert also zugleich die funktionale Erinnerung solcher Namen. Symbolische Straßenumbenennungen transportierten gleichwohl den Willen, die bisherige nationale Erinnerung auszulöschen. Die neuen Namen korrespondierten nicht öffentlichkeitswirksam mit den alten,[24] denn die diametrale Entgegensetzung konnte nur den mit der deutschen Stadtgeschichte Vertrauten bewusst sein. Solche Bürger gab es jedoch kaum in einer Stadt, deren Bevölkerung innerhalb eines Jahres ausgetauscht wurde, und in der alle zeichenhaften Verweise an die jüngere Vergangenheit peinlich getilgt werden sollten.

## Literatur

Assmann, Aleida: Zur Metaphorik der Erinnerung, in: Dies. und Dietrich Harth (Hg.): Mnemosyne. Formen und Funktionen der kulturellen Erinnerung, Frankfurt am Main 1991, S. 13–35.
Assmann, Jan: Das kulturelle Gedächtnis. Schrift, Erinnerung und politische Identität in frühen Hochkulturen, München 1992.
Assmann, Jan: Kollektives Gedächtnis und kulturelle Identität, in: Ders. und Tonio Hölscher (Hg.): Kultur und Gedächtnis, Frankfurt am Main 1988, S. 9–19.
Azaryahu, Maoz: Von Wilhelmplatz zu Thälmannplatz. Politische Symbole im öffentlichen Leben der DDR (Schriftenreihe des Instituts für Deutsche Geschichte, Universität Tel Aviv, 13), Gerlingen 1991. Zugl. Diss. Universität Tel Aviv, 1988.
Böhme, Waltraud u. a. (Hg.kollektiv): Kleines politisches Wörterbuch, Berlin 1973.
Borsdorf, Ulrich und Heinrich Theodor Gruetter (Hg.): Orte der Erinnerung. Denkmal, Gedenkstätte, Museum, Frankfurt am Main u. a. 1999.
Brink, Cornelia: Ikonen der Vernichtung. Öffentlicher Gebrauch von Photographien aus nationalsozialistischen Konzentrationslagern nach 1945, Berlin 1998.
Burke, Peter: Das soziale Gedächtnis, in: Aleida Assmann und Dietrich Harth (Hg.): Mnemosyne. Formen und Funktionen der kulturellen Erinnerung, Frankfurt am Main 1991, S. 289–304.

---

24 Gregor Thum vertritt dagegen die Ansicht, dass die jeweiligen »Gedächtnisorte miteinander zu kommunizieren [begannen], und es zeigte sich, dass in Breslau auch über den Bruch von 1945 hinaus deutsche Vergangenheit und polnische Gegenwart miteinander in Beziehung standen.« Thum 2003, 357.

Davies, Norman und Roger Moorhouse: »Die Blume Europas«. Breslau, Wroclaw, Vratislavia. Die Geschichte einer mitteleuropäischen Stadt, München 2002.
François, Etienne und Hagen Schulze (Hg.): Deutsche Erinnerungsorte, 3 Bde, München 2001.
Halbwachs, Maurice: Das kollektive Gedächtnis, Frankfurt am Main 1991.
Hübner, Holger: Das Gedächtnis der Stadt. Gedenktafeln in Berlin, Berlin 1997.
Klank, Gina und Gernot Griebsch: Lexikon Leipziger Straßennamen, hg. vom Stadtarchiv Leipzig, Leipzig 1995.
Klemperer, Victor: LTI. Notizbuch eines Philologen, Leipzig $^{19}$2001.
Kruszewski, Tomasz: Niemiecko-polski spis ulic, placów i mostów Wrocławia 1873–1997 [Deutsch-polnisches Verzeichnis der Straßen, Plätze und Brücken Breslaus], Wrocław 1997.
Naumann, Uwe (Hg.): Lidice. Ein böhmisches Dorf, Frankfurt am Main 1983.
Nora, Pierre (Hg.): Les Lieux de mémoire, 3 Bde (La Republique, la Nation, les France), Paris 1984, 1986 und 1992.
Reichel, Peter: Auschwitz, in: François, Etienne und Hagen Schulze (Hg.): Deutsche Erinnerungsorte, 3 Bde, München 2001, Nr. I, S. 600–621.
Reichel, Peter: Politik mit der Erinnerung. Gedächtnisorte im Streit um die nationalsozialistische Vergangenheit, Frankfurt am Main 1999.
Sänger, Johanna: Heldenkult und Heimatliebe. Straßen- und Ehrennamen im offiziellen Gedächtnis der DDR, masch. Diss. Friedrich-Schiller-Universität Jena 2005 [Veröff. in Vorbereitung].
Satjukow, Silke und Rainer Gries (Hg.): Sozialistische Helden. Eine Kulturgeschichte von Propagandafiguren in Osteuropa und der DDR, Berlin 2002.
Thum, Gregor: Die fremde Stadt. Breslau 1945, Berlin 2003.
Wischermann, Clemens: Kollektive versus »eigene« Vergangenheit, in: Ders. (Hg.): Die Legitimität der Erinnerung und die Geschichtswissenschaft, Stuttgart 1996, S. 10–15.
Wolgast, Eike: Die Wahrnehmung des Dritten Reiches in der unmittelbaren Nachkriegszeit (1945/46), Heidelberg 2001.
Young, James E.: Formen des Erinnerns. Gedenkstätten des Holocaust, Wien 1997.
Zwicker, Stefan: Der antifaschistische Märtyrer der Tschechoslowakei Julius Fučik, in: Silke Satjukow und Rainer Gries (Hg.): Sozialistische Helden. Eine Kulturgeschichte von Propagandafiguren in Osteuropa und der DDR, Berlin 2002, S. 244–255.

Petr Lozoviuk

# Realsozialismus als Kulturtyp und Möglichkeiten seiner ethnologischen Erforschung

Seit dem Zusammenbruch der politischen Ordnung in den bis 1989 kommunistisch regierten Staaten Osteuropas setzen sich verschiedene Disziplinen mit den Problemen des Realsozialismus und mit den Folgen seines Niedergangs auseinander. Obwohl einer der wichtigsten Protagonisten der ethnologischen Sozialismusforschung, Christopher Hann, noch vor kurzem konstatierte, dass sich ethnologische Feldforscher für die postsozialistische Problematik weniger als andere Sozialwissenschaftler interessieren würden (Hann 2002, 41), entsteht allmählich auch in der Ethnologie[1] ein eigener Diskurs zu diesem Thema. Die Ethnologen sind dabei bemüht, nicht nur den realsozialistischen Alltag zu beschreiben, sondern auch die sozialistische Alltagskultur kritisch zu analysieren und eine angemessene Reflexion über die wissenschaftlichen Zugänge zu diesem Thema zu entwerfen (vgl. z. B. Roth 2005).

In Deutschland wurde auf diesem Gebiet rege Feldforschungs- und Archivarbeit beispielsweise durch den in Bayern ins Leben gerufenen »Forschungsverbund Ost- und Südosteuropa« (FOROST) geleistet. Im Hinblick auf die Osterweiterung der Europäischen Union wurde hier vor allem dem Wandel und den Kontinuitäten in den Ländern Ost- und Südosteuropas besondere Aufmerksamkeit gewidmet. Die Projekte waren sowohl international als auch interdisziplinär angelegt und versuchten, in »verschiedenen, aufeinander bezogenen Themenbereichen, die Auswirkungen der Transformationsprozesse zu beleuchten«.[2] Die Ergebnisse aus diesen Forschungen werden der Öffentlichkeit kontinuierlich zugänglich gemacht, unter anderem in der in München veröffentlichten Reihe »Forost Arbeitspapiere«. Nachfolgende Überlegungen wurden durch die Mitarbeit des Verfassers an dem Forost-Projekt I.1 »Alltagskultur im Sozialismus« angeregt.

---

1  Im Weiteren wird die Bezeichnung »Ethnologie« synonym mit »Europäische Ethnologie« (Ethnologia Europaea) verwendet.
2  Für weitere Informationen siehe: http://www.abayfor.de/forost

In diesem Beitrag sollen diejenigen Möglichkeiten diskutiert werden, die die im Nachhinein praktizierte Ethnologie für eine Untersuchung der nicht mehr vorhandenen sozialen Realität beisteuern kann: Welche Informationen können wir heute über das Funktionieren beziehungsweise »Nicht-Funktionieren« sozialistischer Gesellschaften gewinnen? Wie kann heute das Erinnern an den Realsozialismus adäquat gedeutet werden und welchen spezifischen Beitrag kann die europäische Ethnologie dazu leisten? Derart formuliert kann der Text als ein Beitrag zur Methodendiskussion verstanden werden. Zudem wird die kulturbildende Funktion des ideologischen Systems anhand eines Fallbeispieles thematisiert, das gleichzeitig die Auswirkungen des von oben initiierten gesellschaftlichen Wandels in der tschechischen Provinz veranschaulichen soll. Der Realsozialismus soll hier nicht als idealtypischer Systemzustand verstanden werden, der ausschließlich totalitäre Züge erkennen lässt, sondern vielmehr als ein Kontinuum, das in verschiedenen Zeiten verschiedene kulturprägende Stadien aufzuweisen hat. In diesem Sinne kann dessen Untersuchung auch der ethnologischen Forschung unterzogen werden.

\* \* \*

Allgemein kann der Realsozialismus als ein komplexes ideologisch-politisches und ökonomisches System verstanden werden. Sein programmatisches Ziel sollte darin bestehen, soziale Gleichheit und Gerechtigkeit in der gesamten Gesellschaft herzustellen. In der einschlägigen Literatur wird der (Real)Sozialismus meist als Geschichte der politischen Geschehnisse rekonstruiert und ausgelegt. Weitere Themenschwerpunkte der Sozialismusforschung bilden die Untersuchung der Herrschaftsgeschichte und der Stabilisierungsfaktoren des kommunistischen Regimes, die Geschichte der Opposition und des Widerstandes sowie deren sozial-, kultur- und alltagsgeschichtlichen Auswirkungen in den jeweiligen Ländern. Im Rahmen der »Diktaturforschung« wird außerdem auf die Prinzipienformen und die Ideologie des (Real-)Sozialismus eingegangen.

Der marxistischen Theorie nach handelte es sich beim Realsozialismus um ein Gesellschaftssystem, in dem die »sozialistische Ideologie und Kultur alle Bereiche des gesellschaftlichen Lebens« durchdrang (Eichhorn 1969, 407). Die Kommunisten wollten den Realsozialismus als eine »neue sozialistische Zivilisation« verstanden wissen, die eine »qualitativ neue menschliche Gemeinschaft« schaffen sollte (Ponomarjov 1979, 48). Die Basis dieser Lehre bildete der Glaube an den entscheidenden Einfluss wirtschaftlicher Faktoren auf die gesellschaftlichen Verhältnisse und an die Möglichkeit gerechter Verteilung des Produktionseigentums. Im Sozialismus sollten neue, nämlich sozialistische Beziehungen »sowohl im Bereich der Produktion als auch außerhalb der Produktion« (Eichhorn 1969, 408) zwischen den Mitgliedern einer Gesellschaft herrschen. Der Realsozialismus wurde deshalb von den kommunistischen Ideologen für eine »gerechte, wirklich humane, sittlich gesunde Ordnung« gehalten (Významný mezník…, 83). Die innere Entfaltung und weitere Ausbreitung dieser »neuen Zivilisation« wurde für den »objektiven historischen Prozess« ausgegeben (Významný mezník…, 79).

Den emischen und etischen Definitionen vom Realsozialismus ist gemeinsam, dass sie ihn als jenen Teil der sozialistischen Epoche auffassen, in der der »Sozialismus«[3] schon als Gesellschaftsordnung etabliert war. Von besonderer Bedeutung für unser Thema ist die Überzeugung der kommunistischen Ideologen, der Realsozialismus schüfe durch die »neue gesellschaftliche Kollektivität« die notwendigen Bedingungen für das »Formieren eines neuen Menschen« (Ponomarjov 1979, 48). In diesem Sinne wurde seine Legitimität vom Imperativ der »intellektuellen und sittlichen Gesundung und Vervollkommnung« abgeleitet (Ponomarjov 1979, 73). Die Vorstellung, dass Modernisierungs- und Rationalisierungsprozesse und die neue politisch-ökonomische Ordnung in der Lage seien, einen »neuen Menschen« zu schaffen, teilt der Sozialismus mit anderen utopischen Konzepten einer »neuen Gesellschaft«. Aber inwieweit können die von Kommunisten in Gang gesetzten gesellschaftlichen Transformationsprozesse als Modernisierung aufgefasst werden (vgl. Srubar 1991)? Der Frage nach dem Erfolg der sozialistischen »Zwangsmodernisierung« wenden wir uns später an Hand eines konkreten Beispiels zu.

*  *  *

Im Weiteren gehen wir von der Auffassung aus, dass die Europäische Ethnologie primär als diejenige Wissenschaft wahrzunehmen ist, die sich hauptsächlich für Kulturkonzepte interessiert. Als deutend argumentierende Wissenschaft befasst sie sich mit den Kultur- und Lebensformen der »Alltagswelt« und mit deren sozialen und kulturellen Differenzen, die sie kontextimmanent auszulegen versucht. Zu einer ethnologischen Reflexion des Alltags gehört auch das Studium intersubjektiver Einstellungen, des Verhaltens, der Handlungsmotivationen, der Innensichten von verschiedenen sozialen Klassen und Gruppen sowie der gesamten Gesellschaft. Der Ethnologe sollte daher

---

3   Unter der Bezeichnung »Sozialismus« wird meistens jene Ideologie verstanden, die die bestehenden gesellschaftlichen Verhältnisse mit dem Ziel sozialer Gleichheit und Gerechtigkeit verändern will. Die Basis dieser Lehre bildet der Glaube an den entscheidenden Einfluss von wirtschaftlichen Faktoren auf die gesellschaftlichen Verhältnisse und die Möglichkeit gerechter Verteilung des Produktionseigentums.

versuchen, den Sozialismus nicht nur als ein ideologisches System, sondern primär als eine kulturprägende Epoche zu deuten.

Diese Wahrnehmungsweise impliziert, den Realsozialismus als eine nicht nur zeitlich sondern auch kulturell fern liegende Epoche zu betrachten, deren zugrunde liegende Merkmale gedeutet werden müssen, um sie adäquat verstehen zu können. Die Beschreibungs- und Auslegemethodik darf dabei nicht aus der Sicht unserer heutigen Vorstellungen erfolgen. In diesem Zusammenhang warnt Jurij Lotman davor, eine Kulturepoche außerhalb des Gesamtbereichs einander kontrastierender Kulturtypen[4] zu beschreiben, um das Entstehen eines »Modells mit vorausbestimmten Grenzen« zu meiden (Lotman 1981, 52). Das Ziel der ethnologischen Erforschung des Realsozialismus könnte dann darin gesehen werden, die intersubjektiv empfundenen Kulturphänomene der sozialistischen Lebensweise zu erschließen, um die durch verschiedenste Faktoren bedingte Andersartigkeit des realsozialistischen Lebens beschreiben und schließlich erklären zu können.

Dabei sollte berücksichtigt werden, dass die realsozialistische Wirklichkeit nicht hinreichend zu erfassen ist, wenn man sie ausschließlich als totalitäre Diktatur begreift. Die Auffassung des Realsozialismus als Kulturtyp setzt nämlich die Annahme voraus, ihn der heutigen Kultur der »offenen Gesellschaft« (K. R. Popper) nicht als Ansammlung von Anomalien gegenüberzustellen. Vielmehr sollte es darum gehen, die damals gültigen Kulturkonzepte zu beschreiben und ihre innere Logik im Mechanismus der Alltagsbewältigung aufzuzeigen. Die kulturbildende Funktion des ideologischen Systems wird erst dann ersichtlich, wenn man imstande ist, die damals gültigen Kulturkonzepte kulturimmanent darzulegen. Die bloß rekonstruktive Vorgehensweise dessen, wie es »wirklich« war, ist dabei zu vermeiden beziehungsweise den Zeithistorikern zu überlassen.

Wie argumentiert, setzt unsere Betrachtungsweise die Wahrnehmung des Realsozialismus als Kulturtyp voraus. Wie ist aber eine soziale Realität ethnologisch zu untersuchen, die es nicht mehr gibt? Welche Möglichkeiten bietet die im Nachhinein praktizierte Ethnologie? Inwieweit können aus den heute gemachten Aussagen über den Realsozialismus relevante Informationen über dessen Alltagsrealität abgeleitet werden? Da die Erforschung des Realsozialismus heute in Europa lediglich aus einer Ex-post-Perspektive möglich ist, wird ein ethnologischer Zugang logischerweise erschwert, weil eine der fachspezifischen Methoden der ethnologischen Forschung, die teilnehmende Beobachtung, heute nicht mehr angewendet werden kann.

---

4   Dieser Terminus wird hier im Sinne der semiotischen Herangehensweise der Moskau-Tartuer-Schule verwendet, vgl. Lotman: 1981.

Der ethnologische Beitrag zur Untersuchung des Real- und Postsozialismus scheint dann vornehmlich im Sammeln und Erforschen der mündlichen Überlieferungen zu bestehen, obwohl es ohne Zweifel auch andere aussagekräftige Quellen gibt. Besondere Bedeutung kann der Innenperspektive der Betroffenen beigemessen werden, der Wahrnehmung der realsozialistischen Wirklichkeit und persönlichen Erfahrung mit dem realsozialistischen Alltag, die in einem offen geführten Gespräch wiedergegeben werden. In dieser Auffassung kann die Ethnologie zur Erforschung des Realsozialismus durch Akzentuierung derjenigen Bereiche und Systeme dieser Kulturepoche beitragen, die insbesondere mit der Alltagskultur zusammenhängen. Die diachronen Aussagen einer lokalbezogenen Ausprägung vermitteln authentische Informationen über die Alltagserfahrungen im Sozialismus, auch wenn zu berücksichtigen ist, dass aus ihnen nicht nur auf die Vergangenheit, sondern auch auf die Gegenwart zu schließen ist. Die Auswertung von Interviews, die in Bezug auf den Realsozialismus gemacht wurden, kann so auch bei der Erforschung der so genannten Transformationsperiode nützlich sein. Diese Tatsache soll schon in der Fragestellung und in den Datenbeschaffungs- und Auswertungsmethoden berücksichtigt werden. Diese theoretischen Überlegungen werden im Weiteren anhand eines Beispieles aus der Tschechischen Republik diskutiert und präzisiert.

* * *

Erst allmählich wird der Erforschung der kommunistischen Vergangenheit aus der Perspektive der Alltagserfahrung in Tschechien Aufmerksamkeit gewidmet. Dies geschieht vor allem im Rahmen der »biographischen Soziologie«[5] und durch einige Zeithistoriker.[6] Auch die Aktivität des in Prag tätigen französischen Instituts CEFReS[7] auf diesem Gebiet ist zu erwähnen. Die tschechoslowakische Variante des Realsozialismus wird im Kontext der tschechischen Forschungen als »Konsumsozialismus« (Otáhal 2002, 5) oder als jene Zeit bezeichnet, in der man gezwungen war, ein »normales Leben unter anormalen Verhältnissen« zu führen (Alan 1995). Die in Tschechien bisher präsentierte Reflexion des Realsozialismus kann mit einer Ausnahme (vgl. Filipov – I.

---

5  Beispielsweise im Institut für soziologische Studien an der Sozialwissenschaftlichen Fakultät der Karlsuniversität in Prag. Hier wird auch die Zeitschrift »Biograf« herausgegeben, in der die interessantesten Aufsätze in tschechischer Sprache zum realsozialistischen Alltag publiziert werden. Vgl. auch Konopásek: 1999.
6  Vor allem im »Oral-history-Zentrum« des Instituts für Zeitgeschichte der Tschechischen Akademie der Wissenschaften in Prag (vgl. z. B. Vaněk 2002; Otáhal, Vaněk 1999).
7  Centre français de recherche en sciences sociales de Prague.

und II.) jedoch nicht den Anspruch auf monographische Bearbeitung der betroffenen Zeitepoche erheben. Ausführlicher wurden vor allem diejenigen Teilaspekte bearbeitet, die mit dem Funktionieren des kommunistischen Repressionsapparates in Zusammenhang standen.[8] Eine Aufarbeitung des Realsozialismus in Tschechien aus ethnologischer Perspektive hat dagegen noch nicht stattgefunden.[9]

Folgende Ausführungen basieren auf einer Feldforschung, die von der LMU München initiiert und in der tschechischen Stadt Žďár nad Sázavou durchgeführt wurde.[10] Die Kreisstadt Žďár nad Sázavou[11] ist eine für tschechische Verhältnisse mittelgroße Stadt mit heute circa 24.000 Einwohnern. Sie liegt an der alten böhmisch-mährischen Landesgrenze in der Region Horácko. Das gesamte Gebiet (tschechisch »Žďársko«, auf Deutsch »Saarer Bergland« genannt) wird seit einem halben Jahrhundert vom ursprünglich sozialistischen Metallurgie-Kombinat »ŽDAS« geprägt. Die rasche Industrialisierung in den fünfziger Jahren, die mit dem Aufbau des Sozialismus in der Tschechoslowakei einherging, veränderte die gesellschaftliche Lebensweise der bis dahin vorwiegend landwirtschaftlich geprägten Region tief greifend, denn die Stadt sollte in einem riesigen Umbauprozess in eine »moderne sozialistische Musterstadt« umgewandelt werden.

Žďár kann so zu jenen Städten gerechnet werden, die als »Anhängsel« zu einem oder mehreren großen Betrieben entstanden. Der Wohnungsbau und die mit ihm verbundene Infrastruktur stellten hier lediglich eine Ergänzung der sozialistischen Industrialisierung dar, in welche die meisten Investitionen flossen.[12] Die neuen Siedlungen wurden hauptsächlich nach dem Bedarf des expandierenden Betriebes gebaut. Diese Art von Urbanität, die besonders für den osteuropäisch geprägten Sozialismus typisch zu sein scheint,[13] brachte spezifische Probleme mit sich. Zu den Auffallendsten gehörten die demographische Struktur der hiesigen Bevölkerung sowie die Monofunktion der lediglich zu Wohnzwecken errichteten Stadtteile. Trotzdem sollte die neue Stadt nicht nur modern und praktisch sondern auch schön sein und so zum »Schaufenster« des Sozialismus in der Tschechoslowakei werden. In diesem Sinne sollte Žďár die Ma-

---

8   Vgl. die von Milan Otáhal publizierte Bibliographie (2002).
9   Eine lesenswerte Ausnahme stellt die semiologische Arbeit von Vladimír Macura dar (Macura 1992).
10  Die Feldforschung wurde etappenweise in den Jahren 2001 und 2002 realisiert.
11  Die deutsche, heute aber nicht mehr gebrauchte Bezeichnung für die Stadt ist »Saar«.
12  Vgl. beispielsweise: 1945–1985. 40 let výstavby a ekonomiky okresu Žďár nad Sázavou [1945–1985. 40 Jahre Aufbau und Wirtschaft des Bezirks Žďár nad Sázavou]. Jihlava 1985.
13  Jedoch nicht für die Situation in den böhmischen Ländern, wo der Industrialisierungsprozess schon gegen Mitte des 19. Jahrhunderts einsetzte.

terialisierung der kommunistischen Vorstellung einer sozialistischen Stadt verkörpern und zu einem Symbol des Erfolgs des Sozialismus werden.

Die Entscheidung »ŽĎAS« zu bauen fiel schon im März 1948 (Leopold o. J.), unmittelbar nach der kommunistischen Machtübernahme. Die partikuläre Produktion wurde im Sommer 1951 aufgenommen, zuerst in den Gießereien, ab 1953 auch im Maschinenbau (Leopold o. J.). Im Jahre 1949 wurde Žďár zur Kreisstadt erhoben und dadurch auch administratives Zentrum des Saarer Berglandes. Die Gründung von ŽĎAS, die von der Partei als »Hilfe« für eine ländliche Region ausgegeben wurde, veränderte das Leben sowohl der ursprünglichen Bewohner von Žďár als auch der Einwanderer, fast ausnahmslos der zukünftigen Arbeiter bei ŽĎAS. Da es sich um einen planmäßigen, von oben gelenkten Wandel einer landwirtschaftlichen Region in ein Industriegebiet handelte, stellen die durch den Aufbau von ŽĎAS verursachten Veränderungen gleichzeitig ein gutes Beispiel des kommunistischen »sozialen Ingenieurwesens« dar. In diesem Sinne kann man die Sozialisierung auch als einen dynamischen Kulturwandel, als Form der Akkulturation und Assimilation verstehen. Die von kommunistischen Funktionären gesteuerte Industrialisierung der Region, mit welcher der Umbau der Stadt einherging, kann deshalb auch als eine Strategie interpretiert werden, deren Fernziel es war, Žďár in eine relativ homogene Kultur- und Soziallandschaft zu verwandeln.

In Folge des überproportionalen Aufbaus des ŽĎAS-Kombinats wurde die gesamte Lebensgrundlage der Stadtbewohner verändert. Der Dreischichtbetrieb im ŽĎAS diktierte den Rhythmus der ganzen Stadt und prägte auch Alltagsleben und Freizeit der Bewohner. Vom Kombinat wurden z. B. Urlaubsaktivitäten, das städtische Kulturleben, der Bau neuer Wohnungen, Kindergärten und Schulen geregelt. Natürlich wurden all diese Aktivitäten von der Partei überwacht und gelenkt. Der Betrieb sollte, in den Augen der sozialistischen Planer, im Leben der Stadtbewohner als ein »integrierendes Modell« der sozialen und kulturellen Infrastruktur dienen. Wie sich später zeigte, wurde der ŽĎAS seitens einiger befragter Arbeiter wirklich als Ort der miteinander vernetzten Rahmenbedingungen wahrgenommen. Die gegenseitige Interferenz von Stadt und Fabrik nahm nicht nur eine äußere, sondern auch eine innere, subjektiv empfundene Gestalt an und ist für die lokalen Verhältnisse auch heute noch von Bedeutung.

*  *  *

Während der Feldforschung wurden mehr als einhundert Interviews aufgenommen, die mit »kleinen Leuten« im Rentenalter geführt wurden. Es handelte sich sowohl um lebensgeschichtliches Erzählen als auch um themenzentrierte Interviews zum Alltag im Sozialismus. Im Zentrum des Interesses stand das »autobiographische Gedächtnis«; also der sich erinnernde Mensch, der auf einige Episoden seines Lebens zurückblickt und diese in sein aktuelles Bild von sich einfügt. Beim Erzählen entstehen natürlich individuelle Freiräume, die aus der Innenperspektive der Betroffenen zu verstehen sind. Bei der Interpretation des Gesagten wurde aber davon ausgegangen, dass die subjektzentrierten Befragungen auch Informationen zur damaligen soziokulturellen Lebenswelt beinhalten, die Alltagsdenken, Alltagspraxis und Alltagswissen einbeziehen. Ein besonderer Wert wurde deshalb auf die internalisierten Narrativprioritäten gelegt, die uns Auskunft über die intersubjektive Ebene des Gesagten vermitteln könnten.

In der Erinnerung an den »Aufbau des Sozialismus« wurden von den Befragten nur selten konkrete Probleme erwähnt, die unmittelbar mit dem totalitären Charakter des neuen Systems zusammenhingen. Auf der anderen Seite gab es aber genügend Aussagen von bestimmten Gegenstrategien, die man ausarbeiten musste, um die alltäglichen Probleme des Realsozialismus bewältigen zu können. Die »großen« Ereignisse der Vergangenheit wurden nur vor dem Hintergrund ihrer Bedeutung für das eigene Leben berücksichtigt. Aus dieser Position werden sie auch interpretiert und mit Werten belegt. Zweifellos gibt es im Alltäglichen immer eine Tendenz, Vergangenheit zu idealisieren. Dies zeigt sich nicht zuletzt im ambivalenten Umgang mit der Vergangenheit. Deshalb entstehen auch divergente Geschichtsbilder. In den Sozialwissenschaften wird dies als »aktualisierte Historie« bezeichnet. Nach dem, in der Schweiz tätigen Ethnologen, Christian Giordano handelt es sich um »Vergangenheit, die in der Gegenwart mobilisiert wird« (Giordano 1999/2000, 37). Die Vergangenheit wird nicht nur ständig neu interpretiert, sondern nicht selten sogar ganz neu erfunden. Bei der ethnologischen Betrachtung des Vergangenen geht es deshalb primär darum, die Nachwirkungen der Geschichte zu erforschen, als um die Geschichte selbst. Da die geschichtlichen Erfahrungen jedes Einzelnen verinnerlicht werden, soll die ethnologische Herangehensweise es ermöglichen, die innere Geschichtlichkeit zu enthüllen, aber auch zu dekonstruieren.

Das ursprüngliche Ziel der Untersuchung in Žďár war es, die subjektiv empfundenen Kulturphänomene der sozialistischen Lebensweise zu erschließen, um sie danach genauer unter die Lupe nehmen zu können. Die situative Autobiographie wurde dabei als Gattung und das Erinnern an den Sozialismus als Form des lokalen Kollektivgedächtnisses angesehen. Bei der Auswertung der Aussagen, bei denen sich nicht auf historische Fakten gestützt wurde, sondern auf individuelle Vorstellungen, Präferenzen und Stilisierungen, war auffallend, wie selbstverständlich die befragten Personen ihre Meinung zu bestimmten Fragen je nach Kontext änderten. Viele Interviews sind deshalb in manchen Aspekten voller Widersprüche. Inzwischen wurde versucht dazulegen, wie diese häufig vorkommenden divergenten Wertungen auszulegen sind (vgl. Lozoviuk 2003, 2004, 2005). Zusammenfassend lässt sich konstatieren, dass es gleichzeitig mehrere verschiedene gedankliche Ebenen gab, die von ein und derselben Person je nach Zusammenhang aktiviert wurden. Es stellte sich zugleich heraus, dass sich im Hinblick darauf, wie man sich an den Realsozialismus erinnert, eine ziemlich scharfe Abgrenzung unter den Befragten ergab. Einerseits gab es diejenigen, die von dem kommunistischen Regime gewissermaßen benachteiligt wurden oder zumindest gezwungen waren, es zu »erdulden«; andererseits diejenigen, die bei den Gesprächen eher dazu geneigt haben, in nostalgische Erinnerungen an den Sozialismus zu verfallen. Diese Feststellung ist für sich nicht besonders überraschend. Was aber von Bedeutung zu sein schien, war die Tatsache, dass die Dichotomie zwischen denjenigen, die sich als Opfer der damaligen gesellschaftlichen Verhältnisse sahen und denjenigen, die sich als Verlierer des Transformationsprozesses stilisierten, eine lokalspezifische Logik verbirgt.

\* \* \*

Einen sehr wichtigen Aspekt bei der Etablierung des Realsozialismus unter den Bedingungen des verfolgten Beispieles bildete die Möglichkeit des materiellen und sozialen Auf- beziehungsweise Abstiegs. Die Entstehung der »neuen Ordnung« wurde von einer neuen Struktur in den lokalen Macht- und Prestigeverhältnissen begleitet. Das Resultat war die Polarisierung der Stadtbevölkerung in zwei Gruppen, für deren Mitglieder die unterschiedlichen Erfahrungen mit dem Sozialismus noch bis heute kennzeichnend ist: Es gab einerseits Gewinner und andererseits Verlierer des Sozialismusaufbaus.

Die »prosozialistischen Progressivisten«, die oft von außerhalb der Stadt kamen und ihre angebliche »Kulturüberlegenheit« gegenüber den Einheimischen gern betonten, werteten die tief greifende Umwandlung der städtischen Lebensverhältnisse nach der kommunistischen Machtübernahme (1948) eher positiv. Vor allem sie konnten aus der Veränderung der alten sozioökonomischen Ordnung, die auch eine Umwandlung der bestehenden Machtverhältnisse in der Stadt hervorgerufen hatten, Profit ziehen. Es ist deshalb offensichtlich, dass vor allem die zugezogenen ŽDAS-Arbeiter von der neuen Situation soziale[14] und materielle Vorteile hatten. Auch wurden sie von der Bemühung, traditionsgebundenes Verhalten, das normalerweise in jeder Gesellschaft als

---

14  Sie hatten z. B. die Möglichkeit, in dem neuen Betrieb schneller Karriere zu machen.

Stabilisierungsfaktor der sozialen Ordnung gilt, rasch und gewaltsam durch »fremd« empfundene Werte zu ersetzen, weniger hart getroffen als die Einheimischen. Laut der Alteingesessenen wurde man nämlich gezwungen, sich an völlig neue soziale und wirtschaftliche Verhältnisse anzupassen. Der soziale Wandel, der sich normalerweise in Sequenzen vollzieht und immer systemgebunden ist, war aus ihrer Perspektive in der »neu« gebauten Musterstadt stets von allgemeinen Anpassungsproblemen begleitet.

In den Augen der meisten Einheimischen war eine graduell variierende negative Beurteilung der Fabrik die Ursache für die Ablehnung der »sozialistischen Aufbauperiode« und zugleich auch der »neuen Ordnung«, die sich für sie in der Existenz des Betriebes verkörperte. Der Druck auf das einheimische Normensystem führte aber nicht zu dessen völligem Ersatz durch die »fortschrittlichste« Sozialordnung, sondern vielmehr zu einem ambivalenten Wandlungsprozess. Das ehemals gültige und verbindliche System von Werteordnungen der autochthonen Gruppe wurde zwar ruiniert, aber nicht durch ein neues, allgemein akzeptiertes Normensystem ersetzt. Dies kann als Misserfolg des von »oben« oktroyierten Konzeptes des »neuen sozialistischen Menschen« bezeichnet werden, dessen Bildung in Žďár an einem territorialen Sonderbewusstsein der einheimischen Bevölkerung sowie an inneren, bis heute andauernden Animositäten zwischen den Einheimischen »Žďaráci« und den »Žďasáci«, also den neu zugezogenen ŽĎAS-Arbeiter, zu scheitern schien.

Aus der einschlägigen Literatur ist die allgemeine These abzuleiten, dass bei den sozialen Umbrüchen vor allem die jüngere, besser ausgebildete Stadtbevölkerung zu den Gewinnern zählt, während die ältere und weniger gebildete kleinstädtische und auf dem Land lebende Bevölkerung das Gros der Wendeverlierer darstellt (vgl. Veen 2003). Auch in Žďár kann die Trennlinie zwischen diesen beiden Gruppen territorial gezogen werden. Einerseits gab es Bewohner der Altstadt und andererseits die Bewohner der neuen für die ŽĎAS-Arbeiter planmäßig gebauten Plattenbausiedlungen. Die Erstgenannten wurden mit der bewusst gelenkten Entwurzelung ihrer traditionellen Lebensweise konfrontiert und standen der neuen Entwicklung misstrauisch gegenüber. Die Neuzugezogenen neigten hingegen dazu, eine neue, von oben her initiierte »sozialistische« Kollektividentität wenigstens zum Teil zu akzeptieren. Diese Dichotomie schienen auch die neuen Machthaber begriffen zu haben. Einen sehr wichtigen Aspekt des Bemühens um die Schaffung eines neuen »sozialistischen« Menschen stellte deshalb in Žďár die organisierte räumliche Umstrukturierung der Stadt dar. Sie fand ihren signifikantesten Ausdruck in der Sanierung beinahe der ganzen Altstadt und in der damit verbundenen Umsiedlung der betroffenen alteingesessenen Bevölkerung. Die hiesigen Bewohner mussten mehr oder weniger zwangsweise ihre Häuser räumen.

Die meisten von ihnen wurden in neue Plattenbauten umgesiedelt und auf diese Weise räumlich »gleichgeschaltet« (ausführlicher vgl. Lozoviuk 2005).

Die Narrativprioritäten der gesammelten Interviews deuten an, dass es heute auf mentaler Ebene eine innere Verflechtung der angeblichen oder wirklichen Vor- und Nachteile des Realsozialismus gibt. Für manche, insbesondere für die Zugezogenen, bedeutete die sozialistische Modernisierung wirklich eine materielle Verbesserung des Lebensstandards. Andererseits wurden auch die kritischen Erinnerungen an das Unrecht kommunistischer Machtausübung laut. Im Laufe der Untersuchung zeigte sich weiter, dass der Realsozialismus von den meisten Gewährspersonen nach Perioden differenziert wahrgenommen wurde. Bei Nachfragen stellte sich beispielsweise heraus, dass es im Realsozialismus schlechte, aber auch gute – oder wenigstens bessere – Zeiten gab. So steht in den Erinnerungen die Periode eines relativen wirtschaftlichen Aufschwungs der 1960er Jahre mit dem Höhepunkt in den Jahren 1968/69 (»Prager Frühling«) in einem deutlichen Gegensatz zu der darauf folgenden so genannten »Normalisierung« der 1970er und 1980er Jahre. Die trübe Periode, die nach der Niederlage des von den Reformkommunisten geleiteten Demokratisierungsversuchs von 1968 folgte, stellte auch den Zeitraum dar, von dem viele Probanden am meisten emotional betroffen waren. Dagegen schienen die Jahre des grausamsten kommunistischen Terrors der 1940er und 1950er Jahre für diese Generation nicht mehr im Vordergrund beziehungsweise im Bereich ihrer Erinnerung zu stehen.

\* \* \*

Der Sozialismus als Kulturtyp und Gesellschaftsmodell wies in den osteuropäischen Staaten deutliche Länder-, National- und Lokalspezifika auf. Aus diesem Blickwinkel könnte die These formuliert werden, dass gerade aus diesem Grund der Sozialismus in den verschiedenen Ländern mit diversen Inhalten verknüpft worden war. Ähnlich war es auch mit seiner Wahrnehmung in den jeweiligen Epochen, wobei diese Wahrnehmung sogar in den einzelnen Regionen der einst sozialistischen Staaten variieren konnte. Für die gesamtstaatliche Durchsetzung der kommunistischen Macht war die Tatsache von Bedeutung, dass die neue sozialistische Lebensweise und alles was mit ihr zusammenhing vom Zentrum in die Peripherie getragen wurde. Der lokale Kontext musste in diesem Sinne erst an die neue Gesellschaftsordnung angepasst werden. Nicht selten geschah dies mittels einer rücksichtslosen Gleichschaltung der traditionellen Gesellschaftsstruktur und der Alltagstradition.

Um eine allgemeine Charakteristik des Realsozialismus zu gewinnen, sollte seine Erforschung auf zumindest drei Untersuchungsebenen parallel durchgeführt werden.

Die erste würde den internationalen und zwischenstaatlichen Vergleich der als sozialistisch eingestuften Kulturkonzepte umfassen, die zweite die nationalspezifischen, aber im Rahmen eines Nationalstaates territorial nicht gebundenen Empfindungen des Realsozialismus einbeziehen. Die dritte Ebene bildet eine lokalbezogene Ausprägung, die von einer überregionalen beziehungsweise nationalen Ausprägung stark abweichen kann. Eine weitere Untersuchungsdimension kann schließlich die allgemeine »Kommunismusforschung« darstellen, die auch Fragen zu ideellen (emischen) Vorstellungen über das Funktionieren des Realsozialismus einbeziehen sollte. Bei der vergleichenden Erforschung des Realsozialismus geht es vorrangig darum zu bestimmen, was das Gemeinsame und das Spezifische auf den jeweiligen Untersuchungsebenen sei sowie welche Funktion dies in den einzelnen realsozialistischen Gesellschaften erfüllte. Nach dem Semiologen Jurij Lotman sind die typologischen Kennzeichen eines kulturellen Typus erst dann zu erhalten, wenn man imstande ist, die minimale Merkmalmenge festzustellen, die einem Kultursystem ermöglicht, seine Funktion zu erfüllen (Lotman 1981, 57).

Insbesondere im Rahmen des ostmittel-, südost- und osteuropäischen Vergleichs kann die Ethnologie noch mithelfen viele wichtige Fragen der realsozialistischen Alltagserfahrung in den jeweiligen Ländern und Regionen zu klären. Der eigentliche Beitrag der Ethnologie, deren spezifische Kompetenz in ihrem alltagskulturellen und mikroperspektivischen Zugang liegt, zur Erforschung des Realsozialismus ist in der Suche nach einer Antwort auf die folgende Frage zu sehen: Wie hat der Realsozialismus die Menschen kulturell geprägt und welche mentalen Spuren hat er bis heute bei ihnen hinterlassen? Diese Problemstellung könnte um die Frage erweitert werden, ob es ein kulturprägendes Charakteristikum der ehemals kommunistisch regierten Länder gab. Wenn ja, was machte dieses aus und wie ist es heute wissenschaftlich zu erfassen?

Inwieweit war die realsozialistische Wirklichkeit »sozialistisch nach dem Inhalt, national nach der Form«, wie es seinerzeit offizielle Ideologen zu behaupten pflegten? War die »sozialistische Lebensweise« in den jeweiligen sozialistischen Ländern eher national oder eher international geprägt? Das heißt, existierten dort nur länderspezifische Variationen der sozialistischen Kultur oder auch eine übernationale Variante? Und was davon prägte mehr? Kann man die nationalspezifische Form des Realsozialismus als Indikator für das Studium des Nationalcharakters verwenden? Unter den tschechischen Bedingungen kann in diesem Zusammenhang nachgefragt werden, ob es sich um ein von außen oktroyiertes Sozialexperiment handelte, wie tschechische Kommentatoren gern behaupten, oder eher um ein kulturimmanentes System von Vorstellungen, das in bestimmten Ansatzpunkten bis in die Zeit der tschechischen »nationalen Wiedergeburt« hineinreicht.

Die ethnologische Fragestellung kann ferner zeitlich ausgedehnt werden und die bereits populäre Untersuchung der sozialistischen Kontinuitäten in den Transformationsgesellschaften bereichern. Welche realsozialistischen Kulturkonzepte haben sich als fähig erwiesen, auch in der Transformationsperiode weiterzuleben und warum? Auch die vorsozialistischen Kontinuitäten im Sozialismus stellen einen eigenen Problembereich dar.[15] Welche systemfremden Kultureinflüsse wurden in den eigenen Bereich des realsozialistischen Alltags inkorporiert und von der Ideologie geduldet? Nach welcher Logik geschah ihre Übernahme und warum?

Während der Forschungen in Žďár musste festgestellt werden, dass eine Untersuchung des Erinnerns an den Realsozialismus auf der Mikroebene einer Provinzstadt vielschichtiger verläuft, als ursprünglich angenommen. In diesem Kontext waren im Nachhinein die Fragestellung und die methodologische Vorgehensweise bei der Auswertung der gesammelten Interviews zu modifizieren. In den wertenden Aussagen über den Sozialismus grenzte man sich nicht nur gegen das sozialistische Regime ab, sondern gleichzeitig auch gegenüber dem Betrieb (ŽĎAS) und der Stadt. Dies zeigte sich beispielsweise in der abweichenden Wahrnehmung der Stadt durch die Einheimischen und Neuzugezogenen und in den daraus resultierenden differenzierten mentalen Bildern der Stadt und ihren sozialen Folgen. Dass sich Erfahrungen in einer Stadt je nach Gruppenzugehörigkeit ihrer Bewohner unterscheiden, ist aus verschiedenen stadtethnologischen Arbeiten bekannt. Den maßgeblichen Unterschied zwischen den in »offenen Gesellschaften« untersuchten Städten und unserem Beispiel in Žďár scheint der primär durch die Staatsideologie motivierte Versuch darzustellen, das komplexe Sozialsystem der Stadt künstlich zu steuern, um eine »sozialistische Musterstadt« aufzubauen.

Die jeweiligen Optionen in der Wahrnehmung der drei oben erwähnten Größen, der des Betriebs, der Lokalität und des sozialistischen Regimes, verliefen auf unterschiedlichste Weise und schwankten zwischen positiven, ambivalenten und negativen Wertungen. Die gesamte Bewertung des Realsozialismus ist dann als Summe all dieser intersubjektiv empfundenen Motive zu betrachten. Die häufigsten Aussagen der heutigen Žďárer Bevölkerung können wie folgt zusammengefasst werden:[16]

---

15  Viele der in der Gesellschaft verbreiteten Ansichten beziehen sich auf wesentlich ältere Kulturmuster.
16  + symbolisiert positive Einstellung, – negative Einstellung und 0 ambivalente Einstellung.

|  | Bewertung der Stadt vor dem Umbau | Bewertung der Stadt nach dem Umbau | Bewertung des Betriebs | Bewertung des realsozialistischen Regimes |
| --- | --- | --- | --- | --- |
| Einheimische | + | - | - | - |
| Zugezogene | -/0 | + | + | +/0 |

Unser Beispiel zeigt, dass es eine Vereinfachung wäre, den Sozialismus wertend als lediglich eine »pervertierte Form der Moderne« auszulegen, was oftmals in den populärwissenschaftlichen Arbeiten der Fall ist. Es ist zutreffender, den Realsozialismus mit dem tschechischen Soziologen und Kenner sozialistischer Urbanisierung Jiří Musil als »rationalistische Utopie« (Horská, Maur, Musil 2002, 291) zu charakterisieren, welche kulturprägende Züge für die Gesellschaftsordnung aufwies. Diese wurden auf sehr unterschiedliche Weise erlebt und rufen aus diesem Grunde sehr verschiedenartige Wirklichkeitsauffassungen hervor. Noch heute wird man deshalb mit ambivalenten Alltagsdiskursen über die sozialistische Wirklichkeit konfrontiert. Sie werden jedoch im Kontext der postsozialistischen Transformation produziert und sind verständlicherweise ausschließlich der bereits erwähnten Ex-post-Perspektive zuzurechnen.

Da das Gedächtnis kontextabhängig ist, hat das Erinnern nicht nur mit der Vergangenheit, sondern auch mit der Gegenwart zu tun. Die Art, wie das Vergangene interpretiert wird, beinhaltet auch wichtige Informationen zum aktuellen Kontext, in dem die Aussagen gemacht wurden. Die Forschungen in Žďár haben gezeigt, dass die lokale Kollektividentität bei einem mehrdimensionalen Systemwechsel eine wichtige Rolle spielt und dass die im Nachhinein gemachte Analyse des realsozialistischen Alltags für das Verständnis mancher Erscheinungen des Postsozialismus beitragen kann. Beim Produzieren analytischer Modelle der sozialistischen Verhaltensregel scheint es von Bedeutung zu sein, nicht nur Elitenforschung über den realsozialistischen Alltag auf dem nationalen und internationalen Niveau zu betreiben, sondern zugleich auch das lokale Umfeld und die Erfahrungen der »kleinen Leute« zu beachten. Für derartige Untersuchungen scheint die europäische Ethnologie als empirische Kulturwissenschaft besonders geeignet zu sein.

## Literatur

Alan, Josef: Normales Leben unter anormalen Verhältnissen: die tschechische Gesellschaft in den siebziger und achtziger Jahren, in: Der Riss im Raum, Berlin 1995, S. 94–101.

Eichhorn, Wolfgang u. a. (Hg.): Wörterbuch der Marxistisch-Leninistischen Soziologie, Berlin 1969.
Filipov – I. Informatoria katedry sociologie FSV UK (Autorenkolektiv), Praha 1998.
Filipov – II. Informatoria katedry sociologie Institutu sociologických studií FSV UK (Autorenkolektiv), Praha 1999.
Giordano, Christian: Aktualisierte und aktivierte Geschichte in mediterranen Gesellschaften, In: Rheinisches Jahrbuch für Volkskunde 33/1999/2000, S. 37–50.
Hann, Chris (Hg.): Socialism. Ideals, Ideologies and Local Practice, London 1993.
Hann, Chris (Hg.): Postsozialismus. Transformationsprozesse in Europa und Asien aus ethnologischer Perspektive, Frankfurt am Main/New York 2002.
Horská, Pavla, Eduard Maur und Jiří Musil: Zrod velkoměsta. Urbanizace českých zemí a Evropa [Die Entstehung der Großstadt. Die Urbanisierung der böhmischen Länder und Europa], Praha, Litomišl 2002.
Konopásek, Zdeněk (Hg.): Otevřená minulost: Autobiografická sociologie státního socialismu, Praha 1999.
Leopold, František: Archivní kniha Žďas, Handschrift im »Podnikový archiv Žďas«, o. J.
Lotman, Jurij: Über das typologische Studium der Kultur, In: Kunst als Sprache, Leipzig 1981, S. 49–66.
Lozoviuk, Petr: Ethnographie des realsozialistischen Alltags. Fallbeispiel Žďár nad Sázavou (Tschechien), in: Kuckuck. Notizen zur Alltagskultur 18 (2003) 1, S. 16–21.
Lozoviuk, Petr: Eine sozialistische Musterstadt. Industrialisierung, Urbanisierung und Ideologisierung des Alltags in der tschechischen Provinz, In: Roth, Klaus (Hg.): Arbeit im Sozialismus – Arbeit im Postsozialismus. Erkundungen der Arbeitswelt im östlichen Europa (Freiburger Sozialanthropologische Studien, vol. 1), Münster 2004, S. 219–238.
Lozoviuk, Petr: Das Alte und das Neue in einer sozialistischen »Musterstadt«. Die Bezirksstadt Žďár nad Sázavou, In: Brenner, Ch. und P. Heumos (Hg.): Sozialgeschichtliche Kommunismusforschung. Tschechoslowakei, Polen, Ungarn und DDR 1948–1968, Bad Wiesseer Tagungen des Collegium Carolinum, Band 27, München 2005, S. 481–503.
Macura, Vladimír: Šťastný věk. Symboly emblémy a mýty 1948–89, Praha 1992.
Niedermüller, Peter: Sozialer Wandel und kulturelle Repräsentation. Skizzen zu ethnologischer Transformationsforschung, In: Schweizerisches Archiv für Volkskunde 98/2002, S. 271–285.
Otáhal, Milan und Miroslav Vaněk: Sto studentských revolucí. Studenti v období pádu komunismu – životopisná vyprávění, Praha 1999.
Otáhal, Milan: Normalizace 1969–1989. Příspěvek ke stavu bádání, Praha 2002.
Ponomarjov, Nikolaj B.: Reálný socialismus a jeho mezinárodní význam, in: Reálný socialismus a jeho mezinárodní význam, Praha 1979, S. 23–75.
Roth, Klaus: Erzählen im sozialistischen Alltag. Beobachtungen zu Strategien der Lebensbewältigung in Südosteuropa, In: Zeitschrift für Volkskunde 87/1991, S. 181–195.
Roth, Klaus (Hg.): Sozialismus: Realitäten und Illusionen. Ethnologische. Aspekte der sozialistischen Alltagskultur, Wien 2005.
Srubar, Ilja: War der reale Sozialismus modern? Versuch einer strukturellen Bestimmung, In: Kölner Zeitschrift für Soziologie und Sozialpsychologie Nr. 3/1991, S. 415–432.
Vaněk, Miroslav u. Koll.: Ostrůvky svobody. Kulturní a občanské aktivity mladé generace v 80. letech v Československu, Praha 2002.
Veen, Hans-Joachim (Hg.): Nach der Diktatur: Demokratische Umbrüche im Europa – zwölf Jahre später, Köln 2003.
Verdery, Katherine: What was Socialism, and What Comes Next?, Princeton NJ 1996.

Wolfgang Brückner

## »Arbeit macht frei«
Deutsch-tschechische Kontinuitäten im Jahrhundert
der Ideologien und Zwangslager

Im sechzigsten Jahr der öffentlichen Erinnerungsfeiern an das Ende des Zweiten Weltkrieges ist vor allem in Deutschland eine heftige Debatte um das Opfergedenken durch Denkmalsstätten und Museumsprojekte entbrannt, weil genau zu diesem Zeitpunkt das lange umstrittene zentrale Berliner »Denkmal für die ermordeten Juden Europas« fertiggestellt sein wird. Damit scheint alles auf den »Holocaust« und das mit diesem späten Kunstwort verbundene heutige Staatsverständnis Israels in »Yad Vashem« fokussiert zu sein (Croitoru 2004[1]). Historiker fordern daher nicht nur für Berlin mehr als bloß das im Entstehen begriffene integrierte »Mahnmalmuseum«, sondern eine Gesamtdarstellung des NS-Regimes, z. B. im Rahmen der »Topographie des Terrors«[2], und es gibt Auseinandersetzungen um die »Stiftung Sächsische Gedenkstätten«, weil konkurrierende Opferverbände unterschiedlich Verfolgter sowie solche unterschiedlicher Tätersysteme unterschiedlich behandelt und moralisch gewichtet werden möchten (Schuller 2005). Fast gar nicht lässt sich über die institutionalisierte wissenschaftliche Genozidforschung und den seit 1992 existierenden Begriff der »Ethnischen Säuberungen« (Naimark 2004) in den Medien reden, ohne dass Betroffene oder Politiker schon den öffentlichen Gebrauch der Namen bestimmter Tatbestände zu tabuisieren suchen. Und ebenso wird über den »Hut des Bundespräsidenten« Horst Köhler beim Besuch des KZ-Auschwitz am 27. Januar 2005 nicht nur ausführlich gerätselt, sondern sein Bild unter dem Lagertor mit »Arbeit macht frei« in allen Blättern kolportiert. Die-

---

[1]  Der Beitrag Croitorus behandelt eine Tagung des israelischen Historiker Boaz Cohen und die nationalistische Interpretation der Schoa als Gründungsmythos des Staates Israel durch den Erziehungsminister Ben Zion Dinur unter seiner Museumsleitung bis 1958. – Die bewusste Identitätsstiftung ist erst durch den Eichmann-Prozess 1961 (Veröff. d. Protokolle 1985) und den direkten Eingriff Ben Gurions in die Schriftsätze des Anklägers gelungen.
[2]  Vor allem gefordert von dem Professor für Neuere und Neueste Geschichte in Freiburg Ulrich Herbert (vgl. Herbert 2005) – Dagegen ein Plädoyer des Humboldt-Ordinarius für mehr Unterstützung der zeitgeschichtlichen Universitätsforschung in Berlin, Ludolf Herbst (vgl. Herbst 2005).

se deutsche Inschrift, Auschwitz und der Holocaust gehören seit langem emblematisch zusammen.

Wenn dann fast gleichzeitig (mit Herannahen des 8. Mai 2005) Ende Oktober 2004 in Weimar angesichts der dortigen Lagerkontinuität von Buchenwald eine wissenschaftliche Tagung der Gedenkstättenexperten über »Kommunismus im Museum« stattfindet, dann kommen generationsbedingte und durch ständige Weitervermittlung verinnerlichte deutsche Verhaltensnormierungen jahrzehntelang eingeforderter Bewältigungsdiskussionen zum Vorschein und belustigen inzwischen die Offenheiten der jüngeren Generation außerhalb der akademischen Diskurse. So titelten drei unterschiedliche Tageszeitungen wie folgt: »Antreten zur Bewältigung ... Ist es möglich, deutsche Strategien der Vergangenheitsbewältigung zu exportieren?« (Semler 2004, 15). – »Die DIN-Norm des Gedenkens« ([¹N. N.] 2004, o. S.). – »Die Neigung zur Vorbildlichkeit. Am deutschen Erinnerungswesen soll die osteuropäische Welt genesen« ([²N. N.] 2004, 42). Kurz zuvor war die deutsche Übersetzung einer Bildgeschichte des sowjetischen Lagersystems »Gulag« erschienen, u. a. mit einem Vorwort des spanisch/französischen Literaten und zeitweiligen KP-Mitglieds Jorge Semprún versehen, der Buchenwald überlebt hat. Er vertritt dezidiert die Vergleichbarkeit beider Terrorsysteme (Kizny 2004). Seine russischen Schriftstellerkollegen haben sich zu Zeiten Stalins allesamt nur der zaristischen Strafpraxis kritisch angenommen und verniedlichten entsprechend der sowjetischen Propaganda die angebliche »Erziehung durch Arbeit« in den Gulags.

Von daher wird klar, warum im kommunistischen Vietnam oder China die gleiche Haftkasernierung mit dem Ziel der »Vernichtung durch Arbeit«, wie das in der deutschen Historiografie genannt wird, mit dem selben NS-Slogan »Arbeit macht frei« an Lagertoren versehen worden ist (vgl. Brückner 1998, 76 und 78 f.). Allerdings wissen wir das immer nur aus zweiter Hand und verständlicherweise nicht aus erster Quelle mit Text und Bild. Wie schwer allein die Rekonstruktion der deutschen KZ-Inschriften ist, haben die Fotostudien des letzten Jahrzehnts gezeigt (Brückner 2000, 527 f. und 529). Besonders heikel jedoch liegen die Verhältnisse bei unseren Kenntnissen über die Nachfolgelager, z. B. in Polen (Nowak 2003). Nun aber wird in der Tschechischen Republik auf Wunsch des ersten frei gewählten Staatspräsidenten nach der Wende, Václav Havel, durch Regierungsbeschluss von 1999 die zentrale Gedenkstätte »Vojna« zu Widerstand und Verfolgung in kommunistischer Zeit im Mai 2005 eröffnet. Sie wurde durch das Bergbaumuseum in Příbram errichtet, wo es einst ein Arbeits- und Straflager für den Uranabbau gab, und dessen Tor die Inschrift »Prací ke svobodě!«

(Arbeit macht frei) trug. So jedenfalls ist es auf dem Rekonstruktionsmodell des Lagers zu lesen, das sich auf Aussagen ehemaliger Gefangener stützt[3].

## Die antikommunistische tschechische Gedenkstätte Vojna bei Příbram

Über Auftrag und Enstehung der Gedenkstätte seit 2001 existieren bislang Vorarbeiten und die englische Kurzfassung eines Vortragstextes ihres Aufbaudirektors Velfl während einer Konferenz in Brünn aus dem Jahre 2003 (Velfl 2003; zuvor Velfl/Trantine 2000) sowie zwei deutschsprachige Internetauftritte von Radio Prag aus den Jahren 2003 und 2004.[4] Die Wahl für den Ausbau zu einer Gedenkstätte fiel deshalb auf die frühere »Haftanstalt Vojna« zwischen den beiden ab 1948 ausgebauten Gruben der Schächte Vojna I und Vojna II am Fuße des gleichnamigen Berges, weil sie »die einzige erhaltene Einrichtung dieser Art auf dem Gebiet aller postkommunistischen Länder, mit Ausnahme der Sowjetunion ist«. Im böhmischen Mittelgebirge gab es südwestlich von Příbram schon seit dem 15. Jahrhundert Erzbergbau, jedoch erst seit der Mitte des 19. Jahrhunderts hat dort auf modernster Basis fast die gesamte Silber- und Bleiförderung Österreich-Ungarns stattgefunden. Sie reichte abnehmend bis 1978, als schon seit dreißig Jahren, durch sowjetischen Befehl und Anleitung, der Uranbergbau für deren Atomindustrie in Gang gesetzt worden war.

Die ersten Zwangsarbeiter waren aus Jáchymov überstellte deutsche Kriegsgefangene, die ab 1947 den Aufbau des Umfeldes leisten mussten. Von 1949 an konnten nach dem kommunistischen Staatsstreich von 1948 aufgrund eines Gesetzes über Zwangsarbeitslager sogenannte »Zöglinge«, also Umzuerziehende, ohne Gerichtsverfahren eingewiesen werden. 1951 avancierte die Anstalt mit 761 Insassen zu einem offiziellen Gefängnis und war ab 1953 mit damals 1.517 Häftlingen »eines der größten Gulags in der Tschechoslowakei«, dem bald das Lager Bytíz bei der Grube Nr. 11 folgte (mit 1.894 Insassen 1954), während Vojna mit der Erschöpfung der Gruben 1961 Armeelager und potentielles Notlazarett wurde. Die Insassen jener zehn Jahre bildeten neben Kriminellen und Schwarzhändlern in der Mehrheit politische Gefangene, deren Zahl nach den Amnestien von 1953, vor allem aber 1960 sank. Sie bestanden laut Staatsschutzge-

---

3  Freundliche Mitteilung des Direktors PaedDr. Josef Velfl, Hornické Muzeum Příbram, durch Vermittlung von Herrn Dr. Peter Wolf, Haus der Bayerischen Geschichte, Augsburg.
4  Czech Radio 7, Radio Prague: http://www.radio.cz/de/artikel/46650 und http://www.radio.cz/de/artikel/48972 (vom 25.10.2003 und 3.1.2004, letzterer vor allem über das Bergbaumuseum, ersterer über das Arbeitslager).

setz von 1950 in der Regel aus Personen, die zu über zehn Jahren Haft verurteilt worden waren. Nicht ironischerweise, wie gerne formuliert wird, sondern typischerweise befanden sich darunter auch Widerstandskämpfer aus der Kriegszeit oder zahlreiche hochdekorierte alliierte Offiziere, die als Emigranten im Westen wie im Osten freiwillig gegen die deutsche Armee gekämpft hatten. Man weiß heute, wie argwöhnisch die Sowjets mit ihren eigenen, aus deutscher Kriegsgefangenschaft heimgekehrten und meist als Verräter behandelten Leuten umgegangen sind. Es ist auch bekannt, »daß die Kapos in diesem Lager mitunter Angehörige des ehemaligen faschistischen Sicherheitsapparates [...] waren«. Wer durch Literaturstudien mit der Organisation von KZs vertraut ist, wundert sich über diese gewiss gewollten Zustände nicht. Das Prinzip der internen Tyrannis durch absichtlich vorgesetzte Kriminelle und deren Ahndungspraxis mit ausgeklügelten »Ordnungswidrigkeiten« gab es auch dort, und so dürften die Sonderzellen, der Strafbunker, die dauernden Appell-Schikanen bis in die Nächte hinein, die erfundenen Fluchtversuche zum Zwecke gezielter »Liquidierungen« etc. Unmenschlichkeiten sein, die direkt von diesen übernommenen »Spezialisten« mitersonnen worden sind. Offizieller Bewacher war das Nationale Sicherheitskorps des Prager Innenministeriums.

## Die antifaschistische Gedenkstätte Kleine Festung in Theresienstadt

Das zentrale Auffanglager der Nationalsozialisten war ab 1941 Theresienstadt, heute Terezín. Es bildete in seiner räumlichen Anlage und inneren Struktur eine Besonderheit des gesamten NS-Lagersystems, denn Theresienstadt diente zunächst auch internationalen Propaganda-Aufgaben (Adler 1960). Die 1780/90 noch nach barocken Fortifikationsplänen erbaute habsburgische Festung Theresienstadt liegt 60 km nördlich von Prag und wurde Ende 1941 von der deutschen Besatzungsmacht im »Protektorat Böhmen und Mähren« nach Evakuierung der tschechischen Bevölkerung aus der Stadt als Sammel- und Durchgangslager für Juden eingerichtet. Es gab sogar einen Propagandafilm, der jedoch nicht, wie oft in der Literatur und regelmäßig in den Medien behauptet wird, den Titel trug: »Der Führer schenkt den Juden eine Stadt«, sondern: »Theresienstadt. Ein Dokumentarfilm aus dem jüdischen Siedlungsgebiet« (Margry 1992[5]). Es entstand ein regelrechtes Ghetto mit jüdischer Selbstverwaltung (unter SS-

---

5   Freundliche Mitteilung des Museums Terezín, Dr. Vojtěch Blodig.
Falsch z. B. Rockel 1989, 41, dort nach Starke 1975. – Desgl. FAZ-Magazin 1001 vom 7. Mai 1999, 31, über Kurt Gerron (1897–1944), der aus Holland über Theresienstadt nach Auschwitz kam, anlässlich der Ankündigung des Kinofilms über ihn als deutsches »Schauspielerleben«: »Kurt Gerrons

Aufsicht) und tschechischer Polizei als Torbewachung, so dass sich – gemessen an den Konzentrationslagern der SS – 1942/43 sogar eine Art weitgehend geduldeten kulturellen Lebens innerhalb dieser »Zwangsgemeinschaft« entwickeln konnte, bis Mangelsituationen durch Überbevölkerung und schließlich zwischen Januar 1942 und Oktober 1944 die Todestransporte von 87.000 Personen in verschiedene Vernichtungslager, später allein nach Auschwitz-Birkenau, diese bloße Zwischenstation Theresienstadt zum Vorhof der Hölle machten. Offenbar war diese Funktion schon seit der Errichtung 1941 angedacht gewesen.

Davon völlig getrennt, weil einen Kilometer entfernt jenseits des Flusses Eger erbaut und mit eigenen Fortifikationen versehen, liegt das einstige Vorwerk oder die Außenbastion, genannt die »Kleine Festung«. Hier befand sich in Fortsetzung alter Zuchthaustraditionen seit Juni 1940 ein berüchtigtes Gestapo-Gefängnis mit Insassen aus aller Herren Länder, darunter auch Frauen und gegen Ende des Krieges zusätzlich französische und englische Kriegsgefangene, verteilt auf vier Höfe unterschiedlicher Gefangenenbehandlung. Weil dort u. a. ein Teil der tschechischen Widerstandsintelligenz eingesperrt war, gibt es heute im Vorfeld der »Kleinen Festung« einen nationalen Ehrenfriedhof zum Gedenken an alle Opfer der NS-Zeit im so genannten Protektorat.

Dies ist auch der offizielle Platz für Kranzniederlegungen von Staatsbesuchern in Tschechien. Darum hat das deutsche Fernsehen beim Besuch des Bundespräsidenten Roman Herzog 1995 diese Gelegenheit wahrgenommen, die innerhalb der »Kleinen Festung« erneut aufgefrischte übergroße, auf weißem Grund in schwarzen lateinischen Versalien über eine Wandöffnung gemalte Devise »Arbeit macht frei« zu zeigen. »Der Spiegel« folgte 1997 mit einem Farbfoto innerhalb eines Berichts über Wiedergutmachungsforderungen von Zwangsarbeitern aus Osteuropa, aus gleichem Anlass die »Süddeutsche Zeitung« am 29. 12. 1998.

Der heutige renovierte Zustand der Inschrift und sein Anbringungsplatz verwirren zunächst angesichts der bisherigen Bildpublikationen, auch wenn Pädagogen gerade hier vom besonderen Lerneffekt schwärmen: »Als Leiter von Schülergruppen erlebe ich immer wieder, was für ein emotional tiefgehendes Erlebnis damit verbunden ist, wenn sie durch den Torbogen mit der Aufschrift ›Arbeit macht frei‹ in das Innere des Lagers gelangen« (Rockel 1989, 10). Doch letztere Aussage ist eine irreführende Behauptung. Es handelt sich nicht um das Eingangstor der »Kleinen Festung«, sondern um die Mauerabgrenzung mit einstigem Gittertor des so genannten 1. Hofes samt Verwal-

Karussel«. 15 Minuten des Originalfilms aus dem Filmmuseum wurden von Ilona Ziok auf dem 14. Dokumentarfilmfestival in München 1999 gezeigt.

tungstrakt und Sonderzellen, darüber hinaus: Wie in den meisten der bis heute museal erhaltenen KZ-Lagern gab es auch hier 1945 bis 1948 eine nicht minder grausame, auf Rache ausgerichtete Umnutzung für deutsche Inhaftierte. Tausende später in den Westen Vertriebene mussten hier unter unmenschlichen Bedingungen auf ihre Deportation warten (Rockel 1989, 10 ff.).[6] Erst danach ist die Gedenkstätte entstanden; anfangs wohl durch Erneuerung der deutschen Beschriftungen wie »Hofverwaltung« über einer Tür im Inneren des 1. Hofes und eben jenes »Arbeit macht frei« in großen lateinischen Versalien (Rockel 1989, 11[7]), während der in viele Sprachen übersetzte Bericht eines von 1943 bis 1945 Inhaftierten, Nikolaus Martin (geb. 1919), verfasst in englischer Sprache, von »gotischen Buchstaben«, also Fraktur, spricht und einen ganz anderen Ort benennt, nämlich das tatsächliche Haupttor auf der Innenseite (Martin 1994, 188). Der Appellplatz für die ein- und ausgehenden Arbeitskommandos befand sich nach Aussage der Museumsleitung jedoch im Hof I und später im Hof IV, so dass die Devise hier durchaus Sinn macht.

Die in der tschechischen Literatur immer wieder publizierten »älteren« Fotos gehören alle der Zeit nach 1945 an, obgleich sie bisweilen suggerieren, schon vorher entstanden zu sein. Die »Ankunft der Häftlinge« (Tyl/Kulešová 1960, 4. Abbildungsseite) vor dem Tor behauptet ohne Jahresangabe zwar ex pressis verbis nicht authentisch zu sein; die viersprachige Beschriftung weist aber auch nicht darauf hin, dass es sich möglicherweise um eine gestellte Aufnahme des Jahres 1945 handelt, die lebendig machen möchte, was einst hier vor sich ging. Dem abgebildeten hinteren Fahrzeugteil nach scheint das Foto aus den gleichen Tagen wie jenes mit den Desinfektionsmännern der ČPA aus dem Jahre 1945 zu stammen (Novák 1988, unpaginierte Bildtafeln).[8] Darauf weist auch die buchstabenidentische Inschrift der Devise hin und der gute Zustand des Verputzes. Ein anderes Aussehen dieser Wand mit völlig verwahrlostem Mauerwerk und bröckelndem Putz zeigt eine menschenleere Aufnahme, die offensichtlich in die Zeit nach der Abschiebung aller Deutschen und dem Beginn der Nutzung als Museum gehört (Rockel 1989, 11). Hier ist inzwischen nur die Deviseninschrift renoviert, wie einige signifikant veränderte Buchstaben (B, E, R) bis auf den heutigen Tag zeigen. Die Rückseite jener Mauer mit dem nach innen geöffneten Gittertor und einem Blick auf die ursprüngliche Situation des 1. Hofes mit der Tür der Hofverwaltung, aber schon ausgebesserten Dachflächen, zeigt eine 1991 publizierte Aufnahme (Benešová 1991, 11 mit Abb. 9).

6  Es gibt darüber heute im Museum ebenfalls eine Dokumentation in Hof IV.
7  Mit der offenbar frühesten Fotografie aus der Entstehungszeit des Museums.
8  Datierung durch Dr. V. Blodig mit Schreiben vom 11. Februar 1999.

Das 1960 erschienene Buch von Otakar Tyl und Táňa Kulešová mit der eventuell gestellten Aufnahme einer Häftlingsankunft vermerkt bei der Beschreibung des 1. Hofes zur Inschrift, »wie in allen nationalsozialistischen Lagern« (vgl. Tyl/Kulešová 1960[9]), was wohl zurückgeht auf die früheste Prager Veröffentlichung zum Thema, den Bericht über Adolf Burger, jedoch nicht von ihm selbst formuliert, sondern von zwei Freunden erzählt und also interpolierend beschrieben und darum für das hier genauer festzumachende Detail wenig hilfreich (Krejčí/Krejčí 1945, 16). Dasselbe gilt wohl in noch stärkerem Maße für die Lebensschilderung des Malers Leo Haas durch Wolf Wagner 1987, welche die heutige Situation topografisch genau markiert und in die erlebnishafte Schilderung einbaut (Wagner 1987, 102).

Was also sollen wir von der Ankunftsschilderung des Nikolaus Martin aus Leitmeritz halten? Er kannte sich doch wirklich gut im Gesamtgefängnis aus. Leider lässt sich nicht in Erfahrung bringen, wann er in Kanada oder Südfrankreich seine Erlebnisse niederschrieb. Danach jedenfalls hätten wir uns eine Art gemalten Halbrundschild als aufgesetzte Supraporte an der Hofseite des Eingangstunnels am Haupttor vorzustellen, die möglicherweise 1945, weil eine deutsche Aufschrift und darüber hinaus angeblich in deutscher Fraktur ausgeführt, heruntergeschlagen und zerstört worden sein könnte. Man vergleiche die spontane Zerstörung der hoheitlichen Torsymbolik von Mauthausen am Tag der Befreiung (Brückner 2000, 534 mit Nachweisen). Doch das sind alles müßige Spekulationen angesichts eines unpublizierten authentischen Fotos aus dem Jahre 1941, das mir die Museumsleitung zur Verfügung gestellt hat. In jenem Torbogen mit der bekannten Inschrift (und zwar in den für die Zeit vor 1948 charakteristischen Buchstaben) haben sich fünf uniformierte Deutsche fotografieren lassen.[10] Es handelt sich um das Erinnerungsfoto von drei Polizeibeamten der frühesten Wachmannschaft des Gefängnisses und ihres Vorgesetzten (dieser in Mantel und mit Zigarre), alle in Ausgehuniform, zusammen mit einem diensthabenden SD-Mann samt Hund. Damals war die SS noch nicht ausschließliche Sondertruppe in der Kleinen Festung[11].

Das Ergebnis dieser Recherchen lautet: Für Theresienstadt mussten die bislang

---

9   Hier habe ich mich sowohl für die Übersetzung wie das Aufmerksammachen auf die einschlägige Literatur bei Herrn Kollegen Prof. Dr. Karl Braun, Marburg, herzlich zu bedanken, der mehrere Jahre in Prag als DAAD-Lektor für Deutschunterricht an der Universität tätig war und sich selbst an Studien zum Komplex Theresienstadt beteiligt hat (vgl. Braun 1995), und sein Forschungsprojekt »Kultur als Täuschung/Kultur als Selbstbehauptung. Die Sonderrolle Theresienstadts als Vorzeigelager in der nationalsozialistischen Judenvernichtung«.
10  Durch freundliche. Vermittlung von Dr. V. Blodig: Sign A 880 und Augenzeugenbericht über die Renovierung der Inschrift im Archiv Nr. 635.
11  Laut Mitteilung vom 23. März 1999 ist das Foto über den Häftling Burian in die Gedenkstätte gekommen.

publizierten Bilddokumente als Quellen versagen. Auch hier haben Historiker den Fotografien stets nur den Wert zusätzlicher Illustrationen zuerkannt und darum auf das tatsächlich vorhandene authentische Zeugnis überhaupt nicht zurückgegriffen. Dagegen lässt sich nun zeigen, dass die publizierten »Augenzeugenberichte« stets literarische Stilisierungen darstellen. Verlage veröffentlichen ohne Subventionen nur, was in bestimmte Erzählformen umgegossen worden ist. Schließlich wollen sie emotionale Geschichten verkaufen und keine »trockene« Geschichte. Um nicht missverstanden zu werden: Ich spreche nicht von den großen literarischen Bewältigungsversuchen erlebter KZ-Wirklichkeit und von deren innerem Wahrheitsgehalt. Davon habe ich an anderem Ort am Beispiel Primo Levis ausführlich berichtet (Brückner 1998, 18 und passim; Ders. 2000, 539 f.). Hier geht es um den Bücherboom der beiden letzten Jahrzehnte und das kuriose Faktum des einzigen authentischen Bildbelegs aus der Kleinen Festung von Theresienstadt, der noch nirgends veröffentlich worden ist und hiermit erstmals wieder ans Licht kommt.

## »Arbeit macht frei« als völkische Devise und an Lagertoren

Meine bisherigen beiden Publikationen zum Thema haben in den letzten Jahren einen dänische Privatforscher auf den Plan gerufen, der meinen Hinweisen an den einzelnen Orten weiter nachgegangen ist und daraus eine Internet-Dokumentation für zukünftige Ergänzungen aufbereitet hat.[12] Nach heutigem Wissensstand gab es nur an fünf Orten sicher nachweisbar die Torinschrift »Arbeit macht frei« und zwar in folgender zeitlicher Entstehungsfolge: Dachau 1937/38, Sachsenhausen (dem organisatorischen Mittelpunkt aller KZs) 1938/39, Flossenbürg/Oberpfalz (von Dachau aus begründet) 1938/39, Auschwitz (von Sachsenhausen aus installiert) 1940, Kleine Festung Theresienstadt spätestens 1941. Für dieselbe Zeit wird heute in Groß-Rosen/Niederschlesien (mit Granitabbau wie in Flossenbürg und Mauthausen) die Devise postuliert, lässt sich dort aber nicht wirklich nachweisen.

Sie stellt die Kurzform der so genannten »Meilensteine« des Reichsführers der SS Heinrich Himmler dar: »Es gibt einen Weg zur Freiheit, seine Meilensteine heißen: Fleiß, Gehorsam, Ehrlichkeit, Sauberkeit, Nüchternheit, Ordnung. Opfersinn, Wahrhaftigkeit, Liebe zum Vaterland« (Brückner 2000, 537 f. und 545 ff.). Diese Explikation

---

12 »Einzelheiten über KZ-Mottos. Arbeit macht frei und Jedem das Seine etc. Letzte Aktualisierung 9. August 2004« unter: http://www.deathcamps.org/websites/jupphotos.htm von John Ulrich Poulsen, Ved Volden 9, 1.mf. 1425 København K, john.ulrich.poulsen@mail.dk

»Arbeit macht frei« 185

Die abgebildeten Männer sind durch den 1969 hingerichteten Aufseher Kurt Wachholz im Prozeß von 1968 identifiziert worden (von links nach rechts): SD-Mann Fritz Feuerlein, Schupos Preusse, Hohnstein, Bennewitz und Rothe.

von Zwangsarbeit lässt sich innerhalb dreier Lager durch Fotos nachweisen und für das Stammlager in Auschwitz aus der Frühzeit nach 1940 auf der Küchendachhälfte zum Appellplatz hin nicht ganz zweifelsfrei erschließen. Auch hier war wiederum Dachau das Vorbild mit einer solchen Inschrift von 1938 auf dem großen Dach des Wirtschaftsgebäudes, in Sachsenhausen (Oranienburg bei Berlin) 1939 auf die Barackengiebel des so genannten inneren Ringes zum Appellplatz hin sichtbar verteilt und in dem von Sachsenhausen aus gegründeten KL Hamburg-Neuengamme 1940/41 auf dem Dach der Kantinenbaracke angebracht.

Der geistesgeschichtliche Hintergrund der allgemeinen Arbeitsideologie der Moderne liegt in den pseudorationalen Vorannahmen der Aufklärungspädagogik von der Konstitution des Menschen als fungibel erziehbarem Fortschrittsschaffer. Daraus ist in der Industriegesellschaft des 19. Jahrhunderts eine die Gesellschaft disziplinierende moralische Höchstnorm geworden. »Arbeit besiegt alles« lautete schließlich 1908 eine Bürosupraporte in Leipzig (Brückner 1998, Abb. 1[13]). Konkrete utopische Experimentierfelder für Gesinnungsgemeinschaften schufen sich im 20. Jahrhundert u. a. sozialistische und zionistische Agrarkultivierer. Die Praktiker der nationalsozialistischen Polizeitruppe SS bezogen ihre theoretischen Legitimationen aus deutsch-völkischem Gedankengut der zwanziger Jahre, das eine Reihe ihrer später führenden Mitglieder als zeitweilige Teilnehmer bei so genannten Volkstumskämpfen in der Steiermark, Tirol, Pommern und außerhalb der deutschen und österreichischen Territorialgrenzen im Gefolge der Verträge von Versailles und Saint-Germain kennengelernt hatten. Nicht übersehen werden sollten die freiwilligen internationalen Arbeitsdienstlager als Stätten von Auffangbewegungen während der großen wirtschaftlichen Depressionen in Folge der Nachkriegsverschuldungen aller Welt bis hin nach Amerika.

»Arbeit macht frei« begegnet daher ausformuliert für »Deutschtumsarbeit« gegen so genannten »welschen Ungeist« zuerst beim völkisch und antisemitisch orientierten »Deutschen Schulverein« in Wien als werbende Beitragsmarke und Briefaufkleber um 1922/24 (Brückner 1998, Abb. 3 bis 6). Sowohl Heinrich Himmler wie auch der Auschwitz-Kommandant Rudolf Höss, der seine Karriere im allerersten Konzentrationslager Dachau als auszubildender SS-Mann begann, waren Mitglieder der »Artamanen« gewesen, die u. a. polnische Saisonarbeiter auf ostdeutschen Gütern durch ihren Ferieneinsatz mit akzeptierten Dumpinglöhnen verdrängen helfen wollten (Kater 1971; Höss 1958).

Das benediktinische »ora et labora« als eine der Grundlagen europäischer Kultur seit dem Übergang von der Spätantike ins frühe Mittelalter säkularisierte spätestens im 18./19. Jahrhundert zu dem abendländischen, genauer nord- und mitteleuropäischen Fortschrittsbewusstsein, dass allein »Arbeit« wirkliches »Gebet« sei als gesellschaftsbezogene soziale oder nationale Tätigkeit. Insofern darf es nicht verwundern, wenn unter Nationalsozialisten, Kommunisten und Zionisten im jüngst abgelaufenen Jahrhundert der Ideologien, der Kollektive und der Lager«kulturen« die gleichen Begriffe und Parolen, positiv wie negativ verwendet, auftauchen. Der bei Letzteren sich offenbarende Zynismus, die gezielte »Vernichtung durch Arbeit« in Zwangslagern durch Aufbau-Devisen zu verbrämen, belegt als Grausamkeitsvariante allein die ständig zu gewärtigende Ambivalenz allen menschlichen Tuns und Denkens. Nicht vor Ausgeburten bestimmbarer »Anderer« haben wir uns zu fürchten, sondern vor der eigenen Spezies

---

13  Abbildung von Burkhart Lauterbach, München.

Mensch in genere. Der erkenntniskritische Relativismus des Kulturwissenschaftlers erzwingt diese fast resignative Aussage.

## Literatur

[¹N. N.]: Die DIN-Norm des Gedenkens, in: Tagesspiegel vom 30. Oktober 2004, o. S.
[²N. N.]: Die Neigung zur Vorbildlichkeit. Am deutschen Erinnerungswesen soll die osteuropäische Welt genesen, in: Frankfurter Allgemeine Zeitung 259 vom 5. November 2004, S. 42.
Adler, Hans Günther: Theresienstadt 1941–45. Das Antlitz einer Zwangsgemeinschaft. Geschichte, Soziologie, Psychologie (Civitas Gentium), Tübingen ²1960.
Benešová, Miroslava (Hg.): Terezín. Místa utrpení a vzdoru (Dokumenty Svazek, 221), Praha 1991.
Braun, Karl: Peter Kien oder Ästhetik als Widerstand, in: Theresienstädter Studien und Dokumente 2/1995, S. 155–174.
Brückner, Wolfgang: »Arbeit macht frei«. Herkunft und Hintergrund der KZ-Devise (Otto-von Freising-Vorlesungen der Katholischen Universität Eichstätt, 13), Opladen 1998.
Brückner, Wolfgang: Gedenkstättenkultur als wissenschaftliches Problem. KZ-Embleme in der Museumsdidaktik, in: Gunther Hirschfelder (Hg.): Kulturen – Sprachen – Übergänge. Festschrift für H. L. Cox zum 65. Geburtstag, Köln u. a. 2000, S. 525–565.
Croitoru, Joseph: Zankapfel Holocaust. Die frühe Geschichte von Yad Vashem, in: Frankfurter Allgemeine Zeitung 289 vom 10. Dezember 2004, S. 42.
Herbert, Ulrich: Gut gemeint genügt nicht. Berlins Gedenkstätten brauchen ein Konzept, in: Frankfurter Allgemeine Zeitung 53 vom 4. März 2005, S. 35.
Herbst, Ludolf: Anleitung unnötig. Das Gedenken braucht keinen Direktor, in: Frankfurter Allgemeine Zeitung 58 vom 10. März 2005, S. 39.
Höss, Rudolf: Kommandant in Auschwitz. Autobiographische Aufzeichnungen. Eingeleitet und kommentiert von Martin Broszat (Quellen und Darstellungen zur Zeitgeschichte, 5), Stuttgart 1958.
Kater, Michael H.: Die Artamanen. Völkische Jugend in der Weimarer Republik, in: Historische Zeitschrift 213/1971, S. 577–638.
Kizny, Tomasz: »Gulag«. Solowezki, Belomorkanal, Waigatsch-Expedition, Theater im Gulag, Kolyma, Workuta, Todesstrecke, Hamburg 2004.
Krejčí, Oskar und Sylva Krejčí: Číslo 64401 mluví. Podle vyprávění Adolfa Burgra, Praha 1945.
Margry, Karel: Theresienstadt. Ein Dokumentarfilm aus dem jüdischen Siedlungsgebiet, in: Miroslav Kárný, Vojtěch Blodig und Margita Kárná (Hg.): Theresienstadt in der »Endlösung der Judenfrage« (1941–1945), Prag 1992.
Martin, Nikolaus: Prager Winter. Ein ganz normales Leben, München 1991.
Naimark, Norman M.: Flammender Haß. Ethnische Säuberungen im 20. Jahrhundert, München 2004.
Novák, Václav u. a.: Malá pevnost Terezín, Praha 1988.
Nowak, Edmund: Lager im Oppelner Schlesien im System der Nachkriegslager in Polen (1945–1950). Geschichte und Implikationen, Opole 2003.
Rockel, Manfred: Theresienstadt damals – Terezín heute, Lingen/Ems 1989.
Schuller, Wolfgang: Es bleibt etwas hängen. Opfer unter Verdacht: Die Spaltung der Gedenkstättenlandschaft, in: Frankfurter Allgemeine Zeitung 3 vom 5. Januar 2005, S. 31.

Semler, Christian, Antreten zur Bewältigung, in: die tageszeitung 7496 vom 25. Oktober 2004, S. 15.
Starke, Käthe: Der Führer schenkt den Juden eine Stadt, Berlin 1975.
Týl, Otakar und Táňa Kulešová: Terezín, Praha 1960.
Velfl, Josef und Václav Trantine: The Political Prisoners Memorial at the Příbram Cemetery, in: Proceedings of the Central-Bohemian History 18/2000, S. 81–109.
Velfl, Josef: The Vojna Memorial Setting up as a department of the Mining Museum in Příbram, Ms. 2003.
Wagner Wolf H.: Der Hölle entronnen. Stationen eines Lebens. Eine Biographie des Malers und Grafikers Leo Haas, Berlin (Ost) 1987.

Gero Fischer/Jana Pospíšilová

# Multikulturalität und Multiethnizität in Brünn zu Beginn des 21. Jahrhunderts
Tendenzen und Fragen

## Vorbemerkungen

Die Geschichte Brünns (heute mit 380.000 Einwohnern die zweitgrößte Stadt der Tschechischen Republik) ist seit der Stadtgründung von einem ständigen Durchdringen ethnischer Gruppen geprägt, besonders durch das Zusammenleben und die Konflikte von Tschechen und Deutschen. Die Deutschen lebten in Brünn vom 13. Jahrhundert an, im 17. Jahrhundert kam die Stadtleitung in deutsche Hände und nach der Mitte des 19. Jahrhunderts verstärkten sich die Bemühungen um eine Emanzipierung des tschechischen Volkslebens. Die Bewusstheit der Multikulturalität beziehungsweise ihre Wahrnehmung hat sich im Laufe der Jahrhunderte jedoch stark verändert, insbesondere nach 1945, nach der Vernichtung der Juden und der Vertreibung (tschechische Diktion: *odsun*, »Abschiebung«) der Deutschen.

Ein wichtiger Faktor der Stadtentwicklung war die Lage hinter dem Eisernen Vorhang, wodurch die Industriestadt Brünn keinen Anteil am Zuzug von Arbeitsemigranten wie vergleichbare westeuropäische Städte hatte. Daher standen und stehen Fragen der Integration und Schulproblematik (z. B. die Beschulung von Kindern mit nichttschechischer Muttersprache) hinsichtlich der Dringlichkeit nicht auf der Tagesordnung. Es mussten auch keine entsprechenden integrationspolitischen Instrumente (wie Ausländerbeauftragte, spezielle Beratungsstellen mit muttersprachlichen Mitarbeitern, Veröffentlichungen in Immigrantensprachen etc.) entwickelt werden wie in Westeuropa, wo es vor allem in den Großstädten einem durchschnittlichen Ausländeranteil von meist weit über 15 Prozent gibt. Die tschechische (tschechoslowakische) Volkskunde begann sich erst von der Mitte des 20. Jahrhunderts an mit der Erforschung der Städte zu befassen; insbesondere seit den 1980er Jahren wurden Studien in Zeitschriften, Sammelbänden zu Konferenzen und Monografien veröffentlicht (z. B. Stará dělnická Praha 1981, Národopisné studie o Brně 1990, Taká bola Bratislava 1991, Leute in der Großstadt 1992, Město pod Špilberkem 1993). Die volkskundlichen Studien zur Stadt Brünn und Umgebung konzentrierten sich in den letzten Jahrzehnten auf einige Bereiche der Alltagskultur, sowie auf Brauchtum und verschiedene Feste und Feierlichkeiten der tschechischen Bewohner der Stadt. Tschechisch-deutsche Nationalbeziehungen wurden aus der tschechischen Perspektive erfasst (z. B. von Bočková 1992; Makariusová 1988; Sirovátka 1992). Den Veränderungen in der ethnischen Zusammensetzung der Einwohner der Stadt Brünn wurde jedoch bisher keine ausreichende Aufmerksamkeit gewidmet.

Dieser Artikel ist der erste Versuch einer Beschreibung der aktuellen multikulturellen Verhältnisse und Beziehungen in Brünn nach 1989.

## 1. Herausbildung neuer multiethnischer Verhältnisse nach 1989

Der Systemwechsel nach 1989 verursachte auch hinsichtlich der interethnischen Beziehungen in der Tschechischen Republik einschneidende Veränderungen, die vor allem aus der Hinterlassenschaft des alten Regimes resultierten:

Der Zusammenbruch der Sowjetunion machte etwa 300.000 Personen in der Tschechischen Republik zu Heimatlosen, die nun versuchten, sich ihre Existenz dort zu sichern, wo sie sich gerade aufhielten. Die veränderten politischen und ökonomischen Verhältnisse bedingten auch neue Migrationen. Die größte Gruppe stellen die Ukrainer dar (in Brünn offiziell: 710, in der Tschechischen Republik: 22.000), die in der Regel als mehr oder weniger legale Gastarbeiter – mit sehr unterschiedlicher Aufenthaltsdauer – vor allem im Bauwesen ihr Geld verdienen.

Ein weiteres »Erbe« der kommunistischen Ära sind die Vietnamesen (in Brünn offiziell: 720, nach Angaben der Vietnamesen selbst wohl etwa zehnmal so viel). Ursprünglich waren sie in Verträgen zu bestimmten Tätigkeiten, Einsätzen in Fabriken, Ausbildung oder ähnlichem zeitlich begrenzt und strikt kontingentiert ins Land geholt worden. Seit 1989 gehören sie zu einer der Gruppen, die am aktivsten eine Integration über die Möglichkeiten und Bedingungen der Marktwirtschaft versuchen und dabei erfolgreich sind. Sie konstituieren sich nicht formell als Minderheit, sondern über interne familiäre Bindungen. Ihre Präsenz ist in der Stadt unübersehbar.

Die ethnisch uneinheitliche Gruppe der Araber – vor 1989 vorwiegend Studierende und Wirtschaftsvertreter aus verschiedenen arabischen Ländern, vor allem aus Ägypten, Syrien, Palästina, Libyen, Algerien – stellt ein interessantes Beispiel von Ethnisierung dar: Sie haben sich in das Wirtschaftsleben integriert und dominieren seit etwa 1990 das Geldwechslergewerbe in Brünn zu 100 Prozent. Sie bilden zugleich den Kern der Religionsgruppe der Moslems (in Brünn: ca. 700 – Schätzung der hiesigen

Moslems), die zu einem nicht geringen Teil aus Mischehen mit tschechischen Ehepartnern und deren Nachkommen besteht. Sie traten erst nach 1989 stärker ins Bewusstsein, insbesondere Ende der 1990er Jahre, als sie in Brünn die erste Moschee der Tschechischen Republik (1998) errichteten.

Die Teilung der Tschechoslowakei Anfang der 1990er Jahre machte die Slowaken in der Tschechischen Republik zu Ausländern und somit zu einer – bis dahin nicht anerkannten – Minderheit (in Brünn: 5.800).

Die Volksgruppe der Roma (nach sogenannten qualifizierten Schätzungen etwa 200.000–250.000 (vgl. Liégeois, 1995, 33) in der gesamten Republik, in Brünn etwa 15.000 gegenüber offiziell 374 (Sčítání 2003)) ist als größte Minderheit eine – politisch gesehen – ausgesprochene Problemgruppe und gehört eindeutig zu den Verlierern des politischen und sozioökonomischen Wandels nach 1989. Der größte Teil der Roma ist nach 1945 vorwiegend aus der Slowakei zugezogen.

Eine besondere Rolle in den multiethnischen Verhältnissen nach 1989 kommt den Mährern zu. Die Frage, ob die Mährer die größte Minderheit in der Tschechischen Republik oder sogar eine eigene Nation(alität) sind, wird seit etwa zwei Jahrhunderten diskutiert (vgl. Řepa 2001). Die Kategorie Mährer/*Moravané* taucht regelmäßig bei Volkszählungen auf und stellt, wenn auch mit starken Schwankungen, die zahlenmäßig größte Gruppe in der Tschechischen Republik. Unentschieden ist, ob es sich dabei um eine klar identifizierbare ethnische Gruppe oder um einen Bevölkerungsanteil mit ausgesprochenem Regionalbewusstsein handelt. Tatsache ist, dass das latente »mährische Bewusstsein« politisierbar ist, was sich an der Existenz mährischer politischer Bewegungen zeigen lässt, deren regionale Parteien 1990 bis zu 35 Prozent der Stimmen gewannen). Der politische »Moravismus« ist jedoch keine separatistische Bewegung oder Haltung, sondern deutlich gegen die – vor allem administrative und politische – Dominanz Prags gerichtet. Er betont die Eigenständigkeit (Selbstverwaltung) Mährens, wobei mährische separatistische Tendenzen immer dann erstarkten, wenn Prag die spezifischen Probleme Mährens ignorierte beziehungsweise bagatellisierte. Die Wurzeln für diesen Moravismus gehen aber tiefer als die Ablehnung des »Pragozentrismus«. Bestimmte habituelle Haltungen gelten als für die »Mährer« charakteristisch (nach Mareš – Musil – Rabušic 1992, 39), nämlich ein stärkerer Hang zum Paternalismus, eine stärkere Befürwortung staatlichen Eigentums oder eine starke Ausprägung der Idee der sozialen Gerechtigkeit. Zentralböhmen und Mähren haben sich historisch unterschiedlich entwickelt, und zwar sowohl religiös (Mähren blieb vorwiegend katholisch, Böhmen wurde stärker vom Hussitismus geprägt), wie sprachlich (die böhmischen Dialekte haben sich stark angeglichen, in Mähren hat sich die Dialektvielfalt, die sich auch linguistisch deutlich von Böhmen unterscheidet, viel stärker erhalten) und ethnographisch (in Mähren ist die regionale Vielfalt viel stärker ausgeprägt und hat sich erhalten). Nach Uličný (2001, 215 ff.) umfaßt die mährische Identität den Landespatriotismus, eine kollektive geografische Selbstidentifikation und eine Abgrenzung gegenüber dem pragmatischen, atheistischen Westen Böhmen). Einen besonders prägenden Faktor stellt jedoch die multikulturelle Vergangenheit dar, die das »mährische Bewusstsein« – komplex und widersprüchlich – mitprägte. Das Herausreißen ganzer ethnischer Kommunitäten aus dem Zusammenleben mit der Mehrheitsbevölkerung – der Holocaust der Juden und Roma und dann die Vertreibung der Deutschen – und die Trennung der Tschechoslowakei waren zweifellos dynamisierende Faktoren der mährischen Bewegung: Das erste Mal in der Geschichte sind die Tschechen und Mährer gewissermaßen »mit sich allein«. Und es ist die Frage, ob nicht diese Bedingungen einen Prozess der Umformung der latenten regionalen Identitäten in eine nationale Identität in Gang setzen (Malíř – Vlček 2001, 13). Die Volkszählungsergebnisse erlauben hier, auch wenn wir sie als Trend interpretieren wollten, keine zuverlässigen Schlüsse auf die Aktualität der »mährischen Identität«, sie sind eher im Sinne eines Stimmungsbarometers der jeweiligen konkreten politischen Situation zu werten.

Bei den durch die Stadt Brünn offiziell anerkannten Minderheiten in Brünn – in Klammern die gerundeten Zahlen der Volkszählung 2001 (Sčítání 2003) und qualifizierter Schätzungen (Národnostně menšinová politika 2003): Bulgaren (500), Deutsche (500), Griechen (300), Juden (300), Kroaten (150), Moslems (800), Polen (500), Roma (400), Slowaken (5.800), Ungarn (400) – handelt es sich um Gruppen, die als integriert betrachtet werden können. Ukrainer (710) und Russen (360) gelten in Brünn nicht als offizielle Minderheiten, sie sind derzeit nur gesamtstaatlich organisiert. Die Ukrainer sind eine ethnische Gruppe mit sehr großer Fluktuation, sie sind oft nur saisonal, einige Monate als Gastarbeiter oder »Arbeitstouristen« (Horáková 2001) im Land. Inwieweit der Beitritt der Tschechischen Republik zur EU die ukrainische Migration beeinflussen wird, bleibt abzuwarten. Die russischen Immigranten jüngeren Datums stammen aus ökonomisch potenten Schichten und versuchen in der Tschechischen Republik wirtschaftlich Fuß zu fassen. Ob sie sich integrieren oder eher auf Distanz zur autochthonen Bevölkerung gehen und reichlich autonome und geschlossene Kolonien bilden werden, ist derzeit noch nicht absehbar. Die Vietnamesen (720) haben in Brünn keinen formellen Minderheitenstatus, da sie sich bisher auch noch nicht darum bemüht haben. Der Großteil von ihnen hat Firmen beziehungsweise selbständige Existenzen gegründet, was eine Rückkehr nach Vietnam nicht sehr wahrscheinlich erscheinen lässt.

Die Roma, die größte Minderheit in Brünn, stellen für die Stadtpolitik eine große

Herausforderung dar. Die Stadt hatte immer schon eine Roma-Minderheit, die wuchs, als nach 1945 Roma aus der Slowakei zuzogen. Die Volkszählung von 2001 gibt mit offiziell 374 Personen (vgl. Sčítání 2003) ganz offensichtlich nicht die wirkliche Größe dieser Minderheit wieder. –Realistisch wird, wie schon erwähnt, von ca. 15.000 Personen auszugehen sein. In dieser Diskrepanz zeigt sich auch die Brisanz der Roma-Problematik: Die Integration der Roma in die tschechische Gesellschaft ist alles andere als zufriedenstellend gelungen. Die meisten Roma haben auf Grund ihrer Erfahrungen kein Vertrauen zu den Behörden, sie verleugnen bei Volkszählungen in der Regel Angaben zu ihrer ethnischen Identität, da sie Nachteile befürchten. Die offizielle Politik begreift die Integration nicht vorrangig als sozioökonomische Aufgabe, sondern stellt sie als »kulturelle« Frage dar. Die Tatsache, dass die Roma sich vor allem in Stadtteilen niederlassen (beziehungsweise behördlich angesiedelt werden), die sich ökonomisch in einer schwierigen Situation befinden, fördert die Tendenz zur Ghettoisierung. In einigen besonders abgewohnten und desolaten städtischen Gebieten in Norden und Osten der Stadt, sowie in der im Volksmund so genannten »Bronx«, die in der Nähe des Stadtzentrums die Straßen Cejl, Bratislavská, Křenová sowie einige Nebenstraßen umfasst, macht der Anteil der Roma-Bevölkerung gegenüber dem Durchschnitt der Bevölkerung das Zehnfache aus. Die Arbeitslosigkeit beträgt das Doppelte, ebenso die Zahl der Personen mit dem niedrigsten Bildungsstand, der Anteil an Mehrkindfamilien das Achtfache, der Anteil an Wohnungen ohne eigenes WC das Zwölffache (vgl. auch: Sirovátka, T. 2000; Vašečka 2000).

In der offiziellen Stadtpolitik wird die Minderheitenfrage heute zwiespältig gesehen: Die multikulturellen Traditionen der Stadt werden von den politischen Parteien und dem Magistrat durchaus gewürdigt, beispielsweise durch Veranstaltung von Minderheitenfestwochen und -wochenenden. Es besteht auch die Bereitschaft, die Infrastruktur der Minderheiten zu fördern, einen »Runden Tisch« als Jour fixe zu organisieren und so einen offiziösen Dialog der Stadt mit den Minderheiten zu führen. Allerdings bleiben auch hier einige Wünsche offen: Trotz offizieller Beteuerung des multikulturellen Charakters der Stadt Brünn warten die Minderheiten noch immer auf die versprochene Einrichtung eines Minderheitenhauses. Außerdem sind bisher alle Versuche seitens verschiedener Bürgerbewegungen fehlgeschlagen, die offiziellen Stellen der Stadt dazu zu bewegen, sich mit der Vertreibung (»*odsun*«) der Deutschen aus Brünn angemessen auseinander zu setzen – sei es über den Weg offizieller Entschuldigungen, durch Gedenktage, Errichtung von Denkmälern, Gedenksteinen oder ähnlichem

## 2. Typen interethnischer Beziehungen

Es gibt Minderheiten in Brünn, die als integriert gelten können. So erfreuen sich insbesondere die Bulgaren (Zuwanderung schon in der Zwischenkriegszeit) und Griechen (Zuwanderung 1948–50) ohne Vorbehalte eines hohen Maßes an Respekt und Akzeptanz (Pospíšilová/Bočková 2003; Otčenášek 1998). Einige Bulgaren machten sich beispielsweise als Ärzte oder Ingenieure einen Namen. Einige Griechen haben die tschechische Kulturszene beispielsweise in den 1970er Jahren durch die Sängerinnen Martha und Tena Elefteriadu bereichert, was sich insgesamt positiv auf das Image der griechischen Diaspora in der Tschechoslowakei auswirkte. Ähnliches lässt sich von der Integration der Ungarn und anderer kleiner Gruppen sagen. Seit 1989 vollziehen sich die Integrations- und Akkulturationsprozesse durchaus widersprüchlich. Einerseits zeugt die Akzeptanz gegenüber den neu ins Bewusstsein der Öffentlichkeit getretenen Muslimen von hoher Toleranzbereitschaft der autochthonen Bevölkerung. Andererseits zeichnen sich aber auch Konfliktfelder unterschiedlicher Brisanz ab, die mit den veränderten sozioökonomischen und politischen Rahmenbedingungen nach 1989 im Zusammenhang stehen. Wir greifen drei Aspekte von interethnischen Beziehungen heraus, die nach unserer Einschätzung für die aktuelle Situation in Brünn am charakteristischsten sind und untersuchen dabei insbesondere die widersprüchlichen Integrationssituationen der Gruppen der Roma, Vietnamesen, Russen und Ukrainer.

### 2.1 Interethnische Beziehungen als Erbe misslungener Integration und Akkulturation

Als ausgesprochen problematisch sind die Beziehungen zwischen Tschechen und Roma zu bezeichnen. Die offizielle Politik gegenüber den Roma hat der Regierung schon die eine oder andere Rüge seitens der Europäischen Kommission eingebracht. Zu erinnern sei an einige politische und administrative Exzesse im Zusammenhang mit dem Staatsbürgerschaftsgesetz (1993), vor allem aber an den Mauerbau in der Matiční-Straße (Ústí nad Labem/Außig) – die lokalen Behörden hatten mit der Errichtung einer Mauer versucht, Roma und »Weiße« voneinander zu trennen, um ethnische Konflikte zu vermeiden – oder die laxe Behandlung von Extremisten (insbesondere Skinheads) durch Exekutive und Justiz. Das Zusammenleben von Roma und Nicht-Roma gestaltet sich in der Tschechischen Republik regional uneinheitlich. Die grundlegenden Unterschiede zwischen den Roma und der Mehrheitsgesellschaft wurde durch die andere historische und kulturelle Erfahrung der Nomaden gegenüber den Sesshaften verursacht. Dieser

Unterschied kommt in der Qualität der Beziehung zum Wohnheim, zur Gemeinde und Kommune und nicht zuletzt zu Zukunft und Lebensplanung (Frištenská 2002, 49) zur Geltung. Als positive Ausnahmen sind České Budějovice (Budweis) oder Český Krumlov (Böhmisch Krummau) zu nennen, wo es gelang, Roma in städtischen Unternehmen, der Verwaltung und verschiedenen Betrieben zu beschäftigen. Hier gelten die Beziehungen als weitgehend konfliktfrei (vgl. Víšek 2000). Die Diskriminierung der Roma auf verschiedensten Gebieten – wie beispielsweise in der Wohnungspolitik, auf dem Arbeitsmarkt und in der Ausbildung – – wird durch Untersuchungen bestätigt (Frištenská 2000; Kepková/Víšek 1999; Skotnica/Volek 1998 u. a.). Trotz der sich in der letzten Zeit mehrenden wissenschaftlichen Arbeiten fehlt immer noch eine Vielzahl zuverlässiger Daten über die Zahl der Roma und insbesondere über ihre sozialen Verhältnisse. Die breite Öffentlichkeit wird zwar fast täglich in den Medien mit der Roma-Problematik konfrontiert, jedoch kann man dies wohl nicht als solides und faires Kommunizieren der Problematik gelten lassen. Diese mediale Praxis hat zur Folge, dass Vorurteile, Ignoranz, Missverständnisse und rassistische Mythenbildungen weiter gedeihen. Unabdingbare Voraussetzungen für die Lösung des »Problems« sind die Schaffung von Arbeitsplätzen und Wohnungen, die Einrichtung wirksamer integrationsfördernder Institutionen, Zeit, Geld, die Einbindung der Bildungspolitik und vor allem guter Wille. Es fehlt eine breite Reflexion darüber, warum Tendenzen zur Segregation und Ghettoisierung der Roma in der tschechischen Gesellschaft so populär sind und warum die Nichtkommunikation so selbstverständlich akzeptiert wird, wo die Ursachen für die mangelnde Empathie, Nichtbetroffenheit, Nichtzuständigkeit, Ignoranz und Entsolidarisierung zu suchen sind und welche Auswege aus dieser Art gesellschaftlichen Autismus‹ zu finden sind. Die Roma-Frage ist in der Tschechischen Republik kein attraktives Thema für die Politik, daher gibt es keine politische Partei, die sich mit ihr befasst, geschweige denn konstruktive Konzepte ausgearbeitet hätte. Tatsache ist, dass die Beschäftigungspolitik beim schlechten Bildungsstand der Roma an Grenzen stößt. Der Markt für Unqualifizierte ist weitgehend gesättigt und der Druck auf dem Arbeitsmarkt groß (landesweit über 540.000 Arbeitslose, Stand 1. Quartal 2004). Zudem ist das Bildungswesen derzeit nicht in der Lage, integrative Modelle zu entwickeln und zu realisieren, um die Bildungsmisere bei den Roma langfristig und grundsätzlich zu beheben. Der Großteil der Bevölkerung ist an integrativen Lösungen nicht wirklich interessiert, die Stimmung geht – quer durch alle Bevölkerungs- und Bildungsschichten – vielmehr in Richtung Segregation oder gar Abschiebung dieser Minderheit. Der aktuelle Versuch der Regierung, eigene Roma-Polizisten auszubilden und sie ausschließlich in den Gebieten mit hoher Konzentration von Roma-Bevölkerung einzusetzen, ist gewissermaßen ein Weg, das Problem »by policing« in den Griff zu bekommen. Die historische Analogie der von den NS-Behörden installierten Judenpolizei in den Ghettos ist in der öffentlichen und veröffentlichten Meinung in der Tschechischen Republik zu keinem Stein des Anstoßes geworden.

Einen einsamen Lichtblick stellt das Brünner Wohnprojekt (*Projekt komunitního bydlení*) dar (beschrieben von Zima 2000; Navrátil 2002). In Zusammenarbeit mit dem Romazentrum DROM und dem Verein Spolu-CZ wurde ein Modell entwickelt, Roma (viele davon mit Mietschulden) unter Förderung von Eigeninitiative und Eigenverantwortung in bessere Wohnverhältnisse zu integrieren. Die künftigen Mieter der Wohnungen können dadurch, dass sie von der Stadt für Sanierungs- und Umbauarbeiten der stark desolaten Gebäude angestellt und bezahlt werden, ihre Mietschulden abarbeiten. Daraufhin erhalten sie einen Mietvertrag für ein Jahr, der bei regelmäßiger Mietzahlung verlängert wird. Die Rollenverteilung in diesem Projekt sieht so aus, dass Spolu-CZ als NGO die Kommunikation zwischen den Mietern und dem Eigentümer (der Stadt Brünn) übernimmt und das Romazentrum DROM Programme zur Schaffung von Arbeitsplätzen für die teilnehmenden Romainitiiert. Bisher ist dies ein Nischenprojekt, das jedoch auch schwer am Manko der Unterfinanzierung trägt.

In allen Transformationsländern, insbesondere in der Slowakei, in Ungarn, Rumänien und Bulgarien, gehören die Roma zu den Modernisierungsverlierern. Ihr in der Regel geringer Bildungsgrad und ihre sozioökonomische Situation vor dem Hintergrund einer allgemein hohen regionalen Arbeitslosigkeit sowie verschiedene Formen gesellschaftlicher Diskriminierung geben ihnen geringe Chancen, ihr Los aus eigener Kraft zu verbessern. Die quantitative Dimension in Mittel- und Osteuropa – es geht um mehrere Millionen Menschen – macht deutlich, dass die betreffenden Einzelstaaten mit der Lösung des Problems überfordert und gesamteuropäische Anstrengungen dringend geboten sind.

## 2.2 Interethnische Beziehungen zwischen Segregation und Integration

Die vietnamesischen Kolonien in der Tschechischen Republik bilden weitgehend segregierte Gemeinschaften. Sie wohnen zwar meist nicht in geschlossenen Siedlungsgebieten, verfügen aber über eine überwiegend autonome Infrastruktur mit Lebensmittelimporten, Dienstleistungen oder Dolmetschern. Die Zuwanderung erfolgte unter der Prämisse der Schaffung einer neuen Existenz. Dieses Verhalten wird durch die »postfeudale« vietnamesische Realität (Brouček 2003b) gefördert, die Eigenständigkeit und Selbstversorgungsmentalität als Lebensprinzipien hat. Eine bewusste Adaption an die Systeme der Mehrheitsgesellschaft wird von den wenigsten Vietnamesen angestrebt, Anpassungen erfolgen nur an der Oberfläche, das heißt soweit sie für die ökonomischen Tätigkeiten unumgänglich sind. Das Desinteresse der autochthonen Mehrheit ihnen gegenüber empfinden die Vietnamesen auch nicht als Manko, sondern eher als den Vorteil, in Ruhe gelassen zu werden und so leben zu können, wie es ihnen am ehesten entspricht. Diese Voraussetzungen sowohl seitens der Immigranten als auch der autochthonen Gesellschaft fördern die Einwegkommunikation von der Majorität zur Minorität und letztendlich den Trend zur Segregation. Die Vietnamesen sind eine Gruppe, die sich zumindest derzeit nicht als Minderheit konstituieren will, aber von außen eindeutig als solche gesehen wird.

Die Sprachkenntnisse der im Handel tätigen vietnamesischen Immigranten werden zwar tendenziell insgesamt besser, jedoch können sich die Personen, die ausschließlich im Haushalt arbeiten, kaum mit der Umwelt verständigen. Interessant ist, dass in der Tschechischen Republik geborene Kinder häufig tschechische Vornamen erhalten, selbst in den Fällen, in denen sich die Eltern noch nicht entschieden haben, ob sie im Lande bleiben werden. Die Kinder gehen in den tschechischen Kindergarten und die Grundschule und sind in der Regel vollkommen zweisprachig. Es gibt auch vereinzelte Beispiele, bei denen sich die Bandbreite interkultureller Kommunikation allmählich von rein ökonomischen Interessen zu gutnachbarlichen Beziehungen erweitert. Interessant ist in diesem Zusammenhang die Entwicklung der »Institution« der »tschechischen Kindertanten«, die im Sinne einer Nachbarschaftshilfe die Betreuung vietnamesischer Kinder übernehmen, um die im Handel oder Kleingewerbe tätigen Eltern zu entlasten. Dieses Phänomen hat Kahlerová (2002) in Plzeň (Pilsen) beobachtet, und auch in Brünn ist es nachweisbar. Ein wichtiger Effekt ist die Entwicklung und Förderung der Zweisprachigkeit der vietnamesischen Kinder, denen als »Zweite Generation« eine wichtige Brückenfunktion bei der Integration in die tschechische Gesellschaft zukommt. Es wird viel von der Fähigkeit und Bereitschaft der tschechischen Schulpolitik abhängen, die integrationsfördernden Bedingungen für den Prozess der schulischen Sozialisation zu entwickeln. Der wichtige Integrationsfaktor der Mischehen spielt derzeit erst eine marginale Rolle.

Alles in allem ist jedoch das Verhältnis der einheimischen Bevölkerung zu den Vietnamesen als distanziert und zwiespältig zu bezeichnen. Dies lässt sich aus sprachlichen und soziokulturellen Kommunikationsproblemen und der Abgeschlossenheit der vietnamesischen Enklave erklären. Das Bild der Vietnamesen in der Bevölkerungsmehrheit wird zwar von positiven Eigenschaften – Fleiß, Familiensinn, Geschäftstüchtigkeit – geprägt, im Hintergrund jedoch steht der Verdacht von Schwarzhandel, Korruption und illegalen Machenschaften. Derzeit ist noch nicht auszumachen, ob sich die vietnamesische Gemeinschaft zu einer integrierten Minderheit mit doppelter

Identität entwickeln oder weiter den Weg der Segregation gehen wird, wie es das Muster der nordamerikanischen Chinatowns vorgibt.

2.3 Interethnische Beziehungen vor dem Hintergrund der Konkurrenzökonomie

Die Bedingungen der Marktökonomie determinieren die Beziehungen der in ihr vertretenen ethnischen Gruppen. Dieser dritte Typ interethnischer Beziehungen soll anhand des Spannungsfeldes kleinbürgerlicher Konkurrenz zwischen einheimischen und vietnamesischen Bistrobetreibern beziehungsweise Kleinhändlern sowie anhand des Verhältnisses zwischen der einheimischen Bevölkerung und der neuen russischen und ukrainischen Zuwanderung beschrieben werden. Charakteristisch für diesen Typ ist, dass die der Konkurrenzgesellschaft inne wohnenden Konflikte und Widersprüche von der Politik und den Medien nicht in ihrer Ursächlichkeit wahrgenommen, sondern mit dem als »typisch« unterstellten Negativbild »der Anderen« von der Gesellschaft ethnisch uminterpretiert beziehungsweise instrumentalisiert und personalisiert werden. Im Folgenden befassen wir uns exemplarisch mit den Vietnamesen, Russen und Ukrainern.

Vietnamesen

Die Erwerbstätigkeit der Vietnamesen ist derzeit durch geringe berufliche Diversifizierung charakterisiert und beschränkt sich fast ausschließlich auf den Kleinhandel und bestimmte Bereiche der Gastronomie. In diesen Marktnischen zeigt sich die wachsende wirtschaftliche Bedeutung der vietnamesischen Gemeinschaft in Brünn lokal wie überregional. Auf dem Gelände einer ehemaligen Fabrik in der Olomoucká-Straße betreiben vietnamesische Großhändler mehrere Markthallen und stellen die Versorgung mit Waren für den vietnamesischen Kleinhandel in Brünn und im gesamten südmährischen Raum sicher. Der rege Verkehr von Transportern lässt nur erahnen, um welche quantitativen Dimensionen des Umsatzes es geht. Im Stadtzentrum (z. B. im Bahnhofsareal) dominieren sie den Kleinhandel mit Billigwaren in ihren Verkaufsständen auf Basaren oder in entsprechend ausgewiesenen Zonen, sie betreiben aber auch Bistros und Imbissstätten. In der Masarykova-Straße, einer der Hauptstraßen im Zentrum, deren Geschäftsleben von großer Fluktuation und Labilität gekennzeichnet ist, mieten sich in frei gewordene Geschäftslokale zunehmend vietnamesische Händler ein. Dadurch verliert die Masarykova langsam den Charakter einer vormals »besseren«

Geschäftsstraße. Den Kern des Spannungsfeldes bildet die wirtschaftliche Konkurrenz zwischen tschechischen und vietnamesischen Kleinunternehmern. Erstere setzen sich unter anderem dadurch zur Wehr, dass sie vietnamesische Produkte, vor allem Lebensmittel, Textilien, Lederwaren und Unterhaltungselektronik sowie Gaststätten und Bistros, übel verleumden. Das geschieht etwa dadurch, dass Gerüchte in Umlauf gesetzt werden, in den vietnamesischen Bistros würden Katzen und Ratten verkocht – übrigens ein altes mitteleuropäisches Folklore-Motiv –, oder dass in den Saucen Spermien gefunden worden seien. Diese Antiwerbung ist meist wenig erfolgreich, sie kann aber das Misstrauen zwischen Majorität und Minderheit verstärken. Ein weiterer Aspekt erscheint noch erwähnenswert: Die Integration der Vietnamesen in die tschechische Ökonomie hat zur Folge, dass sie einerseits als Konkurrenten zu tschechischen Kleinunternehmen, andererseits aber zunehmend auch als Arbeitgeber für Tschechen auftreten. Das Verhältnis zwischen vietnamesischen Arbeitgebern – tschechischen Arbeitnehmern wird von den Gewährsleuten als überwiegend positiv und weitgehend konfliktfrei beschrieben (siehe auch Kahlerová 2002; Brouček 2003 b).

Russen

Das Verhältnis zwischen der ökonomisch potenten Schicht der russischen Zuwanderer (»Neue Russen«) und der tschechischen Bevölkerung beschreiben Drbohlav (2001, 79) und andere als potenziell kritisch. Der wachsende ökonomische Einfluss dieser Immigranten insbesondere im Immobilienbereich, bei Firmenbeteiligungen und dergleichen wird von der einheimischen Bevölkerung zwiespältig, im extremen Fall sogar als eine Form der Enteignung aufgenommen. Medienberichte über mafiöse beziehungsweise zumindest halblegale Wirtschaftsformen fördern das Misstrauen zusätzlich. Die erwähnte Studie schließt eine künftige Verschlechterung der zwischenmenschlichen Beziehungen zwischen den Einheimischen und den russischen Immigranten ebenso wenig aus wie eine zunehmend diskriminierende Haltung seitens der Majorität, vor allem dort, wo sich die russischen Kolonien konzentrieren. Vor etwa einen Jahr hat sich in Brünn eine Interessenvertretung der Russen, die Asociace ruských spolků v České republice (Assoziation russischer Vereine in der Tschechischen Republik) konstituiert, die auch vom Brünner Magistrat anerkannt wird.

Ukrainer

Der überwiegende Teil der Ukrainer hat den Status von Saisonarbeitern, die meist untergeordnete Arbeiten verrichten. Nach einer Umfrage (Drbohlav/Janská/Šelepová 2001, 92) haben 55 Prozent der in der Tschechischen Republik als Arbeiter tätigen Migranten ukrainischer Herkunft einen Mittelschulabschluss, 27 % einen Hochschulabschluss. Viele Ukrainer kommen von der Not der enormen Arbeitslosigkeit und den ausgesprochen niedrigen Löhnen in ihrer Heimat getrieben mit einem Touristenvisum in das Land und verwenden ihren Urlaub zum Geldverdienen (»Arbeitstouristen«; vgl. International Migration Policies, 1998, 117). Sie sind bereit, sich unter buchstäblich allen Arbeitsbedingungen zu verdingen und werden daher häufig brutal ausgebeutet. Doch selbst der meist miserable Verdienst reicht oft aus, die Lebensbedingungen zu Hause zu verbessern. Die ukrainischen Arbeitskräfte, die kommen zu einem Großteil im Bauwesen und im Dienstleistungssektor unterkommen, bleiben in der Regel nur kurze Zeit im Lande, wodurch der Grad der Integration in die tschechische Gesellschaft sehr niedrig ist. In jüngster Zeit lassen sich immer mehr Handwerker und Selbständige nieder. Nach einer Studie von Drbohlav/Janská/Šelepová (2001, 92 f.) würden sich elf Prozent der Ukrainer schon jetzt, neun Prozent zu einem späteren Zeitpunkt in der Tschechischen Republik ansiedeln. Ein gewisses »Gastarbeiterimage« dominiert die Wahrnehmung durch die einheimische Bevölkerung, was auch dadurch verstärkt wird, dass die Zuwanderer als Konkurrenz auf dem Arbeitsmarkt und im Kleingewerbe empfunden werden. Das Negativbild der ukrainischen Migranten wird noch ergänzt und verstärkt durch reale und angebliche – von bestimmten Medien hoch stilisierte – Beziehungen zur Mafia, zur organisierten Prostitution und zum Schlepperwesen. Erwähnenswert ist, dass die seit der Ersten Republik sehr aktive orthodoxe Kirche in Brünn seelsorgerisch vor allem ansässige Russen, Ukrainer und andere (Makedonier, Griechen, Serben, Bulgaren) insbesondere aber ukrainische Gastarbeiter betreut.

## 3. Spuren interkultureller Begegnung

Die auffälligsten Spuren historischer interkultureller Beziehungen finden sich naturgemäß in der materiellen Kultur (Anlage der Stadt, Architektur), in den konkreten Ausprägungen der Warengesellschaft, in der Kulturszene, aber auch in der Umgangssprache. Interessant sind die Veränderungen, die die neuen Immigranten nach 1989 bewirkt haben und die zusehends die lokale Gastronomie und die Essgewohnheiten der Einheimischen beeinflussen. Durch das Angebot orientalischer Waren und Dienstleistungen verändert sich auch das Konsumverhalten der autochthonen Bevölkerung spürbar. Im Brünner Jugendkulturzentrum Fléda ist eine lebendige multi- und interethnische (Musik-)Szene im Entstehen, die sich wachsender Beliebtheit auch und vor allem unter tschechischen Jugendlichen erfreut.

Ein charakteristisches Phänomen interkultureller Begegnung – die Reflexe historischer und aktueller interethnischer Kontakte in der Brünner Alltagssprache – soll im Folgenden noch kurz beleuchtet werden. Das Brünner Alltagstschechisch basiert auf dem regionalen (mittelmährischen) Brünner Dialekt, ist aber mit einer Vielzahl deutscher und jiddischer Lehnwörter (vgl. *fest, mutr, kšeft, chuzpe, chala, pajzl* usw.) angereichert (vgl. Krčmová 1981, 1993 ). Dazu kommen noch Reflexe des so genannten »Hantec«, der in der Zwischenkriegszeit entstandenen Sprache der Brünner Vorstädte (Hantýrka 1935/36), das heißt der unteren sozialen Schichten. Heute erlebt der »Hantec« als eine Art Subkultursprache eine gewisse Renaissance (vgl. Jelínek-Čiča 1990; Toman 1999). Diese Durchdringung verschiedener historisch gewachsener Sprach- und Kultursphären prägt die Brünner Umgangssprache und macht sie im tschechischen Sprachraum unverwechselbar. Interessant ist auch, dass Bezeichnungen verschiedener Brünner Örtlichkeiten noch heute auf Deutsch oder vom Deutschen abgeleitet verbreitet sind (z. B.: Augec (Augarten, offiziell: Lužánky), Gelbec (Gelber Berg, Žlutý kopec), Rotec (Roter Berg, Červený kopec), Oltec (Altbrünn, Staré Brno) oder Šrajbec (Schreibwald, Pisárky).

Aufgrund der Präsenz der Bulgaren finden sich bis heute in der tschechischen Umgangssprache Elemente, konkret der bulgarischen Gärtner, etwa in den Redewendungen »*dře jak bulhar*« (»buddelt wie ein Bulgare«) oder »*bulhařit*« (»intensiv arbeiten, vor allem im Garten«).

Für das gesamte tschechische Sprachgebiet gilt, dass die zunehmende Zuwanderung nichttschechischsprachiger Bevölkerung – auch das ist ein relativ neues Phänomen – die Sprachvariante Tschechisch als Fremdsprache (wie das Tschechisch der Vietnamesen, Araber, Ukrainer oder ähnlich) fördert, deren spezifische Besonderheiten und sprachpädagogische Konsequenzen (Spracherwerb durch die sogenannte Zweite Generation, Bedingungen der schulischen Sozialisation) bisher wenig erforscht sind.

Schließlich ist in der neueren Geschichte die Entstehung umgangssprachlicher Bezeichnungen für Ausländer und Minderheitenangehörige auffällig. Dieses in der Umgangssprache überaus geläufige sprachliche Inventar zeichnet sich durch eine entsprechende Expressivität der sprachlichen Ausdrucksmittel aus, von denen manche lediglich einen leicht ironisierenden, nicht wenige aber auch einen ausgesprochen pejorativen oder beleidigenden Charakter haben. Beispiele für ironisierende Bezeichnungen sind: für Vietnamesen *tong*, *rákosník* (auch für Chinesen) oder *taman*; für

Roma *lakatoš* (abgeleitet vom häufigen Familiennamen Lakatoš) oder *snědý* (eigentlich: braun); für Jugoslawen *jogurt, jugoš*; für Araber *arabáš*; für Italiener *taloš* oder *makarón* und für Ungarn *maďarón, paprikáš* und *feferón*. Als eindeutig pejorativ lassen sich folgende Benennungen charakterisieren: für Afrikaner *černá huba* (eigentlich: schwarzer Mund), für Roma: *cigoš* (abgeleitet von *cikán*, Zigeuner) oder *morgoš* (wahrscheinlich von Romanés more – »Mensch«), *kofola* (für tschechische Variante von Coca Cola) für Russen *ivan*, für Araber beziehungsweise Dunkelhäutige *čmoud* (»Rauch«) und für Polen *pšonek* (lautliche Anspielung auf die polnische Phonetik).

Auffällig ist in diesem Kontext der Mangel an sprachlicher Sensibilität in breiten Schichten der Bevölkerung – es gibt so gut wie keinen öffentlichen Diskurs der sprachlichen Korrektheit. Es muss allerdings darauf hingewiesen werden, dass es sich bei diesem Phänomen keineswegs um ein rein tschechisches Spezifikum handelt, die breite Skala interethnischer Wertschätzungen und »Freundlichkeiten« entspricht gewissermaßen einem internationalen länderübergreifenden Folklore-Muster (vergleiche »Franzosenkrankheit«, »russisches Roulette«, »the Krauts«, »böhmisch einkaufen« und so weiter).

## Fazit

Seit 1990 werden der tschechischen Gesellschaft – infolge der gesellschaftlichen Transformation und der Integration in die EU – Anpassungen an eine nachholende Entwicklung und Lösungen abverlangt, für die die Gesellschaft noch nicht bereit oder auf die sie nicht vorbereitet ist, für die westeuropäische Gesellschaften hingegen Jahrzehnte Zeit hatten. Wenn im Augenblick die Zuwanderung noch keine dramatischen Ausmaße angenommen hat, so werden sich im Zuge der Internationalisierung die multikulturellen und multilingualen Tendenzen in der Gesellschaft doch verstärken. Vorläufig werden diese Entwicklung und ihre Folgen weder in der Öffentlichkeit noch in den Ministerien oder politischen Parteien wahrgenommen. Lösungen (etwa in den Schulen) werden ad hoc und nach den Gegebenheiten gesucht. Muster für kommende gesellschaftliche Entwicklungen sind dennoch sichtbar, obwohl die meisten tschechischen Parteien keine multikulturelle, multiethnische Perspektive entwickelt haben und auf eher konservativen, national(istisch)en Positionen verharren (dies gilt insbesondere für die bürgerlichen Parteien). Akzeptanz und Toleranz sind hier gefordert, Erfahrungen des multiethnischen und multikulturellen Zusammenlebens also, die in den letzten Jahrzehnten nach dem »odsun« verloren gingen, das heißt in der weitgehend ethnisch homogenisierten und nach außen versiegelten Gesellschaft nicht mehr gemacht werden konnten.

Ein Blick nach Wien erhellt die Bedeutung von Multikulturalität und Multiethnizität in der heutigen Stadtgesellschaft: Im Vergleich zu Wien (vgl. John/Lichtblau 1990) fehlen Brünn insbesondere zwei Immigrationsschichten, die dort die lokale Kultur und den interethnischen Charakter der Stadt stark geprägt haben: die politische Immigration nach 1948 aus Osteuropa und die Zuwanderung der Gastarbeiter seit den 60er Jahren des 20. Jahrhunderts. Insbesondere die Arbeitsimmigration hat unübersehbare Spuren in allen Bereichen des gesellschaftlichen Lebens der Stadt Wien hinterlassen. Die Präsenz von Immigranten verschiedenster Herkunft ist heute in der Wirtschaft, in den Medien und selbst auf dem politischen Parkett (z. B. im Stadtparlament) eine Selbstverständlichkeit geworden. An manchen Schulen – auch Gymnasien – beträgt der Anteil von Schülern aus Zuwandererfamilien 40 und mehr Prozent. Die Integration so großer Zuwandererströme erfordert sowohl von den Immigranten als auch den Einheimischen große Anstrengungen. Seit dem Ende des Zweiten Weltkrieges befindet sich die Wiener Bevölkerung diesbezüglich in einem kontinuierlichen kollektiven Lernprozess. Brünn hingegen war von 1948 bis 1989 durch den Eisernen Vorhang weitgehend isoliert und blieb von Migrationen ausgespart. Die interethnischen und interkulturellen Beziehungen und Erfahrungen stagnierten über Jahrzehnte. Der Zusammenbruch der Sowjetunion schuf hier neue Bedingungen und stellt(e) mit einem Mal die Brünner Bevölkerung vor große Herausforderungen hinsichtlich der Integration von Zuwanderern aus den Ländern des ehemaligen sozialistischen Lagers, die in Brünn Fuß zu fassen versuchen. Die Integration slawischsprachiger Immigranten (Slowaken, Polen, Russen, Ukrainer) dürfte relativ problemlos vor sich gehen, der Ausgang des Integrationsprozesses der großen Minderheiten der Roma und der Vietnamesen ist hingegen ungewiss und wird die nähere interethnische und interkulturelle Zukunft der Stadt Brünn bestimmen. Der Forschungsbedarf wird hoch bleiben. Ein Blick in die Fachzeitschriften verdeutlicht, dass zumindest der akademische Diskurs allmählich in Gang kommt und diesbezügliche Expertise auch gesellschaftspolitisch zunehmend wichtiger wird.

## Literatur

Bočková, Helena: Zusammenleben der Brünner Tschechen und Deutschen: Licht und Schatten, in: Luther, Daniel (Hg.): Ethnokulturelle Prozesse in Großstädten Mitteleuropas. Národopisný ústav SAV, Bratislava 1992, S. 127–135.

Brouček, Stanislav: Český pohled na Vietnamce. Imigrace, adaptace, majorita, Praha 2003 a).

Brouček, Stanislav: Rozpory v aktuální adaptaci vietnamského etnika v českých zemích, in: Sborník příspěvků z mezinárodní vědecké konference REGIO 2002, Plzeň 2003, S. 199–208 b).

Drbohlav, Dušan, Milan Lupták, Eva Janská und Jaroslava Bohuslavová: Ruská komunita v České republice. Výsledky dotazníkového šetření, in: Šišková, Tatjana (Hg.): Menšiny a migranti v České republice. My a oni v multikulturní společnosti 21. století, Praha 2001, S. 73–80.

Drbohlav, Dušan, Eva Janská und Pavla Šelepová: Ukrajinská komunita v České republice. Výsledky dotazníkového šetření, in: Šišková, Tatjana (Hg.): Menšiny a migranti v České republice. My a oni v multikulturní společnosti 21. století, Praha 2001, S. 89–98.

Frištenská, Hana: Diskriminace Romů v oblasti bydlení a její projevy, in: Romové, bydlení, soužití, Praha, Socioklub 2000, S. 24–41.

Frištenská, Hana: Romové ve městě – společné bydlení, in: Romové ve městě, Praha, Socioklub 2002.

Hantýrka. Literárně vědecká revue pro studium argotu, slangu a řeči lidové vůbec, 1/1935–36, Brno.

Horáková, Milada: Současný vývoj pracovních migrací v České republice a jejich dopad na trhu práce, in: Demografie 43/2001, S. 209–220.

International Migration Policies, New York 1998.

Jelínek-Čiča, Pavel: Štatl, Brno 1990.

John, Michael und Albert Lichtblau: Schmelztiegel Wien einst und jetzt. Zur Geschichte und Gegenwart von Zuwanderung und Minderheiten, Wien 1990.

Kahlerová, Veronika: Vietnamská menšina v Plzni. Manuskript (Diplomarbeit), Západočeská univerzita v Plzni, Plzeň 2002.

Kepková, Michaela und Petr Víšek: Romové v systémech sociální ochrany. Zdroje sociální distance, in: Romové v České Republice, Praha , Socioklub 1999, S. 378–397.

Krčmová, Marie: Běžně mluvený jazyk v Brně, in: Spisy University J. E. Purkyně v Brně, filozofická fakulta, sv. 231, Brno.

Krčmová, Marie: Brněnská městská mluva – odraz kontaktů etnik, Sborník prací Filosofické fakulty brněnské university A 41, 1993, S. 77–86.

Liégeios, Jean-Pierre: Rómovia, cigáni, kočovníci, Bratislava 1995.

Makariusová, Marie: Smíšená česko-německá manželství v Brně v letech 1850–1920, in: Český lid 75/1988, S. 100–105.

Malíř, Jiří und Radomír Vlček (Hg.): Morava a české národní vědomí od středověku po dnešek. Sborník příspěvků z konference Češi nebo Moravané? K vývoji národního vědomí na Moravě, konané dne 28. 2. 2001 v Brně, Brno 2001.

Mareš, Petr, Libor Musil und Ladislav Rabušic: Hodnoty a moravanství, in: Pernes, Jiří (Hg.): Morava v českém státě včera, dnes a zítra. Příspěvek k diskusi na téma: Jaký národ žije na Moravě? Brno 1992, S. 37–45.

Národnostně menšinová politika České republiky. Základní dokumenty. Praha 2003.

Navrátil, Pavel: Projekt komunitního bydlení v perspektivě paradigmat sociální práce, in: Sirovátka, Tomáš (Hg.): Menšiny a marginalizované skupiny v České republice, Brno 2002, S. 321–351.

Pospíšilová, Jana und Helena Bočková: Bulgarische Gärtner in Brünn: Ein Blick von innen und von außen, in: Roth, Klaus (Hg.): Vom Wandergesellen zum ›Green Card‹-Spezialisten. Interkulturelle Aspekte der Arbeitsmigration im östlichen Mitteleuropa, Münster u. a. 2003, S. 83–105.

Romové, bydlení, soužití, Praha, Socioklub 2000.

Romové ve Městě, Praha, Socioklub 2002.

Řepa, Milan: Moravané nebo Češi?, Brno 2001.

Sčítání lidu, domů a bytů 2001, Okres Brno-město. ČSU 2003.

Sirovátka, Oldřich: Antagonismen und Gemeinschaftssinn in der Stadt, in: Luther, Daniel (Hg.): Ethnokulturelle Prozesse in Großstädten Mitteleuropas. Národopisný ústav SAV, Bratislava 1992, S. 117–126.

Sirovátka, Oldřich: Nationalbeziehungen in Brünn aus tschechischer Perspektive, in: Pospíšilová, Jana und Karel Altman (Hg.): Leute in der Großstadt. Dem Andenken an Prof. Oldřich Sirovátka gewidmet, Brno 1992, S. 13–19.

Sirovátka, Tomáš (Hg.): Menšiny a marginalizované skupiny v České republice, Brno 2002.

Skotnica, Roman; Jaromír, Volek : Romové optikou české veřejnosti, Brno 1998, http://www.focus-agency.cz/cz/kontakt.php.

Toman & spol.: Špígl hantecu, Brno 1999.

Uličný, Oldřich: Jazykové aspekty současného stavu národního vědomí v České republice, in: Malíř, Jiří und Radomír Vlček (Hg.): Morava a české národní vědomí od středověku po dnešek, Brno 2001, S. 213–219.

Vašečka, Imrich: Sociálně potřební v romské menšině, in: Burjanek, Aleš und Tomáš Sirovátka (Hg.): Podkladové studie ke koncepci sociální pomoci. Brno 2000, S. 199–210.

Zima, Miroslav: Projekt komunitního bydlení v Brně, in: Romové, bydlení, soužití. Praha, Socioklub 2000, S. 58–66.

Alexandra Schwell

# Living in a box
Deutsch-polnische Interaktion in der Grenzkontrolle

## 1. Einleitung

Die ethnologische und kulturwissenschaftliche Forschung hat sich bereits ausführlich mit dem Phänomen der Grenze beschäftigt (einen Überblick bieten Donnan und Wilson 1999). Das Verbindende und gleichzeitig Trennende der Grenzen (für eine ausführliche Fallstudie s. Sahlins 1989) ist ebenso diskutiert worden wie ihre angenommene Auflösung in der globalisierten Welt, wo nationale Grenzen für Transnationale, Migranten, Kriminelle und andere »moderne Nomaden« an Bedeutung verlieren. Diese Betrachtung von Grenzen als Orten, »where one thing gradually shifts into something else, where there is blurring, ambiguity and uncertainty« (Hannerz 2000, 9) orientiert sich in erster Linie an der symbolischen Bedeutung von Räumen, die durchaus vom Nationalstaat abgekoppelt sein können. Donnan und Wilson erinnern uns jedoch auch: »Even as they problematise the relationship, however, anthropologists must not forget that many of these people themselves still believe in the essential correspondence between territory, nation, state and identity, a correspondence in which each element is assumed to be an integral part of naturally occurring and bounded units. And even if some transnationals have lost this belief, they must nevertheless deal with those who still hold it.« (Donnan und Wilson 1999, 10)

Im Bereich der »Border Studies« hat die US-amerikanisch-mexikanische Grenzregion einen Großteil der Aufmerksamkeit erfahren. Modellcharakter hat diese Region ebenfalls für Untersuchungen zur deutsch-polnischen Grenze, die aufgrund des starken Wohlstandsgefälles und ihrer prominenten Rolle in der Grenzkriminalität als »Europas Rio Grande« (Chessa 2004, 91) bereits des öfteren in einen direkten Vergleich gestellt worden ist (ausführlich dazu Witt 2003); Modellcharakter nicht zuletzt, da die Grenzregion sich in ökonomischer, politisch-administrativer sowie soziokultureller Hinsicht stark von anderen EU-Binnengrenzen unterscheidet.

In Bezug auf die deutsch-polnische Grenze wurden bislang in erster Linie, neben den Chancen der regionalen Entwicklung (Krätke 1999) und des deutsch-polnischen

Verhältnisses (Buchowski und Brencz 2004), eher Marginalisierte wie illegale Arbeiter und Pendler untersucht (Irek 1998). Diejenigen, die die Grenze nicht überqueren, sondern die dort bleiben und dank der Grenze auf ganz legale Weise ihren Lebensunterhalt verdienen, sind bislang zumeist ausgeklammert worden.

An der deutsch-polnischen Grenze versehen seit dem 1. Mai 2004 Bedienstete des deutschen Bundesgrenzschutzes (BGS) und der polnischen Straż Graniczna (SG) ihren Dienst gemeinsam. Mit dem EU-Beitritt Polens wurde die gemeinsame oder Ein-Stopp-Kontrolle eingeführt, der Reisende[1] am PKW- oder LKW-Übergang muss nun nur noch einmal anhalten und seine Reisedokumente zeigen. Der Kontrollvorgang spielt sich in und vor der so genannten Kontrollbox ab, die seit dem 1. Mai 2004 polnische und deutsche Beamte beherbergt.

Dieser Text möchte sich dem Raum »Grenze« aus der Makro- hin zur Mikroperspektive nähern. Nach einigen organisatorischen Erläuterungen zu Bundesgrenzschutz und Straż Graniczna werden die verschiedenen Ebenen der Grenze beleuchtet, von ihrer Funktion als nationalstaatliches Symbol und Bedeutungsträger bis zur Kontrollbox als Ort des Grenzübergangs und kleinster organisatorischer und räumlicher Einheit. Der deutsch-polnische Kontakt ist durch die Ebenen von oben nach unten zunehmend weniger formalisiert, was in der persönlichen und dauerhaften Konfrontation von Grenzschützern beider Länder in der Kontrollbox kulminiert. In dieser räumlich verdichteten Atmosphäre und erzwungenen körperlichen Nähe treffen nicht nur Grenzschützer verschiedener Nationalstaaten mit unterschiedlichen Sprachen, sozialem Hintergrund und Vorstellungen einer »richtigen« Arbeitsweise aufeinander. Der Arbeitsplatz Kontrollbox, als Schichtarbeitsplatz selbst Ausdruck der marginalen Stellung der Grenzschützer im Organisationengefüge, ist Schauplatz unterschiedlicher Strategien der Arbeitsgestaltung und Schaffung von Freiräumen, die es erfordern, verhandelt zu werden.

Die Beobachtungen entstammen in erster Linie der Teilnehmenden Beobachtung an zwei Grenzübergängen, der Stadtbrücke in Frankfurt (Oder) – Słubice, die Fußgängern und PKW offen steht, und dem Autobahnübergang Świecko, dem größten Übergang an der deutsch-polnischen Grenze, der von PKW und LKW frequentiert wird. Die zitierten Interviews entstammen darüber hinaus auch weiteren deutsch-polnischen Grenzübergängen, und selbstredend sind die geschilderten Beobachtungen nicht repräsentativ für andere Dienstgruppen von Bundesgrenzschutz und Straż Graniczna.

---

1   Aus Gründen der Lesbarkeit sind mit der männlichen Form im Folgenden beiderlei Geschlechter gemeint.

## 2. Grenzschutz

Die kulturwissenschaftliche Forschung hat staatlichen Institutionen bislang wenig Aufmerksamkeit geschenkt. Die vornehmlich auf der Bürokratietheorie Max Webers basierende Organisationsforschung war lange Zeit eine Domäne von Soziologie und Betriebswirtschaft (für einen Überblick s. Kieser 2001). Während zwar auf Seiten der Volkskunde/Ethnologie mittlerweile eine Wende weg von der Arbeiterkultur hin zu Arbeitskulturen stattgefunden hat (Götz/Wittel 2000; kritisch dazu Schriewer 2001), stehen hier zumeist Lohnabhängige und privatwirtschaftliche Betriebe im Zentrum der Aufmerksamkeit. Im Bereich des interkulturellen Kontakts im privatwirtschaftlichen Bereich hat beispielsweise Dunn eine innovative Studie zur Übernahme eines staatseigenen Babynahrungsherstellers in Polen durch eine US-amerikanische Firma vorgelegt (Dunn 2004).

Die Polizeiforschung hingegen ist, zumindest im deutschsprachigen Raum, vor allem eine Domäne von Kriminologen, Soziologen und Politikwissenschaftlern, die sich der Thematik zumeist aus der Makroperspektive nähern. Dies bezieht sich ebenso auf die Betrachtung der internationalen Zusammenarbeit nationaler polizeilicher Institutionen (statt vieler Anderson et al. 1994; Deflem 2001). Die empirische qualitative Polizeiforschung ist (mit Ausnahmen, Girtler 1980; Reichertz/Schröer 1992; Behr 2000) noch wenig entwickelt und findet selten Überschneidungen mit einer institutionentheoretischen Perspektive (für einen Überblick über die empirische Polizeiforschung s. Ohlemacher 1999).

Der Bundesgrenzschutz untersteht als Polizei des Bundes dem Bundesinnenministerium und ist in fünf regionale Grenzschutzpräsidien sowie die zentrale Grenzschutzdirektion und die zentrale Grenzschutzschule gegliedert. Die Abschnitte der deutsch-polnischen Grenze, die hier behandelt werden, fallen in den Zuständigkeitsbereich des Grenzschutzpräsidiums Ost, des mit ca. 11 000 Mitarbeitern größten Bereichs des Bundesgrenzschutzes. Dieser ist wiederum in Bundesgrenzschutzämter unterteilt, denen die Bundesgrenzschutzinspektionen unterstehen. Von den zahlreichen Funktionen des Bundesgrenzschutz, die vom Objektschutz für Bundesgebäude über die Bahn- und Luftsicherheit bis hin zur Katastrophenhilfe reichen, wird hier die Aufgabe herausgestellt, die begrifflich am nächsten liegt: der Grenzschutz. Die grenzpolizeilichen Aufgaben umfassen, so will es das Gesetz über den Bundesgrenzschutz (BGSG), die grenzpolizeiliche Überwachung der Grenzen zu Lande, zu Wasser und aus der Luft, die polizeiliche Kontrolle des grenzüberschreitenden Verkehrs einschließlich der Überprüfung der Grenzübertrittspapiere und der Berechtigung zum Grenzübertritt, der

Grenzfahndung und der Abwehr von Gefahren sowie im Grenzgebiet bis zu einer Tiefe von 30 km die Abwehr von Gefahren, die die Sicherheit der Grenzen beeinträchtigen.

Die polnische Straż Graniczna SG (wörtlich: Grenzwache) ist die Nachfolgeorganisation der »Wojska Ochrony Pogranicza« WOP (Grenzschutztruppen) der Volksrepublik Polen.[2] Am 16. Mai 1990 nahm die Straż Graniczna mit zum größten Teil unverändertem Personalbestand, jedoch ohne die bis dahin unverzichtbaren Wehrpflichtigen, ihre Arbeit auf, die sich im Unterschied zum BGS allein auf die grenzpolizeilichen Aufgaben beschränkt. Auch wenn sich Uniform und Dienstgrade der SG für den Außenstehenden kaum von den kämpfenden Truppen unterscheiden, stellt sie doch eine eigene Formation mit nunmehr polizeilichem Aufgabenspektrum dar. Die SG untersteht dem Innenministerium und ist in zwölf der Hauptkommandantur in Warschau unterstellte Abteilungen (Oddział) unterteilt, die sich wiederum in Grenzkontrollposten (Graniczna Placówka Kontroli, GPK) gliedern. Im vorliegenden Fall ist die Lebuser Abteilung (Lubuski Oddział) mit Sitz in Krosno Odrzańskie und ca. 1200 Mitarbeitern von Belang, deren Einsatzbereich an die BGS-Ämter Frankfurt (Oder) und Pirna grenzt.

## 3. Grenzen

Nähern wir uns der Kontrollbox aus der Makroperspektive. Ein Blick auf die politische Landkarte zeigt deutlich, wo ein Staatsgebiet aufhört, und wo damit gleichzeitig ein anderes beginnt. Grenzen sind so gesehen nichts anderes als die Ränder definierter Flächen, sie verfügen allem Anschein nach über keine räumliche Ausdehnung. Grenzen sind nie natürlich gegeben, sie sind vielmehr Resultat politischer Prozesse »[…] an institution defining difference with the outside world and attempting, by influencing mentalities, to homogenize the diverse population inside the frontier« (Bigo 1998, 149). Als Institutionen sind Grenzen die eigentliche Grundlage für soziales, politisches und ökonomisches Handeln in modernen Gesellschaften.

Grenzen unterscheiden »Uns« von den »Anderen« und bestimmen Zugehörigkeiten: »Frontiers are basic markers of identity« (Anderson 1998, 5). Die Bekämpfung der grenzüberschreitenden Kriminalität dient auf diese Weise nicht allein der Gefahrenabwehr im Inneren, sondern ist ebenso die Verkörperung der nationalstaatlichen Idee,

---

2   Die WOP und die Grenztruppen der DDR pflegten als offiziell befreundete Grenzschutzorgane ebenfalls eine rege Zusammenarbeit, die sich auch auf den privaten Bereich ausdehnte. Mit der Wende 1989 und der Übernahme der Grenztruppen der DDR in den Bundesgrenzschutz fand diese Kooperation ein vorläufiges Ende.

des Konzepts einer Gemeinschaft derjenigen, die die Spielregeln, meist niedergelegt in Form von Gesetzen, verstanden haben und sich an sie halten. Illegalität ist in diesem Sinne eine äußere Erscheinung, deren Eindringen in die Gemeinschaft verhindert werden muss: «Interdiction is the quintessential expression of the national idea; drawing a strict limit around the body politic, it characterizes goods and people arriving at the border as potential contaminants to be kept out or inspected and allowed in under certain conditions» (Heyman 1999, 621).

Dass Grenzen als Räume nicht nur ex negativo existieren, erschließt sich spätestens am Grenzübergang selbst. Hier kann tatsächlich behauptet werden, dass die Grenze nicht nur eine Demarkationslinie ist, sondern auch Raum in der Fläche einnimmt. Der Eiserne Vorhang und der Mauerstreifen sind nur die augenfälligsten Beispiele.

Grenzübergänge fungieren als Trichter und Filter, Grenzübertritte haben an speziell dafür vorgesehenen und für diesen Zweck eingerichteten Punkten zu erfolgen, um die kontrollierte Bewegung von Waren und Personen zu gewährleisten. Grenzübergänge sind generell eher unbeliebte Aufenthaltsorte. Sie laden kaum zum Verweilen ein, und wer sich länger als vorgesehen dort aufhält, tut dies meist nicht freiwillig. Schließlich impliziert bereits das Wort »Grenzübergang« weniger einen feststehenden Ortsbegriff als die Handlung an sich. Trotz zumeist augenfälliger Tristesse sind Grenzübergänge Orte kultureller Inszenierungen. Hier ist der Nationalstaat am sichtbarsten, und er demonstriert offensiv, wer sich hier zuhause fühlen soll: »Borders are made to draw attention, they constitute a cultural signal system« (Löfgren 1999, 1). Neben der Landesflagge ziert häufig eine »Willkommen!«-Tafel den Übergang, und was natürlich an keiner Grenze fehlen darf, ist das Schild, das über die von nun an vorgeschriebenen Höchstgeschwindigkeiten informiert.

Ausgestaltung, Organisation und Lage der Übergänge werden in bilateralen Verträgen festgelegt, und auch hier zeigt sich die Dehnbarkeit der Grenze. So hat der nach Polen Reisende auf der Autobahn, wenn er die Oder überquert hat, vielleicht geographisch, jedoch noch nicht rechtlich Deutschland verlassen – der Übergang Świecko, und damit die deutsche Grenzkontrolle, liegt auf polnischem Hoheitsgebiet. Die Stadtbrücke dagegen vereint deutsche und polnische Kontrolle seit jeher auf deutscher Seite. Die gerechte Verteilung der Übergänge zwischen Deutschland und Polen wurde bereits 1950 im Görlitzer Vertrag zwischen der DDR und der VR Polen geregelt. Allerdings bringt die Lage der Übergänge auch praktische Probleme in der Dienstausübung mit sich. So ist es dem BGS untersagt, am Übergang Świecko einen zur Fahndung ausgeschriebenen polnischen Staatsbürger festzunehmen, da die Festnahme eines Polen auf dessen Hoheitsgebiet und seine Verbringung nach Deutschland als gesetzeswidrige Verschleppung gewertet würden. Der umgekehrte Fall gilt für die

Straż Graniczna an der Stadtbrücke, auch Polen ist es verwehrt, einen Deutschen in Deutschland festzusetzen. Auch das Tragen der Dienstwaffe auf dem jeweils anderen Hoheitsgebiet unterliegt strengen Vorschriften.

Grenzen sind so nicht immer genau dort anzutreffen, wo sie der Außenstehende vermutet. Die geographische Flussmitte und die administrative Grenze müssen nicht zusammenfallen. Der entscheidende Moment des Grenzübertritts selbst findet jedoch in der Grenzkontrolle statt, und hier wären wir in der Kontrollbox angelangt.

## 4. Die Kontrollbox

Kontrollboxen, auf Polnisch »pawilon« oder, informell, »buda« genannt, existieren in verschiedenen Farben, Größen und Renovierungsgraden, als Gemeinsamkeit lässt sich jedoch stets feststellen, dass es sich um wenige Quadratmeter große, mit verspiegelten Fenstern versehene Gebäude in Leichtbauweise handelt, die an Container erinnern. Jede Kontrollbox verfügt über mindestens ein Fenster, durch das die Reisedokumente zur Fahndungsabfrage am Computer nach innen gereicht werden. Am Autobahnübergang Świecko, wo eine Box zwei Kontrollspuren bedienen kann, befindet sich an jeder Längsseite ein Fenster, was besonders im Winter für unangenehmen Durchzug sorgt. Eine oder mehrere Türen an den Breitseiten sorgen für den Zugang. Świecko verfügt über mindestens je eine PKW-, LKW- und Busspur für Ein- und Ausreise, dementsprechend sechs ständig besetzte Kontrollboxen. An der Stadtbrücke Frankfurt (Oder) kommen zu PKW-Ein- und Ausreise noch die im Dienstgebäude befindlichen

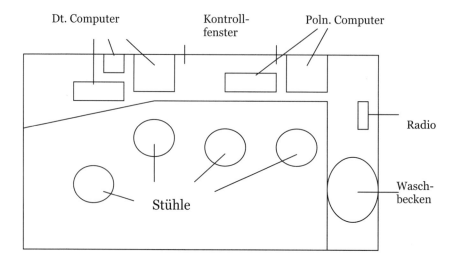

Fußgängerübergänge, im Jargon auch Füße-Einreise und Füße-Ausreise genannt. Diese Positionen zählen zu den am wenigsten beliebten, hier ist die Bewegungsfreiheit am geringsten. Die Grenzschützer sitzen auf hohen Stühlen hinter einer Art Theke. Sie sind von den Reisenden ebenfalls durch eine verspiegelte Fensterscheibe getrennt, die dem Reisenden nur bei näherer Betrachtung einen Blick ins Innere erlaubt, dem Grenzer jedoch gute Sicht gewährt. Insbesondere die Nachtschichten können auf der nachts unbelebten Stadtbrücke zu einer wahren Qual werden. Es wurde von Beamten des BGS berichtet, die in den Nachtschichten bereits ein Fernstudium absolviert hätten.

## 5. Die Entwicklung der deutsch-polnischen Kooperation

Die Mitgliedstaaten der Europäischen Union sind übereingekommen, dass Freiheit im Inneren nur durch Sicherheit erreicht und aufrechterhalten werden kann. Freiheit und Sicherheit hängen von der erfolgreichen Bekämpfung der grenzüberschreitenden Kriminalität ab (vgl. Walter 2003). Die Mitglieder der Europäischen Union und des Schengener Übereinkommens haben sich dazu verpflichtet, ihre Grenzkontrollen und Visumsregelungen zu standardisieren, am computergestützten Schengener Informationssystem (SIS) teilzunehmen sowie die polizeiliche und juristische Kooperation zwischen den Mitgliedsstaaten zu verbessern. Polen ist zwar seit dem 1. Mai 2004 Mitglied der EU, der Beitritt zum Schengener Durchführungsübereinkommen wird aber frühestens für 2007 erwartet. Die EU-Außengrenze ist zwar an Polens Ostgrenze vorgerückt, an der deutsch-polnischen Grenze muss jedoch auch weiterhin ein gültiges Reisedokument, Reisepass oder Personalausweis, gezeigt werden.

Die deutsch-polnische Kooperation hat Vorbildcharakter für die grenzpolizeiliche Zusammenarbeit in Europa. Das Deutsch-Polnische Polizeiabkommen vom 18. Februar 2002, das teilweise hinter dem Schengen-Standard zurückbleibt, jedoch in Teilen auch über ihn hinaus geht, fixierte die Grundlagen der zu diesem Zeitpunkt bereits angelaufenen Kooperation.

Bereits im Jahr 1998 wurde die deutsch-polnische Kontaktdienststelle (Kota) an der Stadtbrücke aus der Taufe gehoben. Hier koordinieren deutsche und polnische Grenzschützer gemeinsame Einsätze und bearbeiten Anfragen der jeweils anderen Seite. Ebenfalls seit 1998 existieren gemeinsame deutsch-polnische Streifen auf beiden Seiten der Oder. Mittlerweile bestreifen BGS und SG mehrfach wöchentlich die Grüne Grenze, das Grenzgebiet zwischen den Übergängen, um unerlaubte Einreisen, Schleusungen und Schiebungen zu verhindern. Der »gemeinsame Aufgriff«, die konzertierte Festnahme eines Straftatverdächtigen, soll nicht nur die Arbeit der Grenzschützer erleichtern, er hat auch eine mindestens ebenso wichtige Signalfunktion, die auf das nicht unbedingt selbstverständliche gemeinsame Handeln von Deutschen und Polen abhebt.

Der bislang letzte bemerkenswerte Schritt in der deutsch-polnischen Kooperation erfolgte mit dem Beitritt Polens zur Europäischen Union. Seit dem 1. Mai 2004 sind die Grenzschützer nicht mehr alleinige Herren ihrer Kontrollbox. Im Zuge einer effizienteren grenzübergreifenden Bekämpfung von Kriminalität und Wartezeiten wurde die Ein-Stopp- oder Hand-in-Hand-Kontrolle eingeführt. In bilateralen Vereinbarungen wurde explizit festgelegt, wie die Kontrolle nun vonstatten zu gehen hat. Im vorliegenden Fall von Stadtbrücke und Świecko sind es die BGS-Inspektion Frankfurt (Oder) und die Kommandantur der GPK Świecko, die für die Konzeption verantwortlich zeichnen. So ist eindeutig geregelt, dass auch in der gemeinsamen Kontrolle der Ausreisestaat vor dem Einreisestaat kontrolliert. An der grundlegenden Struktur des Kontrollvorgangs und der im Falle einer Festnahme erwachsenden Pflichten hat sich damit keine Veränderung ergeben, wie ein polnischer Grenzschützer bestätigt: *Die Kontrolle passiert gemeinsam, aber eigentlich ist es eine getrennte Kontrolle, wenn es um die Vorschriften geht.* Auch der Zeitpunkt, wann eine zweite Kontrollspur geöffnet werden muss, um drohende Staus abzuwenden, ist genau festgelegt.[3] Weiterhin sollten sich stets ein Deutscher und ein Pole vor der Box befinden, um die Reisedokumente zu überprüfen, und zwei weitere sollten in der Box sitzen, um im Bedarfsfalle eine Fahndungsabfrage am jeweiligen Computer durchzuführen.

## 6. Zusammenarbeit auf engstem Raum

Die Ausführung der dienstlichen Vorgaben obliegt damit der niedrigsten hierarchischen Ebene, dem deutschen Kontrollstreifenbeamten und dem polnischen »funkcjonariusz«. So zog nach einer kurzen Probephase Anfang 2004 jeweils eine Gruppe zu der anderen in deren Box um. Während man sich zuvor darauf beschränken konnte, den Kollegen, die einige Meter entfernt vor ihrem Häuschen standen, »Hallo« und »Auf Wiedersehen« zuzurufen, gibt es nun kein Ausweichen mehr. Die Kontrollbox

---

3   Diese Ausführungen betreffen in erster Linie PKW- und LKW-Übergänge. Deutscher und polnischer Grenzschutz sind sich am Fußgängerübergang der Stadtbrücke seit dem EU-Beitritt Polens nicht näher gekommen, die Struktur der Box hat sich nicht verändert. Andererseits war hier räumliche Nähe bereits vor dem 1. Mai 2004 hergestellt, da keine Trennwand die Grenzschützer voneinander separierte. Die Kontrollfenster und damit auch die Computer und Stühle sind jedoch so weit voneinander entfernt, dass es jedem selbst überlassen bleibt, ob er in Interaktion tritt oder nicht.

beherbergt seitdem zwei Computer, zwei Telefone und doppelt so viele Grenzschützer wie zuvor, vergrößert wurde sie jedoch in den meisten Fällen nicht. Weder der polnische noch der deutsche Grenzschutz begrüßten diese Maßnahme, schließlich konnten sich die meisten gerade einmal rudimentär mit Händen und Füßen unterhalten, sofern überhaupt der Wille dazu vorhanden war. Mangelnde Sprachkenntnisse sind laut den Befragten in der Interaktion das größte Problem und gleichfalls eine Quelle des Misstrauens, so ein polnischer Grenzschützer:

*Manchmal sitzt man in der Box und redet über irgendwas, und einer lacht, und der Kollege kann dann denken, dass er über ihn lacht. Weil er es nicht versteht. Genauso sagen sie irgendwas und lachen, und wir wissen auch nicht, worüber – sie können ja auch über uns lachen, man weiß es nicht.*

Hinzu kommen weit verbreitete Stereotype und Vorurteile gegenüber dem Nachbarland (vgl. Dąbrowska 1999; Ziemer 2000), die auch vor Grenzschützern nicht Halt machen. Ein deutscher Vorgesetzter berichtet von seinen Erfahrungen:

*Also, diese Ein-Stopp-Kontrolle mit den polnischen Beamten unmittelbar nebeneinander, und da wurden Befürchtungen geäußert [...]: »Ja, ich wohne da und da, bei mir ist schon viermal in den Keller eingebrochen worden. Das waren die Polen, und jetzt muss ich mit denen zusammenarbeiten.« Da dachte ich schon: Oh, starker Tobak! [...] und die Befürchtungen, die sie [die BGS-Beamtin, A. S.] damals hatte, hat sie dann in dem Moment revidiert, wo sie angefangen haben, zusammenzuarbeiten. Und sie mitbekommen hat: Na gut, wenn ich jetzt wirklich mit dem persönlich hier sitze und auch hier und da mal eine rauche, oder, oder, ist das wieder was komplett anderes, als was sie für Befürchtungen hatte. Also, sie hat ihn kennen gelernt, musste mit ihnen zusammenarbeiten – sicherlich ist es da auch so, dass der eine mit dem besser, mit dem schlechter kann. Aber prinzipiell ist eben schon durch diese Form der Zusammenarbeit, dem täglichen Miteinander schon sehr viel bewirkt worden. Auch sehr viele Befürchtungen abgebaut worden.*

Auch wenn die schlimmsten Vorbehalte der Grenzschützer in Bezug auf die Kollegen von der jeweils anderen Seite der Oder ausgeräumt und Vorurteile abgebaut werden konnten, bleiben Unterschiede bestehen, die in der unterschiedlichen sozialen Situation, der Sprache, der Institutionenkultur und der daraus resultierenden Arbeitsweise begründet liegen. Um nur einige Beispiele zu nennen: das Einkommen eines deutschen Grenzschützers übersteigt das eines polnischen um ca. das Sechsfache; eine deutsche Schicht dauert acht, die der Polen dagegen zwölf Stunden; der polnische Grenzschutz ist im Gegensatz zum Bundesgrenzschutz, der sich in naher Zukunft »Polizei des Bundes« nennen darf (Presse- und Informationsamt 2005), militärisch organisiert, was sich nicht nur in der Benennung der Dienstränge, sondern auch im Respekt vor den Vorgesetzten ausdrückt, und schließlich gestehen die Dienstvorschriften dem

Kontrollstreifenbeamten des BGS einen größeren Handlungsspielraum zu als dem funkcjonariusz der Straż Graniczna.

Im Falle von Bundesgrenzschutz und Straż Graniczna arbeiten so zwei Institutionen zusammen, die unterschiedlichen Gesetzgebungen unterliegen, aus denen unterschiedliche Rechte und Pflichten folgen. Obwohl sich die Grenzschützer der Tatsache bewusst sind, dass in ihren Augen unsinniges Verhalten häufig aus den Vorgaben der jeweils anderen Grenzpolizei resultiert, verstärken die unterschiedlichen *Legacies* in der Alltagspraxis bereits bestehende Vorurteile gegenüber den Deutschen respektive den Polen im Allgemeinen. Ein deutscher Beamter begründet seine Ansicht, die polnischen Kollegen seien obrigkeitshörig, umständlich und unselbständig, folgendermaßen:

*Dann kommt irgendwie vom Chef* [dem polnischen Kommandanten, A. S.], *von oben, dass eben jeder Fünfte hier durchgecheckt werden muss. Was totaler Schwachsinn ist! Ich meine, ich sag: Check den durch, wo ich meine, dass ich irgendwo einen Verdacht hab, oder wo ich denke, dass da was sein könnte. Und dann, wenn eben nichts Vernünftiges kommt, dann checken sie hier 80jährige Omas durch, oder wie auch immer. Das ist bei manchen Kollegen, wo du dann sagst: ja, alles klar! Weiß ich nicht. Mir fällt dazu nichts ein. Aber muss halt irgendwo so sein. Die haben eben auch Riesenrespekt und Achtung vor ihrem Chef da irgendwie, dass sie sich, sag ich mal, in die Hosen scheißen, wenn hier der Chef kommt. Da streichen die hier den Rasen grün und weiß ich was alles. Ist Wahnsinn.*

Die Polen sind wiederum vom Vorwurf der Unselbständigkeit erstaunt, da sie diese Eigenschaft eher den in ihren Augen korrekten und pflichtbewussten Deutschen zuschreiben, wie ein polnischer Grenzschützer beschreibt:

*Nicht dass Sie mich falsch verstehen: hier gibt es Vorschriften, und dort gibt es Vorschriften. Sie beachten die Vorschriften, und wir beachten die Vorschriften. Nur dass wir eben bei der Entscheidungsfindung manchmal viel selbständiger sind. Sie treffen eine Entscheidung nicht so spontan wie wir, sie müssen erst noch die Erlaubnis eines Vorgesetzten einholen […] Vielleicht ist der Kompetenzbereich des einzelnen Beamten in Deutschland größer, aber wenn es um solche direkten Aktionen geht, ich gebe mal noch ein Beispiel: Ein Krimineller. Ist auf die andere Seite der Grenze gegangen. Wir informieren sie, dass er rüber ist und sich in irgendeinem Gebäude versteckt hat. Dann kommt der BGS angefahren, 10, 20 Leute umstellen das Gebäude, und keiner geht rein. Sie warten, bis er raus kommt. Bei uns kommen zwei Grenzschützer und ziehen ihn raus, wenn er nicht von alleine kommt.*

Die polnischen Grenzschützer bevorzugen das Autostereotyp des spontanen, oft überstürzten, aber sympathischen Aktionisten, der mit geringen Mitteln das möglichst beste Ergebnis erzielt. Was den Deutschen als Unselbständigkeit und Autoritätsglauben erscheint, erklären sie mit ihrem begrenzten Aktionsradius. Deutsche Obrigkeitshörigkeit könne sich in ihren Augen nicht aus dieser Tatsache erklären, sondern liege zum einen im Naturell begründet und beruhe zum anderen in der Vorstellung, dass sich die Deutschen auf ihren vergleichbar besseren Arbeitsbedingungen ausruhten und sich auf Dienst nach Vorschrift beschränken könnten.

Die Betrachtung der deutsch-polnischen Kooperation sollte jedoch noch weiter gefasst sein. Jede Institution hat ihre eigenen Traditionen und Handlungslinien. Institutionalisierung kann in einem weiteren Sinn erfasst werden als ein erwartungsgenerierender und reziproker Prozess des Gebrauchs von Routinen und Gebräuchen, Kultur. Institutionen basieren nicht in erster Linie auf Entscheidungen, sondern auf der Produktion und Legitimierung von Kulturmustern, von Symbolen, Rollen und Bedeutungen innerhalb von Organisationen, die wiederum das habitualisierte Handeln von Akteuren und deren Interpretation formen und von diesem geformt werden. Institutionen können demnach nicht getrennt von dem historischen Prozess, der sie hervorgebracht hat, gesehen werden (Berger/Luckmann 2003, 56 ff.), und darüber hinaus zeichnen sie sich durch eine Pfadabhängigkeit aus. Gleichzeitig bringt die Kooperation der Grenzschutzorgane Angleichungsprozesse, institutionelle Isomorphie, zwischen den Organisationen hervor. Derartige Institutionalisierungsprozesse üben weit reichende Homogenisierungseffekte in organisationalen Feldern aus, die gleichfalls organisationale Praktiken auf der Ebene der Akteure beeinflussen (vgl. DiMaggio und Powell 1983). Die fortschreitende Integration Polens in Europa, insbesondere mit Blick auf den bevorstehenden Beitritt zum Schengener Durchführungsübereinkommen, fordert dabei ungleich höhere Kraftanstrengungen von der polnischen Seite, die sich dem europäischen Standard annähern muss. Nolens volens ist auch dieses Ungleichgewicht ein bestimmender Faktor der Interaktion: «These political and economic hierarchies also go hand in hand with continuing cultural asymmetries of superiority feelings and inferiority complexes and related ethno-national stereotypes» (Spohn 2002, 2).

## 7. Fachliche Identität und Cop Culture

Die meisten der befragten Grenzschützer sind bemüht, ihre Arbeit gut und korrekt zu machen. Ihre Berufsehre als Polizist und ihre Selbstachtung schärfen ihren Blick für Vorgänge und Ereignisse, die es ihnen erschweren, ihren Beruf auf die von ihnen vorgesehene Weise auszuüben – »everyone […] is subject to a scheme of values that tells him he must validate the self in order to win others' respect and his own« (Sennett/Cobb 1993, 75). Wer als Privatmann die Osterweiterung der Europäischen Union und damit die Reisefreiheit für Polen begrüßt, kann sich als Grenzpolizist zum unnötigen *Hampelmann* degradiert fühlen, da ihm nun offiziell die Möglichkeit zur Zurückweisung vermeintlicher polnischer Krimineller an der Grenze abhanden gekommen ist. Der Grenzschützer möchte seine Arbeit gut machen, und er möchte sie auf seine Weise gut machen, da er aus seiner Sicht am besten weiß, wo an vorderster Front die Brennpunkte liegen. Allerdings sind sich Kontrollstreifenbeamte und funkcjonariusze durchaus ihrer marginalen Position im Machtgefüge der Institution bewusst und begegnen dem zum Selbstschutz mit berufsethischen Ehrvorstellungen und Zynismus sich selbst und ihre Umwelt betreffend. Neben der Vorstellung der grenzüberschreitenden Kriminalität als eines »gemeinsamen Feindes« liegt hier ein wichtiger Ansatzpunkt für deutsch-polnische Solidarisierung auf unterster Dienstebene begründet. Ein weiteres Charakteristikum dieser sog. »Cop Culture«, der Polizistenkultur (s. dazu Reiner 2000; Behr 2000), besteht darin, dass Beamte der unteren Dienstränge dazu tendieren, ihren Vorgesetzten zu verdächtigen, er instrumentalisiere sie für höhere Ziele oder seine persönliche Karriere. Es herrscht Misstrauen gegenüber Neuerungen, die man nicht selbst beschlossen und geprüft hat, besonders wenn diese Neuerungen als grandioser Erfolg verkauft werden, wie im Fall der verstärkten deutsch-polnischen Kooperation. Es wird bemängelt, die Leitungsebene, von den unteren Diensträngen auch gerne als *Faultierfarm* oder *Plüschetage* bezeichnet, hätte sowieso keine Ahnung davon, wie es auf der Straße zugehe und generell zu viel Zeit, um sich seltsame Dinge auszudenken. Auf der anderen Seite steht der Vorgesetzte seinen Mitarbeitern, denen er ebenfalls nicht besonders viel zutraut, ebenso misstrauisch gegenüber. Auch der Kontakt mit den Kollegen von der jeweils anderen Seite der Oder gestaltet sich in Abhängigkeit vom Dienstgrad unterschiedlich. Die Führungskräfte sind durch den hohen Abstimmungsbedarf besser über die Strukturen auf der anderen Seite informiert, und generell wird von Seiten der Leitung konstatiert:

*So rein nach oben hin sind sie alle sehr offen, und umso weiter das nach unten geht, verengt sich das, weil das ist rein logisch. Vom Schreibtisch her sehe ich natürlich nicht die Probleme, sondern die hat der handelnde Beamte. [...] Ich denke mal, das Vertrauen nach unten hin wird immer weniger.*

Der »handelnde Beamte« hat in der Tat einen weitaus geringeren Überblick über die großen Zusammenhänge. Da er als kleinste operative Einheit mit einem klar definierten Handlungsfeld und einer bestimmten Problemlage befasst ist, ist er darauf auch nicht angewiesen. Es ist nicht seine Aufgabe, sich neue Formen der Kontrolle oder Maßnahmen zur Kriminalitätsbekämpfung auszudenken, ihm obliegt es, abstrakte Vorgaben zur Grenzsicherung in die Tat umzusetzen. Gleichzeitig hat für ihn die deutsch-polnische Kooperation konkrete Bedeutungen und Implikationen, die mit den häufig realitätsfernen Vorstellungen seiner Vorgesetzten wenig gemein haben müssen. Während diese ihren Pendants nur von Zeit zu Zeit zum Zwecke der Absprachen und Vereinbarungen begegnen, bekommt die deutsch-polnische Kooperation in der Kontrollbox nicht nur ein Gesicht, sondern sie nimmt in den beengten Räumlichkeiten der Kontrollbox beträchtlichen Platz in der Fläche ein und schafft eine Situation der räumlichen Nähe, die in ihrer Unausweichbarkeit dazu zwingt, sich mit dem Anderen zu konfrontieren.

Grenzschützer sind, wie wohl die meisten Arbeitnehmer, bemüht, sich Freiräume außerhalb der Kontrolle ihres Arbeitgebers zu verschaffen. Diese Freiräume können sich, wie oben erwähnt, auf die Auslegung der Dienstvorschriften beziehen, bedeutsamer sind in diesem Kontext jedoch die informellen Strategien und Taktiken der einzelnen Akteure im Hinblick darauf, wie sie den ihnen für die Ausübung ihrer Arbeit zur Verfügung gestellten Raum, die Grenze, und genauer: die Kontrollbox, nutzen. Im vorliegenden Fall spielen dabei drei Momente zusammen: der Wille, seine Arbeit im subjektiven Sinne gut zu erfüllen, der Anspruch, das Arbeitsumfeld möglichst angenehm und ungestört zu gestalten, und die Notwendigkeit, mit dem jeweils anderen Grenzschutz zu koexistieren.

Der Prozess der Institutionalisierung von Routinen und Handlungsweisen bezieht sich so nicht allein auf das formale Handeln der Grenzschutzbehörden, sondern ebenso spiegelbildlich auf eingespielte Praktiken der Mitarbeiter, die es ihnen ermöglichen, sich Freiräume innerhalb der Institutionen zu schaffen.[4] Die Praktiken werden nicht von außen in die Institutionen hereingetragen, sondern sind ein Effekt ihrer eigenen Logik, sie sind »Aktivitäten, die von der Gelegenheit und vom Detail abhängig sind, die in den Apparaten, deren Gebrauchsanweisungen sie sind, stecken und sich verstecken und somit keine Ideologie oder eigene Institutionen haben« (de Certeau 1988, 17).

## 8. Der Arbeitsplatz

Der »spatial turn« in den Kulturwissenschaften (vgl. Schlögel 2004), die Einbeziehung der Kategorie des Raumes als Bedeutungsträger in sozialen Kontexten, hat auch vor der Betrachtung der Arbeitskultur nicht halt gemacht. Raum als »*ein Ort*, mit dem man etwas macht« (de Certeau 1988, 218 [kursiv i. O.]) ist mit vielfältigen Bedeutungen

---

4   Dies als subversiven Akt zu bezeichnen, wäre zu viel des Guten, denn diese Praktiken dienen in den seltensten Fällen dazu, das Funktionieren der Institution und den Arbeitsablauf zu unterlaufen bzw. ins Gegenteil zu verkehren. Im Falle der grenzpolizeilichen Arbeit ließe sich unter diesem Punkt beispielsweise Korruption, die illegitime Vorteilnahme aus der beruflichen Stellung, subsumieren.

aufgeladen, die nicht statisch sind, sondern je nach Betrachtungsweise und Standpunkt variieren können.

Ein Arbeitsplatz in einer Behörde oder Firma ist zweck- und größtenteils fremdbestimmter Raum, er ist so konstruiert, dass er Kontrolle über den Beschäftigten ermöglicht. Dies beginnt bereits bei der architektonischen Beschaffenheit des Gebäudes: «[the work building] facilitates managerial control of the labour process, enabling the co-ordination of production through the division of labour and the construction of systems of surveillance« (Baldry 1999, 536). Die Gestaltung des Raumes determiniert Möglichkeiten der Bewegungsfreiheit, Kommunikation und sonstigen sozialen Interaktion. Diese Möglichkeiten steigen mit dem zugeschriebenen Status innerhalb der Organisation. In gleicher Weise zeigt die hierarchische Anordnung von Raum eine Übereinstimmung mit der beruflichen Position. Während der Leiter einer BGS-Inspektion über ein geräumiges Büro mit Sekretärin verfügt, befindet sich am anderen Ende der Leiter der Beamte im Schichtdienst, der seinen Arbeitsplatz nur temporär sein eigen nennen kann.

Arbeits-Raum unterliegt jedoch nicht der alleinigen Kontrolle derjenigen, die ihn konzipiert haben oder die an einem reibungslosen Ablauf in den unteren Etagen interessiert sind. Sie besitzen nicht die ausschließliche Deutungsmacht. Ebenso muss beachtet werden, welche Bedeutung die Arbeitnehmer ihren Arbeitsräumen zuweisen. Zwar können sich Beschäftigte gegen ihre Vorgesetzten auflehnen und Widerstand gegenüber Neuerungen oder schlechten Arbeitsbedingungen leisten, es gibt jedoch auch weniger formale Widerstandsformen gegenüber Strategien räumlicher Kontrolle, die zudem in vielen Fällen von den Akteuren nicht als Widerstand begriffen werden. Dies betrifft Fälle, in denen der Raum in einer Weise benutzt wird, für die er nicht vorgesehen ist, so wenn der Arbeitsraum für persönliche Zwecke geliehen wird, wie die Kaffeepause, Rauchen oder persönliche Gespräche. Die Personalisierung und Aneignung des Arbeitsplatzes ist hier wohl die am häufigsten anzutreffende Praxis.

Die Aneignung des Arbeitsplatzes heißt: sich einrichten, es sich wohnlich gestalten, dem Raum eine persönliche Note verleihen. Der Schreibtisch eines im Büro Arbeitenden ist gemeinhin bereits von weitem als dessen »Eigentum« ersichtlich: ein Bild der Familie, eine Zimmerpflanze, vielleicht ein Maskottchen auf dem Monitor. Weniger ostentativ, jedoch ebenso persönlich ist die Anordnung von Gegenständen, Kugelschreibern, Papieren und Unterlagen auf dem Schreibtisch. Was von Außenstehenden als grauenhafte Unordnung gewertet werden kann, ist dem Arbeitnehmer vielleicht unabdingbar für produktives Arbeiten. Auch im Grenzschutz gibt seinem Arbeitsplatz eine persönliche Note, wer die Möglichkeit dazu hat. Ob es nun ein Fähnchen des Herkunftsbundeslandes über dem Schreibtisch, eine Urkunde als Erinnerung an die

Zeit bei den Grenztruppen oder einfach nur ein gerahmtes Photo vom Nachwuchs ist – wer einen festen Arbeitsbereich hat, über den er auch die dekorative Oberhoheit besitzt, wird es sich kaum nehmen lassen, seinem Arbeitsbereich den eigenen Stempel aufzudrücken und somit auch seinen Claim abzustecken: »the micro-organization of space at the level of furniture and décor as well as the ambient environment may also be read as texts of power« (Halford 2004, 22).

Ganz anders stellt es sich für diejenigen Grenzschützer dar, die im Schichtdienst arbeiten. Ihr Arbeitsplatz ist per definitionem rund um die Uhr von wechselnden Personen besetzt, womit eigentlich die Möglichkeit der Personalisierung des Arbeitsplatzes entfällt. Kaum jemand wird eine Zimmerpflanze oder ein gerahmtes Bild seiner Liebsten von Position zu Position tragen, und er wird es bestimmt nicht bis zur nächsten Schicht dort unbeobachtet stehen lassen.

Nicht nur Beschaffenheit und Größe der Diensträume, sondern auch die Möglichkeit, den Arbeitsplatz nach Gusto zu gestalten, ist folglich ein Ausdruck der Stellung innerhalb der dienstlichen Hierarchie und spiegelt diese räumlich wider. Die Aussagen *Schauen Sie mal, das bin ich in einem Jagdflieger!*, oder *Die Tasse haben mir meine Mitarbeiter geschenkt*, oder *Das habe ich von dem deutschen Inspektionsleiter bekommen*, weisen nicht nur auf Büroschmuck hin, sondern sind Bedeutungsträger und vermitteln Informationen an denjenigen, der das Büro betritt. Der Schichtdienst hingegen reduziert den Raum auf seine Funktion als Arbeitsplatz und beraubt den Arbeitnehmer scheinbar jeglicher Möglichkeit, ihn als »seins« zu kennzeichnen. Die fehlende Möglichkeit der Personalisierung des Arbeitsplatzes ist ebenso Ausdruck der Stellung innerhalb der Hierarchie.

Beamte des BGS und Beschäftigte der Straż Graniczna an den Grenzübergängen Stadtbrücke und Świecko finden trotz ihres strukturellen Nachteils Wege, sich in der und durch die Kontrollbox Freiräume zu verschaffen. Es bleibt ihnen zwar verwehrt, ihren Arbeitsplatz, dauerhaft zu kennzeichnen, sie können sie jedoch temporär privatisieren. Dies erfolgt mit Hilfe erlernter Strategien, die sich aufgrund von sozialen, kulturellen und institutionellen Faktoren bei BGS und SG unterscheiden und in Abhängigkeit von der persönlichen Einstellung Sympathie oder Ablehnung zeitigen können. Die Beobachtungen betreffen einen Großteil der häufigsten Formen der privaten Nutzung der Kontrollbox, der grenzpolizeiliche Arbeitsablauf bleibt hier ausgespart.

## 9. Grenzpolizeiliche Freiräume

Die Schicht beginnt für BGS und SG in ihren jeweilgen Besprechungsräumen, wo der Vorgesetzte über anstehende Aufgaben und neue Fahndungen informiert sowie die Teams für die Boxen zusammenstellt. Die Belegung der Box hängt von der Organisation der einzelnen Dienstgruppen ab. Einige Dienstgruppen bleiben für die komplette Schicht auf einer Position, manche jedoch wechseln sich im Zweistundentakt ab, um die Gefahr der Langeweile zu minimieren. Am Autobahnübergang Świecko besteht eine geringere Neigung, die Position zu wechseln. Zum einen ist hier auf der Strecke Brüssel – Berlin – Kiew – Moskau zu jeder Tages- und Nachtzeit hohes Verkehrsaufkommen, und zum anderen ist dieses Verkehrsaufkommen diversifizierter als an der Stadtbrücke. Während die Stadtbrücke von Arbeitern, Studenten, Einkäufern, Trunkenbolden und Kleinkriminellen bevölkert wird, ist das zu verfolgende Verbrechen an der Autobahn eine Ebene höher angesiedelt. Unerlaubte Einreise, Schleusungen, Urkundenfälschung und Verbringungskriminalität im großen Stil sind hier häufiger anzutreffen, und so hat sich das »polizeiliche Auge« zumeist auf LKW, PKW oder Reisebusse, Einreise oder Ausreise spezialisiert. Nach der Dienstbesprechung begeben sich die Grenzschützer in ihre Kontrollboxen, wo sie auf die Kollegen von der anderen Seite treffen.

Dort wird die Arbeit des Grenzschutzes in den meisten Fällen musikalisch untermalt. Im Zimmer des Gruppenleiters befindet sich ebenso ein Radio wie in den Kontrollboxen. Die Radios haben keinen feststellbaren Besitzer, sie gehören mittlerweile zum Inventar. Obwohl die Amtssprache in der Interaktion meist Deutsch ist, haben die Polen die Oberhoheit über das Radioprogramm, in den meisten Boxen läuft ein polnischer Sender. Der deutsche Grenzschutz fühlt sich dadurch nicht im Geringsten gestört, es wird versichert, die polnischen Sender spielten ganz hervorragende Musik. Im Übrigen wird das Radio nicht zur Informationsvermittlung genutzt, denn die Arbeit erfordert es, das Radio eher im Hintergrund plätschern zu lassen. Denjenigen Deutschen, die im engeren Kontakt mit ihren polnischen Kollegen stehen, bietet das Radio die Möglichkeit, in Deutschland weitgehend unbekannte polnische Musik kennen zu lernen und sich mit den Kollegen darüber auszutauschen. Zur nächsten Schicht werden vielleicht CDs der betreffenden Bands mitgebracht. Außerdem können einige der Deutschen bereits sehr gut den Jingle des polnischen Senders RMF FM mitsingen, was zu weiterer Erheiterung beiträgt. Das Radio überbrückt Schweigeschichten und bietet Anknüpfungspunkte für Gespräche. Was hat er gerade gesagt? War da nicht gerade von XY die Rede? Deutsche üben ihre Sprachkenntnisse, und Polen bemühen sich um die Übersetzung politischer Ereignisse und der Fußballergebnisse.

Deutsche und polnische Grenzschützer unterstehen, trotz gemeinsamer Tätigkeit, weiterhin ihren jeweiligen Vorgesetzten. Auf deutscher Seite ist der direkte Vorgesetzte der Gruppenleiter, auf polnischer ist es der Schichtleiter (kierownik zmiany). Will der direkte Vorgesetzte mit dem Grenzschützer in der Box Kontakt aufnehmen, so geschieht dies zumeist telefonisch. Bei gutgelaunten Schichten löst das Telefonklingeln an sämtlichen beobachteten Übergängen die gleiche Reaktion aus. Klingelt das deutsche Telefon, rufen die Polen: *Berlin!*, klingelt das polnische, sind die Deutschen mit: *Warszawa!*«zu vernehmen. Die Anrufe können zwar durchaus dienstlich relevante Angelegenheiten betreffen, es kommt jedoch auch vor, dass der Vorgesetzte aus seinem Fenster einen seiner Mitarbeiter ohne die vorgeschriebene Dienstmütze vor der Kontrollbox beobachtet und ihn telefonisch ermahnt, die Mütze aufzusetzen, was von den Grenzschützern nörgelnd befolgt wird.

Die Zugriffsmöglichkeiten des Vorgesetzten ändern sich jedoch, sobald der Grenzschützer die Kontrollbox betritt. Sie ist aufgrund verspiegelter Fensterbeschichtung von außen schwer einsehbar. Dies hilft nicht nur dem Grenzschützer, seine Aktivitäten vor unliebsamen Einblicken vermeintlicher Krimineller zu schützen, es verbirgt ihn auch vor den Blicken seiner Vorgesetzten. Der in der Box befindliche Grenzschützer sieht den drohenden Kommandanten, Schicht- oder Gruppenleiter weit bevor dieser ihn auch nur erahnen kann – wertvolle Zeit, um das Brötchen, die Zigarette oder die Zeitung verschwinden zu lassen. Deutsche und Polen zeigen sich hier häufig solidarisch, in sich positiv gegenüberstehenden Schichten wird gewarnt, wenn der Vorgesetzte der Gegenseite sich der Box nähert. Ein solcher deutscher Vorgesetzter berichtet:

*Und was ich immer wieder feststelle, der Beamte an sich vor Ort, also wenn es darum geht, die Vorgesetzten auszutricksen, da sind sie sich richtig einig. Sowohl deutsche als auch polnische Seite. Das heißt, da mal die Pause zu verlängern, da mal zusammen, anstatt jetzt da die stringente Kontrolle zu machen, zusammen sich die »Coupé« anzuschauen oder ähnliches, der polnische und der deutsche Beamte. Alles schon gesehen, wenn ich privat mal rüberfahre.*

Die Kontrollbox ist ein geschützter Raum, der dem Grenzschützer die Entscheidung überlässt, wer wie viel sehen darf und soll. Sie schützt vor dem Eindringen des Vorgesetzten in private Bereiche, des Reisenden in dienstliche Belange.

Das Rauchen in der Box ist, wie in sämtlichen Diensträumen, selbstverständlich untersagt. Ebenso selbstverständlich ist die ständige Übertretung dieses Verbots. Viele deutsche Grenzschützer führen einen tragbaren Aschenbecher mit sich, die Polen greifen gerne auf den klassischen Tisch-Aschenbecher zurück. Die meisten der Grenzschützer rauchen, es wird jedoch kaum auf die Bedürfnisse nichtrauchender Kollegen Rücksicht genommen, insbesondere, wenn diese nicht dem gleichen Dienstherrn unterstehen. Während ansonsten bei jeder Kleinigkeit ein Anruf des Vorgesetzten zu befürchten ist, scheint das Rauchverbot von keinem der Beteiligten wirklich ernst genommen zu werden. Dies geht allerdings nicht so weit, dass Aschenbecher offensichtlich herumstünden oder der Reisende mit demonstrativer Kippe im Mundwinkel kontrolliert würde, da nach außen hin Professionalität demonstriert werden muss und will.

Sind sich Deutsche und Polen bis zu diesem Punkt zumeist einig, so unterscheiden sie sich bei der Nahrungsaufnahme. Die Grenzübergänge verfügen nicht über eigenen Kantinen, es hängt vom Übergang, der Dienstgruppe sowie den Vorlieben des Einzelnen ab, wie Pausen und Essensaufnahme gestaltet werden. An erster Stelle wäre hier das zu Hause gefertigte belegte Brötchen zu nennen, das vor allem in der Box verzehrt wird. Auch die Thermoskanne mit Kaffee oder Tee ist vereinzelt anzutreffen, jedoch bedienen sich die Grenzschützer zumeist in der Dienststelle. Hier trennen sich die Wege. Der BGS an Stadtbrücke und Autobahn hat die Auswahl zwischen einem Kaffeeautomaten und einer im Besprechungszimmer angesiedelten Kaffeemaschine, wogegen der polnische Grenzschutz sich den Kaffee *auf polnische Art* aus seinem Gebäudeteil holt. *Polnischer Kaffee* ist im engeren Sinne Kaffeepulver, das auf türkische Art in der Tasse aufgegossen wird, die Bezeichnungen *po polsku* wie *po turecku* werden gleichermaßen verwendet. Diese Form des Kaffees hat in Teilen des BGS ebenfalls bereits Anhänger gefunden, die den kräftigen Geschmack zu schätzen wissen. Andererseits können sich an solchen vermeintlich kleinen Unterschieden auch tiefer liegende Konflikte entladen, wie ein deutscher Beamter berichtet:

*Am Bahnhof Guben* [im Dienstzimmer der gemeinsamen Bahnhofsstreife, A. S.], *dieser typische Zettel: »Bitte säubern Sie die Kaffeemaschine nach Benutzung«. War natürlich in Deutsch. Also, sollte eigentlich die deutschen Beamten ansprechen. Daraufhin muss sich ein Pole hinreißen lassen haben, was in Polnisch raufzuschreiben, da wir auch Kollegen haben, die Polnisch lesen können, die Rückantwort war nicht so nett. [...] So in die Richtung nach dem Motto: »Ihr könnt euch euer Schreiben in den Popo stecken, und der gute Pole trinkt seinen Kaffee türkisch!« Was ja auch stimmt. Also so ne Dinger. Hätte der polnische Kollege drüber nachgedacht, hätte er gesagt: »Na, lass die ihr Schreiben hängen.«*

Kaffee spielt insbesondere in den Nachtschichten eine herausragende Rolle und gehört neben *Pause/przerwa* zu den nicht-dienstlichen Wörtern, die jeder Grenzschützer in der jeweils anderen Sprache schnell gelernt hat.

Der BGS hat bei ausreichender Besetzung die Möglichkeit, sich zum Essen in die Diensträume zurückzuziehen. An der Stadtbrücke wird dies seltener genutzt, an der Autobahn, wo höheres Verkehrsaufkommen, und damit mehr Stress herrscht, werden die Essenspausen regelrecht zelebriert. Eine Abordnung wird zum Bahnhof Frankfurt

(Oder) geschickt, und sobald die Verpflegung eingetroffen ist, erfolgt ein Rundruf durch die Kontrollboxen. Die Boxen werden in Minimalbesetzung zurückgelassen, und es wird sich in den Besprechungsraum des Dienstcontainers begeben. Auch wer sein eigenes Essen von zu Hause mitgebracht hat, setzt sich dazu. Wer sich diesem engeren Kreis nicht zugehörig fühlt, bleibt in der Box. Ganz privat ist die Atmosphäre jedoch auch hier nicht, da zu jeder Zeit das Telefon, das mitten auf dem Tisch platziert ist, klingeln kann, wenn jemand im Raum des Gruppenleiters verlangt wird. Dennoch sind die Gespräche hier nicht unbedingt nur dienstlich.

Den Luxus, sich in den Besprechungsraum zurückzuziehen, können sich die polnischen Grenzschützer nicht leisten. Ihre Besetzung reicht meist nicht dazu aus, einen Teil der Belegschaft in die Pause zu schicken. So kommt es, dass sie eher als ihre deutschen Kollegen ihre Mahlzeiten in der Kontrollbox zu sich nehmen. Auch hier reicht die Spannbreite vom belegten Brötchen über das mitbrachte Essen in der Tupperdose bis zum, allerdings selten genutzten, Lieferservice. Der Verzehr vollwertiger Mahlzeiten in der schlecht zu lüftenden Kontrollbox findet jedoch nicht den ungeteilten Beifall der Deutschen und stellt in ihren Augen eine zu weit reichende Privatisierung des gemeinsamen Raumes dar.

Nach dem Essen sollst du ruhen, und auch hier lassen sich wieder beträchtliche Unterschiede finden. Wie bereits erwähnt, dauert eine deutsche Schicht acht, die polnische jedoch zwölf Stunden. Es verwundert nicht, dass bei Nachtschichten, die vom 20 Uhr bis 8 Uhr dauern, der eine oder andere tote Punkt auftauchen kann, und so ist es für den Teil der polnischen Grenzschützer, der über die Minimalbesetzung hinausgeht, normal, sich in den frühen Morgenstunden auf dem Stuhl oder sogar auf dem Boden eine Mütze Schlaf zu gönnen, so auch ein polnischer Grenzschützer:

*Nachts ist es eine Katastrophe, wirklich. Bis zwei, drei Uhr nachts kann man durchhalten. Aber der Mensch ist keine Maschine. Wenn man schlafen will, keine Leistung bringt, nicht fix reagiert, kaum etwas sieht, alles... das ist zwecklos. Ich stehe zum Beispiel um vier, fünf Uhr morgens da, überprüfe den 10 000. Pass, und selbst wenn ein Teddybär draufgemalt wäre, würde ich ihn durchlassen. Man schafft das einfach physisch nicht.*

Erstaunlich ist diese Vorgehensweise, da es dem sonstigen Verhalten der polnischen Grenzschützer in Bezug auf ihre Dienstvorschriften diametral widerspricht. Während tagsüber aus Angst, der Kommandant könnte vorbeikommen und bei Nichtgefallen einen Teil des Gehalts streichen, peinlich genau darauf geachtet wird, die Anweisungen der Vorgesetzten im Hinblick auf Kontrollvorgänge, Kleidungsordnung etc. zu befolgen, wird nachts regelmäßig entgegen jeglicher Vorschriften geruht. Dies wird von Seiten der Vorgesetzten stillschweigend geduldet, die nach dem Motto »Was ich nicht weiß, macht mich nicht heiß« vorgehen. Ein überraschender nächtlicher Besuch des

Kommandanten würde jedoch im Angesicht schlafender Grenzschützer sicherlich Disziplinarmaßnahmen nach sich ziehen.

Die deutschen Grenzschützer dagegen sind nicht immer voller Verständnis[5]. Es sei klar, dass eine Zwölfstundenschicht kein Pappenstiel sei, man könne schon verstehen, wenn die Polen müde würden und schliefen, so die theoretische Antwort. In der Praxis sieht sich jedoch der deutsche Grenzschützer, der bis 6:30 Uhr wach auszuharren hat, häufig mit einem wachen und einem schlafenden Kollegen konfrontiert, und wenn der Schlafende dann, wie beobachtet, auch noch anfängt zu schnarchen, dann kann sich der Deutsche bisweilen provoziert fühlen. Das sei nicht in Ordnung, man würde ja hier nicht fürs Schlafen bezahlt. Natürlich sei es nicht schön, 12 Stunden arbeiten zu müssen, aber man könne sich nicht einfach um seine Pflicht herummogeln. Die Schaffung von Freiräumen wird solange akzeptiert, wie dies nicht auf Kosten der Anderen geschieht und der dienstliche Auftrag nicht gefährdet wird. Durch ihr Schlafen überreizen die Polen in den Augen der Deutschen den informell festgelegten Rahmen, innerhalb dessen der Arbeitsplatz für eigene Zwecke genutzt werden kann.

## 10. Schlussfolgerungen

Grenzpolizisten dürfen nicht als seelenlose Repräsentanten ihrer Nationalstaaten gesehen werden, die von ihrem Innenminister abgestellt wurden, um nun rigoros die Grenze zu verteidigen. Sie sollten vielmehr als strategische Akteure innerhalb von Institutionen verstanden werden, die in diesem Sinne selbst als institutionelle Effekte beschrieben werden können, als sie von diesem übergreifenden Sinnzusammenhang geprägt sind und ihn wiederum ebenso prägen. Auch Behr plädiert dafür, »den Alltag der Polizei nicht aus der Perspektive des politisch Wünschenswerten, sondern als eine sinnkonstituierte und sinnkonstituierende Praxis zu interpretieren« (Behr 2002, 67).

Die empirischen Beispiele aus der grenzpolizeilichen Praxis haben gezeigt, dass die internen Strategien der Arbeitsgestaltung und Raumaneignung (externe, wie der Kontakt mit dem Reisenden, wurden nicht berücksichtigt) nicht getrennt vom institutionellen und kulturellen Kontext betrachtet werden dürfen. Dies gilt insbesondere im Kontakt mit den Kollegen aus dem Nachbarland, denn beide Faktoren gehen Hand

---

5  Während meiner Teilnehmenden Beobachtung habe ich in der Tat keinen einzigen schlafenden deutschen Grenzschützer angetroffen. Dass diese Form des Freiraums kein rein polnisches Phänomen ist, zeigt Behr, der von der generellen Neigung der von ihm untersuchten Landespolizei berichtet, sich in den Nachtschichten außerhalb der Kontrolle der Polizeiführung etwas Schlaf zu gönnen (Behr 2000, 78).

in Hand und verstärken sich gegenseitig in der Interaktion. Die Beobachtung und Evaluierung »fremder« Praktiken und die Entwicklung neuer, gemeinsamer Praktiken der Schaffung von Freiräumen, beispielsweise in Form von Solidarisierung, können Verständigung und Annäherung vormals misstrauischer Gegenüber nach sich ziehen, indem ein gemeinsamer Kontext gegenseitigen Wissens und gegenseitiger Diskretion geschaffen wird. Praktiken, die als nicht legitim angesehen werden, können Misstrauen wiederum verstärken.

Im Mikrokosmos der Kontrollbox als kleinster Einheit im Gefüge der europäischen Überwachungs- und Sicherheitspolitik, mit den Grenzschützern als niedrigster Ebene in der Diensthierarchie der Grenzschutzinstitutionen, kann so gezeigt werden, inwieweit institutionelle Bedingtheit auf individuelles Handeln einwirkt. Dies gewinnt insbesondere im Kontakt von Bediensteten verschiedener Länder, deren Verhältnis zudem immer noch nicht unbelastet, sondern von Stereotypen und Vorurteilen geprägt ist, an Bedeutung. Es kann angenommen werden, dass, im Unterschied zu höheren Dienstgraden, die der Durchsetzung politischer Vorgaben hohe Priorität einräumen, im Falle der Grenzschützer in der Kontrollbox die Solidarisierung aufgrund gemeinsamer persönlicher Interessen vergleichsweise verbindender ist als die Ausführung der gleichen dienstlichen Aufgaben. Dies geschieht allerdings nur, sofern sich beide Parteien an die informell ausgehandelten Regeln halten, die den Spielraum bestimmen, innerhalb dessen der Arbeitsplatz zu privaten Zwecken genutzt werden darf.

# Literatur

Abkommen zwischen der Regierung der Bundesrepublik Deutschland und der Regierung der Republik Polen über die Zusammenarbeit der Polizeibehörden und der Grenzschutzbehörden vom 18. Februar 2002, Vertragsgesetz vom 27. März 2003, BGBl. 2003 II, S. 218 ff.; in Kraft seit 26. Juni 2003.
Abkommen zwischen der Bundesrepublik Deutschland und der Republik Polen über Erleichterungen der Grenzabfertigung, BGBl 1994 Teil II S. 266 ff.
Gesetz über den Bundesgrenzschutz (BGSG). 19. Oktober 1994. BGBl I 1994, 2978, 2979. Zuletzt geändert durch Art. 3 G v. 11.1.2005 I 78.

Anderson, Malcolm: European Frontiers at the End of the Twentieth Century: An Introduction, in: Anderson, Malcolm und Eberhard Bort (Hg.): The Frontiers of Europe, London 1998, S. 1–10.
Anderson, Malcolm et al.: Policing across national boundaries, London/New York 1994.
Baldry, Chris: Space – the final frontier, in: Sociology 33 (1999) 3, S. 535–553.
Behr, Rafael: Cop Culture – Der Alltag des Gewaltmonopols. Männlichkeit, Handlungsmuster und Kultur in der Polizei, Opladen 2000.

Behr, Rafael: Lebenswelt Polizei. Ein ethnografischer Zugang zur Berufsidentität von Polizeibeamten, in: Forum Qualitative Sozialforschung 3 (2002) 1.
Berger, Peter L. und Thomas Luckmann: Die gesellschaftliche Konstruktion von Wirklichkeit. Eine Theorie der Wissenssoziologie. Frankfurt/Main: Fischer, 2003.
Bigo, Didier: Frontiers and Security in the European Union: The Illusion of Migration Control, in: Anderson, Malcolm und Eberhard Bort (Hg.): The Frontiers of Europe, London 1998, S. 148–164.
Buchowski, Michał und Andrzej Brencz (Hg.): Polska -Niemcy. Pogranicze kulturowe i etniczne/Poland-Germany. Cultural and ethnic border, Wrocław/Poznań 2004.
Chessa, Cecilia: State Subsidies, International Diffusion, and Transnational Civil Society: The Case of Frankfurt-Oder and Slubice, in: East European Politics and Societies 18 (2004) 1, S. 70–109.
Dąbrowska, Jarochna: Stereotype und ihr sprachlicher Ausdruck im Polenbild der deutschen Presse, Tübingen 1999.
de Certeau, Michel: Die Kunst des Handelns, Berlin 1988.
Deflem, Mathieu: International Police Cooperation in North America: A Review of Practices, Strategies, and Goals in the United States, Mexico, and Canada, in: Koening, Daniel J. und Dilip K. Das (Hg.): International Police Cooperation. A World Perspective, Lanham u. a. 2001, S. 71–97.
DiMaggio, Paul J. und Walter W. Powell: The Iron Cage Revisited: Institutional Isomorphism and Collective Rationality in Organizational Fields, in: American Sociological Review 48 (1983) 2, S. 147–160.
Donnan, Hastings und Thomas M. Wilson: Borders. Frontiers of Identity, Nation and State, Oxford/New York 1999.
Dunn, Elizabeth C.: Privatizing Poland: baby food, big business, and the remaking of Labor, Ithaca 2004.
Girtler, Roland: Polizei-Alltag. Strategien, Ziele und Strukturen polizeilichen Handelns, Opladen 1980.
Götz, Irene und Andreas Wittel (Hg.): Arbeitskulturen im Umbruch. Zur Ethnographie von Arbeit und Organisation, Münster 2000.
Halford, Susan: Towards a Sociology of Organizational Space, in: Sociological Research Online 9 (2004) 1.
http://www.socresonline.org.uk/9/1/halford.html
Hannerz, Ulf: Flows, Boundaries and Hybrids: Keywords in Transnational Anthropology, in: Transnational Communities Working Paper(2) 2000.
Heyman, Josiah McC.: Why Interdiction? Immigration Control at the United States-Mexico Border, in: Regional Studies 33 (1999) 7, S. 619–630.
Irek, Małgorzata: Der Schmugglerzug: Warschau-Berlin-Warschau. Materialien einer Feldforschung, Berlin 1998.
Kieser, Alfred (Hg.): Organisationstheorien, Stuttgart u. a. 2001.
Krätke, Stefan: Regional Integration or Fragmentation? The German-Polish Border Region in a New Europe, in: Regional Studies 33 (1999) 7, S. 631–641.
Löfgren, Orvar: Crossing Borders. The Nationalization of Anxiety, in: Ethnologia Scandinavica 29/1999, S. 1–24.
Ohlemacher, Thomas: Empirische Polizeiforschung in der Bundesrepublik Deutschland. Versuch einer Bestandsaufnahme, in: KfN Forschungsbericht(75), 1999.
Presse- und Informationsamt der Bundesregierung: Aus Bundesgrenzschutz wird Bundespolizei. REGIERUNGonline, 2005.

http://www.bundesregierung.de/Artikel/-,413.775870/dokument.htm
Reichertz, Jo und Norbert Schröer (Hg.): Polizei vor Ort. Studien zur empirischen Polizeiforschung, Stuttgart 1992.
Reiner, Robert: The Politics of the Police, Oxford 2000.
Sahlins, Peter: Boundaries: the making of France and Spain in the Pyrenees, Berkeley 1989.
Schlögel, Karl: Kartenlesen, Augenarbeit, in: Kittsteiner, Heinz Dieter (Hg.): Was sind Kulturwissenschaften? 13 Antworten, München 2004, S. 261–283.
Schriewer, Klaus: Arbeitskulturen. Theorie der Arbeit, polykulturelle Gesellschaft und die Herausforderung Europa, in: vokus. volkskundlich-kulturwissenschaftliche schriften 11 (2001) 2, S. 4–15.
http://www.uni-hamburg.de/Wiss/FB/09/VolkskuI/Texte/Vokus/2001–1/arbeitsk.html
Sennett, Richard und Jonathan Cobb: The hidden injuries of class, New York 1993.
Spohn, Willfried: European East-West Integration, Nation-Building and National Identities – The Reconstruction of German-Polish Relations, in: Discussion Paper des Frankfurter Instituts für Transformationsstudien, 5 (2002).
Walter, Bernd: Grenzschutz in einem zusammenwachsenden Europa – ein Paradigmawechsel, in: Möllers, Martin H.W., Robert Chr. van Ooyen und Hans-Thomas Spohrer (Hg.): Die Polizei des Bundes in der rechtsstaatlichen pluralistischen Demokratie, Opladen 2003, S. 205–233.
Witt, Andrea: Die deutsch-polnische und US-mexikanische Grenze – Grenzüberschreitende Zusammenarbeit zwischen regionaler Identität, nationaler Priorität und transkontinentaler Integration (Dissertation): Humboldt-Universität zu Berlin, 2003.
Ziemer, Klaus: Das deutsche Polenbild der letzten 200 Jahre, in: Herausgegeben im Auftrag der Guardini Stiftung und der Hans Werner Richter-Stiftung von Hans Dieter Zimmermann (Hg.): Mythen und Stereotypen auf beiden Seiten der Oder, Berlin 2000, S. 9–25.

# Berichte

## Forschungsbericht: Die Veranstaltungsreihe »Tschechisch-slowakische Beziehungen« in Liberec (1991–2004)

Bereits seit 15 Jahren werden an der Pädagogischen Fakultät der Technischen Universität Liberec jährliche Konferenzen unter dem Titel »Tschechisch-slowakische Beziehungen« durchgeführt. Der Lehrstuhl für Geschichte der Universität veranstaltet diese Zusammenkünfte in Form von Diskussionsforen, an denen sich slowakische und tschechische Akademiker beteiligen. Dann ist Liberec Versammlungsort für tschechische und slowakische Historiker, Lehrer, Studenten/Studentinnen und Experten unterschiedlicher Institutionen in Böhmen, Mähren sowie der Slowakei, die über die tschechisch-slowakischen Beziehungen in der Vergangenheit diskutieren.

Das erste Treffen im Jahr 1991 erfolgte noch vor der Teilung der ČSFR in die Tschechische und die Slowakische Republik. Ein wichtiger Anstoß für die Durchführung dieser Konferenzen war zweifellos die Besorgnis um die Zukunft der Tschechoslowakei,[1] deren Zerfall die Veranstaltungsreihe überdauerte.

Miloslava Melanová vom Liberecer Lehrstuhl für Geschichte organisiert die Konferenzen seit 1994. Die Schirmherrschaft über die Veranstaltungen in Liberec übernahm 1995 die Tschechisch-slowakische Kommission der Historiker, die 1993 ins Leben gerufen wurde. Von 1995 bis 1998 unterstützte die Stiftung Open Society Fund erstmals die Teilnahme slowakischer Lehrer. Danach wurde die Förderung des Aufenthaltes slowakischer Lehrer in Liberec vom slowakischen Ministerium für Schulwesen übernommen und im Jahr 2004 durch die Jan-Hus-Stiftung fortgeführt.

Während der ersten Tagungen wurden die Beziehungen zwischen den Slowaken und Tschechen tiefgründig analysiert und Fachliteratur sowie neue oder wenig be-

---

1   Die Texte der beiden ersten Seminare wurden in folgender Sammelschrift herausgegeben: Urban, Z., I. Pichlová, A. Moučka: Liberec 1991 – 1992. Cestami česko-slovenské vzájemnosti, Masarykova akademie, Liberec 1993.

kannte Quellen besprochen und bewertet. Seit 1994 stehen die Tagungen jeweils unter einem thematischen Schwerpunkt und werden durch eine Einführung von Robert Kvaček (einer der geistigen Väter der Veranstaltung) eröffnet.

1994 wurden im Rahmen von Doppelreferaten Persönlichkeiten der slowakischen und der tschechischen Geschichte des 19. und 20. Jahrhunderts gegenübergestellt: Ľudovít Štúr und Karel Havlíček, Milan Hodža und Edvard Beneš, Josef Tiso und Emil Hácha, Klement Gottwald und Gustáv Husák. Als Referenten traten Dušan Kováč, Robert Kvaček, Ivan Kamenec, Tomáš Pasák, Václav Vrabec, Michal Barnovský und Jozef Jablonický auf.

Anlässlich des 50. Jahrestages zum Ende des Zweiten Weltkrieges 1995 konferierte man unter dem Titel „Die tschechische und slowakische Gesellschaft zwischen Krieg und Frieden". Jan Kuklík, Tomáš Pasák, Ivan Kamenec und Jan Gebhart referierten über die sich zwischen 1939 und 1946 unterschiedlich entwickelten Nationalgesellschaften, Jozef Jablonický über den slowakischen Nationalismus. Václav Pavlíček und Katarína Zavacká analysierten die so genannten Präsidenten-Dekrete von Edvard Beneš. Die Beiträge von Stanislav Biman und Mária Karpašová widmeten sich am Beispiel von Liberec und seiner Umgebung den regionalen Ereignissen nach dem Zweiten Weltkrieg.

Thema im Jahr 1996 war die Entstehung der Tschechoslowakei und es wurde erörtert, mit welchen Vorstellungen, Programmen und auch Vorurteilen beide Nationen in den gemeinsamen Staat eingetreten waren. Die Referenten waren Rudolf Anděl, Jan Havránek, Milan Podrimavský, Miroslav Pekník, Jan Galandauer und Roman Holec. Den Vorträgen folgte immer eine Diskussion. Thematisiert wurde darin u. a. das komplizierte Verhältnis zur deutschen Minderheit, das dem neuen Staat mit in die Wiege gelegt worden war. Jiří Tůma sprach über die Standpunkte und Ansichten der Deutschen in Böhmen vor und während des Jahres 1918. Miloslava Melanová analysierte die deutschen Konzepte, die zu dieser Zeit in Reichenberg vorangetrieben worden waren.

Bei dem Treffen 1997 wurden die Konzeptionen von Autonomie und Föderalismus in der Tschechoslowakei von 1918 bis 1992 erörtert. Slowakische Bestrebungen in den 1920er und 1930er-Jahren und die Verhandlungen in den 1930er-Jahren analysierten Alena Bartlová und Robert Kvaček. Jozef Jablonický erzählte von den Plänen der Wiederherstellung der Tschechoslowakei in der Zeit des Zweiten Weltkrieges und Michal Barnovský machte die Hörer mit den drei Prager Vereinbarungen, die kurz nach Kriegsende getroffen worden waren, bekannt. Mit der Entstehung der Föderation im Jahre 1968 beschäftigte sich Jan Rychlík und Vojtech Čelko sprach über den Zerfall der Tschechoslowakei.[2]

Für das Jahr 1998 wählten die Veranstalter ein Thema aus der Geschichte des 19. Jahrhunderts. Da sich die ersten Bestrebungen in Richtung eines gemeinsamen Tschechischen und Slowakischen Staates bereits 1848 abgezeichnet hatten, wurde deren 150. Jahrestag zum Anlass der Tagung genommen. Die politische Lage im März 1848 erörterten František Palacký und Daniela Prelovská. Mit der Entstehung des politischen Programms der Tschechen beschäftigte sich Pavel Cibulka, das erste slowakische politische Programm brachte den Tagungsteilnehmern Dušan Škvarna näher. Die slowakisch-ungarischen Verhältnisse im Jahre 1848 analysierte Peter Macho. Von der Beziehung zwischen Tschechen und Deutschen in diesem Jahr sprach Jan Novotný. Die europäischen Zusammenhänge der damaligen tschechischen und slowakischen Bewegungen erörterten Dušan Kováč und Jan Havránek. Ein Teil des Seminars befasste sich schon damals mit der Analyse der zeitgenössischen Gesellschaften. Die Hauptreferenten waren der Soziologe Michal Illner und der Politologe Miroslav Pekník.

Im Jahre 1999 widmete man sich der Zeitgeschichte. Die Neueste Geschichte war ein Wunsch der Lehrerschaft, die immer zahlreich auf der Tagung vertreten ist. Man debattierte über die tschechische und die slowakische Gesellschaft in der Zeit von 1948 bis 1967. Die Zeit bis 1960 wurde von Michal Barnovský charakterisiert, Jan Rychlík beschrieb die Phase von 1961 bis 1967. Von der Aufgabe der Kultur in der ersten Periode sprach Štefan Drug. Die Kultur der 1960er Jahre erläuterte Vojtech Čelko. Jozef Jablonický berichtete vom Schicksal des slowakischen Kriegswiderstandes nach 1948. Über die Stellung der Tschechoslowakei in der Welt und die internationalen Beziehungen der Zeit von 1948 bis 1967 referierte Vladimír Nálevka. Die Teilnehmer diskutierten erneut die gegenwärtige Entwicklung in beiden Republiken. Der Anlass für diese Diskussion waren die Beiträge des Soziologen Libor Prudký und des Politologen Miroslav Pekník.[3]

Das letzte Jahr des jüngst vergangenen 20. Jahrhunderts gab Gelegenheit zur Rekapitulation und zur breiteren Analyse der tschechischen und slowakischen Geschichte im 20. Jahrhundert. Mehrere Generationen dieses Jahrhunderts hatten das Unheil zweier Weltkriege zu tragen. Über die Kriegserlebnisse der Slowaken sprachen Marina Zavacká und Jozef Jablonický. Robert Kvaček beschäftigte sich aus allgemeiner Sicht

2   Die Texte des Seminars wurden herausgegeben: Melanová, M. (Hg.): Česko-slovenské vztahy. Slovensko-české vzťahy. Liberecký seminář 1996/1997, Technická univerzita, Liberec 1998.
3   Die Texte der Seminare wurden in folgender Sammelschrift herausgegeben: Melanová, M. (Hg.): Česko-slovenské vztahy. Slovensko-české vzťahy. Liberecký seminář 1998/1999, Technická univerzita, Liberec 2000.

mit den Kriegserlebnissen der Tschechen im 20. Jahrhundert. Mit dem Fallbeispiel der ehemaligen sudetendeutschen Stadt Reichenberg wurde ein regionaler Kontext zu diesem Thema hergestellt. Miloslava Melanová befasste sich mit dem Ersten, Stanislav Biman mit dem Zweiten Weltkrieg in Reichenberg. In einem anderem Tagungsteil wurde die Position der Tschechen und Slowaken in der europäischen Geschichte beurteilt. Dušan Kováč sprach in diesem Rahmen über die Stellung beider Nationen im Gefüge des mitteleuropäischen Nationalismus und auch über ihren Weg zum bürgerlichen Staat. Jan Rychlík beschäftigte sich mit den Mythen der tschechischen Historiografie und unterzog diese einer kritischen Analyse. Mit sehr regem Interesse diskutierte man über die in den Schullehrbüchern präsentierten Stereotype der Tschechen bei den Slowaken und umgekehrt der Slowaken bei den Tschechen. Diesen Teil eröffneten Zdeněk Beneš und Karol Fremal. Blažena Gracová präsentierte hier das Resultat ihrer Forschung über den Heterostereotyp der europäischen Nachbarn bei der Jugend. Über die tschechischen und slowakischen Gesellschaften am Ende des 20. Jahrhundert sprachen Libor Prudký und Miroslav Pekník.[4]

Im Jahre 2001 widmete sich die Zusammenkunft in Liberec erneut einem zeithistorischen Thema. Auf dem Tagungsprogramm stand die Zeit der Normalisierung in der Tschechoslowakei nach 1968. Der junge Forscher Zdeněk Doskočil stellte Gustáv Husáks vor. Jan Rychlík bewertete die Föderation von 1968 als eine Form der Staatlichkeit, die weder Tschechen noch Slowaken befriedigte. Die slowakische und tschechische Gesellschaft in dieser Zeit stellten Juraj Marušiak und Jan Měchýř gegenüber. Über die Opposition bei den Tschechen sprach Vilém Prečan. Das gleiche Thema analysierte Norbert Kmeť aus slowakischer Sicht. Große Aufmerksamkeit erhielt das Referat von Vladimír Nálevka, »Die Tschechoslowakei im sowjetischen Machtblock«.[5]

Das Treffen im Jahre 2002 beschäftigte sich mit dem wichtigen und hoch sensiblen Thema: »Der Zerfall der Tschechoslowakei im Jahre 1992«. Über die Faktoren des Zerfalls aus der Sicht des Soziologen sprach Ján Sopóci. Die Tschechische Gesellschaft nach 1989 charakterisierte Jan Měchýř. Jan Rychlík machte das Plenum mit dem Verlauf der politischen Entscheidungsfindung vom gemeinsamen Staat vor den Wahlen im Jahr 1990 bis zu den Teilungsverhandlungen vor den Wahlen 1992 bekannt. Den wichtigsten Faktor des Zerfalls des gemeinsamen Staates – die Wahlen im Jahre 1992

---

4   Česko-slovenská historická ročenka 2000, Masarykova univerzita a Česko-slovenská komise historiků, Brno 2000, S. 75–139.
5   Die Texte des Seminars hat der Lehrstuhl für Geschichte der Pädagogischen Fakultät der Technischen Universität in Liberec unter der Mitwirkung der Slowakischen Akademie der Wissenschaften herausgegeben: Česká a slovenská společnost v období normalizace. Slovenská a česká spoločnosť v čase normalizácie. Liberecký seminár 2001. Bratislava, Veda 2003.

– analysierte Miroslav Pekník. Über die Standpunkte der politischen Elite zum Staat und dessen Teilung sprach Luboš Kubín. Im letzten Teil des Treffens diskutierten vor allem die Lehrer über die Spaltung der Tschechoslowakei.[6]

Eine Ausnahme zu den bisherigen historischen Seminaren stellte das Jahr 2003 dar, in dem ein Bezug der böhmischen und slowakischen Historiographie zur „klassischen" politischen Geschichte hergestellt wurde. Dušan Kováč sprach über die slowakische Geschichtsschreibung, die weiter gefasste Ziele verfolge, als nur die eigene nationale Geschichte, d. h. die Geschichte der Slowaken, vorzustellen. Jaroslav Pánek zeigte, dass die tschechische Geschichtsschreibung in wissenschaftlicher wie in methodischer Sicht keine Einheit bildet. In der tschechischen Historiographie wirken gleichzeitig vier Generationen von Historikern mit vollkommen divergierenden historischen und politischen Prägungen.

Besonders wichtig ist, dass nach dem Umbruch im Jahre 1989 eine neue Kontinuität in der historischen Forschung entsteht und die Universitäten und andere historische Institute eine fruchtbare Zusammenarbeit in der Ausbildung der neuen Historikerinnen und Historiker sowie in den Projekten als eine neue »raison d'etre« aufgenommen haben. Petr Čornej sprach über die wichtigsten Bücher bzw. mehrbändigen Monographien, die im letzten Jahrzehnt zum Thema Mittelalter herausgegeben wurden. Viliam Čičaj sprach über den Stand der mittelalterlichen Forschungen in der Slowakei. Auch gibt es neue Themen und Einflüsse in der westeuropäischen Historiographie, die erst jetzt in die slowakische Forschungslandschaft eindringen. Die moderne tschechische und slowakische Mediävistik entbehrt aktueller Qelleneditionen, die älteren wissenschaftliche Werke sind vielfach nationalistisch konnotiert. Weiterhin besprach Jaroslav Pánek einige Problemstellungen der frühen Neuzeit in der böhmischen Forschung.

In den letzten Jahren wuchs vor allem das Interesse für moderne Themen – Alltagsleben, Mentalitäten, Adel usw. Dušan Kováč nannte einige der dringenden (politischen) Problemstellungen, die in der slowakischen Zeitgeschichte bekannt werden müssen, damit sie objektiv verarbeitet werden können. Robert Kvaček stellte die neuesten Ergebnisse der Zeitgeschichtsforschung der tschechoslowakischen und der tschechischen Geschichte vor. Er machte auch auf die tschechische Publizistik aufmerksam, die die Geschichte des 20. Jahrhunderts aktualisiert und »neu« interpretieren will. Viliam Kratochvíl veranschaulichte die Schwierigkeiten in Bezug auf die historischen Arbeiten in der Slowakei. Denn nach 1989 wurde in der Slowakei nur ein Lehrbuch für

---

6   Česko-slovenská historická ročenka 2002, Masarykova univerzita a Česko-slovenská komise historiků, Brno 2002, S. 137–192.

die National- und Weltgeschichte verfasst. Zdeněk Beneš sprach über die Lehrbücher der tschechischen Geschichte. Im Vergleich mit der Slowakei ist hier die Situation besser, denn es gibt mehr als siebzig neue Titel, die in den Grund- und Oberschulen sowie in den Gymnasien zum Einsatz kommen. Zum Ende der Veranstaltung gab Miroslav Pekník eine Beschreibung der politischen Situation in der Slowakei seit September 2002 bis August 2003.[7]

Wie verhielten sich Tschechen und Slowaken zwischen 1939 und 1945 im »deutschen Krieg«? Wie haben sie ihre Existenz geschützt? Welche Beziehungen pflegten sie zu den (Sudeten)Deutschen? Nicht nur diese Fragestellungen wurden im August 2004 thematisiert. Ivan Kamenec gab einen Abriss der Entwicklung zur slowakischen Gesellschaft in den Jahren 1938–1945. Denn die Slowakei befand sich in einer anderen staatsrechtlichen Stellung zum Dritten Reich als das Protektorat Böhmen und Mähren. Auch die Opfer unter der Zivilbevölkerung waren hier niedriger als im Protektorat. Jan Kuklík sprach aus Sicht der tschechischen Gesellschaft über den »deutschen Krieg«. Vollkommen entfaltete sich die Terrorherrschaft der Nationalsozialisten in Böhmen und Mähren, nachdem der Reichsprotektor Reinhard Heydrich einem Attentat zum Opfer gefallen war. Einige Bürger dienten (einige gezwungen, einige freiwillig) bei der deutschen Okkupationsmacht. Die Kollaboration als historiographisches Problem zeigte Jan Gebhart auf. Die wichtige politische Rolle der Sudetendeutschen vor allem im Sudetengau zwischen 1938 und 1945 führte den Teilnehmern Stanislav Biman vor Augen. Aus der Sicht eines Historikers und eines Zeitgenossen beschrieb Jozef Jablonický den slowakischen Nationalaufstand im August 1944. Die politische Entwicklung in der Slowakei vom August 2003 bis Juli 2004 demonstrierte Miroslav Pekník.

Mit dem Titel »Die Tschechen und Slowaken in der ersten Phase der kommunistischen Totalität (1948–1956)« wurde in diesem Jahr (2005) erneut ein zeithistorisches Thema ausgewählt. In den letzten Jahren besuchten Liberec bei diesen Veranstaltungen etwa 50–60 Teilnehmer und die Organisatoren hoffen darauf, dass der Hörsaal auch in diesem Jahr reichlich mit interessiertem Publikum gefüllt sein wird.

Liberec                                             Miloslava Melanová/Milan Svoboda

---

7  Česko-slovenská historická ročenka 2003. Brno, Masarykova univerzita a Česko-slovenská komise historiků 2003, S. 223–289.

# Projektbericht: »Ursachen und Mechanismen der Ausbildungsblockaden von Angehörigen von Gruppen aus unterschiedlicher gesellschaftlich-kultureller Umwelt und Formulierung von Strategien zu ihrer Überwindung«

Im Februar 2005 ergab sich für die Pädagogische Fakultät UJEP in Ústí nad Labem die Möglichkeit, ein Forschungsthema zu erarbeiten, welches beitragen könnte zur Lösung von aktuellen Problemen in der Pädogogik (aber auch Psychologie, Anthropologie usw.), die im schnellen Anwachsen der Zahl Einzelner aber auch ganzer Gruppen mit differentem sozialkulturellem Umfeld und deren Zugang zu Ausbildungsmöglichkeiten bestehen. Das Projekt ist Bestandteil des durch die tschechische Regierung bewilligten Projekts „Die moderne Gesellschaft und ihre Umwandlungen« des Nationalen Forschungsprogramms. Vertragspartner und Anbieter der zweckgebundenen Unterstützung ist das Ministerium für Arbeit und soziale Angelegenheiten (1J 037/05–DP2).

Umfang und Inhalt des Projekts entstanden stufenweise und reiften im Verlauf der Forschungsteilaktivitäten der Arbeitsgruppe über mehrere Jahre hinweg heran. Die zunehmende Bedeutung des Themas wurde insbesondere im Kontext des avisierten und schließlich realisierten Eintritts der Tschechischen Republik in die Europäische Union und hinsichtlich der veränderten Position der Beitrittsländer im Rahmen der weltweiten Bevölkerungsbewegung deutlich. Während zu Beginn der neunziger Jahre des vorigen Jahrhunderts die Tschechische Republik im Rahmen Europas eher zu den Transitländern gehörte, stellt sie gegenwärtig für eine immer größere Gruppe von Umsiedlern das Zielland dar. Aus internationalen Abkommen geht eindeutig die Verpflichtung des Staates hervor, den Kindern von Asylbewerbern im Rahmen von Bildungsprogrammen Ausbildungsmöglichkeiten zu bieten (ebenso Kindern von Ausländern mit langfristigem Aufenthalt und Kindern von Bewohnern in sozial segregierten Gebieten und Orten, die von einer ethnischen Minderheit dominiert werden). Im Rahmen des Projekts wird beabsichtigt, bisher unbekannte, ethnisch und sozial begründete Probleme in der Ausbildung dieser Gruppen zu untersuchen. Die Ergebnisse sollen zur Identifizierung jener Risikofaktoren beitragen, die negative Effekte auf den Ausbildungsverlauf haben. Wir gehen davon aus, dass Bildung eine zentrale Bedingung für die Geltendmachung und Selbstverwirklichung von Individuen ist und dass die Gesellschaft Wege finden muss, mit denen Bildung individuell vermittelt werden kann, nicht zuletzt in den Minderheiten.

Das Ziel des Projekts basiert auf der Prämisse, dass es, um Entwicklungs-, Integrations-, Bildungs- und Beschäftigungsprogramme in den gesellschaftlich-kulturellen wie auch ökonomisch differenten oder segregierten Lokalitäten zu ermöglichen, unerlässlich ist, einzelne Gruppen mit Rücksicht auf ihre Lebensführungs-, Bildungs- und ökonomische Strategien zu analysieren.

Zu den Zielen dieses Projektes gehört es:
1) die inneren Strukturen von sozial marginalisierten Gruppen zu erkennen und ihre Lebensführungs-, Bildungs-, und ökonomische Strategien zu analysieren,
2) die Strategien der Gruppen und die auf ihnen beruhenden Bildungsbarrieren zu identifizieren,
3) gesundheitliche und soziale Charakteristiken, Lebensstile, Zeitrhythmen, Interessen und Freizeitgestaltungen von Angehörigen der marginalisierten Gruppen aus verschiedenen gesellschaftlich-ökonomischen Umgebungen, in Abhängigkeit von der sozio-ökonomischen Familiensituation und der ethnischen Zugehörigkeit, zu beschreiben,
4) den Einfluss der sozialen und ethnischen Umwelt auf die individuelle Entwicklung von Kindern und die Einstellung zur Bildung zu benennen,
5) das Problem von Ungleichheit in Bezug auf Bildung (in Abhängigkeit von Unterschieden in diversen sozialen Parametern der familiären Umwelt von Schülern) zu spezifizieren,
6) eine Orientierung der Lehrer und Studenten des Lehramtes gegenüber den betrachteten Gruppen zu ermöglichen und
7) die Rolle und Kompetenz von Lehrern im Bereich der interkulturellen Erziehung im Bildungsprozess zu spezifizieren.

## Erwartete Ergebnisse

In der Untersuchung von Asylbewerbern, Ausländern mit langfristiger Aufenthaltsgenehmigung und Bewohnern sozial segregierter Lokalitäten, die von Angehörigen einer ethnischen Minderheit gebildet werden, soll es möglich sein, bisher nicht erkannte, als ethnisch und sozial begründete Probleme dieser Gruppen zu beschreiben. Die Erkennung der Probleme und die nachfolgende Formulierung möglicher Lösungsmaßnahmen und Interventionen sollen zur Entspannung der sozialen Verhältnisse in den entsprechenden sozialen Räumen beitragen.

Im Rahmen des Projektes wird die Aufmerksamkeit auch auf bereits realisierten Integrations- und Bildungsprojekten liegen, die von Nichtregierungsorganisationen durchgeführt wurden; des gleichen auf lokalen Aktivitäten der staatlichen Verwaltung und Selbstverwaltung wie auch der Bildungsinstitutionen. Die Beschreibung dieser Aktivitäten in Bezug auf ihre Wirksamkeit, ihre Stärken und Schwächen, soll zur Empfehlung weiterer Maßnahmen in diesem Bereich dienen. Es werden auch Faktoren betrachtet, die zur Bildung und Aufrechterhaltung sozial segregierter Enklaven führten und führen.

Mit der Untersuchung von Charakteristiken und Lebensstilen von Kindern unter Einbeziehung der Familienerziehung und der sozialen Rolle der schulischen Einrichtungen sollen Risikofaktoren in der Kinderentwicklung benannt und damit auch Vorschläge für die Persönlichkeitsbildung gemacht werden. Aufmerksamkeit ist auch den gesundheitlichen und sozialen Charakteristiken, dem Lebensstil, Zeitrhythmus, den Interessen und freizeitlichen Aktivitäten der Angehörigen von Gruppen unterschiedlicher sozio-ökonomischer Umgebungen zu schenken. Das Projekt fokussiert zudem auf das Lernen der Schüler. Untersucht werden soziale Bedingtheiten des Lernens der Kinder. Mit diesem Bereich hängen auch jene individuellen Aspekte der Motivation zusammen, die die Voraussetzungen des Lernens und des Ausbildungsverlaufs der Schüler beeinflussen (Einstellung zum Lernen, individuelle Interessen, Inspirationen, persönliche Eigenheiten usw.). Ein weiterer Bereich soll sich den Möglichkeiten einer Zusammenarbeit zwischen der Schule und den Familien der Kinder aus schwierigem sozialem Umfeld widmen.

Mit der Erforschung von Orientierungen der Lehrer und Studenten des Lehramts gegenüber den genannten marginalisierten Gruppen sollen solche optimalen Bedingungen für die Entwicklung von Toleranz und des gegenseitigen Verstehens erkundet werden, mit denen ein System von Methoden erzeugt werden kann, die die Ausbildung sozialer Kompetenz im Lehrkörper unterstützen. Das Projekt soll auch zur Entdeckung geeigneter Themen und methodologischer Abläufe beitragen, bei welchen die Pluralität der gesellschaftlich-kulturellen Gesichtspunkte dargestellt wird.

Mit der Spezifizierung der Rolle der Lehrer und ihrer Kompetenzen wollen wir die Aufgabe der Ausbildungsstätten und Fakultäten dokumentieren, die sich mit der Vorbereitung der Lehrer auf die interkulturelle Erziehung im Rahmen der Lehrerausbildung befassen.

Im Verlauf des Projektes werden Daten gewonnen, die in der Praxis z. B. der Realisierung von Interventionsformen und Integrationsprogrammen, gerichtet auf die untersuchten Zielgruppen, dienen. Ein besonderer Aspekt ist dabei die Möglichkeit der sozialen Eingliederung, insbesondere im Bereich der Bildung. Wir erwarten, dass die Ergebnisse des Projektes auch zur Bereicherung der interdisziplinären theoretischen Erkenntnisgrundlagen, z. B. in der Anthropologie, interkulturellen Psychologie, der Pädagogik, der vorbeugenden und sozialen Pädiatrie und ihrer Methodologien beitragen werden.

## Die Bedeutung des Projekts

Das Projekt arbeitet in Übereinstimmung mit der von der tschechischen Regierung ausgegebenen Konzeption der Integration von Ausländern auf dem Gebiet der Tschechischen Republik und dem Plan der Integrierungspolitik des MŠMT (Ministerium für Schulwesen, Jugend und Körpererziehung). Mit der Bearbeitung der angeführten Problemfelder kann es zur Erweiterung der gegenwärtigen Kenntnisse der untersuchten Problematik beitragen. Die Ergebnisse sollen bei der Lösung von Aufgaben mithelfen, wie es etwa das Ausarbeiten einer Lösungsstrategie für den derzeit besorgniserregenden Stand der sozialen Beziehungen und der Ausbildung darstellt. Die Ergebnisse können so die Stellung der Tschechischen Republik in der Europäischen Union in dieser Frage festlegen helfen und eine internationale Problemlösung ermöglichen.

Ústí nad Labem                                                                 Ivana Čepičková

# Volkskunde und Kirche in der DDR. Ein neuer Quellenhinweis

Nachtrag zu Wolfgang Brückner: Volkskunde und Kirche in der DDR. Der theologische Arbeitskreis für Religionssoziologie und religiöse Volkskunde in Halle, Berlin und Dresden 1953–1988, in: Volkskunde in Sachsen 16/2004, S. 155–176.

In meinem Beitrag zum Thema im letzten Jahrgang der »Volkskunde in Sachsen« habe ich formuliert: »Ein weitgehendes Desideratum aber bleibt die Wirkungsgeschichte des Arbeitskreises. Ihre Beurteilung setzt zunächst einmal voraus, genauer zu wissen, wer diese DDR-Pfarrer eigentlich gewesen sind, wo sie standen, was sie zu bewirken in der Lage oder willens waren, ob sie tatsächlich Multiplikatoren sein konnten oder bloße Karteileichen ihrer kirchlichen Vorgesetzten und der sie beobachtenden Stasi wurden. Hier wäre dann ein weiterer archivalischer Bestand gründlich aufzuarbeiten, nämlich die Meinungen und Ansichten der Zuträger und Mitarbeiter des MfS, und dieses zu vergleichen mit den Akten der Landeskirchenbehörden« (ebd., 159). An anderer Stelle, wo aus mündlicher Überlieferung die Rede davon war, dass ein »Schutzbrief« von Manfred Stolpe existierte, habe ich dort formuliert: »Gesehen habe ich das ›Dokument‹ allerdings nirgends. Diese eventuell als naiv zu charakterisierende Bemerkung Rudolphs aus dem Jahr 1998 dürfte von den Verfassern und Publikatoren des Stolpe-Untersuchungs-Ausschusses des Brandenburgischen Landtages, den die Heinrich-Böll-Stiftung veröffentlicht hat, wie etwa dem federführenden Dissidenten Pfarrer Ehrhart Neubert, Berlin, wegen der einstigen Ambivalenz solcher Beschützerfunktionen ironisch aufgefaßt werden können. Kurz: Wir wissen so gut wie nichts dazu, werden jedoch vielleicht einmal einiges zumindest aus den Stasi-Akten der Beteiligten DDR-Volkskundler indirekt erfahren können, wenn sich die volkskundliche Geschichtsschreibung ihrer annehmen sollte« (ebd., 163).

Kaum war mein Aufsatz erschienen, habe ich erste Rückmeldungen aus der Theologischen Fakultät der Humboldt-Universität Berlin erhalten. Es geht um den vom langjährigen Vorsitzenden des Arbeitskreises Martin Zeim für 1962 bis 1983 als »Hauptreferenten« (ebd., 165) genannten Prof. Dr. phil. Dr. theol. Hans-Georg Fritzsche (geb. Naumburg 1926, gest. Kleinmachnow bei Potsdam 1986), laut »Kürschner«, also Selbstangabe, seit 1956 Dozent, 1960 Professor in Berlin, ab 1963 auch in Jena, schließlich an der Humboldt-Universität Lehrstuhlinhaber für Systematische Theologie und Direktor des Instituts für Theologie sowie der Fakultätsbibliothek. Er hat in den genannten 21 Jahren im Arbeitskreis neunmal referiert (ebd., 161) und verstarb plötzlich und unerwartet im 60. Lebensjahr.

Fritzsche galt damals mit den drei Hauptwerken: »Christentum und Weltanschauung« (1962), »Evangelische Ethik« (2. Aufl. 1963), »Lehrbuch der Dogmatik« (1964) als der Widerpart des gleichaltrigen zweiten Dogmatikers der Fakultät, Prof. Dr. theol. Hanfried Müller (geb. in Celle 1925). Dieser hatte in Göttingen bei dem der internationalen marxistischen Friedensbewegung angehörenden Hans-Joachim Iwand studiert, wo er dortiger Vorsitzender der seit 1951 als verfassungsfeindlicher Organisation eingestuften FDJ war. Deshalb wechselte er noch vor deren Verbotsbestätigung von 1954 durch das Bundesverfassungsgericht 1952 in die DDR. 1956 wurde er in Ostberlin promoviert und erhielt 1959 gegen den Willen der Fakultät eine Dozentur für systematische Theologie an der Humboldt-Universität (Stengel 1998, 177–180). Seine Frau Rosemarie Müller-Streisand (geb. 1923 in Berlin) hatte 1952 noch kurz vor dem Wechsel nach Ostberlin in Göttingen promoviert und habilitierte sich 1958 an der Humboldt-Universität. Sie stieg gemeinsam mit ihrem Mann bis 1969 zur Ordinaria für Kirchengeschichte auf, welches Universitätsamt sie bis 1983 offiziell ausübte (Bräuer/Vollnhals 1995, 410 f.).

Der »bürgerliche« Deutsche Gelehrtenkalender »Kürschner« von 1966, dem Hanfried Müller ein letztes Mal persönliche Auskunft gab, vermerkt als einzige Buchveröffentlichung seine ausgebaute Dissertation: »Von der Kirche zur Welt. Ein Beitrag zu den Beziehungen der Wörter Gottes auf die societas in Dietrich Bonhoeffers theologischer Entwicklung«, Leipzig 1961, doch er publizierte auch noch im Westen in den »Marxistischen Blättern« in Essen 1967 und veröffentlichte 1978 (2. Aufl. 1989) bei der Evangelische Verlagsanstalt in Ostberlin eine »Evangelische Dogmatik im Überblick«, die 170 Fragen seiner Vorlesungen spiegelt. Von der Parteizensur wurde sie positiv beurteilt wegen der Ablehnung eines »Wächteramtes« der Kirchen und der Charakterisierung »modernistischer Theologen in der BRD und den USA«. Diese beriefen sich wie Müller selbst auf Karl Barth als Verbreiter »konterrevolutionärer Inhalte dieser Lehren einer spätbürgerlichen Auffassung« (Bräuer/Vollnhals 1995, 280–282). »Der Hauptwiderstand des größten Teils der Studenten und des Lehrkörpers gegen das Ehepaar Müller [1959] lag in der von ihnen vertretenen eigentümlichen kirchenfeindlichen Theologie, [...] die unbedingte Anerkennung des Sozialismus der DDR und der Kirchenpolitik der SED forderte« (Stengel 1998, 379).

Ein heutiger wissenschaftlicher Mitarbeiter der Fakultät erinnert sich: »Müller vertrat eine ganz seltsame Form des Barthianismus, die auf negative Theologie hinauslief, die jede religiöse Aussage als Heidentum verwarf und in einem erkenntnistheoretischen Atheismus endete, der sich auch den ethischen Maximen der Welt, das heißt des Stalinismus unterordnete. Müller hat noch nach 1989 öffentlich bedauert, daß die kommunistische Bewegung sich nach dem XX. Parteitag 1956 von den Prinzipien des Stalinismus lossagte. Fritzsche wirkte vor diesem Hintergrund als liberaler Denker und besaß sowohl das Vertrauen vieler Studenten als auch der kirchlichen Behörden« (Dr. Hartmut Kühne).

Nach der Wende aber stellte sich heraus, dass Fritzsche nicht bloß langjähriger Informant der Stasi [GI (= geheimer Informant) mit dem Decknamen »Fritz« und dem Führungsoffizier Unterleutnant Kuschel, bei Stengel 1998, 405] gewesen war wie sein Kollege Müller auch [dieser als IM (= inoffizieller Mitarbeiter) »Hans Meier«, bei Bräuer/Vollnhals 1995, 97], sondern möglicherweise sogar ein OibE gewesen sein könnte, was bedeutet ein »Offizier im besonderen Einsatz«, also ein quasi hauptamtlicher Staatssicherheitsbeamter mit fiktiver Identität, dessen Lebenslegende systematisch und von langer Hand aufgebaut werden musste, im vorliegenden Falle als vermeintlicher Kontrapunkt zum öffentlich bekennenden Stalinisten Hanfried Müller. Hierfür spräche das doppelte absolute Geheimhaltungsprinzip wie bei der verdeckten Ermittlung der Kriminalpolizei mit eingeschleusten V-Männern in Verbrecherzirkeln, so dass z. B. auch die strengen staatlichen Zensurbehörden und deren systemtreue Gutachter davon nichts wissen durften oder konnten. Allerdings funktionierten diese perversen »Spielchen« dem System nach auch schon mit einem bloßen IM. Jedenfalls ließ sich Fritzsche widerspruchslos Vorschriften beim Abändern von eigenen Texten machen, zumal er in den Zensurakten schon 1965 als »genehmer DDR-Theologe« eingestuft worden war, wie bei Bräuer und Vollnhals nachzulesen (Bräuer/Vollnhals 1995, 41). Auch 1970 wird er von der geheimen »Spitzenlektorin« der Hauptverwaltung Verlage und Buchhandel des Ministeriums für Kultur (kurz HV genannt) dem »mehr oder minder mild progressiven Flügel der Universitätstheologen« zugerechnet (ebd., 221). Dies war mit insgesamt 303 ausführlichen Gutachten zwischen 1962 und 1990 die schon genannte Rosemarie Müller-Streisand, die Fakultätskollegin und Ehefrau Hanfried Müllers (ebd., 97, 402, 410).

Bräuer/Vollnhals formulieren zur Begutachtung von Texten, die 1981 veröffentlicht werden sollten: »Wolfgang Kliem, Forschungsbereichsleiter und Vorsitzender des Problemrates ›Weltanschauliche Probleme der Zusammenarbeit von Marxisten und Gläubigen‹ … wurde um das Gutachten zu dem umfangreichen Manuskript des Systematikers an der Humboldt-Universität, Hans-Georg Fritzsche, ›Leittexte der Bibel. Systematische Theologie auf der Grundlage biblischer Texte‹ gebeten. Der ›Lektor‹ ahnte wohl ebenso wenig wie die Mitarbeiter der HV, daß sie ihre einschneidenden

Änderungsforderungen an einen Autor richteten, der gleichzeitig als Inoffizieller Mitarbeiter für das MfS tätig war. Spektakulärer noch ist, daß sich der Autor dem ungewöhnlich aufwendigen Änderungsprozeß unterzog und in zwei Anläufen schließlich 26 Seiten Korrekturen über den Verlag bei der HV vorlegen ließ, so daß nach fast anderthalbjährigem Verfahren die Druckgenehmigung erteilt wurde. Wahrscheinlich ließ sich Fritzsche auf diese Prozedur ein, um die ›Legende‹ zu festigen, er sei der wegen seiner politischen Einstellung von der Zensur meistgeplagte Autor. Eine andere Interpretation bietet sich auf Grund der bislang bekannten Quellen nicht an« (ebd., 82).

Schon das Gutachten von Frau Müller-Streisand im Jahre 1970 hatte festgehalten: »Diese moderne ›Ethik‹ wird nun für den Verfasser ganz offenkundig zur Chiffre für die sozialistische Ethik, der er sich nun unter dieser Chiffre, teils zustimmend, teil polemisch zuwendet. So wird diese Ethik als durch die christliche Ethik begründet deklariert, der Verfasser bezeichnet sie als ›den säkularisierten Doppelgänger‹» (ebd., 228) und: »Ein Teil der Problematik dieses Beitrags ist darin begründet, daß der Verfasser offenbar eine Menge nicht genannter bürgerlicher Literatur verarbeitet, die er dann mit mehr oder auch weniger Sachkunde für die Bedürfnisse der Kirche im Sozialismus zurechtbiegt, teilweise durchaus progressiv (z. B. in der Frage der Vernunft gegen den Irrationalismus), teilweise anscheinend apologetisch (Sozialismus als säkularisiertes Christentum), teilweise auch revisionistisch (Tendenz zur Konvergenztheorie, Angst vor Automatismen), häufig jedenfalls ganz abstrakt, wo Konkretion alles wäre« (ebd., 229).

Das spricht zwar alles Bände, aber nun müßte der gespaltenen Zunge oder »Figur« Fritzsches systematisch in den Stasi-Unterlagen nachgegangen werden, und dabei würden sich dann gewiss auch Berichte über unseren Arbeitskreis finden lassen und möglicherweise sogar Einschätzungen, auf welche Weise mit dessen Beobachtung und Behandlung weiter zu verfahren sei, so wie sich das für das Verhältnis von Partei und Kirche generell bei der schreibtisch-kämpferischen Kommunistin und Theologin Müller-Streisand aus ihren Hunderten von scharfen Gutachten innerhalb von 28 Jahren nuancenreich ablesen lässt (ebd., 104–108 u. in mehreren ihrer *in toto* dokumentierten Texten). Sie und ihr Mann geben heute als Hochbetagte noch immer seine von den einstigen Kollegen als »sektiererisch« charakterisierten »Weissenseer Blätter« heraus, die inzwischen auch im Internet abrufbar sind.

Friedemann Stengel hat 1998 in seiner Geschichte der theologischen Fakultäten in der DDR bis 1970/71 über die entscheidenden Weichenstellungen das wichtigste Material zusammengetragen und dabei ausführlich die Daten, Partei-Einschätzungen und Aktivitäten der genannten drei »progressiven« Fakultätstheologen benannt (Stengel 1998, 379–411). Zentralkomitee und Ministerium waren mit Hilfe eines »konspirativen Rates« (so die amtliche Bezeichnung dieses dafür eingesetzten Gremiums) von Anfang an bemüht, in Berlin eine »barthianische« Fraktion systemtreuer SED-Theologen mit Hilfe des Ehepaares Müller zu etablieren. In diesem Szenario galt Fritzsche, der Mitglied der Ost-CDU war, bei Beginn seiner Förderung Ende der fünfziger Jahre offiziell als politisch nicht ganz zuverlässig, doch seine Bedeutung für das MfS ließ politische Bedenken der »operativen« Notwendigkeit unterordnen, was immer das im einzelnen für unser Verständnis im Nachhinein zu bedeuten hat (ebd., 403). Der Fakultät galt er als wissenschaftlich akzeptabel, das MfS forderte intern nach zwei Jahren Zusammenarbeit, dass er in der Fakultät »mehr Einfluß auf die Entwicklung nehmen könnte, wenn er Professor wäre und an den Fakultätssitzungen teilnimmt«. Als sich die Fakultät 1960 dazu bereit fand, tauchte ein aktueller politischer Hinderungsgrund auf. Fritzsche hatte sich nämlich geweigert, sich an einer Unterschriftensammlung gegen eine Veröffentlichung des Bischofs Otto Dibelius zu beteiligen. Für die Mitarbeiter der AG Kirchenfragen war er damit zu einer »reaktionären Person« geworden, doch die Staatssicherheit frohlockte, weil es »für den GI [= geheimen Informanten] gut« sei und es der »Arbeit des MfS dient«, wenn er im »Rufe eines verkappten Reaktionärs« steht (ebd., 405). Nach vielem Hin und Her wurde daraus 1963 eine neugeschaffene Gastprofessur in Jena, mit der zusammen Fritzsche dann 1966 nach Berlin als zusätzlicher ordentlicher Professor berufen werden konnte, wo er sich schon 1960 mit abgekarteten »Vertrauensgesprächen« als einen Mann eingeführt hatte, »der auch in der DDR verfolgt wird«. Darüber berichtete er damals seinem Führungsoffizier folgendes: Der gewichtige Berliner Kirchenhistoriker Walter Elliger (1903–1985) habe ihm »das [vereinbarte] Märchen abgekauft«, so daß jener »es fest glaube« (ebd., 406). Der nunmehrige Führungsoffizier der Stasi, Oberleutnant Heinz Nordt, notierte jetzt zufrieden, es sei »gelungen, den GI nach vierjähriger Vorlesungsarbeit in Jena und Halle wieder in Berlin einzubauen« (ebd., 411).

Mehr brauchen wir eigentlich nicht über den angeblich treuesten Hauptreferenten unseres theologischen Arbeitskreises zu erfahren, um sicher zu sein, dass er über diesen regelmäßige Berichte geliefert hat. Sie aufzufinden sollte die nächste Aufgabe unserer Fachgeschichte für die ehemalige DDR werden.

## Literatur

Bräuer, Siegfried und Clemens Vollnhals (Hg.): »In der DDR gibt es keine Zensur«. Die Evangelische Verlagsanstalt und die Praxis der Druckgenehmigungen 1974–1989, Berlin 1995.

Stengel, Friedemann: Die Theologischen Fakultäten in der DDR als Problem der Kirchen- und Hochschulpolitik des SED-Staates bis zu ihrer Umwandlung in Sektionen 1970/71, Berlin 1998.

Würzburg

# Tagungsbericht

25. Tagung des Arbeitskreises Bild Druck Papier, 5.–8. Mai 2005, Dresden, in Zusammenarbeit mit dem Institut für Sächsische Geschichte und Volkskunde, Dresden

Fünfundzwanzig Jahre ist es inzwischen her, dass sich der interdisziplinäre und internationale Arbeitskreis Bild Druck Papier konstituierte und sich 1981 erstmals in Berlin traf. Seitdem hat er stetig an Größe und Bedeutung gewonnen, ebenso wie sich die zwischen seinen Mitgliedern diskutierte Themenpalette ständig erweitert hat. Von Andachtsbildern über Buntpapiere, Papiertheater, Postkarten, Freundschaftsbilder und Spielen bis hin zu Tapeten reicht das Spektrum der Sammler, die sich aus volkskundlicher, kunsthistorischer und museologischer Perspektive mit ihren jeweiligen Interessensgebieten befassen. Von der akribischen wissenschaftlichen Spezialforschung grafischer Sachzeugnisse legt die im Waxmann-Verlag erscheinende vorbildliche Schriftenreihe des Arbeitskreises Zeugnis ab, deren neunter Band mit den Beiträgen der letzten Tagung von 2004 in Ittingen rechtzeitig zum diesjährigen Treffen vorgelegt werden konnte (Pieske et al. 2005).

Etwa 120 Teilnehmer und Teilnehmerinnen aus Deutschland, den Niederlanden, Italien, Norwegen, Schweden und der Schweiz versammelten sich zu ihrer Frühjahrstagung am 6. Mai 2005 im Blockhaus zu Dresden, ein Tagungsort, der, wie im Laufe der Tagung mehrfach festgestellt wurde, aufgrund der kulturhistorischen Bedeutung der Stadt, aber auch wegen ihrer (oft unterschätzten) Rolle als Verlagsstadt äußerst passend erschien. Nach den Begrüßungsworten durch Christa Pieske, Vorsitzende des Arbeitskreises, Staatssekretär Frank Schmidt, Sächsisches Staatsministerium für Wissenschaft und Kunst, Thomas Bürger, Generaldirektor der Sächsischen Staatsbibliothek – Landes- und Universitätsbibliothek, Winfried Müller, Direktor des Instituts für Sächsische Geschichte und Volkskunde, sowie Konrad Vanja vom Arbeitskreis Bild Druck Papier eröffnete Thomas Bürger (Dresden) mit seinem Vortrag zu »Dresden als Druck- und Verlagsstadt« die Reihe der Vorträge. In einem kursorischen Überblick über die Verlagsgeschichte der Stadt seit dem frühen 16. Jahrhundert belegte der Referent, dass trotz der Konkurrenz des nahen Leipzig in Dresden ein zeitweise recht reges verlegerisches Leben herrschte und insgesamt an die 100.000 Titel ihre verlegerische Heimat in Dresden hatten. Als Ausgangspunkt nannte Bürger die durch die Arbeit von Frank Aurich untersuchte Emserpresse, die in ihrer gegenreformatorischen Ausrichtung seit 1524 eine Reihe von Drucken publizierte (Aurich 2000). Als einen weiteren Schwerpunkt der Dresdner Druck- und Verlagsgeschichte bezeichnete der Referent das 17. Jahrhundert, in dem der durch Georg Conrad Walther 1739 eröffnete Verlag mit seinen Publikationen der Schriften Voltaires und anderer Aufklärer hervorstach. Gleichfalls bei Walther erschienen die Schriften Johann Joachim Winckelmanns, dessen »Gedanken über die Nachahmung der griechischen Wercke in der Mahlerey und Bildhauer-Kunst« (1755) zum kunsthistorischen Meilenstein avancierte. Im 19. und 20. Jahrhundert ging der Einfluss Dresdens als Verlagsstadt dann merklich zurück, soweit sich dies anhand der derzeit noch schlechten Forschungslage beurteilen lässt.

Auf den einführenden Vortrag folgte Winfried Müller (Dresden) mit Bemerkungen zu »Künstlersteinzeichnungen der Verlage Merfeld & Donner (Leipzig) und C.C. Meinhold & Söhne (Dresden)«. Er klassifizierte die Steinzeichnungen (Lithografien) als Bildwandschmuck, der – mit rühmlicher Ausnahme der von Theodor Kohlmann gesammelten und heute im Museum Europäischer Kulturen befindlichen Exemplare – kaum je das Interesse der Wissenschaft gefunden habe. Die Zeichnungen befänden sich gleichsam an der Schnittstelle von Volkskunde und Kunstgeschichte, seien aufgrund ihrer »voravantgardistischen« Ästhetik bislang von Kunstsammlern kaum gewürdigt worden und andererseits wegen ihres künstlerischen Anspruchs auch selten in den Fokus der Volkskunde geraten. Als Hochzeit der Künstlersteinzeichnungen können nach Müller die Jahre zwischen der Jahrhundertwende und dem Ersten Weltkrieg gelten. Ihre Herstellung und Verbreitung war mit der Absicht einer ästhetischen Erziehung verbunden, deren Ideale durch die Reformbewegung bestimmt waren. Eine besondere Rolle spielte dabei die Zusammenarbeit des Karlsruher Künstlerbundes mit den Leipziger Schulbuchverlagen Voigtländer und Teubner. Auch der Verlag Meinhold & Söhne in Dresden konnte durch die Herstellung von Steinzeichnungen als Schulwandbilder ökonomisch profitieren. Der Referent konzentrierte sich allerdings vorwiegend auf die Produkte des seit 1908 bestehenden Hauses Merfeld & Donner in Leipzig, da er hier die seltene Quelle eines Verlagskontos einsehen konnte, anhand dessen sich u.a. die Auflagenhöhe einzelner Drucke ermitteln ließ. Rezeptionsgeschichtlich interessant ist dabei die Tatsache, dass vor allem jene Motive marktgängig waren, deren konventionelle Ästhetik derjenigen der zeitgenössischen Öldrucke entsprach. Müller konstatierte, die mit einer nationalistischen Semantik unterlegten Landschaftsdarstellungen der Künstlersteinzeichnungen seien in dem Moment obsolet geworden, als ihre bildungsbürgerliche Zielgruppe in der Folge des Ersten Weltkrieges in den Strudel der Moderne hineingerissen wurde und zugleich der Licht- und Offset-Druck neue Reproduktionsverfahren zugänglich machte.

Im anschließenden Vortrag fasste Christine Schönebeck (Bottrop) ihre Forschungen über »Sächsische Konfirmationsscheine« anhand zahlreicher Bildbeispiele zusammen. Konfirmationsscheine sind insofern interessante Sachzeugen, als sich an ihnen nicht nur die Entwicklung eines offiziellen Dokuments zu einem Wandschmuck ablesen, sondern auch die Auseinandersetzung der Kirche mit dem volkspädagogischen Anspruch moderner Staatlichkeit veranschaulichen lässt. Als Urkunden bezeugten Konfirmationsscheine, deren formularhafte Form in Sachsen erstmals 1812 nachweisbar ist, zugleich die Konfirmation wie auch die Schulentlassung eines Jugendlichen. Da die Konfirmation nur bei schulischer Eignung erteilt wurde, war sie gleichsam automatisch Instrument der Bildungspolitik, was 1835 per Gesetz auch kodifiziert wurde. Da die Pfarrer in Personalunion zugleich Schulinspektoren waren, wurde die Autorität der Kirche auch dann noch untermauert, als der Staat sich zunehmend als Monopolist der Schulbildung zu begreifen begann. Mit der Mitte des 19. Jahrhunderts ist die Verwendung der Konfirmationsscheine als Wandschmuck nachweisbar, ein Gebrauch, der auf Widerstand der Pfarrer stieß, da diese Zurschaustellung schulischer Leistungen den religiösen Sinngehalt zu überdecken drohte.

Ein eher launischer und im wahrsten Sinne des Wortes rätselhafter Vortrag mit dem Titel »›Der verliebte Actienhandel auf Venusiana‹, oder: Wie liest man ein Dresdener Rebus-Gedicht von 1720?« wurde anschließend von Barbara Krafft (München) gehalten. Sie entschlüsselte ein als Rebus-Text formuliertes Hochzeitsgedicht, das in satirischer Form Glückwünsche an die Brautleute aussprach und dabei auch Bezug nahm auf aktuelle Ereignisse des Jahres 1720. Gemeint waren damit vor allem jene Ereignisse, die unter dem Begriff der »South Sea Bubble« in die Geschichte eingegangen sind, jenes Aktien-Crashs, der nicht nur zum Bankrott der durch John Law initiierten Staatsbank Frankreichs, sondern auch zu wirtschaftlichen Turbulenzen in Großbritannien, Frankreich und den Niederlanden führte. Satirische Dramatisierungen und Visualisierungen dieses Stoffes fanden Eingang in die unterschiedlichsten populären Druckerzeugnisse der Zeit und wurden auch in privaten Schriftzeugnissen weiterverarbeitet.

Das letzte Referat des Tages hielt nach der Mittagspause Folke Stimmel (Langebrück) über »Das Werk von Gertrud Caspari«, die bekannte Dresdner Kinderbuchautorin der ersten Hälfte des 20. Jahrhunderts. In ihren sehr persönlich gehaltenen Anmerkungen stellte die Referentin, Großnichte der vorgestellten Persönlichkeit, sowohl das Leben wie das Werk Casparis vor. Sie hob hervor, dass Gertrud Caspari mit über 50 Buchtiteln, 20 weiteren von ihr illustrierten Publikationen und einer unbekannten Anzahl von Wandfriesen (u. a. für Schulen) zu den produktivsten Künstlerinnen in der Kinderbuchherstellung zählte, die eine geschätzte Gesamtauflage von acht Millionen Druckexemplaren erreichte. Den Werken ist die Verwurzelung in der Reformpädagogik anzumerken, doch fehlen nach Ansicht der Referentin theoretische Auseinandersetzungen Casparis mit pädagogischen Fragen. Die Kinderbuchzeichnungen propagierten ein unreflektiertes bürgerliches Kindheitsideal, oft mit moralisierendem Unterton.

Im Anschluß an die Vorträge folgte eine Reihe »kleinerer Mitteilungen«, deren zeitlicher Umfang indes den Referaten kaum nachstand, wie von einigen Tagungsteilnehmern kritisch angemerkt wurde. Daniela Stemmer (Essen) rekonstruierte unter dem Titel »Adolf Spamers ›Das kleine Andachtsbild‹ (1930). Ein Forschungsprojekt« skizzenhaft die Spamersche Sammlung von Andachtsbildern und ging insbesondere auf die Vorarbeiten Spamers zu seiner Publikation zum kleinen Andachtsbild von 1930 ein. Nachdem Spamer nachweislich bereits seit 1912 Andachtsbilder erworben hatte, veröffentlichte er 1920 eine Publikation zum Spitzenbild und hielt 1926 vor der Hessischen Vereinigung für Volkskunde einen Vortrag über Andachtsbilder. Die Spamersche Sammlung ist heute auf mehrere Einzelbestände in Berlin, Dresden, Augsburg, Regensburg und Münster verteilt.

Peter Lemcke (Chemnitz) stellte unter dem Titel »Der bunte Würfel. Spiele der DDR« die Idee zu einer neuen Ausstellung über Spiele in der DDR vor, die derzeit im Deutschen Spielemuseum Chemnitz realisiert wird. Dem Konzept der Ausstellung liege die Tatsache der zentralisierten und kontrollierten Spieleproduktion der DDR zugrunde, die zu einer relativ geringen Komplexität der Spiele geführt habe. Neu entwickelte Spiele seien letztlich fast ausschließlich auf Kinder als Rezipienten ausgerichtet gewesen. Diese Spezifik der DDR-Spiele darzustellen sei Absicht der geplanten Ausstellung.

Eine seltene Gattung von Kunstdrucken präsentierte anschließend Maria Schetelich (Leipzig) in ihrem Vortrag über »Themen und Bildsprache indischer Kunstdrucke der Kunstanstalten May AG Dresden«. Sie stellte die im Völkerkundemuseum zu Leipzig existierende Sammlung von Reproduktionen indischer Motive vor, deren Stücke in den 1920er Jahren durch die Druckanstalt May in Dresden produziert worden waren. Die Kunstdrucke entsprachen der in Indien bekannten Ästhetik mythologischer Darstellungen und sollten als Wandschmuck sowie Andachtsbild in den Wohnräumen der indischen Mittelschicht fungieren. In den Drucken ist meist eine Idealwelt erkennbar, die interessanterweise in ihrer Ästhetik europäische Einflüsse (etwa die perspektivische Darstellung) spiegeln.

In der Vorstellung des „Rosenmuseums Steinfurt" durch dessen Leiterin Sabine Kübler (Bad Nauheim) wurde wieder einmal deutlich, wie differenziert die Museumslandschaft im deutschsprachigen Raum inzwischen geworden ist und zugleich, wie bedeutend gerade grafische Exponate auch für Spezialsammlungen sind. Das 1974 gegründete und 1999 erweiterte Rosenmuseum sammelt alles, was auch nur einen entfernten Bezug zu Rosen und Rosenmotiven aufweist, darunter Oblaten, Postkarten, Fotos, Bücher, Zeitungen, Zeitschriften, Aufkleber, Werbematerial und Kataloge. Verschiedene thematische Ausstellungen rund um die Rose werden in zwei Sonderausstellungen pro Jahr vorgestellt.

Schließlich berichtete Wolfgang Stopfel (Freiburg i. Br.) von der im Oktober 2004 vom Sächsischen Landesamt für Denkmalpflege und den Staatlichen Schlössern, Burgen und Gärten Sachsens veranstalteten Tagung über Papiertapeten auf Schloss Weesenstein. Wie allgemein bekannt sei, gehörten Papiertapeten schon wegen ihrer Größe nicht gerade zu den klassischen Sammelgebieten von Museen oder Privatleuten. Dennoch verdiene dieser Gegenstand schon wegen seiner Bildhaftigkeit die Beachtung des Arbeitskreises. Die große Zeit der Papiertapete sei das späte 18. und frühe 19. Jahrhundert gewesen, da zu dieser Zeit die Panoramatapete mit ihren großflächigen, exotisierenden Darstellungen weit verbreitet gewesen sei. Die Tagung in Weesenstein habe die Vielfalt der mit dem Gegenstand verbundenen Fragen vorbildlich vor Augen geführt.

Mit einigen kurzen Ankündigungen neuer Publikationen durch Konrad Vanja (Berlin) und die Einladung zum nächsten Treffen vom 25.–28. Mai 2006 in Ravenna durch Alberto Milano (Mailand) endet der Vortragsteil der Zusammenkunft, dem sich am darauf folgenden Samstag, den 7.Mai, der Exkursionstag mit Ausflügen in die Lichtdruckwerkstatt Dresden und das Scherenschnittmuseum Lichtenwalde anschloss. Die Beiträge der Dresdner Tagung werden wie gewohnt in der Schriftenreihe des Arbeitskreises publiziert. Dieser Band wird ohne Zweifel eine besondere Widmung für die langjährige Vorsitzende des Arbeitskreises, Christa Pieske, enthalten, die am Schluss des Vortragstages bewegende Worte des Abschieds an die Mitglieder des Arbeitskreises richtete und sich für die über lange Jahre gute und freundschaftliche Zusammenarbeit bedankte. Mit dem 75jährigen Wolfgang Brückner übernimmt nun eine jüngere Generation die Leitung des Arbeitskreises Bild Druck Papier.

Dresden                                                                                                       Sönke Friedreich

# Literatur

Frank Aurich: Die Anfänge des Buchdrucks in Dresden. Die Emserpresse 1524–26, Dresden 2000.
Christa Pieske u a. (Hg.): Arbeitskreis Bild Druck Papier. Tagungsband Ittingen 2004, Münster u. a. 2005.

# Tagungsbericht

»Nation statt Gott im 19. Jahrhundert und in der zweiten Hälfte des 20. Jahrhunderts«. Das 13. Aussiger Kolloquium, Ústí nad Labem 21.–22. April 2005

Die Tagung, die von der Gesellschaft für Geschichte der Deutschen in Böhmen und vom Institut für Slawisch-germanische Studien an der J.E. Purkyně-Universität vorbereitet und organisiert wurde, fand vom 21. bis 22. April 2005 im nordböhmischen Ústí nad Labem (Aussig) statt. Die organisatorischen Kooperationspartner waren das Aussiger Stadtmuseum, in dessen Räumen auch getagt wurde, und das dortige Stadtarchiv. Die Konferenz wurde im Rahmen einer Konferenzreihe durchgeführt, die schon auf eine 13-jährige Vergangenheit zurückblicken kann. Das vorrangige Ziel dieser »Aussiger Kolloquien« wird darin gesehen, neue Informationen über den Beitrag der deutschsprachigen Bewohner Böhmens und Mährens zur Entwicklung der böhmischen Länder in der Vergangenheit zu bieten und so zum vorurteilslosen Nachdenken über die tschechisch-deutschen und tschechisch-österreichischen Beziehungen anzuregen. Dabei soll es nicht nur um die historische Perspektive gehen, sondern auch um den aktuellen Kontext der möglichen Zusammenarbeit in der breit gefassten mitteleuropäischen Region.

Die Gesellschaft für Geschichte der Deutschen in Böhmen (GGDB) wurde im Jahre 1999 in Aussig mit dem Absicht gegründet, ein Begegnungs- und Koordinierungsort der wissenschaftlichen Forschung sowie ein Ort der offenen Diskussion über die deutsch-tschechische Vergangenheit Böhmens zu werden. Die Gesellschaft stellt sich die anspruchsvolle Aufgabe, eine gewisse »Inventur« bisheriger wissenschaftlicher Tätigkeit auf diesem Gebiet durchzuführen und gleichzeitig diese der breiteren Öffentlichkeit vorzustellen. Um diesem Genüge zu tun, wird regelmäßig ein wissenschaftlich informatives Bulletin, »Mitteilungen der Gesellschaft für die Geschichte der Deutschen in Böhmen«, herausgegeben (siehe Beilage). Ein weiterer Bestandteil ihrer Tätigkeit besteht ferner in der Organisation von Vorlesungen und Tagungen, in der Erstellung von Bibliographien zu diversen Themen sowie in der Betreuung der Studenten, die sich der deutschböhmischen oder deutsch-tschechischen Motive widmen.

Das 13. Aussiger Kolloquium wurde dem Problemkomplex der Gestaltung der nationalen Identitäten in den böhmischen Ländern gewidmet. Die Formung der tschechischen und deutschen Identität wurde dabei im Kontext einer anderen Form von

Kollektiv-Identität behandelt, nämlich im Bezug zu den hierzulande üblichen Konfessionen. Miloš Řezník sprach in seinem Referat über die Wechselbeziehung der Konfession und der Nationalidentität im europäischen Vergleich. Jan Randák thematisierte die Gestalt von Robert Blum als Opfer und Märtyrer „deutscher Revolution" von 1848. Tomáš Veber führte in seinem Vortrag neue Informationen zur Rolle der katholischen Priester im Prozess des tschechischnationalen „Erwachens" in Südböhmen aus. Zdeněk Bezecný analysierte das „katholische Tschechentum" in den Vorstellungen des tschechischen Adels in der zweiten Hälfte des 19. Jahrhunderts. Jiří Pokorný referierte über den tschechischen und österreichischen „Kulturkampf", Miloslava Melanová zu evangelischen Feierlichkeiten in Reichenberg in den 1880er Jahren und Kristina Kaiserová zur Nationalisierung der katholischen Kirche in deutschböhmischen Regionen in der zweiten Hälfte des 19. Jahrhunderts. Martin Zückert betrachtete in seinem Beitrag das tschechische Grenzland als Missionsland in den ersten drei Jahren nach dem Ende des Zweiten Weltkrieges. Miroslav Kunštát sprach zu der Beziehung der katholischen und sudetendeutschen Identität in der Zwischenkriegszeit und nach 1945.

Ferner wurden Referate vorgetragen, die auch andere Aspekte der gemeinsamen deutsch-tschechischen Vergangenheit thematisierten (Musik, Literatur). An die Vorträge, die gezeigt haben, wie verschiedenartig die Übergänge zwischen dem Nationalen und Religiösen untersucht werden können, schloss sich eine lebhafte Diskussion an. Für die absehbare Zukunft ist man in Aussig bemüht, das Stadtmuseum in eine überregionale Museumsinstitution zu transformieren, in der die bisherigen Aktivitäten der GGDB mit größerer Intensität weitergeführt werden können. Das Konstituieren des »Collegium Bohemicum«, wie diese Institution bereits genannt worden ist, soll nicht nur unter enger Mitwirkung der J.E. Purkyně-Universität erfolgen, sondern auch in der Zusammenarbeit mit anderen tschechischen und ausländischen Partnern.

# Neueste Aussiger Veröffentlichungen zu deutsch-tschechischen Themen (Auswahl)

Beneš, Josef: Deutsche Familiennamen bei Tschechen, Ústí nad Labem 1998. [tschechisch]
Biman, Stanislav, Sabina Dušková: Wer war wer im Reichsgau Sudetenland, Ústí nad Labem 2003. [tschechisch]
Čechy a Sasko v proměnách dějin – Sachsen und Böhmen im Wandel der Geschichte. Sammelband der Beiträge der Konferenz 10. – 11.11.1992, Ústí nad Labem 1993. [tschechisch/deutsch]
Deutsche Bildungs- und Wissenschaftsvereine in Böhmen 1848–1938. Vorträge des 1. Aussiger Kolloquiums, April 1994, in: Germanoslavica (Zeitschrift für germano-slawische Studien) Nr. 1, S. 33–121/Nr. 2, S. 201–280. [deutsch]

Eckelt, Gerda: Wo ist mein Heim, mein Vaterland, Ústí nad Labem 1997. [deutsch]
Houfek, Václav et al.: Einhundertzwanzig Jahre Museum in Aussig, 1996. [tschechisch]
Hrubá, Michaela (Hg.): Glaube oder Heimat? Exil in der tschechischen Geschichte der Frühen Neuzeit, Ústí nad Labem 2001. [tschechisch]
Intolerance 1938–1948. Ausstellungskatalog, Ústí nad Labem 1998. [tschechisch/deutsch]
Kaiser, Vladimír und Kristina Kaiserová et al.: Geschichte der Stadt Aussig, Ústí nad Labem 1995. [tschechisch]
Kaiserová, Kristina (Hg.): Die Sprachenfrage und ihre Lösung in den Böhmischen Ländern nach 1848. Vorträge des 4. Aussiger Kolloquiums des Instituts für slawisch-germanische Forschung der J. E. Purkyně-Universität in Aussig und des Lehrstuhls für deutsche und österreichische Studien des IIS FSV der Karls-Universität in Prag und des Österreichischen Ost- und Südosteuropa Instituts, Außenstelle Brünn und des Museums der Stadt Aussig 24.–25. 4. 1997, Ústí nad Labem 1998. [deutsch]
Kaiserová, Kristina, Zdeněk Radvanovský und Martin Veselý (Hg.): Dál v Sasku stejně jak v Čechách…/Weit drin in Sachsen wie im Böhmerland… České země a Sasko v proměnách dějin/ Sachsen und Böhmen im Wandel der Geschichte/Kapitoly z česko-saských dějin pro učitele/Kapitel aus der sächsisch-böhmischen Geschichte für Lehrer. (+ 2 CDs). [tschechisch/deutsch]
Kaiserová, Kristina und Martin Veselý (Hg.): Zprávy Společnosti pro dějiny Němců v Čechách – Mitteilungen für die Geschichte der Deutschen in Böhmen, 2003. [tschechisch/deutsch]
Kaiserová, Kristina: Das konfessionelle Denken der Deutschen in Böhmen im 19. und Anfang des 20. Jahrhunderts, Úvaly u Prahy 2003. [tschechisch]
Kaiserová, Kristina, Karel Klostermann und Alexander Marian: Pilsen – Aussig um die Jahrhundertwende – 19.–20., Ústí nad Labem 1997. [tschechisch]
Kolářová, Eva: Das Theresienstadt-Bild in Werken der Häftlinge, Ústí nad Labem 1998. [deutsch]
Němci v českých zemích – Die Deutschen in den böhmischen Ländern. Zprávy Společnosti pro dějiny Němců v Čechách – Mitteilungen der Gesellschaft für die Geschichte der Deutschen in Böhmen, I/2001, Ústí nad Labem 2001. [tschechisch/deutsch]
Německý spolkový život v Čechách 1848–1938 – Das deutsche Vereinswesen in Böhmen 1848–1938. Eine Ausstellung des Archivs der Akademie der Wissenschaften der Tschechischen Republik Prag, Institut für slawisch-germanische Forschung UJEP Aussig a. E., des Stadtmuseums Aussig a. E., des Stadtarchivs Aussig a. E. 14. 4.–12. 6. 1994, Ústí nad Labem 1994. [tschechisch/ deutsch]
Neumüller, Michael (Hg.): Die Böhmischen Länder in der deutschen Geschichtsschreibung seit dem Jahre 1848 – Teil I. Vorträge des 2. Aussiger Kolloquiums des Instituts für slawisch-germanische Forschung der J. E. Purkyně-Universität in Aussig und des Archivs der Akademie der Wissenschaften der Tschechischen Republik in Prag 20.–21. 4. 1995, Ústí nad Labem 1996. [deutsch]
Neumüller, Michael (Hg.): Die Böhmischen Länder in der deutschen Geschichtsschreibung seit dem Jahre 1848 – Teil II. Vorträge des 3. Aussiger Kolloquiums des Instituts für slawisch-germanische Forschung der J. E. Purkyně-Universität in Aussig und des Archivs der Akademie der Wissenschaften der Tschechischen Republik in Prag, des Instituts für deutsche und österreichische Studien an der sozialwissenschaftlichen Fakultät der Karlsuniversität Prag und des Museums der Stadt Aussig 25.–26. 4. 1996, Ústí nad Labem 1997. [deutsch]
Peřina, Josef: Der zweifarbige Strahl der Bohemia. Auf deutsch und tschechisch geschriebene Literatur in Böhmen 1780–1848. Textanthologie, Ústi nad Labem 1997. [tschechisch]
Peřina, Josef: Übersichtliche Geschichte der Beziehungen der tschechischen und tschechisch-deutschen Literatur im 19. Jh. (1780–1848), Ústí nad Labem 1996. [tschechisch]

Radvanovský, Zdeněk (Hg.): Geschichte des besetzten Grenzgebietes 1–7. Ústí nad Labem 1997–2003. [tschechisch]

Radvanovský, Zdeněk, Václav Kural et al.: „Sudetenland" unter dem Hakenkreuz, Ústí nad Labem 2002. [tschechisch]

ÚSGS UJEP und Institut für bewahrende Erneuerung historische Bauwerke Pirna (Hg.): Historischer Haus- und Stadtbau im böhmisch-sächsischen Raum, Tagungsband 1999, Most 2000. [deutsch]

Vomáčka, Jiří: Nordböhmische Bolzanisten, Liberec/Ústí nad Labem 2000. [tschechisch]

Dresden                                                                                                    Petr Lozoviuk

# Tagungsbericht

»Französische DDR- und Transformationsforschung. Ein sozio-kultureller Ansatz der Politik«, 17.–19. März 2005, Humboldt-Universität Berlin, veranstaltet durch das Centre Marc Bloch, das Centre interdisciplinaire d'études et de recherches sur l'Allemagne und die Stiftung zur Aufarbeitung der SED-Diktatur, in Zusammenarbeit mit dem Zentrum für Zeithistorische Forschung (Potsdam), dem Berliner Büro für Hochschulangelegenheiten, der Französischen Botschaft in Deutschland und dem Büro des französischen Films (Berlin)

Es gehört ohne Zweifel zu den seltenen Ereignissen in der geistes- und sozialwissenschaftlichen Forschung in Deutschland, daß sich eine Tagung ausschließlich mit solchen Forschungen befaßt, die den Blick von Wissenschaftlern und Wissenschaftlerinnen aus dem Ausland repräsentieren. Hierzu zählte die im März 2005 vom Centre Marc Bloch, dem Centre interdisciplinaire d'études et de recherches sur l'Allemagne und der Stiftung zur Aufarbeitung der SED-Diktatur veranstaltete interdisziplinäre Tagung, die den gegenwärtigen Stand der französischen DDR- und Transformationsforschung vorstellte und dabei ca. 80 Teilnehmer und Teilnehmerinnen im Hauptgebäude der Humboldt-Universität versammelte. Aus der Sicht von Zeitgeschichte, Soziologie, Politikwissenschaft und Germanistik wurde danach gefragt, welche Aspekte des komplexen Feldes der DDR- und Transformationsforschung in Frankreich gegenwärtig eine besonders große Rolle spielen und ob es einen spezifisch französischen Beitrag gibt, der auf deutscher Seite zukünftig stärker rezipiert werden sollte. Diese Fragen mochten zunächst sehr speziell erscheinen, wurden aber durch die Organisatoren vor allem deshalb in den Mittelpunkt gerückt, weil sich gerade die zeithistorische Forschung über die DDR jüngst stärker international geöffnet hat und in diesem Rahmen eben auch eine intensivere Rezeption französischer Arbeiten dienlich sein kann. Während durch eine Fülle deutschsprachiger Publikationen inzwischen ein guter Forschungsstand zu vielen DDR-Themen erkennbar ist, hat man den Blick nach Frankreich – im Unterschied zur Rezeption der englischsprachigen Forschung – bisher kaum gewagt. In Berlin stellten nun erstmals überwiegend jüngere Forscher und Forscherinnen aus Frankreich ihre Arbeiten dem deutschsprachigen Publikum vor.

In ihrer Einführung in das Tagungsthema verdeutlichten Sonia Combe (Paris) und Sandrine Kott (Genf/Paris) dann auch, daß gerade ein Blick des französischen Nachbarn in der Erforschung der DDR und Ostdeutschlands vor und nach 1989 neue Aspekte zugängig machen kann. Vor 1989 war die DDR nur selten ein Thema für die französischen Geistes- und Humanwissenschaften, zumal das Totalitarismus-Theorem alle Ansätze einer differenzierten Herangehensweise an den Forschungsgegenstand verhinderte. Die heutige Situation sei durch mehrere Besonderheiten gekennzeichnet. Zum einen geht es um ein französisches Interesse an dem Weg des wiedervereinigten Deutschland nach 1989, der auch Rückwirkungen auf das deutsch-französische Nachbarschaftsverhältnis haben muß. Zweitens bringe die Erweiterung und Modernisierung der Europäischen Union, deren treibende Kräfte Frankreich und Deutschland seien, neue und sich selbst perpetuierende Transformationsprozesse mit sich, die bei aller Unterschiedlichkeit doch beide Länder betreffen, weshalb es aus französischer Warte nützlich sein kann, sich mit dem »deutschen Fall« zu befassen. Drittens schließlich seien innerwissenschaftliche Gründe für das besondere Interesse französischer Forscher an der DDR und der Transformation zu erkennen, nämlich die Möglichkeit, mit einer theoretisch informierten Sozialgeschichte einen frischen Blick auf die Alltagspraxis und die gesellschaftliche Dynamik der jüngsten Geschichte zu werfen, eine Herangehensweise, die Kott als »französischen Stil« verstand. Aus diesen Gründen ergebe sich eine »Besonderheit« des französischen Interesses am Thema DDR und Transformation, die zu zahlreichen neuen Arbeiten in verschiedenen akademischen Disziplinen geführt habe. Schließlich ist die Neugier der französischen Forschung auf die DDR wohl nicht zuletzt auf eine in bestimmten Punkten (z. B. gesellschaftliche Rolle von Frauen, Verhältnis zwischen Kirche und Staat, Zentralisierung des Sozialwesens, institutionelle Strukturierung der Forschung, Ausrichtung des öffentlichen Lebens auf die Hauptstadt) frappierende Ähnlichkeit zwischen DDR und Frankreich zurückzuführen, wie diese bereits 1994 von Hartmut Kaelble konstatiert wurde (Kaelble 1994, 574ff.). Das Interesse am »zweiten deutschen Nachbarn« wird so auch durch ein Interesse an der eigenen Gesellschaft mit begründet.

Die Tagung gliederte sich in drei Sektionen mit jeweils sechs Themen, die jedoch nicht als Vorträge gehalten, sondern im Vorfeld als Manuskripte über das Internet zugänglich gemacht worden waren. Damit hatten die Teilnehmer und Teilnehmerinnen die Möglichkeit, sich bereits im Vorfeld der Tagung über den Inhalt der Referate zu informieren. Die in jeweils zwei Abschnitte unterteilten Sektionen wurden durch einen Diskutanten eröffnet, der die Beiträge knapp zusammenfaßte und kommentierte. Hieran schlossen sich jeweils kurze Statements der Beiträger und Beiträgerinnen an, von denen in die allgemeine Diskussion übergeleitet wurde. Dieses Verfahren war vor-

»Französische DDR- und Transformationsforschung«   259

züglich dazu geeignet, kontroverse Standpunkte zu formulieren, zu Fragen anzuregen und damit eine lebhafte Diskussion in Gang zu setzen. Die Zusammensetzung der jeweiligen Sektionen erlaubte dabei auch eine stärkere Abkehr von den Spezialstudien hin zu allgemeineren Fragestellungen, die die zentralen Themen im deutschsprachigen Wissenschaftsdiskurs über die DDR und die Transformation in Ostdeutschland berühren.

Die erste Sektion unter dem Titel »Socio-Histoire der Herrschaft« befaßte sich mit dem in der französischen zeithistorischen Forschung seit etwa zehn Jahren intensiv verfolgten Konzept der »Socio-Histoire du politique«, das, wie Moderator Jay Rowell (Straßburg) einleitend erklärte, einen interdisziplinären Ansatz der Historisierung des Politischen darstellt, in dem versucht wird, durch die Anwendung soziologischer Theorien zu neuen historischen Interpretationen zu kommen. Dieses Verfahren ähnelt damit, wie dies auch in der Diskussion der Sektion festgehalten wurde, dem in Deutschland vorherrschenden Konzept der »Herrschaft als soziale Praxis« oder »Gesellschaftsgeschichte der Herrschaft«. Kernpunkt ist die Frage, wie Herrschaft jenseits eines politik- und strukturgeschichtlichen Ansatzes als alltägliche Praxis und soziale Beziehung verstanden werden kann, in der diverse Akteure mit unterschiedlichen Intentionen und Strategien tätig sind. In Frankreich haben sich dabei einige Schlüsselbegriffe durchgesetzt, die für das Verständnis der DDR zentral sind. Zum einen wird die Kontinuität betont, die dem Strukturierungsprozeß von Herrschaft in der DDR zugrundelag, zweitens wird die Pluralität der Öffentlichkeit(en) ausgelotet, die auch für die sozialistischen Staaten bislang zu wenig untersucht wurde, und drittens schließlich ist die alltägliche Basisfundierung von Macht zum Gegenstand der Socio-Histoire gemacht worden. In diesen Punkten trafen sich die Beiträge der ersten Sektion, die von den Diskutanten Thomas Lindenberger (Potsdam) und Jens Giesecke (Berlin) unter den Titeln »Die Innenansichten der Diktatur im Alltag« und »Unterdrückungspraxis der Diktatur« in mustergültiger Weise zusammengefaßt wurden. Im Mittelpunkt stand einerseits das in den Betrieben konzentrierte Wirtschaftsleben der DDR, das auf unterschiedlichen Feldern Arbeiter und Funktionäre (Mathieu Denis, Berlin), Wirtschaftsbetriebe und Schulen (Emmanuel Droit, Paris/Berlin) sowie Unternehmer und Parteifunktionäre (Agnes Pilleul-Arp, Paris/Jena) zueinander in Beziehung setzte, Konflikte generierte und Identitäten ausprägte. Andererseits wurden die Institutionen der Repression selbst untersucht, wobei hier die Staatssicherheit (Agnes Bensussan, Amiens/Berlin), die SED (Michel Christian, Genf/Berlin) und die Strafjustiz (Pascal Décarpes, Greifswald) im Mittelpunkt standen. In beiden Bereichen waren die Forscher und Forscherinnen bemüht, das Zusammenspiel der einzelnen Akteure, die Limitationen von Machtausübung und die (oftmals kaum auslotbaren) Eigenlogiken der Institutionen in den Vordergrund zu stellen. Hierbei rekurrierten sie auf theoretische Ansätze von Bourdieu über das soziale Feld oder Goffman über die totalen Institutionen, wodurch sie zu einem Brückenschlag zwischen Geschichte und Sozialwissenschaften zu kommen hofften. Trotz der Erkenntnis, daß der historische Spezialfall auch im Falle der Herrschaftspraxis in der DDR eine pauschale Skizzierung und Theoretisierung erschwert, ließen die Beiträge insgesamt doch erkennen, daß die Formulierung von »Theorien mittlerer Reichweite« lohnend sein kann. Hier scheinen die jüngeren französischen Zeithistoriker auch weniger Scheu vor kühnen Thesen (daß etwa die Gefängnisse der DDR eine Art Mikrokosmos der DDR-Gesellschaft insgesamt dargestellt hätten) zu haben als dies in Deutschland zu erwarten wäre.

Berührte die erste Sektion somit die Frage von Gegenseitigkeit und Verflochtenheit von Herrschaft und Beherrschten im Alltag, so befaßte sich die zweite Sektion mit »Kultureller Praxis und Produktion in der DDR«. In dieser Sektion wurde ausgelotet, unter welchen Bedingungen die »Kulturschaffenden« der DDR in Theater, Film und Literatur arbeiteten, wie sie sich mit den Anforderungen von Zensur und Selbstzensur auseinandersetzten und welche Rolle der Umgang mit dem kulturellen »Erbe« spielte, das bekanntlich seitens der Kulturpolitik ideologisch durch die Anforderungen des Sozialismus her bestimmt wurde. Mehrfach wurde hierbei die Frage diskutiert, wie Öffentlichkeit in der DDR herzustellen und zu schützen war und welche (autonomen) Veränderungen der kulturellen Produktion in der DDR im Laufe der Zeit zu beobachten waren. Die Diskutantinnen dieser in die beiden Untertitel »Soziale und politische Bedingungen der kulturellen Produktion« und »Aspekte der kulturellen Besonderheiten der DDR« geteilten Sektion, Dorothee Wierling (Hamburg) und Simone Barck (Potsdam), hoben hervor, daß sich die Kulturproduzenten der DDR in einer stets prekären Situation zwischen staatlichen Ansprüchen und einer pluralen gesellschaftlichen Wirklichkeit befunden hätten, in der sie immer wieder vor neue Legitimationsfragen gestellt worden seien. Die Interaktion zwischen der staatlich alimentierten kulturellen Elite und der SED sei ständig im Fluß gewesen, was ein Blick auf die unterschiedlichen Phasen der Kulturpolitik verdeutliche. Die französischen Forscher und Forscherinnen betonten in ihren Referaten über das Theater der DDR (Laure de Verdalle, Paris), die Satirezeitschrift »Eulenspiegel« (Daniel Mirsky, Lyon) sowie die Dokumentarfilm-Produktion der DEFA (Caroline Moine, Paris/Berlin), daß sich die kulturelle Produktion in einem Spannungsfeld vollzogen habe, das sich zwischen den Polen von Publikumsnähe und ideologischer Konformität, Zensur und Selbstzensur sowie Internationalismus und Provinzialismus entfaltete.

Spezielle Fragen zur Literatur in der DDR wurden in den Beiträgen über die sog. »Frauenliteratur« der DDR (Catherine Fabre-Renault, Paris), den literarischen Untergrund seit den 70er Jahren (Carola Hähnel-Mesnard, Paris) und die Rezeption der Romantiker durch die DDR-Literatur (Anne Lemonnier-Lemieux, Lyon) aufgeworfen. Hier wie in den anderen Referaten der Sektion wurden auch die Selbstinterpretationen der Kulturschaffenden nach 1989 mit einbezogen. Paradoxerweise wurde und wird gerade die Nachwendezeit mit ihren neuen künstlerischen Freiheiten als Periode eines Bedeutungsverlustes wahrgenommen, obwohl ihre Bedeutung den Betroffenen im Sozialismus selbst gering erschien. Hiermit stand ohne Zweifel eine Interpretation von Kultur als kritisches Element und historisches Corrigans in Zusammenhang, die von den Künstlern ihren eigenen Werken hinterlegt wurde.

In der dritten Sektion wurden unter dem Titel »Vergangenheitsbewältigung und Transformationsprozesse« die Vorgänge des Umbruchs von 1989/90 und seine Folgen thematisiert. Im Mittelpunkt stand dabei zum einen die »Wendezeit: Die DDR als persönliches und politisches Erbe«, wo die Nachwirkungen gesellschaftlicher Erfahrungen zwischen 1949 und 1989 in der Gegenwart beispielhaft analysiert wurden. Zum anderen wurde die »Vergangenheit als Ressource für die sozialen und politischen Akteure« in den Mittelpunkt gestellt und damit wiederum die Akteursperspektive unterschiedlicher Gruppen in Ostdeutschland betont. In den Vorträgen zur Jugendweihe (Marina Chauliac, Paris/Berlin), dem Nachwirken der DDR-Kulturpolitik (Elisa Goudin, Paris) und den Akteuren der Deutsch-sowjetischen Freundschaft (Anne-Marie Pailhes, Paris) wurde vor allem der Gedanke der Kontinuität hervorgehoben. Die institutionellen Verankerungen von Wertehorizonten und der Interpretationen von Gesellschaft waren und sind in Ostdeutschland sehr ausgeprägt und führten bei aller Angleichung der Lebensverhältnisse nach 1989 doch zu einer differenten Selbstwahrnehmung der Menschen mit DDR-Erfahrung, die sich in der Gegenwart noch zu verfestigen scheint. Dies wurde von der Diskutantin Renate Hürtgen (Potsdam) und den Vortragenden nicht zuletzt auch anhand eines qualitativen methodischen Instrumentariums deutlich gemacht, das in Gestalt biographischer Forschung Eingang in die französische Zeitgeschichtsschreibung gefunden hat. Welche Rolle die DDR-Vergangenheit im politischen und justiziellen Raum und bei der Repräsentation von Macht und Autorität spielte, verdeutlichten die Beiträge über den Verwaltungsumbau in ostdeutschen Kommunen nach 1989 (Valérie Lozac'h, Straßburg), den Umgang der Justiz mit Systemkriminalität der DDR (Guillaume Mouralis, Paris/Berlin) und die Entstehung des konservativen und liberalen politischen Lagers in den ostdeutschen Ländern (Catherine Perron, Paris). Sowohl die west- wie auch die ostdeutschen Akteure nutzten Vergangenheitsdiskurse zur Legitimierung politischen Handelns wie auch zur Formulierung von Ansprüchen auf gesellschaftliche Partizipation in der Transformation. Die »Vergangenheit« erwies sich in diesem Zusammenhang als flexibel nutzbare, aber auch unverzichtbare und umkämpfte Ressource, auf die die unterschiedlichsten Interessengruppen Zugriff zu nehmen versuchten. Gerade das Ineinandergreifen der unterschiedlichen Strategien und Vorgehensweisen, der Einsatz lokalen Wissens gegen die Überstülpung der Institutionen und die ständige Verschiebung sozialen und kulturellen Kapitals in der Transformation führte, so der Diskutant Ralph Jessen (Köln), zu einem »entanglement« von Interessenlagen, das die Interpretation des Institutionentransfers nach 1989 als eine westdeutsche »Kolonisierung« allzu unterkomplex erscheinen läßt. Eine »Sozialgeschichte der Herrschaft« ist nach den hier vorgestellten Arbeiten demnach auch für den Transformationsprozeß noch zu schreiben.

Im Anschluß an die letzte Sektion faßte Etienne François (Berlin) in einer Schlußbetrachtung die Ergebnisse der Tagung zusammen und kam dabei nochmals auf die Besonderheiten der französischen Forschungsperspektive zu sprechen. Seiner Ansicht nach sind die jüngeren Arbeiten zur DDR von einem »entkrampften Verhältnis« sowie von dem Bemühen um eine hohe empirische Dichte bestimmt, während jede theoretische Annäherung immer eine angewandte Theorie bedeute. Lobenswert sei das Bemühen, die DDR als ein multipolares Kräftefeld zu verstehen, in dem die unterschiedlichsten Agenten mit jeweils eigenen strategischen Ansätzen darum bemüht gewesen seien, Interessen durchzusetzen, Ressourcen zu erschließen und Macht auszuüben. Dieses gleichsam kreative Potential wirke bis in die Gegenwart nach. Auch Mary Fulbrook (London) eröffnete in ihrem Resümee einen Ausblick auf eine »DDR-Forschung in vergleichender Perspektive«, die durch die beispielhaften Forschungen in Frankreich möglich sei. Ein solches Vorhaben ermögliche durch seine Multiperspektivität letztlich eine historische Einordnung der DDR, die sowohl ihre Besonderheiten wie auch ihre »Normalität« herausarbeiten könne. In der Diskussion zwischen französischen Nachwuchswissenschaftlern und überwiegend deutschem Publikum habe sich bereits gezeigt, daß unterschiedliche wissenschaftliche Traditionen auch verschiedene Begriffsverwendungen und Interpretationen historischer Phänomene erzeugten, Differenzen, die aber fruchtbar gemacht werden könnten.

Insgesamt läßt sich ein positives Fazit der Tagung ziehen, deren Verdienst nicht nur in der Zusammenführung von jüngeren Wissenschaftlern und Wissenschaftlerinnen über die nationalen Grenzen hinweg besteht, sondern die auch zahlreiche Ideen und Anregungen für zukünftige Forschungen zur DDR und zur Transformation Ostdeutschlands gegeben hat. Zum Gelingen trugen insbesondere die Strukturierung als Diskussionsforum ohne lange Vorträge und die vorzüglichen, kompetenten Kommentare der Diskutanten und Diskutantinnen bei. Wie die Beiträge zeigten, sind es nicht zuletzt Begriffe wie »Akteur«, »Alltag«, »Öffentlichkeit« und »soziale Praxis«, die im Zuge der Kulturalisierung der Geschichts- und Sozialwissenschaften auch in der

DDR-Forschung Eingang gefunden haben und die auch für die Volkskunde als Kulturwissenschaft Anschlußmöglichkeiten bieten. Dies gilt durchaus auch für die methodischen Ansätze, haben doch zuletzt die sog. »weichen« Methoden wie etwa qualitative Interviews in der DDR-Forschung an Bedeutung gewonnen. Eine Publikation der Beiträge ist außerhalb des Internets nicht vorgesehen, doch werden zahlreiche Studien in Frankreich als Doktorarbeiten publiziert.

Dresden                                                                 Sönke Friedreich

## Literatur

Hartmut Kaelble: Die Gesellschaft der DDR im internationalen Vergleich, in: Hartmut Kaelble, Jürgen Kocka und Hartmut Zwahr (Hg.): Sozialgeschichte der DDR, Stuttgart 1994, S. 559–580.

# Tagungsbericht

»Grenzraum und Transfer. Probleme der Geschichtswissenschaft in Böhmen und in Sachsen«, 24.–26. Februar 2005, Schwarzenberg, veranstaltet vom Sächsisch-Tschechischen Hochschulzentrum

Die Tagung »Grenzraum und Transfer« fand vom 24. bis 26. Februar 2005 im sächsischen Schwarzenberg statt. Organisator war das »Sächsisch-Tschechische Hochschulzentrum«, welches im April 2003 an der Technischen Universität Chemnitz speziell zum Aufbau einer Forschungskooperation im sächsisch-tschechischen Grenzgebiet eingerichtet worden war. In deren Rahmen soll langfristig ein grenzübergreifendes Forschungsnetzwerk unter vorrangiger Einbeziehung der im Grenzraum tätigen Hochschulen entstehen. Besonderer Wert wurde dabei von Anfang an auf die Organisation von Fachtagungen gelegt, die verschiedene Aspekte der sächsisch-tschechischen Zusammenarbeit zum Thema haben. Da das Schwarzenberger Programm grenzüberschreitend angelegt war, nahmen daran nicht nur Vertreter aus Sachsen teil, sondern auch viele Referenten und Studenten aus tschechischen Universitäten. An der reichen Teilnehmerzahl lässt sich ein verstärktes Interesse an der breit gefassten Grenzraumproblematik ablesen.

Thematisch wurden die Referate in vier Blöcke gegliedert. Der erste stellte die theoretischen, methodologischen und historiographischen Ansätze und Rahmenbedingungen dar. Miloš Řezník aus Chemnitz paraphrasierte in seinem einführenden Beitrag zur »Erfindung der Region« Benedict Anderson in dem Sinne, dass die Regionen »keineswegs über eine objektive, natürliche und selbstverständliche Existenz« verfügen würden. Die divers definierten Regionen will er so im konstruktivistischen Sinne als Gegenkonzept zur Nation verstanden wissen. Kristýna Kaiserová aus der J.E.-Purkyně-Universität in Ústí nad Labem sprach anschließend zu sächsischen Themen in der tschechischen Geschichtswissenschaft. Eduard Mikušek (Ústí nad Labem) referierte über die deutsche Regionalhistoriographie Nord- und Nordwestböhmens in den Forschungen der letzten Jahre. Winfried Eberhard aus Leipzig thematisierte in seinem Referat Sachsen als Forschungslandschaft zu Ostmitteleuropa.

Der zweite Themenblock wurde dem sächsisch-böhmischen Grenzraum als Geschichtsraum aus kunst- und wirtschaftshistorischer Perspektive gewidmet. Hier referierten Elke Mehnert (Chemnitz) über den böhmisch-sächsischen Grenzraum als literarischen Ort, Uwe Tresp (Leipzig) über die Wettiner und das jagiellonische Böhmen

1471–1490, Jiří Fajt (Leipzig/Berlin) über den sächsisch-böhmischen Grenzraum um 1500 sowie Friedrich Naumann (Chemnitz) über den sächsisch-böhmischen Grenzraum im 16. Jahrhundert aus wirtschaftshistorischer Perspektive. Wegen der Erkrankunken von Michaela Hrubá (Ústí nad Labem) und Jan Royt (Prag) konnte deren Manuskript über die Gotik in Nordböhmen nur verlesen werden.

Im dritten Block wurden Referate zu Migrationen über die sächsisch-böhmische Grenze präsentiert. Petr Hlaváček (Leipzig/Kadaň) nahm sich der Migration der lutherischen Geistlichen über die sächsisch-böhmische Grenze im 16. Jahrhundert an. Wulf Wäntig (Berlin) sprach über Alltag, Religion und Raumwahrnehmung in den Migrationen des 17. Jahrhunderts, Frank Metasch (Dresden) über böhmische Exulanten in Dresden und Jan Němec (Děčín) über die industrielle Kolonisierung im nordböhmischen Raum in der ersten Hälfte des 19. Jahrhunderts mit besonderer Berücksichtigung der Migration aus Sachsen.

Im letzten Themenblock wurde Leben an der Grenze aus verschiedenen Perspektiven thematisiert. Kateřina Kočová (Liberec) berichtete am Beispiel der Liberecer Gegend über die Vertreibung als »böhmisch-sächsische Erfahrung«. Petr Lozoviuk (Dresden) referierte zur gegenwartsorientierten ethnographischen Erforschung der sächsisch-böhmischen Grenze und Milan Svoboda (Liberec) zu einem Fallbeispiel der konfessionellen Auseinandersetzungen in einer böhmischen Grenzgemeinde (Hejnice/Haindorf) im 17. Jahrhundert.

Es ist hervorzuheben, dass die Tagung absichtlich interdisziplinär angelegt wurde. Historische, kunsthistorische, literaturwissenschaftliche und ethnographische Vorträge zeigten nicht nur verschiedene Forschungsperspektiven, sondern sie ergänzten sich gleichzeitig auch gegenseitig. Da alle Referate simultan ins Deutsche oder Tschechische übersetzt wurden, konnte jeder Referent selbst entscheiden, in welcher Sprache er vortragen wollte. Im Rahmen der Konferenz wurde den Teilnehmern eine an der Lokalgeschichte orientierte Stadtführung unter kompetenter Anleitung angeboten. Die auf der Tagung präsentierten Referate sollen noch in diesem Jahr in Form eines Sammelbandes vorgelegt werden. Den Veranstaltern ist für die insgesamt gute Organisation und den reibungslosen Ablauf der Konferenz ein Dank auszusprechen.

Dresden      Petr Lozoviuk/Frank Metasch

# Tagungsbericht

»Lichtbild(er) – Abbild(er) – Vorbild(er). Zu Umgang und Wirkung volks- und völkerkundlicher Fotografien«, 5./6. November 2004, veranstaltet durch die Gesellschaft für Ethnographie e.V., das Institut für Europäische Ethnologie der Humboldt-Universität zu Berlin und das Museum Europäischer Kulturen der Staatlichen Museen zu Berlin

Die Fotografie hat ihre Unschuld verloren – nicht erst auf der Tagung »Lichtbild(er) – Abbild(er) – Vorbild(er). Zu Umgang und Wirkung volks- und völkerkundlicher Fotografien«. Zu dieser hatte die Gesellschaft für Ethnographie e.V. gemeinsam mit dem Institut für Europäische Ethnologie der Humboldt-Universität zu Berlin und dem Museum Europäischer Kulturen der Staatlichen Museen zu Berlin am 5./6. November 2004 nach Berlin eingeladen.

Im Wesentlichen ging es der Tagung um Reflektionen über die Nutzung und den Gebrauch des ethnografischen Fotos innerhalb und außerhalb der Fachdisziplin. Darüber hinaus bemühten sich die Veranstalter um die Klärung des Problemkreises der Konstruktion von Identitäten innerhalb der Selbst- und Fremdwahrnehmung durch die Fotografie. Die ausgewählten Referate gingen der Frage nach, in welcher Weise Fotografien zur Entwicklung und Etablierung spezifischer Wahrnehmungsweisen beitragen und wie sie das Bild vom Eigenen und Fremden prägen. In diesem Kontext interessierte der Vorgang, wie durch Fotografien Vorstellung angeblich »authentischer« Lebensweisen produziert und ideologisch aufgeladen wurden und werden.

Dass diese Fragen von großer Relevanz für die europäische wie die außereuropäische Ethnologie sind, bewies das weite Spektrum der eingereichten Beiträge und die internationale Zusammensetzung der Referenten. Anhand ihres lokalen Materials aus Brasilien, Deutschland, Indien, Japan, Mexiko, Neuseeland und Spanien gaben sie einen detaillierten und eindrucksvollen Einblick in die Wirkungsgeschichte der ethnografischen Fotografie zum genannten Thema.

Thomas Overdick (Hamburg) eröffnete die zweitätige Tagung mit einem theoretischen Vortrag über das »Anschauliche Verstehen: Zur Konversion des Blickes in der Fotografie«. Er warf die methodisch wichtige Frage nach den Möglichkeiten und Grenzen des »ethnologischen Auges« auf, nach der Sichtbarkeit sozialer und kultureller Wirklichkeit und dem ganz besondere Blick des Ethnologen, um diese kulturellen Zusammenhänge und Muster zu erkennen, zu durchdringen und nicht zuletzt auch zu verstehen. Die Frage nach der erkenntnistheoretischen Bedeutung von Anschauung und Anschaulichkeit in der empirischen Kulturanalyse war ihm dabei besonders wichtig.

Anschließend referierte Brigitte Bönisch-Brednich (Wellington/Neuseeland) über die fotografische Repräsentation und bikulturelle Politik in Neuseeland, in der die Fotografie die Rolle einer tragenden Definitionsmacht im Diskurs zwischen Maori und Pakeha, d. h. den ursprünglichen Bewohnern des Landes und den zugewanderten Weißen, spielt. Als anschauliches Beispiel diente ihr dabei die Auseinandersetzung um die Fotografin Ans Westra, die seit den 1960er Jahren wesentlich zur Dokumentation der Maorikultur beigetragen hat und deren Fotoserie „Washday at the Pa" (1964) über den Alltag von Maorikindern in einem „traditionellen" Maoridorf noch heute als Markstein für eine kontroverse Auffassung von Realität und Repräsentation in der Fotografie steht.

Ihr schloss sich der Beitrag von Ulrich Hägele (Tübingen) »Fotografische Konstruktion des Ländlichen. Dorothea Lange, Erna Lendvai-Dirksen – zwei Karrieren zwischen Pathos und Propaganda« an. In einem Vergleich zwischen diesen in den 1930er Jahren wirkenden bekannten Fotografinnen, die sich beide der Visualisierung des ländlichen Milieus verschrieben hatten, machte Hägele die Unterschiedlichkeit von Handlungsstrategien bei der Erstellung ethnografischer Fotos deutlich. Während sich Dorothea Lange (USA) als Pionierin der sozialdokumentarischen Fotografie einen Namen machte, entstanden die Arbeiten von Lendvai-Dirksen (Deutschland) unter einem rassenpolitisch ausgerichteten Blick.

Am Nachmittag folgte ein »spanischer Block« mit den Beiträgen von Karl Braun (Marburg) und Javier Herrera (Spanien). Sie richteten ihr Interesse auf die fotografische Repräsentation der Extremadura, einer armen Region in Spanien, und deren künstlerischer Verarbeitung in Luis Bunuels Film »Las Hurdes/Tierra sin pan«.

Den zweiten Tag eröffnete Frank Stephan Kohl (Brasilien) mit einem Vortrag über die Entstehungsgeschichte der Fotografien von Albert Frisch und damit der ersten Amazonasfotografien (1867). Die Arbeiten von Frisch dienten ihm als Beispiel für die Wahrnehmung und Darstellung Brasiliens in Europa in der zweiten Hälfte des 19. Jahrhunderts, die er mit einem – unter dem Schlagwort des »kolonialen« Blicks gefassten – ideologiekritischen und dekonstruktivistischen Ansatz analysierte. In beeindruckender Weise konnte er anhand des dokumentarischen Materials die Konstruktion der Motive dieser bis dahin als authentisch geltenden frühesten klassischen Darstellungen der Amazonasindianer in Brasilien mittels der Bildmontage durch den Fotografen nachweisen.

Ursula Thiemer-Sachse (Berlin) diskutierte anhand ihrer eigenen Erfahrungen mit den Mixe in Oaxaca/Mexiko die Problematik der Produktion von Fotos im ethnografischen Feld. Zunächst gab sie einen Einblick in die Geschichte und Strategien der ethnologischen Fotografie in Mexiko und seiner Versuche, das Land und seine Einwohner »lichtbildlich« aufzunehmen. Danach verwies sie auf die heute noch bestehenden Schwierigkeiten, die sich nicht nur bei der fotografischen Dokumentation des Alltagslebens, sondern insbesondere der des religiös-rituellen Lebens ergeben.

Lydia Icke-Schwalbe (Dresden) stellte ihrerseits Überlegungen zu Handlungsstrategien bei der Erstellung und Wahrnehmung historischer Fotografien Ende des 19. Jahrhunderts in Indien und Japan an, die als Dokumente der Annäherung des Fotografen an eine fremde Kultur und seine Sichtweise darauf interpretiert wurden. Gleichzeitig hob sie die besondere Bedeutung von Vermarktungsmechanismen bei der Herstellung dieser historischen Fotos sowohl durch ausländische wie durch inländische Fotografen hervor.

Die abschließenden vier Vorträge richteten ihren Blick auf Deutschland. Margot Kahleyss (Berlin) beschäftigte sich mit der fotografischen Konstruktion der Lebenswelt muslimer Kriegsgefangener in einem Kriegsgefangenenlager in Brandenburg im Ersten Weltkrieg – als Konstruktionsbeispiel von Identitäten innerhalb der Selbst- und Fremdwahrnehmung. Volker Janke (Schwerin) wies am Beispiel der aus den 30er Jahren des 20. Jahrhunderts stammenden Fotoserie „Das schöne Mecklenburg" von Karl Eschenburg die ideologisch unterschiedliche Kontextualisierung identischer Bildmotive nach. Irene Ziehe (Berlin) referierte über den Umgang mit historischen Bildtafeln aus dem Bestand der Museen als Medien der wissenschaftlichen Dokumentation. Abschließend gab Jeanne Rehnig (Berlin) in ihrem Vortrag „Alle Wege führen nach Seifhennersdorf" ein anschauliches Beispiel für die Schwierigkeit der nachträglichen Rekonstruktion des kulturhistorischen Hintergrunds von fotografischen Bilderfunden.

Den Ausführungen der Referenten folgten etwa 100 Tagungsteilnehmer, unter ihnen zahlreiche Studenten und Interessierte aus dem »nichtethnologischen« Feld. Ihre Teilnahme erfüllte die Hoffnung der Veranstalter, mit dieser Tagung ein Thema aufzugreifen, das sowohl für die europäischen und außereuropäischen Ethnologen von wissenschaftlicher Relevanz als auch für ein weiteres Publikum von Interesse ist.

Der Band zur Tagung erscheint in diesem Jahr in der Reihe der »Berliner Blätter« (www2.hu-berlin.de/ethno/). Er wird auch den angekündigten Beitrag von Annette Schade (Berlin) »Zur Historisierung fotografischer Evidenz: die Sammlungen Arthur Baessler und Richard Neuhauss im Ethnologischen Museum Berlin« enthalten.

Berlin                                                                                       Jane Redlin

# Tagungsbericht

»Die DDR in Europa – zwischen Isolation und Öffnung«,
4.–7. November 2004, Europäische Akademie Otzenhausen
(Saarland), veranstaltet durch das Sozialwissenschaftliche
Forschungsinstitut der EAO, die Bundeszentrale für politische
Bildung, die Stiftung zur Aufarbeitung der SED-Diktatur,
die Union-Stiftung und die ASKO Europa-Stiftung

Zum nunmehr zwölften Mal fand Anfang November 2004 die beinahe schon traditionelle und in ihrer Zusammensetzung deutschlandweit wohl einmalige »DDR-Forschertagung« im Tagungszentrum der Europäischen Akademie Otzenhausen im Saarland statt. Circa 100 Teilnehmer und Teilnehmerinnen aus insgesamt 15 Staaten (darunter Finnland, Großbritannien, Italien, die Niederlande, Polen, Schweden, Südkorea und die USA) versammelten sich, um über neue Probleme der DDR-Forschung ebenso wie über klassische Themen der Zeitgeschichte zu diskutieren. Trotz ihrer interdisziplinären Ausrichtung wurde die Tagung von Vertretern der historischen Disziplinen dominiert, die in Hinsicht auf methodische Fragen, Paradigmen der Forschung und Erkenntnisinteressen die Referate und Diskussionen sehr deutlich bestimmten. Das zweieinhalbtägige Programm teilte sich in einen Einführungsvortrag, vier Podiumsveranstaltungen und 24 Sektionsreferate (die hier nicht ausführlich besprochen werden können). Letztere wurden in den Sektionen »Außenbeziehungen«, »Herrschaft/Alltag« und »Kultur« vorgetragen. Dabei ließen sich inhaltliche Überschneidungen naturgemäß nicht immer vermeiden. Die Podiumsveranstaltungen wurden mit jeweils 3–4 Teilnehmern zu den Themen »DDR-Westpolitik und Medien in den 70er und 80er Jahren«, »Steht eine Wiedervereinigung Koreas an?«, »Kulturmilieus in der DDR« und »Was wussten die Geheimdienste vor und nach 1989?« abgehalten. Podiumsveranstaltungen und Sektionsreferate fanden durchgängig ein reges Echo, was sich in zahlreichen Wortmeldungen und Diskussionsbeiträgen ebenso ausdrückte wie in einer gewissen Überstrapazierung des Zeitbudgets.

Der Einführungsvortrag des britischen Deutschland-Spezialisten Richard J. Evans, dessen Trilogie zur Geschichte des Dritten Reiches kürzlich mit dem Erscheinen des ersten Bandes in deutscher Sprache eröffnet wurde[1], stellte den Nationalsozialismus

---

[1] Evans, Richard J.: Das Dritte Reich – Aufstieg, München 2004.

und die DDR gegenüber und ordnete beide Diktaturen in die jeweilige politische Entwicklung in Europa ein. In der Frage, wie »deutsch« die beiden Systeme gewesen seien, versuchte Evans zudem eine überblicksartige Einordnung der Systeme in die deutsche Geschichte. Nach Auffassung des Referenten stellte die DDR im Wesentlichen eine genaue Kopie des sowjetischen Vorbildes dar, während er für die Erklärung des Aufstiegs des Dritten Reiches eine Art modifizierte Sonderwegsthese präsentierte. Zum Bedauern zahlreicher Diskutanten erschlossen sich aus diesem instruktiven Vortrag kaum Ansatzpunkte für die Diskussion des Tagungsthemas. Von daher wird man Evans' Ausführungen vor allem der altbekannten (und nicht totzukriegenden) Totalitarismus-Diskussion zuordnen müssen.

Die weitere Struktur der Tagung wurde in nahezu allen Referaten durch das vorgegebene Thema, die Außenbeziehungen der DDR in ihren zahlreichen Facetten, bestimmt. Vor diesem Hintergrund erschien allerdings die Einteilung der Referate in unterschiedliche Sektionen fragwürdig. In der Sektion »Herrschaft/Alltag« war zwar viel über Herrschaftsmechanismen und –organisation zu erfahren (u. a. bezüglich der Repression der Ausreisebewegung, der Tätigkeit des MfS im In- und Ausland und der Spionage gegen den Ostblock), jedoch nichts über den Alltag in der DDR im weitesten Sinne des Wortes. Die in diesen Bereich gehörenden Themen wie etwa die Verwandtschaftsbeziehungen von DDR-Bürgern, der Tourismus in die Ostblockstaaten usw. waren nicht vertreten. In der Sektion »Kultur« wiederum bestimmten solche Themen die Beiträge, die sich definitorisch auf »Culture with a big C« bezogen und vor allem die so genannte Hochkultur (v.a. Literatur) und die DDR-Kulturpolitik umfassten. Dagegen fehlten gänzlich Begriffe wie Alltagskultur oder Subkulturen in der DDR, die gerade aus volkskundlicher Sicht von Interesse gewesen wären. Die Veranstalter folgten mit dieser Ausrichtung weitgehend der von einem Teilnehmer in einem Referat vertretenen Ansicht, man müsse als DDR-Forscher »nicht jede kulturalistische Sau durch's Dorf jagen«. Dieser Fokus sparte weitgehend Themen aus, die aus einer kulturwissenschaftlichen Perspektive von besonderem Interesse gewesen wären, die jedoch entweder den Veranstaltern nicht angeboten oder von diesen nicht akzeptiert worden waren. Es war daher auch kaum verwunderlich, dass keine Vertreter/innen der an Interdisziplinarität *eo ipso* interessierten Volkskunde, Europäischen Ethnologie oder Kulturanthropologie anwesend waren.

Entsprechend der inhaltlichen Schwerpunktsetzungen wurde auch die methodische Annäherung an die jeweiligen DDR-Themen durch herkömmliche Quellenarbeit vollzogen. Damit ergab sich in vielen Fällen ein auf den Herrschaftsapparat der DDR gerichteter Blick bzw. eine durch die Brille der Herrschenden gefärbte Wahrnehmung der Realität. Daneben bestimmten strukturgeschichtliche Ansätze die Analyse

»Die DDR in Europa – zwischen Isolation und Öffnung«  273

der Außenbeziehungen der DDR, und zwar auch und gerade bei den von den jüngeren Teilnehmern vorgestellten Forschungsarbeiten und Dissertationen, so etwa in den Vorträgen über die »Evangelische Kirche in der DDR und die Ausreisebewegung« (Carsten Dippel) oder »Finnlands Deutschlandpolitik« (Kimmo Elo). Zeitzeugenbefragungen wurden nur ausnahmsweise und höchst selektiv herangezogen, was die auch in den Diskussionen geäußerte Auffassung untermauerte, die durch schriftliche Quellen rekonstruierbare historische Wirklichkeit sei von größerer Relevanz. Der noch zu Beginn der Tagung von einem Teilnehmer in Anlehnung an den Schriftsteller Christopher Abani geäußerte Satz, die DDR-Forscher müssten »über die Mündungen ihrer Gewehre hinausdenken«, wurde von den Referenten zum größten Teil nicht beherzigt. Zugespitzt formuliert, wird die DDR-Geschichte noch immer (oder wieder) weitgehend in den abgeschiedenen Kammern der SAPMO geschrieben und nicht »draußen im Land«.

Die sehr spezifischen Themen der Tagung machten deutlich, wie hochgradig ausdifferenziert die DDR-Forschung inzwischen ist. Diese Vielfalt ist ein Zeichen dafür, dass die DDR-Geschichte 15 Jahre nach der Wende weitgehend zu einem Spezialthema geworden ist, dessen Relevanz in den einzelnen Disziplinen und damit auch in der Zeitgeschichte tendenziell sinkt. Um diesem Trend entgegenzuwirken, bemühten sich die Veranstalter, in den Podien Bezüge der DDR-Geschichte zu aktuellen politischen Diskussionen herzustellen. Dies wurde vor allem in der Veranstaltung zur Korea-Frage sowie zur Rolle der Geheimdienste im Wendejahr 1989 versucht. In den Veranstaltungen wurden aber auch die Grenzen dieses an sich löblichen, über das Thema der Veranstaltung hinausweisenden Ansatzes deutlich. So verlor sich die Diskussion über die Möglichkeiten einer Wiedervereinigung Koreas in teilweise abenteuerlichen Spekulationen und Prophezeiungen über die derzeit bestehenden weltpolitischen Bedingungen, die Bedeutung Nordkoreas als potentiell bedrohliche Atommacht sowie die Rollen Chinas, Japans und anderer Mächte in Ostasien. Hier reklamierte eine Reihe von Wissenschaftlern eine Kompetenz für sich, die kaum durch Sachargumente gestützt wurde. In der Veranstaltung zur Rolle der Geheimdienste im Jahre 1989 waren mit einem ehemaligen CIA-Abteilungsleiter und einem ehemaligen BND-Chef zwei »Insider« geladen, deren Auskünfte allerdings weit weniger aufschlussreich waren als eine wissenschaftliche Analyse der Endphase der DDR. Die von einem Teilnehmer während der Diskussion vorgetragene Kritik, die Geheimdienste hätten 1989 vermutlich weniger gewusst als die wissenschaftliche Öffentlichkeit, fand deutlichen Beifall im Publikum. Insofern bot diese Podiumsveranstaltung eher die Möglichkeit, über die Geheimdienste als selbstreferentielle Systeme zu reflektieren, und weniger Aufschluss darüber, was man bei CIA und BND tatsächlich über den bevorstehenden Kollaps der DDR wusste.

Trotz der aufgezeigten und aus Sicht der Volkskunde/Europäischen Ethnologie besonders bedauerlichen Mängel in Konzeption und Durchführung der Tagung ist darauf hinzuweisen, dass in einer Zeit, in der der Diskurs über die DDR-Vergangenheit schwerpunktmäßig durch regelmäßig auftretende Medienkampagnen sowie durch Ostalgie-Debatten bestimmt wird, das Vorhaben einer umfassenden interdisziplinären Tagung zur DDR nur begrüßt werden kann. Es ist daher zu hoffen, dass es der Europäischen Akademie Otzenhausen und den Mitveranstaltern auch im nächsten Jahr möglich sein wird, eine solche (kostspielige) Veranstaltung durchzuführen, zumal die äußeren Bedingungen hierfür in Otzenhausen als geradezu ideal zu bezeichnen sind. Es ist zu wünschen, dass sich dabei auch ein Themenschwerpunkt finden lässt, der in noch deutlicherer Weise die Interdisziplinarität des Themas hervorhebt und der die DDR weniger von ihren Strukturen, sondern eher von den Subjekten her beleuchtet. Hier scheint der Diskussionsbedarf nicht gering zu sein.

Die auf der Tagung vorgetragenen Referate sind in erweiterter Fassung in einem Tagungsband publiziert, der bereits 2005 erschienen ist.[2] Dort werden auch solche Beiträge zu finden sein, die vom Veranstalter für das Tagungsprogramm nicht berücksichtigt werden konnten.

Dresden                                                                                      Sönke Friedreich

---

2   Timmermann, Heiner (Hg.): Die DDR in Europa – zwischen Isolation und Öffnung, Münster u. a. 2005.

# Tagungsbericht

Fotos – »schön und nützlich zugleich…«. Das Objekt Fotografie.
2. Tagung der Kommission Fotografie der Deutschen
Gesellschaft für Volkskunde in Kooperation mit Wien Museum,
dem Institut für Volkskunde der Universität Wien und dem
Museum Europäischer Kulturen – Staatliche Museen zu
Berlin, 15.–17. Oktober 2004, Wien Museum Karlsplatz

Die Kommission Fotografie der DGV blickt auf eine, wenngleich kurze, so doch erfolgreiche Geschichte zurück. Die Vorträge des ersten Symposiums, das 2002 in Berlin stattfand, wurden zwischenzeitlich veröffentlicht, und die Anmeldungen für die diesjährige Veranstaltung waren so umfangreich, dass drei Tage eingeplant werden mussten. Sicher haben auch die ausgewählten Veranstaltungsorte zu diesem Erfolg beigetragen – 2002 war es das Museum Europäischer Kulturen in Berlin und im letzten Jahr das Wien Museum. Eingeladen zu diesem 2. Treffen hatten neben der Kommission und dem Veranstaltungsort auch das Institut für Europäische Ethnologie der Universität Wien.

So eröffneten die Leiter der drei Veranstaltungsinstitutionen die Tagung mit einem Begrüßungswort. Wolfgang Kos, Direktor des Wien Museums, stellte die besondere Bedeutung des Themas der Tagung für das Museum heraus und unterstrich dabei, dass es im eigenen Haus keine separate Fotosammlung gibt, sondern Fotografien immer in den entsprechenden Bedeutungszusammenhängen zusammengetragen und aufbewahrt wurden. Konrad Köstlin, Vorstand des Universitätsinstituts, beschrieb die herausragende Bedeutung der Quellengattung Fotografie für das Fach Volkskunde und für die Gegenwart, denn wir leben im »Zeitalter der Bilder und des Sichtbaren«. Bilder entfalten eine eigene Macht, und wie das Beispiel der Folterbilder aus dem Irak belegt, verändern sie auch die Welt. Irene Ziehe gab einen Überblick zur Tätigkeit der Kommission und bedankte sich für die Unterstützung, die die Kommission bereits in der Vorbereitung der Veranstaltung durch die beteiligten Institutionen erfahren hatte.

Die Reihe der Vortragenden eröffnete Susanne Regener (Berlin), die sich anhand verschiedener Bildbeispiele mit der Frage einer spezifischen postmodernen Blickkultur auseinander setzte. Dabei folgte sie den Spuren freiwilliger, vorgefertigter, zumindest abhängig entwickelter Denkprozesse, die im Produktions- und Rezeptionsvorgang von Fotografien eine Rolle spielen. Als Beispiele verwendete sie »zufällige« Bildbelege der

Modefotografie, einer Überwachungskamera und private Bestände. Sprache, Schrift, Text und Kontext beschreibt sie als Elemente, die mit dem Bild in eine intermediale Relation treten. Durch die Wirkung verschiedener Medien werde die Fotografie zum Objekt einer allgemeinen Blickkultur.

Konrad Köstlin (Wien) griff mit seinem Beitrag »Der Liebe Blick – Kinderfotografie« einen einzelnen Gegenstandsaspekt heraus, da Kinder dem Fotografieren hilflos ausgeliefert sind. Sie haben keinen Einfluss auf ihre Abbildung. Durch Fotografie wird von ihnen Besitz ergriffen, auf den Bildern werden sie wie Sacheigentum, einem Haus oder Auto vergleichbar, beschrieben.

Bilder, die ohne Kontext überliefert wurden, sind für wissenschaftliche Nutzer eine besondere Herausforderung. Miriam Arani (Berlin) zeigte am Beispiel von Fotografien (Positivkontaktabzügen auf Papier) aus den Jahren 1933–1945 Möglichkeiten auf, wie sich an objektimmanenten Spuren Entstehungs- und Gebrauchszusammenhänge aufzeigen lassen. So sind chronologische Abfolgen rekonstruierbar, Mehrfachnegative verweisen auf einen Berufsfotografen, die Breite der Steige zwischen den Bildern auf einen bestimmten Fotoapparat, Punkte auf der Perforation weisen auf spezifische Negativentwicklungsverfahren. So reihen sich, basierend auf Kenntnissen der Geschichte der Fotografie und des Fotografierens, Informationen aneinander und beschreiben ein mehr oder weniger dichtes Bild der Entstehungs- und Nutzungszusammenhänge von Fotografien, die als stumme Zeugen überliefert wurden.

Das vorgeführte Lichtbild war Thema des Vortrags von Volker Janke (Schwerin), der sich der Geschichte der öffentlichen Präsention von Diapositiven zuwandte. Im Volkskundemuseum Schwerin-Mueß sind etwa 3.000 Großdiapositive vorhanden, die in sehr unterschiedlichen Zusammenhängen entstanden sind. Janke stellte vier größere Teilbestände vor: Diapositive von Wilhelm Schröder (1869–1947), die dieser öffentlich vorführte; Aufnahmen, deren Aussagekraft Richard Wossidlo (1859–1939) für seine volkskundlichen Vorträge nutzte; die Bilder Karl Eschenbergs (1900–1947), eines in Mecklenburg lebenden Dokumentaristen, und die Diapositive Franz Müschens (1887–1977), der als Vorsitzender der Vereinigung der Lichtbildfreunde von Schwerin und als Vorsitzender der Photographischen Gesellschaft vor allem im Freizeitbereich fotografierend aktiv war.

Einer sehr spezifischen Präsentationsform von Fotografie wandte sich Katja Hofmann (Dresden) am Beispiel des in der Sächsischen Landesbibliothek – Staats- und Universitätsbibliothek Dresden aufbewahrten Prachtalbums von Immanuel Wilhelm Bär (1812–94) zu, dem Generaldirektor des Königlichen Hoftheaters in Dresden. Er erhielt dieses speziell angefertigte, doppelseitige Einsteckalbum von den Theatermitarbeitern zu seinem 80. Geburtstag geschenkt. Es war unter anderem die Präsentation von Fotografien in Einsteckalben, die eine Standardisierung der Bild-Formate forderte. Im Gefolge der Standardisierung ist die Popularisierung des Mediums, eine Industrialisierung der Produktion von Fotomaterialien und eine enorme Ausweitung des Handels festzustellen. Außerdem führte diese Form der Präsentation, das mit einer Hierarchisierung verbundene Nebeneinander der Bilder, zu einer spannungsreichen Kontextualisierung des einzelnen Fotos innerhalb einer geschlossen Sammlung.

Das Interesse von Sibylle Einholz (Berlin) galt den »Berliner Fotografenateliers im 19. Jahrhundert«. Im Rahmen dieses seit 2003 betriebenen studentischen Dokumentations- und Forschungsprojekts des Studiengangs Museumskunde an der FHTW Berlin sollen die Berliner Fotografenateliers des 19. Jahrhunderts gewissermaßen als Beitrag zu einer Fotografiegeschichte der Stadt lexikalisch aufgearbeitet und in unterschiedlichen Präsentationsformen aufbereitet werden (u. a. als Datenbank). Ein erster Zugang zum Material findet sich über die in vielen öffentlichen und privaten Sammlungen vorhandenen Porträtfotografien im Visit- und Kabinettformat, auf denen Werbeaufdrucke bzw. Einprägungen der diversen Ateliers vorhanden sind.

Ellen Maas (Frankfurt/M.) berichtete über ihre langjährigen Erfahrungen beim Umgang mit ihrem seit den 60er Jahren aufgebauten privaten Fotoarchiv, das heute rund 100.000 historische Originale aus der Zeit zwischen Mitte des 19. und Mitte des 20. Jahrhunderts enthält. Maas war drei Jahrzehnte am Institut für Modeschaffen in Frankfurt am Main lehrend tätig (Kostüm- und Kunstgeschichte sowie Textilwissenschaften) und von 1983 bis 2000 als Lehrbeauftragte für Angewandte Historische Photographie an der Universität Würzburg. Ihr privates Bildarchiv nutzte sie dabei als Quellensammlung, um Studierende der Volkskunde und der Kunstgeschichte in der Handhabung von Originalfotografie und in den entsprechenden Auswertungsmöglichkeiten auszubilden.

Mit kriminalistischem Spürsinn und einem Quäntchen Glück war Sigrid Schulze (Berlin) im Rahmen der Recherchen zu ihrer kunstgeschichtlichen Dissertation über die Anfänge der Fotografie in Berlin auf den Spuren der Sammlung Dost. Der Berliner Fotograf und Fachautor Wilhelm Dost (1886–1964) hatte eine Sammlung von Daguerreotypien, Papierfotografien und Photographica zusammengetragen, von denen er einige 1922 in seinem Buch »Die Daguerreotypie in Berlin. Ein Beitrag zur Geschichte der photographischen Kunst« veröffentlichte. Seit dem Ende der 60er Jahre galt die Sammlung als verschollen. Schulze stieß bei ihren Recherchen wiederholt auf Reproduktionen einzelner Objekte dieser Sammlung und diskutierte in ihrem Vortrag »Originale und Reproduktionen. Zur Rekonstruktion der Sammlung Dost« den Evidenzwert beider Formen historischer Objekte. Dabei räumte sie auch Reproduktionen die Möglichkeit ein, historisch definiert und definierbar zu sein. Die Diskussionen wurden am Abend beim Heurigen fortgesetzt.

Der Vormittag des zweiten Tages gehörte vor allem den Beiträgen aus Wien. Mit der Erfassung des Werks von August Stauda (1861–1928) begann die umfassende Aufarbeitung des Fotobestandes am Wien Museum. Stauda dokumentierte in rund 3.000 Fotografien die sogenannte »Altwiener Architektur« mit alten Häusern in winkligen Gassen und Innenhöfen. Um 1900 begann diese Architektur zu verschwinden. Staudas Bilder sind aussagereiche Quellen für stadt-, aber auch fotografiehistorische Untersuchungen. Susanne Winkler (Wien) ging in ihrem Vortrag »›…es wird immer die Aufgabe des Fotografen bleiben, das Charakteristische wiederzugeben.‹ – Zur Stadtfotografie im Stadtmuseum« am Beispiel Staudas den Intentionen der in den musealen Sammlungen häufig anonymisierten Lichtbildner nach, erkundete das motivische Nachleben von Architekturaufnahmen und fragte nach den Konsumenten bzw. Nutzern, den zeitgenössischen und den heutigen.

Die 2001 aus einer privaten Initiative heraus als »Schauplatz für Fotografie« gegründete Galerie WestLicht war Gegenstand des Beitrags von Ulla Fischer-Westhauser (Wien). Sie beschreibt WestLicht als ein Fotomuseum, in dem Technik, Fotografie und Wissenschaft in gleichwertiger Weise miteinander verbunden seien, um »Technophile« und »Seh-Sinnige« zusammenzubringen. Dabei soll das kreative Sehen gefördert und die Geschichte der Fotografie als eine Geschichte der durch Dokumentation gespeicherten Augenblicke verständlich gemacht werden. Die Vielfalt der Ausstellungen nationaler wie auch internationaler Künstlerinnen und Künstler bietet einen Einblick in die historische und zeitgenössische Relevanz von Fotografie.

»Der photographische Nachlass von Joachim von Brenner-Felsach im Museum für Völkerkunde Wien« war Gegenstand des Vortrags von Margit Krpata (Wien). Dieser Nachlass, ein Geschenk der Tochter Brenner-Felsachs, besteht aus mehr als 600 Fotografien (Glasplattennegative und Positive) und wurde 1940 als Eigentum des Museums inventarisiert. Die frühesten Bilder entstanden während einer dreijährigen Orientreise zu Beginn der achtziger Jahre des 19. Jahrhunderts und wurden 1884 neben anderen ethnografischen Objekten auf Schloss Gainfarn in Niederösterreich in der »Orientalischen Ausstellung« das erste Mal gezeigt. Der wissenschaftliche Wert der Fotografien wird durch Reisetagebücher, die ebenfalls zu den Sammlungen des Völkerkundemuseums gehören, erheblich gesteigert.

Maren Göring (Wien) beschäftigte sich in Vorbereitung einer Ausstellung zur Geschichte der österreichischen Fotografie der ersten 100 Jahre (1838–1939) mit »Materialien aus der Photothek des Österreichischen Volkskundemuseums«. In diesem Zusammenhang ist das Volkskundemuseum für sie ein »Denkmal« der Habsburgischen

Vielvölkerstaatsideologie und damit »eine wichtige Instanz«, um nationale Fotogeschichte zu betreiben. Sie beschrieb diese Fotothek in einer Art von Zwischenbericht aus dem Blickwinkel der Kunsthistorikerin und rief damit bei den Volkskundlern durchaus kontroverse Diskussionen hervor.

Irene Ziehe (Berlin) widmete sich in Ihrem Beitrag den geistigen und materiellen Voraussetzungen beim Aufbau früher ethnografischer Bildsammlungen. Sie gab am Beispiel des Bestandes der historischen Bildtafeln im Museum Europäischer Kulturen einen Einblick in die praktische Umsetzung der Erarbeitung und Nutzung dieses visuellen Mediums in der Geschichte des Faches Ethnologie/Ethnografie. Und sie betrachtete die Bildtafeln als »Inkunabeln« musealer Sammlungen und diskutierte die Frage nach dem heutigen Umgang mit diesem wissenschaftlichen Dokumentationsmedium.

»›Nützlich und schön zugleich‹ – vom Wandel eines Sammelobjektes im Stadtmuseum Berlin« berichtete Ulrike Griebner (Berlin). Die Komplexität fotografischer Bilder unter dem Gesichtspunkt des historischen Kontexts der Anlegung von Bildsammlungen zur Stadtgeschichte war ihr Thema. Sammlungsgeschichte zeige sich gleichsam als eine Geschichte des Erkennens und der Analyse von Inhalten fotografischer Bilder.

Eine andere Form von Fotosammlung beschrieben Petra Helck und Ellen Riewa (Berlin). Kindheit und Jugend, Gründung einer eigenen Familie, Lebensinhalte im Erwachsenenalter und der Lebensabend waren die Zeitphasen, die Helck und Riewa für ihren Beitrag »Ein Leben in Fotografen: Catulla Mylius Vigoni (1875–1973)« aus sehr persönlichen Fotoalben herausfilterten und in denen sie ein Frauenleben des 19. und 20. Jahrhunderts beschrieben. Das untersuchte Bildmaterial befindet sich im Archiv der Villa Vigoni (Deutsch-Italienisches Zentrum, Villa Vigoni, Via Guilio Vigoni 1, 22017 di Menaggio).

Den Aspekt, dass private Fotografien materialisierte Lebensgeschichte sind, untersuchte Saskia Klaassen Nägeli (Zürich) in ihrem Projekt »Private Fotos: Exponate im Museum der Lebensgeschichten (mit Migrationserfahrung)«. Im Leben von Migranten nehmen Fotografien eine besondere Stellung ein. Der Verlust von Fotografien wird hier oft mit dem Verlust von persönlicher Vergangenheit oder Erinnerung gleichgesetzt, und das Bemühen ist permanent, Lücken in der Sammlung durch inhaltausgleichende Objekte zu füllen. Klaassen Nägeli spürte in ihrem Beitrag der Bedeutung nach, die privater Fotografie bei der Musealisierung von Lebensgeschichte zugewiesen wird.

Was haben Fotoautomaten mit Jugendkultur zu tun? Eine Antwort auf diese Frage gab Nora Mathys (Basel) in ihrem Beitrag »›herumverschenken, austauschen, sammeln – was man mit Fotos halt so macht.‹ Automatenfotos im Dienste der Freundschaft.« Der Fotoautomat wird zum Treffpunkt Jugendlicher, die um das Produkt, den Viererbildstreifen im Format 14 x 3,5 cm, ein Kommunikationsnetz aufgebaut haben, das bei näherer Betrachtung interessante Aussagen über eine bisher wohl noch nicht beachtete Form kultureller Potenz von Fotografie zulässt. In den Aktionen des Anfertigens und Tauschens spiegeln sich die soziale Beziehungen der Jugendlichen ebenso wie in den eher passiven Komponenten des Sammelns und Aufbewahrens. Die Automatenfotografie, seit 1890 nachweisbar, hat seit den 1970er Jahren den privaten Bereich überschritten und wurde unter anderem zu einem bei einzelnen Künstlern beliebten Medium. So zeigt sich das betrachtete Phänomen als ein Ausschnitt der mehr als 100jährigen Geschichte der Automatenfotografie.

Den letzten Tag eröffnete Andreas Martin (Dresden) mit seinem Beitrag »Dresden – Stadt am Fluss. Zur fotografischen Konstruktion von Topoi einer urbanen Flusslandschaft«. Er sichtete eine Dresdener Postkartensammlung auf der Suche nach feststehenden Bildern einer »Stadt am Fluss«. Postkarten sind seit dem letzten Viertel des 19. Jahrhunderts in Gebrauch. Bei seiner Betrachtung registrierte Martin eine Entwicklung der topografischen Postkartenmotive, die grundsätzlich auf Bildern aus dem 18. Jahrhundert aufbaut. Im Laufe eines Jahrhunderts nimmt die Vielfalt der Bildinhalte zu, wenngleich die Bedeutung der Postkarte in der Gesellschaft zurückgeht. Dem Fluss wies er innerhalb der Motivik eine eher untergeordnete Bedeutung zu.

»Und am Anfang war das Foto. Fotografische Feldforschung als Quelle sozialwissenschaftlicher Erkenntnis. Zwei Beispiele aus der Praxis« stellte Nadia Gentile (Graz) vor. Bei dem ersten vorgestellten Projekt geht es um Beobachtungen beim Friseur. Die Interaktionen von Friseur und Kunde geraten bei der Fotoforschung in den Mittelpunkt des Erlebens, beschreiben eine Bedeutung des Umgangs miteinander, dem ein ganz besonderer Zauber innezuwohnen scheint. Es zeigt sich ein emotionales Geflecht aus Hoffnung, Erwartung und Neugier. Dagegen vermittelten die Fotografien des zweiten vorgestellten Projekts »Asylums Revisited. Die sichtbare Macht einer totalen Institution« einen Blick auf das straff und rational organisierte Leben in einem italienischen Alters- und Pflegeheim. Nadia Gentile beschrieb in den 2003 aufgenommen Bildern den durch Verwaltungsabläufe organisierten Alltag infantilisierter alter Menschen und Pflegebedürftiger. Sie dokumentierte Kontraste zwischen Leitbildern und der Realität. Beide Projekte wurden als Ausstellungen international präsentiert, fanden ein enormes Echo und verweisen damit auf den latenten Bedarf an der Generierung und Nutzbarmachung visuellen Wissens.

Am Ende der Tagung stand der Beitrag »›…you and me?‹ – ein Vortrag mit Dias über den gänzlich unmusealen Umgang mit Fotografie« von Daniela Kloock (Berlin).

# Fotos – »schön und nützlich zugleich…«

Was der Titel ankündigte, hielt die Referentin. Sie machte deutlich, dass der Vielfalt der Möglichkeiten, in denen fotografische Bilder entstehen, weiter bearbeitet und letztlich genutzt werden, keine Grenzen gesetzt sind: Seit 1988 begleiten den Künstler Christian Rothmann zwei fotografische Selbstporträts auf seinen Reisen um den Globus. Auf einem ist er lachend und auf dem anderen mit geschlossenen Augen abgelichtet. Rothmann bittet Menschen, denen er auf diesen Reisen begegnet, sich mit einem seiner Konterfeis (im A 4-Format) fotografieren zu lassen. Inzwischen existieren mehr als 1.000 dieser Bilder, die im heimischen Atelier mit einem weiteren Foto kombiniert werden und in dieser Form Raum für eigene Fantasien und Fragestellungen lassen.

Mit dem Ausblick auf eine nachmittägliche Ausstellungseröffnung in der Galerie WestLicht wurden die Tagungsteilnehmer verabschiedet. Sie hatten ein umfassendes Programm erlebt, das in 20 Beiträgen gegenwärtige Fragestellungen bei der wissenschaftlichen Betrachtung von Fotografie umfasste. Das Thema der Tagung »Fotos – ›schön und nützlich zugleich…‹ Das Objekt Fotografie« war sehr weit und offen gehalten, eine Tatsache, die für den Inhalt tatsächlich einen Gewinn darstellte. Wie Anna Auer (Wien), Präsidentin der European Society for the History of Photography (ESHPh), in ihrem Dank an die verantwortlichen Organisatoren zum Ausdruck brachte, gibt es kaum einmal Gelegenheit, so umfassend, wie es die Kommission Fotografie der Deutschen Gesellschaft für Volkskunde in Wien realisierte, zu diesem Themenbereich wissenschaftliche Arbeiten präsentiert zu bekommen.

In diesem Sinne kann man auf die Veröffentlichung der Beiträge und auf das nächste Treffen im Jahr 2006 gespannt sein.

Dresden                                                                                      Andreas Martin

# Tagungsbericht
18. Tagung des Arbeitskreises Tonpfeifen, veranstaltet von der Stadtarchäologie Lüneburg und dem Ostpreußischen Landesmuseum Lüneburg, 29. April–2. Mai 2004 in Lüneburg

Das zentrale Thema des 18. Treffens des Arbeitskreises Tonpfeifen vom 29. April bis 2. Mai 2004 war Mittel- und Osteuropa, um durch die Tagung und eine begleitende Ausstellung erstmalig den Blick der Fachwelt auf diese noch unbekannte Tonpfeifenlandschaft zu lenken. Eingeladen hatten Dr. Edgar Ring, Leiter der Stadtarchäologie Lüneburg, und Dr. Ronny Kabus, Direktor des Ostpreußischen Landesmuseums, wo die Tagung auch stattfand.

Die 46 Teilnehmer aus Frankreich, Großbritannien, Lettland, den Niederlanden, Polen, Schweden, Ungarn und Deutschland bildeten für vier Tage eine bisher einzigartige wissenschaftliche Vereinigung, deren internationale Kontakte sich inzwischen über ganz Europa sowie vereinzelt auch bis in die USA, Südamerika und Ostasien erstrecken. An Fachorganisationen waren die Académie International de la Pipe, der Pijpelogische Kring Nederland und die Society for Clay Pipe Research vertreten.

Vor dem Beginn der wissenschaftlichen Vortragsreihe erinnerte M. Kügler an zwei verstorbene Mitglieder. Ernst Legahn aus Lüneburg gehörte zu den Gründungsmitgliedern des Arbeitskreises und hatte als engagierter Laie schon in den 1980er Jahren damit begonnen, in Lüneburg Tonpfeifen zu sammeln und auszuwerten. Otto Pollner aus Bünde, selbst Holzpfeifenhersteller und Autor zahlreicher Fachbücher, hatte sich erfolgreich für die Zusammenarbeit des Arbeitskreises mit der Académie International de la Pipe eingesetzt. Die Teilnehmer der Tagung ehrten die beiden Verstorbenen mit einer Schweigeminute.

Die Reihe der Vorträge eröffnete E. Ring mit einer Einführung in die Stadtarchäologie von Lüneburg. An durchgeführten Projekten sind unter anderem die Ausgrabung der Töpferei »Auf der Altstadt 29« und »St. Lamberti – Ausgrabung einer untergegangenen Kirche« zu nennen. Ferner konnte der überaus reiche Fundbestand an Gläsern publiziert werden. Die wissenschaftliche Aufarbeitung der Funde erfolgt in der Schriftenreihe »Archäologie und Bauforschung in Lüneburg« und der Jahresschrift »Denkmalpflege in Lüneburg« (www.stadtarchaeologie-lueneburg.de).

Mit seinem Vortrag »Tabakanbau und Tabakgenuss im südlichen Ostseeraum und in Schlesien« fasste M. Kügler den Forschungsstand zum Thema der Tagung zusammen. Für beide Regionen liegen bisher nur Einzelinformationen vor. Sie lassen erkennen, dass sich der Tabak und das Rauchen im Ostseeraum kurz nach 1600 ebenso rasch verbreiteten wie in allen anderen europäischen Ländern. Für die Ostseeanrainer waren dabei der Handel der Hansestädte und die Nähe zu den internationalen Seefahrtswegen entscheidende Faktoren. In Schlesien erfuhr man um 1620 vom Tabakrauchen. Der Dreißigjährige Krieg hat, trotz aller Zerstörungen, maßgeblich zur Verbreitung beigetragen. Erst im 19. Jahrhundert gewann die Verarbeitung importierter Tabake wie beispielsweise durch die Firma Doms in Ratibor/Oberschlesien überregionale Bedeutung. Für die Forschung relevant ist die Produktion der preußischen Tonpfeifenmanufakturen in Rostin/Rościn und Sborovsky/Zborowski.

In Lüneburg achtete man bei Ausgrabungen schon in den 1970er Jahren auf Tonpfeifenfunde, wie Ralf Kluttig-Altmann M.A., Leipzig, in seinem Vortrag feststellte. Zwar gibt es für eine eigene Tonpfeifenproduktion in Lüneburg bislang keine Hinweise, doch versuchten einheimische Töpfer eine »Veredlung« von Tonpfeifen, indem sie die schlichten weißen Pfeifen mit Glasuren aufwerteten. Unter den Lüneburger Funden befinden sich einige Tonpfeifen, die noch einen Deckel aus Draht (»Gluthaube«) oder Spuren davon aufweisen. Auch hölzerne Futterale für die Aufbewahrung und den Transport von Tonpfeifen sind in Lüneburg archäologisch erhalten. Schon ab dem späten 17. Jahrhundert treten deutsche Pfeifen deutlich in Erscheinung, so aus Großalmerode, Walbeck, Hildesheim, Münden, Hameln und Helmstedt. Der Anteil von Reliefpfeifen (»VIVAT LÜNEBURG«-Pfeifen oder Jonas-Pfeifen) ist hoch. Die Lüneburger Tonpfeifenlandschaft bietet somit das Bild einer norddeutschen Handelsstadt, die selber keine Pfeifen produzierte und die deshalb ein lohnender Markt für die umliegenden Pfeifenmanufakturen war. Die guten Erhaltungs- und Bergungsbedingungen erlauben für Lüneburg ein detaillierteres Bild zum historischen Umgang mit Tonpfeifen als es bei den meisten deutschen Städten (bis jetzt) möglich ist.

Ilze Reinfelde aus Riga berichtete über Tonpfeifenfunde in Riga. Die enorme Fundmenge von 15.000 Tonpfeifenfragmenten, die bei Stadtgrabungen gefunden wurden, macht deutlich, wie stark das Rauchen hier verbreitet war, zeigt aber auch auf, vor welchen methodischen Herausforderungen die Bearbeiterin einer solchen Fundmenge steht, zumal sie bisher die einzige Wissenschaftlerin in Lettland ist, die sich mit diesem Kulturgut befasst. Bei fast allen Pfeifenfragmenten handelt es sich um klassische Fersenpfeifen; Rundbodenpfeifen und Gesteckpfeifen sind nur in geringem Maß vertreten. Über die Hälfte der Fersenpfeifenfragmente können bis zurück ins 17. Jahrhundert datiert werden. Eine eigene Tonpfeifenproduktion scheint es in Lettland nicht gegeben zu haben. Die Fundautopsie macht deutlich, dass etwa 80 Prozent aller Pfeifenfragmente aus den Niederlanden stammen und nur etwa drei Prozent aus England. Einige wenige Stücke kommen aus Rostin/Rościn in der Neumark, die restlichen können derzeit noch nicht zugeordnet werden.

Über »Tonpfeifenimporte aus West- und Osteuropa nach Warschau – Ein Vergleich der Funde aus den archäologischen Ausgrabungen im Bereich des Königlichen Schlosses in Warschau« referierte Katarzyna Meyza, Abteilung Archäologie des Historischen Museums Warschau. Sie präsentierte einen Fundkomplex von 230 Pfeifenfragmenten aus einem Keller des Südflügels des Warschauer Hoftheaters, der um 1720 verfüllt worden war. Neben den Fersenpfeifen fanden sich zahlreiche so genannte Lüle-Pfeifen (Gesteckpfeifen), die aus weiß und rot brennendem Ton bestehen und knapp ein Drittel des Fundes ausmachen. Als deren Herkunft wird neben dem Balkan auch Polen vermutet.[1] Der Beitrag warf die grundsätzliche Frage auf, in welchem Verhältnis die Tonpfeifen des niederländisch-westeuropäischen Typs mit Kopf und Stiel aus einem Stück zu den osmanisch-osteuropäischen Gesteckpfeifen im 17. und 18. Jahrhundert stehen. Wie bei ähnlichen Fundkomplexen mit beiden Pfeifentypen in Ungarn, Österreich oder Süddeutschland[2] könnte ihr Gebrauch durch die soziale oder auch ethnische Differenzierung der Raucher, die Versorgungslage und Handelsbeziehungen erklärt werden.

Der Vortrag »Tonpfeifenfunde preußischer Manufakturen in Polen« von Wojciech Siwiak, Historisches Institut Bydgoszcz/Polen, gab einen Überblick auf Grundlage der bisher vorliegenden Literatur. Der Beginn der wissenschaftlichen Beschäftigung mit Tonpfeifen geht in Polen bis in die 1950er Jahre zurück, das Interesse unter den Archäologen ist aber dennoch gering geblieben. Dies ist überraschend, denn Pfeifen sind eine der besten chronologischen Datierungsdeterminanten für kulturelle Siedlungsschichten der Neuzeit. Bisher vorliegende polnische Publikationen decken nur geringe Teile des Landes ab und beruhen meist weniger auf Funden aus offiziellen Grabungen als auf den Aktivitäten privater Sammler. Ergänzende historische Forschungen zur Produktionsweise der beiden Manufakturen in Rostin/Rościn und Sborovsky/Zborowski und zu ihren Absatzgebieten stehen weitgehend noch aus.

Den letzten Vortrag des ersten Tages hielt Dr. Rüdiger Articus, Hamburger Museum für Archäologie/Helms-Museum, Hamburg. Er sprach über Gemälde niederländischer Maler, die Tonpfeifen beziehungsweise Pfeifenraucher zeigen, und führte in die Symbolsprache der barocken Kunst ein. Die Tonpfeife galt in der holländischen Genremalerei des 17. Jahrhunderts häufig als Sinnbild der Zügellosigkeit.

1 Vgl. Meyza, Katarzyna: Die Herstellung von Tonpfeifen in einer Warschauer Töpferwerkstatt vom Ende des 17. Jahrhunderts und der ersten Hälfte des 18. Jahrhunderts, in: Knasterkopf 17/2004, S. 55–60.
2 Vgl. die Beiträge von G. Tomka und N. Mehler während der Tagung.

Mit diesem Vortrag wurden die Tagungsteilnehmer auf den nächsten Tag vorbereitet, an dem ein Besuch der Ausstellung „Vergnügliches Leben – Verborgene Lust. Holländische Gesellschaftsszenen von Frans Hals bis Jan Steen" in der Hamburger Kunsthalle auf dem Programm stand.

Am späten Nachmittag fand erstmalig begleitend zur Tagung ein Pfeifen- und Büchermarkt statt, bei dem zahlreiche Rauchutensilien aus diversen Materialien und Literatur rund um das Thema »Tabak und Tonpfeifen« einer interessierten Öffentlichkeit angeboten wurden.

Anlässlich des Schwerpunktthemas und begleitend zur Tagung hatten R. Kluttig-Altmann und M. Kügler eine Ausstellung mit dem Titel »Tabak und Tonpfeifen im südlichen Ostseeraum und in Schlesien« erarbeitet, die am Abend im Ostpreußischen Landesmuseum eröffnet wurde. In enger Kooperation mit dem Museum und der Stadtarchäologie Lüneburg und mit Unterstützung durch die Bundesbeauftragte für Kultur und Medien war es gelungen, Tonpfeifenfunde von archäologischen Ausgrabungen in Estland (Tartu/Dorpat), Litauen (Klaipėda/Memel), Polen (Elbląg/Elbing, Gorzów Wlkp./Landsberg an der Warthe, Kwidzyn/Marienwerder, Malbork/Marienburg, Olsztyn/Allenstein, Warszwa/Warschau, Wrocław/Breslau) und Deutschland (Lüneburg) zusammenzutragen. Hinzu kamen umfangreiche private Leihgaben zum historischen Tabakkonsum, die zumeist bisher noch nie gezeigt wurden. Als besonderer Anziehungspunkt der Eröffnung erwies sich die originale Pfeifenpresse aus dem Westerwald, auf der jeder Besucher selbst eine Tonpfeife ausformen konnte. Die bis zum 29. August 2004 in Lüneburg gezeigte Ausstellung ist in einem Katalog dokumentiert[3] und wird bis Mitte 2006 unter anderem in Bünde, Hamburg und Görlitz zu sehen sein.[4]

Am zweiten Tag führte eine Exkursion zur Firma DAN Tobacco und DAN Pipe in Lauenburg. Firmeninhaber Dr. Heiko Behrens führte die Teilnehmer durch den Tabakspeicher und erläuterte anschaulich und äußerst fachkundig die verschiedenen Tabaksorten und ihre Verarbeitung. Neu war sicherlich die Erkenntnis, dass Tabak bei sachgerechter Lagerung wie Wein reifen kann und nicht etwa an Aroma verliert – was durch die selbst für passionierte Nichtraucher angenehmen Gerüche eindrucksvoll bestätigt wurde. Zweite Station der Exkursion war die Hamburger Kunsthalle mit der Sonderausstellung »Vergnügliches Leben – Verborgene Lust«, eine sowohl unter kunsthistorischen wie auch engeren fachlichen Aspekten einzigartige Ansammlung

---

3   Kluttig-Altmann, Ralf und Martin Kügler: Tabak und Tonpfeifen im südlichen Ostseeraum und in Schlesien, Husum 2004.
4   Aktuelle Ausstellungsdaten finden sich auf der Website des Arbeitskreises Tonpfeifen: www.knasterkopf.de.

von Gemälden mit Raucher- und Tonpfeifendarstellungen, zu der auch ein Katalog erschienen ist.[5] Nach der Rückkehr nach Lüneburg brachte eine Kutschfahrt durch das historische Stadtzentrum den Teilnehmern den Tagungsort näher. Zum Abschluss führte E. Ring sachkundig und mit vielen Detailinformationen durch die historischen Räume des Lüneburger Rathauses. Der Abend klang bei einem gemeinsamen Abendessen aus.

Am Sonntag wurde das Vortragsprogramm fortgesetzt. Das von W. Siwiak festgestellte Manko der polnischen Tonpfeifenforschung konnte Teresa Witkowska, Muzeum Lubuskie in Gorzów Wielkopolskie/Polen, in ihrem Beitrag über die „Distribution von Rostiner Tonpfeifen aufgrund archäologischer Funde in Polen" teilweise wettmachen. Die Tonpfeifenfabrik in Rostin/Rościn in der Neumark wurde um 1753 errichtet. Die Jahresproduktion betrug etwa 10.000 bis 12.000 Groß Tonpfeifen, die in Preußen verkauft und nach Polen exportiert wurden. Seit 1775 war Isaak Salingre, ein Kaufmann aus Stettin, Besitzer der Tonpfeifenfabrik. Auf dem Seeweg verschickte er die Pfeifen in die Ostseehafenstädte. In Berlin und in der Neumark wurden mehrere Verkaufsstellen für Tonpfeifen errichtet, so zum Beispiel in Soldin/Myślibórz, Berlinchen/Barlinek, Adamsdorf bei Neustrelitz und Königsberg in Brandenburg. Funde von Pfeifen aus Rostin belegen den Gebrauch in Soldin/Myślibórz und Küstrin an der Oder/Kostrzyn. Der Pfeifenhandel per Schiff kann durch Funde in den Hafenstädten Kolberg/Kołobrzeg, Memel/Klaipéda, Danzig/Gdańsk sowie Hamburg und Lübeck nachgewiesen werden. Bei archäologischen Forschungen in Großstädten wie Bromberg/Bydgoszcz, Thorn/Toruń, Posen/Poznań und Warschau/Warszawa kam es zu zahlreichen Pfeifenfunden, welche sich durch einen beträchtlichen Anteil von Pfeifen aus Rostin auszeichnen. In südlicheren Landesteilen Polens und in Schlesien sind Rostiner Pfeifen nur selten zu finden.

Im Folgenden berichtete Gábor Tomka vom Ungarischen Nationalmuseum Budapest über die Tonpfeifenforschung in Ungarn und ermöglichte damit erstmals einem deutschen Auditorium einen intensiven Zugang zu dortigen Funden. Nachdem große Teile Ungarns bis zum Ende des 17. Jahrhunderts unter osmanischer Herrschaft standen, sind für die Verbreitung des Tabaks und der Tonpfeifen in Ungarn zwei Einflüsse vorherrschend: Zum einen zeugen zahlreiche Tonpfeifen westlicher, das heißt niederländischer Art, zum anderen aber auch mindestens ebenso viele Gesteckpfeifen osmanischen Typs, die dort teilweise auch produziert worden waren, vom Tabakkon-

---

5 Biesboer, Pieter und Martina Sitt (Hg.): Vergnügliches Leben – Verborgene Lust. Holländische Gesellschaftsszenen von Frans Hals bis Jan Steen. Ausstellungskatalog, Zwolle/Haarlem/Hamburg 2004.

sum. Zahlreiche Beispiele dieser Gesteckpfeifen osmanischen Typs, die in Ungarn ab etwa 1600 auftreten, sind bereits 1963 von Béla Kovács typologisiert und in eine chronologische Entwicklungsreihe gestellt worden. Kovács stellte auch fest, dass im Laufe der Zeit der Winkel vom Kopf zur Gestecköffnung ab-, die Kopfgröße jedoch zunahm. Die Pfeifen treten in verschiedenen Modellen auf und sind teilweise grün, gelb und blau glasiert. In den osmanisch besetzten Gebieten wurde bislang nur eine Fersenpfeife gefunden. In den Jahren 2000/2001 wurde erstmals eine Ausstellung über die Geschichte der ungarischen Pfeifen gezeigt. Den Hauptteil dieser Ausstellung bildeten Meerschaumpfeifen und Holzpfeifen aus dem 19. Jahrhundert, es waren jedoch auch Tonpfeifen aus archäologischen Fundstellen zu sehen. Der Ausstellungskatalog[6] fasst auch die Kenntnisse über die Tonpfeifen des 17. und 18. Jahrhunderts auf der Grundlage von Ausgrabungsfunden zusammen. Der Löwenanteil der Arbeit steht aber noch bevor. Eine Vielzahl von unpublizierten türkischen und ungarischen Tonpfeifen versteckt sich in Museumsdepots. Erfreulicherweise beschäftigt sich aber eine wachsende Zahl ungarischer Archäologen mit den Funden aus der Frühen Neuzeit. Das gibt Anlass zu der Hoffnung, dass sich in wenigen Jahren das Wissen über die frühen Tonpfeifen in Ungarn multiplizieren wird.

Mit diesem optimistischen Ausblick schloss die Vortragsreihe zum engeren Thema der Tagung und es folgten weitere Beiträge über neue Funde von Tonpfeifen in Deutschland.

Ekkehard Reiff, Clausthal-Zellerfeld, stellte einen Fundkomplex aus dem niedersächsischen Dorf Burgdorf vor, das zwischen Braunschweig und Hildesheim liegt. Dort waren auf einem Acker der Flur »Altes Dorf« etwa 1.200 Fragmente tönerner Tabakspfeifen aufgesammelt worden, die zum größten Teil aus dem 17. und 18. Jahrhundert stammen. Die Zusammensetzung dieses Fundmaterials, darunter zahlreiche Rippenpfeifen, unterscheidet sich dabei deutlich von derjenigen umliegender Fundorte und weist nach erster Einschätzung große Ähnlichkeit mit dem Lüneburger Material auf.

Heike Helbig, Heimat- und Tabakmuseum Ruhla, gab einen kurzen Überblick über einige Ruhlaer Handwerkszweige, die für die Pfeifenforschung von Interesse sind. Am bedeutendsten war die Herstellung von Meerschaumpfeifen. Daneben führte im Jahr 1739 Simon Schenk das Deckelmacherhandwerk für Pfeifen ein. Ferner gab es einige Porzellanmaler, die Porzellanpfeifen aus Thüringen und Franken in Ruhla verzierten. Ein weiterer wichtiger Handwerkszweig waren die Holzpfeifendrechsler und

---

6  Ridovics, Anna und Edit Haider (Hg.): The History of the Hungarian Pipemaker's Craft – Hungarian History through the Pipemaker's Art. Catalogue of the Exhibition of the Balatoni Museum Keszthely, the Déri Museum Debrecen and the Hungarian National Museum Budapest, Budapest 2000.

# 18. Tagung des Arbeitskreises Tonpfeifen

die Hersteller von Mundstücken. Die Produktion von Tonpfeifen in Ruhla im 19. Jahrhundert ist bisher kaum beachtet worden, blieb der Umfang doch gering. Als Leiterin des Ruhlaer Museums regte H. Helbig eine Tagung des Arbeitskreises Tonpfeifen in Ruhla an und sprach eine Einladung des Bürgermeisters der Stadt aus, die von den Teilnehmern dankend aufgenommen wurde.

Natascha Mehler M.A., Römisch-Germanische Kommission des Deutschen Archäologischen Instituts, Forschungsstelle Ingolstadt, erläuterte neue Trends bei der Aufnahme von bayerischen Tonpfeifenfunden aus dem 17. Jahrhundert und fasste die bisherigen Ergebnisse zu Formen, Herstellern und Händlern zusammen. Es kann eine regionale Tonpfeifentradition festgestellt werden, deren Formen sich zwar an den holländischen Vorbildern orientieren, in Ausführung und Dekor aber durchaus als eigenständig zu bezeichnen sind. Unter den verzierten Exemplaren dominieren hier die so genannten Jonas-Pfeifen und Pfeifen mit floralem Dekor. Fersenmarken treten bei bayerischen Pfeifen so gut wie nie auf, sondern finden sich nur auf Importen. Solche Pfeifen, etwa aus den Niederlanden, werden überwiegend nur in den großen bayerischen Handelsstädten wie Augsburg oder Nürnberg gefunden. Pfeifenmacher des 17. Jahrhunderts sind bislang in Bayern kaum bekannt, dafür mehren sich die Hinweise auf Hersteller des 18. Jahrhunderts, hier vor allem im Osten Bayerns und in der bekannten Töpferregion des Kröning, Niederbayern. Zu den Besonderheiten unter den Tonpfeifenfunden Bayerns zählen Exemplare in Form eines Stiefels, von denen bislang fünf verschiedene Modelle vorliegen.[7]

Den letzten Vortrag hielt Carsten Spindler, Braunschweig, der Funde einer Feldbegehung beim niedersächsischen Weiler »Ölper« vorstellte. Dort waren, laut schriftlicher Überlieferung, um etwa 1750 die Abfälle der Stadt Braunschweig entsorgt worden. Unter den niedersächsischen Tonpfeifen dieses Fundkomplexes befinden sich Exemplare der Hersteller Casselmann und Knecht aus Großalmerode, zudem auch ein noch unbekannter »HINR. KNOPF/BRAUNSCHWEIG«. Etwa 50 Prozent der Tonpfeifenfragmente tragen die Stielaufschrift »IN GOUDA«, der Anteil echter niederländischer Produkte daran ist jedoch unklar.

Zum Abschluss der Tagung stand Organisatorisches des Arbeitskreises auf dem Programm. R. Kluttig-Altmann präsentierte den pünktlich zur Tagung erschienenen neuen Band des »KnasterKOPF – Fachzeitschrift für Tonpfeifen und historischen Tabakgenuss«. Der 17. Band mit 144 Seiten enthält mehrere Beiträge der Tagung 2003 in Heidelberg sowie zahlreiche Aufsätze über neue Funde von Tonpfeifen und ist erstmals

---

7   Mehler, Natascha: Tönernes Schuhwerk – Stiefelpfeifen und andere Besonderheiten des 17. Jahrhunderts aus Bayern und Österreich, in: Knasterkopf 17/2004, S. 88–93.

mit Farbseiten ausgestattet.[8] M. Kügler und R. Kluttig-Altmann stellten den ersten Beiband der Zeitschrift Knasterkopf vor[9], der sich dem Tonbergbau im Westerwald widmet und eine wertvolle Studie über den Rohstoff Ton darstellt.

Die nächste Tagung des Arbeitskreises Tonpfeifen wird voraussichtlich vom 28. April bis 1. Mai 2005 im oberbayerischen Erding stattfinden. Für die 2006 geplante 20. Tagung wird angesichts des Jubiläums noch nach einem besonderen Tagungsort Ausschau gehalten. Erwogen wird auch eine Exkursion ins Ausland.

Der von Martin Kügler formulierte Dank der Teilnehmer richtete sich zunächst an alle Referenten, die mit ihren neuen Forschungsergebnissen und Berichten auf hervorragende Weise das Tagungsthema mit Leben erfüllt hatten. In Verbindung mit der Ausstellung hat sich nicht nur gezeigt, welches Potential in der Tonpfeifenforschung in den einzelnen Ländern noch vorhanden ist, sondern auch, dass der internationale Austausch eine unabdingbare Voraussetzung für weitergehende Forschungen ist. Umso erfreulicher ist daher die Beteiligung der ausländischen Kollegen, insbesondere aus Lettland, Polen und Ungarn, zu bewerten.

Einen besonders herzlichen Dank richtete M. Kügler an alle Beteiligten in Lüneburg. Von den Mitarbeitern des Ostpreußischen Landesmuseum sind stellvertretend für die vielen guten Geister im Hintergrund Kulturreferentin Julita Venderbosch und Verwaltungsleiter Ulrich Stade hervorzuheben. Die Zusammenarbeit mit Dr. Ronny Kabus und Dr. Edgar Ring gestaltete sich von der ersten Planung des Treffens in Lüneburg über die Idee einer begleitenden Ausstellung und deren Realisierung bis zur gelungenen Durchführung der Tagung stets als angenehm und kooperativ. Ihre Offenheit, ihre intensive Mitarbeit auf allen Ebenen und ihr persönliches Engagement haben maßgeblich dazu beigetragen, die Tagung zu einer rundum gelungenen Veranstaltung zu machen.

| | |
|---|---|
| Ingolstadt | Natascha Mehler |
| Görlitz | Martin Kügler |

---

8  Zusammenfassungen der Beiträge sind im Internet unter www.knasterkopf.de abrufbar.
9  Kügler, Martin und Ralf Kluttig-Altmann: Rohstoff-Ton eG Tonbergbau 1898–2003 (Knasterkopf, Beiband 1), Görlitz/Leipzig 2003.